中国人民大学法学院海商法保险法研究所　主办

海商法保险法评论

（第六卷）

——中国保险市场的新问题新实践和新举措专题研讨

主编◎贾林青　李祝用

HAISHANGFA
BAOXIANFA
PINGLUN

知识产权出版社
全国百佳图书出版单位

内容提要

中国保险市场自形成到初具规模经过了30余年的历程，有必要在总结和发扬中国保险市场发展成绩的同时，针对其发展过程中的问题进行分析，讨论其形成的原因，寻找解决这些问题的途径和方法，以便为中国保险市场的不断深化发展提供理论和实践上的引导与支持。为此，中国人民大学法学院海商法保险法研究所于2013年5月召开了“中国保险市场新问题、新实践和新举措（制度创新与发展）研讨会”，并将此次研讨会的科研成果集结成书。本书具有以下特色：其特点之一是突出了“新”，所选稿件均涉及目前我国保险市场实践中存在的亟待解决的热点问题，并针对相应的具体问题提出具有新意的解决方法或者创新的制度构建设想。其特点之二是多样性。各篇稿件之观点和论证方法多样，既有就全新的保险制度的设计和理论论证，也有针对具体的个体问题的点滴建议。其特点之三是力求实践性与超前性的相互结合。既为处置诸多实际问题献计献策，同时也就中国保险市场发展中有待补充完善的空白点，设计新的制度规则。本书的编辑出版，有利于加强我国保险法领域学术研究的深度和广度，促进中国保险市场的深化发展，并推动我国保险法学研究的深度发展。

责任编辑：纪萍萍

图书在版编目（CIP）数据

海商法保险法评论．第六卷，中国保险市场的新问题、新实践和新举措专题研讨 / 贾林青，李祝用主编．—北京：知识产权出版社，2014.3

ISBN 978-7-5130-2607-9

Ⅰ．①海…　Ⅱ．①贾…②李…　Ⅲ．①海商法—研究—中国②保险法—研究—中国③保险市场—研究—中国
Ⅳ．①D922.294.4②D922.284.4③F842.6

中国版本图书馆CIP数据核字（2014）第033039号

海商法保险法评论（第六卷）
——中国保险市场的新问题　新实践和新举措专题研讨

HAISHANGFA BAOXIANFA PINGLUN（DILIUJUAN）

ZHONGGUO BAOXIANSHICHANG DE XINWENTI XINSHIJIAN HE XINJUCUO ZHUANTI YANTAO

贾林青　李祝用　主编

出版发行：知识产权出版社有限责任公司

社　址：北京市海淀区马甸南村1号	**邮　编**：100088
网　址：http：//www.ipph.cn	**邮　箱**：bjb@cnipr.com
发行电话：010-82000860转8101/8102	**传　真**：010-82000860转8240
责编电话：010-82000860转8370	**经　销**：各大网络书店、新华书店及相关销售网点
印　刷：北京中献拓方科技发展有限公司	
开　本：720mm×1000mm　1/16	**印　张**：20
版　次：2014年3月第1版	**印　次**：2014年3月第1次印刷
字　数：378千字	**定　价**：58.00元

ISBN 978-7-5130-2607-9

序　言

众所周知，中国的保险市场自形成到初具规模经过了30余年的历程，其对我国社会主义市场经济发展的促进作用是有目共睹的，但也暴露出了诸多的问题和不足，显现出与各个发达经济国家的成熟保险市场之间的差距。因此，有必要在总结和发扬中国保险市场发展成绩的同时，针对其发展过程中的问题进行分析，讨论其形成的原因，寻找解决这些问题的途径和方法，以便为中国保险市场的不断深化发展提供理论和实践上的引导与支持。

以此为目的，中国人民大学法学院海商法保险法研究所于2013年5月召开了“中国保险市场新问题、新实践和新举措（制度创新与发展）研讨会”。会议主办方邀请了我国法学理论界的学者、司法界的法官和律师、保险和银行监管界的专家、保险实务界的从业人员等，共计80余人出席了会议。与会者从各自不同的视角，以敏锐的眼光发现中国保险市场所存在的问题，用睿智的思想探讨解决这些问题的方法，设计相应的具有可操作性的制度规则。

如今，出于将此次保险法研讨会的科研成果予以固定，能够为我国保险法制建设贡献大家的聪明智慧，促进中国保险市场健康有序发展的目的，中国人民大学法学院海商法、保险法研究所特编辑《海商法保险法评论——中国保险市场的新问题、新实践和新举措专题研讨》一书。该书根据中国保险市场的新问题、新实践和新举措的主题，选取了部分与会者的发言和作者向研讨会递交的论文，并形成了以下特色：其特点之一是突出了“新”字。这集中表现在该书所选取的各篇文稿均涉及目前我国保险市场实践中存在的亟待解决的热点问题，例如如何在司法实践中理解和适用《保险法司法解释（二）》、银保协作的热点问题、车损险的实务问题、保险合同的解除权与撤销权的竞合问题、卡式电子保单业务中的适用、保险资金的投资运用等保险实务问题，而诸多作者又从各自的保险实务、保险司法审判或者保险法研究的视角，针对相应的具体问题提出具有新意的解决方法或者创新的制度构建设想，以利于完善我国保险法律体系。其特点之二是多样性。这不仅表现在入选文稿体裁的多样性上，包括有关保险法的学术论文、调研报告、工作报告和案例分析等，以丰富多彩的文体形式取代了单一学术论文的文集体例；更在于各篇稿件之观点和论证方法的多样性，既有就全新的保险制度的设计和理论论证，也有针对具体的个体问题的点滴建议。两者兼优并举，使得全书具有理论上、整体上的多层次体系。其特点之三是力求实践性与超前性的相互结合。大家知道，学术研究并非单纯的论证游戏，而是为了解决实践问题。鉴于此，该书分别从法院的法官、保险实务部门和高等院校从事保险法研究的学者等领域选取文稿，并立足于实践性与超前性的兼顾，在保持各篇文稿逻辑合理、分析论证较有深度的前提下，或者是针对司法实践抑或保险实务中的实际问题，诸如保险人的说明义务的范围和履行标准、违法驾车的认定、责任保险的产品创新问题、处理保险纠纷的法律机制问题等，讨论行之有效的解决办法，为处置诸多实际问题献计献策；或者是就中国保险市场发展中有待补充完善的空白点，设计新的制度规则，诸如交强险制度的反思与重构、保险消费者的利益保护、新的铁路旅客运输保险体系的构建、人寿保险信托模式、房屋抵押贷款综合保险的制度建设、保险公司破产制度的设计等，各位作者分别论证了相应的制度建设的可能性和必要性，并提出制度构建的设想和建议，不仅展现了各位专家学者敏锐的眼光和智慧，更预示着中国保险市场的发展趋势，以适应市场运行的需要。

总之，借助该书的编辑出版，有利于加强我国保险法领域学术研究的深度和广度，促进中国保险市场的深化发展，并推动我国保险法学研究的深度发展，就实现了我们的初衷。

《海商法保险法评论（第六卷）》主编

2013 年 10 月 30 日

Preface

It is generally known that it has taken more than 30 years for China's insurance market to develop into one of a considerable size (but still in its early stage) from its establishment. The insurance market has made remarkable contributions to the development of China's socialist market-oriented economy, but on the other hand many problems or deficiencies of this market also surfaced, showing a gap between China's insurance market and those mature markets of the developed countries. Therefore, it is necessary to summarize and continue to build on the achievements of China's insurance market and, at the same time, to seek the methods and ways to solve those problems arising in its development, in order to provide theoretical and practical guidance and support for the continuous and in-depth development of China's insurance market based on the analysis of those problems and discussions on their underlying causes.

For this purpose, in May 2013, Renmin University of China Law School, Maritime and Insurance Law Research Institute hosted the Seminar on New Issues, New Practices and New Measures (System Innovation and Development) in China's Insurance Market. The sponsor of this event invited a total of more than 80 people to this seminar, including Chinese scholars from the jurisprudence academic community, judges and lawyers from the judicial community, experts from the insurance and banking regulatory authorities, and practitioners from the insurance industry. The participants, with their sharp vision, identified the issues faced by China's insurance market from different perspectives, and, with their profound wisdom of thinking, debated on the ways to solve these issues and designed practical regulations and rules accordingly.

Now, for the purpose of recording the scientific research achievements made in this insurance law seminar, enabling the participants to contribute to the development of China's insurance law system with their wisdom, enhancing the healthy and orderly development of China's insurance market, Renmin University of China Law School, Maritime and Insurance Law Research Institute edited the Maritime and Insurance Law Review-Special Seminar on New Issues, New Practices and New Measures in China's Insurance Market. Focusing on the theme of new issues, new practices and new measures in China's insurance market, this book is a selection of speeches made by some of the participants and treatises submitted to this seminar by some of the authors, and has the following features: first, it stresses what is new. This feature is epitomized by the fact that all of the articles in this book covers the hot issues which exist in the practice of China's insurance market and remain to be solved urgently, such as how to understand and apply the second judicial interpretation on insurance law in the context of judicial practices, hot issues in the collaboration between banks and insurers, practical issues in automobile physical damage insurance, the overlapping of the right to terminate insurance contracts and the right to rescind such contracts, the application of card-type electronic insurance policies in insurance business, the use of insurance funds in investments, and other practical issues in the insurance business, and many authors proposed creative solutions or suggestions on the construction of the relevant system with respect to specific issues, based on their insurance business experiences, trial of insurance cases or researches on insurance law, in order to improve the insurance legal system in China. The second feature is diversity, which is not only shown by the various formats of the selected articles, including insurance law-related academic theses, research reports, working reports or case analysis, etc. (i. e., the book consists of a variety of forms of papers instead of a selection of academic theses solely), but also shown by the diversified opinions and methodologies of argumentation embodied in the articles, which include design of new insurance system and the relevant theoretical support, and specific suggestions on individual issues as well, making this book featured by a multi-level structure as a whole and from a theoretical perspective. The third feature is a combination of practical and forward-looking nature. As we all know, academic research is not a game of argumentation, and instead, it is about solving practical issues. For this reason, this book is a selection of articles authored by judges from courts, staff at business departments in insurance companies, and scholars from higher education institutions specialized in insurance law research, and strikes a balance between its focuses on practical issues and forward-looking issues. As long as we make sure the articles selected are logical and contain in-depth analysis and argumentation, we select articles which (i) either address practical issues in judicial activities or insurance business, such as the boundary of insurer's obligations to explain insurance clauses and standards for performance, determination of illegal driving, liability insurance product innovation, and the legal mechanism for settlement of insurance disputes, discuss effective solutions, and offer suggestions on how to deal with various practical issues, or (ii) design new regulations or rules to fill the gap in the development of China's insurance market, such as reflection on and reconstruction of the system of mandatory liability insurance for traffic accidents, protection of consumer's interests, the establishment of new railway passenger transportation insurance system, life insurance trust, the development of housing mortgage loan comprehensive insurance system, design of insurance company's bankruptcy regulations, with all of the authors demonstrating the possibility and necessity of the construction of the relevant systems respectively, and proposing their conception of and suggestions on the construction of the systems, which not only shows that the authors have sharp vision and wisdom, but also predicts the trend in the development of China's insurance market, helping adapting to the operation of the market.

In summary, we hope that the editing and publishing of this book will help strengthen the academic research on insurance law in China in depth and width, contribute to the in-depth development of China's insurance market, and fuel the in-depth development of legal research on insurance in China.

Chief Editors of the Maritime and Insurance Law Review (Volume VI)

October 30, 2013

目　录

第一编　司法界　实务界的视角

第二编　学术界的视角

Table of Content

Part I From the Perspective of Judicial Community and Practitioners

Part II From the Perspective of Academic Community

第一编

司法界　实务界的视角

解读《保险法司法解释（二）》

宫邦友*

最高人民法院《关于适用〈中华人民共和国保险法〉若干问题的解释（二）》（以下简称本解释）已公布，并于2013年6月8日起施行。本解释是专门针对保险法中关于保险合同一般规定部分有关法律适用问题做出的规定，共21条。为正确理解和适用该司法解释，现对其主要内容予以说明。

一、关于财产保险利益的内容

保险利益是保险合同法特有的制度，投保人或者被保险人是否具有保险利益涉及保险合同的效力及保险人保险责任的承担。2009年的保险法将保险利益界定为"投保人或者被保险人对保险标的具有的法律上承认的利益"，该界定较为原则，实务界有代表建议司法解释对保险利益的内涵和外延做出较为一般性的界定，以提高保险利益原则的可操作性。考虑到保险利益的内涵伴随保险行业的发展不断变化，并非一成不变，且理论界与实务界对保险利益的分类尚未达成共识，本解释没有采纳该建议，仅对实践中争议较大的问题进行规定，以解决下级法院对此类问题的执法依据问题。

保险利益是保险的标的，保险产品的开发必须以保险利益为基础，故从鼓励保险创新和交易的角度来看，实践中应当从宽认定保险利益，不仅包括法定利益、现有利益，也包括其他经济利益、期待利益，不仅财产所有人具有保险利益，财产经营管理人、保管人、承揽人、承运人、承租人和抵押权人等对财产也具有保险利益。当然，从宽认定保险利益并不是说在实践中一概认定被保险人具有保险利益。保险利益原则具有防范赌博和道德风险的重要功能，这直接关系社会公共利益问题，不允许当事人通过任何方式予以变更。这就要求在审判实践中要处理好鼓励保险交易与防范道德风险之间的关系。一般来说，应从宽认定保险利益，防止保险人以被保险人不具有保险利益为由逃避保险责任，保护被保险人的合法权益，更好地发挥保险制度的功能。当然，如该认定

---

* 宫邦友，最高人民法院民二庭审判长。

可能存在道德风险或者增加道德风险，则应严格适用保险利益原则，不允许任何当事人通过保险合同获得额外利益。

由于保险利益不限于所有权利益，故同一财产上可能存在不同保险利益。需要注意的是，不同保险利益的内容并不相同，作为保险合同关系人的被保险人只能在各自的保险利益范围内获得赔偿。审判实践中，一定要正确认定不同保险利益的归属主体，并确定不同保险利益的数额。以机动车辆为例，所有权人、抵押权人、质押权人等主体基于物权关系享有相应的保险利益，其中所有权人的保险利益相当于机动车的价值，抵押权人、质押权人的保险利益则以其担保的债权为限。机动车辆所有权将该车租赁给他人或委托他人保管、运输等情况下，承租人、保管人以及承运人等主体基于合同关系享有相应的保险利益，该保险利益属于责任利益，以被保险人因保险事故发生可能须向机动车所有权人承担的赔偿数额为限。该机动车驾驶过程中，可能因发生保险事故造成他人损失，从而基于侵权责任产生相应的保险利益，该保险利益以被保险人对第三人承担赔偿数额为限。

从理论上看，由于不同主体对于同一保险标的具有不同保险利益，保险公司在设计保险产品时，应当考虑不同性质的保险利益，确定不同险种。但从保险实务看，保险市场上没有包容保险标的所承载之全部保险利益的产品，且不同性质的保险利益之间，可能在保险中相容，也可能在保险中互相冲突。因此，保险人设计的具体险种、险别，都针对某一种或数种性质的保险利益。这就需要审慎研究具体险种、险别的保险责任、责任免除等条款，以确定其包含哪些不同性质的保险利益。以机动车辆损失险为例，这个险种的目的是保障车辆所有人利益，车辆所有人是该险种的终极受益人，无论谁驾车出险，最终获得经济补偿的应当是车辆所有人。但是，任何人驾驶该车辆都可能出险，对第三人承担赔偿责任，故在第三者责任险中，被保险人为“被保险人或其允许的合法驾驶人”。再以家庭财产保险为例，该险种同样为房屋等家庭财产的所有人度身定做，房屋所有人为终极受益人。但房屋所有人与使用人分离的状况经常出现，作为房屋租赁人，在租赁期间处于实际占有人地位，对房屋损毁负有管理责任，应当投保相应的责任保险，但租房期间，租赁人通常搬进大量自有财物，也有投保家庭财产保险的需求。若仅以保险利益的外在结构审视，租赁人要分别投保两种保险，既烦琐又多花保费，显然不利于保险业务的发展。于是，考虑到家庭房屋损毁的风险较小，不当得利的道德风险通过承保技术可以防止等种种因素，保险人在设计家庭财产保险时，将所有人、租赁人均视为具有同一性质保险利益的被保险人。其保险责任条款中，“被保险人自有、租用或代他人保管或者与他人共有而由被保险人负责保管的房屋建筑及室内财产损失”，保险人都承担保险责任。这在一定程度上表明，不同性质的保险利益，经过保险技术的运用，可能被内在结构视为具有同一性质的保险利益。但是，并不是所有不同保险利益都可能被归属于其他性质保险利益中。例如，在类似的“货物运输保险”中，考虑到运输过程风险太大，承运人的责任保险利益被排除在具有所有权保险利益的被保险人之外，只能投保与责任利益匹配的“承运人责任保险”。

二、关于保险竞合

由于同一保险标的上可能存在不同的保险利益，不同投保人可能会为同一保险标的基于不同被保险人的保险利益投保多份保险合同，保险事故发生损及同一主体时，源于不同保险利益的多个承保主体可能存在同时理赔的情形，也就是所谓的保险竞合。其中最为典型的是财产损失险与财产责任险的竞合、财产损失险与抵押物信用保险竞合。对于保险竞合，我国当前法律没有规定，审判实践应根据不同险种的性质进行处理。

责任保险与损失保险竞合[1]时，责任保险的保险人是最终责任承担者。因为财产损失险的保险人在给付保险金后，可依据保险代位权向引起保险事故的第三人求偿，如该第三人与其他保险人订立了责任保险合同，则该第三人可将应承担的责任转嫁给责任保险的保险人，故最终责任保险的保险人承担了全部或大部分损失。理论界有观点认为，在被保险人遭受损害的情况下，由责任保险先予负责最为便捷，符合立法者创设保险代位制度的价值追求，也可减少理赔环节。[2] 故在审判实践中，如果责任保险与损失保险竞合的，由责任保险人先承担赔偿责任，责任保险人赔偿之后仍不能补偿被保险人损失的再由财产保险人赔偿。[3] 该观点固然可以减少理赔环节，但并不完全符合被保险人利益。被保险人基于责任保险与损失保险享有的请求权，均具有独立的请求权基础，可以视为不真正连带债务。如强行要求被保险人只能先主张责任保险，剥夺了被保险人的选择自由。因此，实践中应允许遭受损害的被保险人行使选择权，被保险人可以自己决定先向哪个保险公司主张权利：其选择向承保财产损失险的保险公司申请理赔，该保险公司支付财产损失保险金后可以向承保责任保险的保险公司行使保险代位求偿权；其选择先向承保责任保险的保险公司理赔，如未能获得足额赔偿，可再就剩余部分向承保财产损失险的保险公司理赔。

---

[1] 例如，某隧道工程在施工过程中因疏忽造成地面一栋建筑物倒塌，并且隧道工程投保了建筑工程一切险（包括第三者责任），地面建筑物投保了财产保险一切险（包括地陷责任），此时地面建筑物业主既享有向隧道工程方索赔的权利（其实质是由工程保险人承担了赔偿责任），也享有向财产保险人要求赔偿的权利，由此产生责任保险与财产损失保险之间的责任竞合。

[2] 徐民、缪晨：《保险竞合研究——兼论我国保险法的完善》，载《中国商法年刊》2007年。

[3] 罗向明、岑敏华：“基于损失补偿原则的保险竞合研究——兼论保险利益与重复保险”，载《中央财经大学学报》2010年第3期；李文：“从大连‘3.4’风暴潮看保险竞合法律问题”，载《中国保险》2008年第4期。

财产损失险与抵押物信用保险竞合[1]的，应由财产损失险的保险人承担最后责任。根据物权追及效力，抵押物毁损灭失后，其获得的赔偿数额仍应作为抵押的财产，对尚未履行的债权继续提供担保。因此，抵押物丧失后，抵押物所有权人获得的保险金仍应作为抵押物权人的担保物。因抵押物消灭导致债权人权利受损的，抵押权人的保险人对债权人履行债务后，可以在其履行范围内对财产损失险的保险金进行追偿。

实践中，应注意区分保险竞合和重复保险。所谓重复保险，是指投保人对同一保险标的、同一保险利益、同一保险事故分别与两个以上保险人订立保险合同，且保险金额总和超过保险价值的保险。重复保险与保险竞合都是同一保险标的上存在两个以上的保险合同，但二者存在本质区别：重复保险中不同保险合同的保险利益是同一的，而保险竞合中不同保险合同的保险利益是不同的。正因为重复保险中不同保险合同的保险利益是同一的，如果不同保险合同的保险金额总额超过保险利益价值的，则构成超额保险，超过部分不能获得赔偿。保险竞合中不同保险合同的保险利益不同，故可以并存，只要每个保险合同的保险金额没有超过各自的保险利益，则不会存在超额保险的问题。

三、订立保险合同涉及的代签章

在规范保险市场中，投保人订立保险合同时应亲自填写相关保险单证，并签字、盖章，以确保保险单证所填写内容及保险合同的订立是其真实意思表示。但在我国当前保险市场上，出于各方面原因，保险人及其代理人代投保人签字、盖章的行为时有发生，对于这些代签名的行为，如果一律否认其效力将导致大量合同失去效力，不仅破坏正常保险市场秩序，也不利于投保人利益的保护，故本解释第 3 条第 1 款规定："投保人或者投保人的代理人订立保险合同时没有亲自签字或者盖章，而由保险人或者保险人的代理人代为签字或者盖章的，对投保人不生效。但投保人已经交纳保险费的，视为其对代签字或者盖章行为的追认。"对于本规定，应从以下几个方面进行理解。

第一，保险人及其代理人代投保人签字、盖章的合同，属效力待定合同。保险合同订立时保险人或其代理人代投保人签章，如果事先没有得到投保人的授权，本质上是个无权代理问题。无权代理合同从效力上属于效力待定合同，故实践中不能将其视为未成立、未生效或者可撤销合同。

第二，保险人及其代理人代投保人签字、盖章的合同，经投保人追认后对投保人产生效力。无权代理合同虽存在瑕疵，但该瑕疵可以治愈，经投保人追

[1] 例如，甲企业以所有的房屋设定抵押，向银行借款，甲企业为该房屋投保了损失险，银行在贷款额度内为该房屋投保信用险，则可能存在财产损失险与信用保险的竞合。

认后对投保人产生效力。投保人的追认可以采取明示的形式，也可以采取默示的形式。投保人如在保险人的电话回访中对保险人及其代理人代签章行为表示认可的，则属于明示追认。缴纳保险费是投保人负有的主要合同义务，投保人主动缴纳保险费应当视为其对保险合同的默示追认。投保人单纯的不作为不产生追认的效力。投保人在收到代签章的保险单或其他保险凭证后，没有采取任何行动，也未提出任何异议的，不能视为投保人的默认，即使保险人签发的保单上虽记载有“如投保人未在合理期间内提出异议视为追认”等内容。

第三，保险事故发生后，投保人仍可以进行追认。在合同法理论中，无权代理合同履行期间开始后被保险人是否仍可进行追认存在争议。就保险人及其代理人代投保人签字、盖章的情形而言，从保护投保人、被保险人和受益人的合法权益的角度出发，应允许投保人在保险合同履行期开始包括损失发生之后进行追认，只要是在保险期间届满前，这也有利于督促保险公司规范保险展业行为，减少代签章行为的发生。

第四，投保人追认不及于对保险人履行明确说明义务的确认。实践中，投保单需要投保人签章的地方可能会有两处，一是以订约人（要约人）的身份在投保单相应部分签章；二是在“投保人声明栏”处签章。一旦投保单上发生代签名现象，往往是上述两处本应由投保人签章的地方均系代签名。需要指出的是，两处签名的目的和意义不同，在发生代签名现象后认定投保人以缴纳保险费的形式追认的效果亦不同。投保人缴纳保险费的，仅表明其愿意订立该保险合同，是对代签保险合同行为的追认，保险合同对其生效。但不能因此认定保险人已经向其履行了保险免责条款的明确说明义务，因为保险人是否已经向其履行了保险免责条款的明确说明义务是个事实问题，应当实事求是地认定，如果保险人事实上并未向其履行该项义务，不能仅因为投保人缴纳了保险费而推定保险人向其履行了该项义务。

四、关于投保人如实告知义务的范围

关于投保人承担告知义务的范围，有观点认为，投保人告知义务的范围，不应仅限于其明知的内容，还是应当包括其应知的内容。为减轻投保人的负担，防止保险人随意以投保人违反如实告知义务为由解除保险合同，拒绝承担保险责任，更好地落实 2009 年《保险法》修订的精神，本解释第 5 条规定：“保险合同订立时，投保人明知的与保险标的或者被保险人有关的情况，属于保险法第十六条第一款规定的投保人‘应当如实告知’的内容。”该规定将投保人告知范围限于其明知的内容。对于本规定的适用，应注意以下几个方面。

第一，应综合考量相关证据材料判断投保人对相关事实是否明知。投保人明知，是指投保人通过某种方法、手段实际了解到了相关情况或事实。当前审判实践中，对投保人是否明知的争议主要集中于人身保险合同纠纷案件中。在该类案件中，投保人投保时，可能在风险询问表中对是否曾患相关疾病等问题做否认回答，但在理赔中，保险公司通过调查被保险人的病历本、病程记录、住院病志、入/出院记录等相关材料发现，被保险人在保险合同订立前已经患有相关疾病，此时保险公司会以投保人违反如实告知义务为由拒赔，于是双方就会对投保人对被保险人的疾病是否明知以及投保人是否违反如实告知义务产生争议。对于此类案件中投保人是否明知的审查，应区分以下两个层次：一是应审查被保险人客观上是否患有相关疾病，即是否存在应当告知的重要事项；二是应审查投保人对被保险人的疾病是否明知，即投保人主观上是否知道该重要事项。实践中，保险人通常以被保险人相关病历、住院记录等作为证据来证明投保人明知相关疾病，但并不是所有这些证据材料都可以得出投保人明知相关疾病的结论。有些病历虽记载被保险人所患疾病，但其可能仅是推测，或者所记载疾病非常模糊，甚至与其他相关证据材料所记载内容相矛盾，此时不能仅以该病历就认为被保险人患有相关疾病。因此，在具体案件审理中，应当综合考量所有相关证据，结合案件具体情况，准确认定投保人是否明知。

第二，应注意防范保险欺诈行为。有些被保险人明知自己存在不符合承保条件的疾病，但却故意隐瞒自身的健康状况为虚假陈述，或者在保险公司安排的体检中隐瞒事实、误导体检医生，或者通过他人代为投保，以规避如实告知义务，以骗取保险公司的承保，这是一种典型的保险欺诈行为。在具体案件审理中，应结合被保险人的相关病历、治疗状况、投保过程等相关材料，审查投保人的投保动机，注意防范保险欺诈行为。

第三，投保人明知相关重大事项而未如实告知的，并不当然构成故意，也可能是重大过失。关于《保险法》第 16 条规定的故意，一般理解为义务人知悉某重要事实存在，并明知倘隐匿该事实，或就该事实为不实之说明时，将影响保险人为危险之估计，而有意为之的一种心理状态；但不以必须具有以有害于保险人并图自己或他人利益之意思为必要。❶ 也就是说，故意包括以下几个要件：① 明知该事实；② 明知该事实为重要事项；③ 有意不告知。与此相对应，重大过失包括三种情况：一是义务人因重大过失不知道重要事项的存在而未如实告知；二是义务人虽知道该事实存在，但因重大过失不知道该事实的重要性而未如实告知；三是义务人知道事实存在且知道该事实具有重要性，但因重大过失未如实告知。❷ 从以上可以看出，即使是投保人明知相关重要事项，

❶ 樊启荣：《保险契约告知义务制度论》，中国政法大学出版社 2004 年版，第 226～227 页。

❷ 曹兴权：《保险缔约信息义务制度研究》，中国检察出版社 2004 年版，第 196 页。

但仍可能基于不知道该事实具有重要性而未告知，或者虽知道该事实的重要性但因重大过失而未告知，这也是我国台湾地区“保险法”第 64 条的规定的“过失遗漏”的内容。可见，将投保人告知范围限于“明知”，并不排除《保险法》第 16 条中规定的“重大过失”违反如实告知义务的情形。

实践中，投保人在明知相关重要事项，但却因重大过失未如实告知的，主要有以下两种情形：一是因重大过失不知道该事实的重要性。根据《保险法》第 16 条第 1 款的规定，我国对于投保人的如实告知义务采纳的是询问告知主义，只有保险人询问的内容，投保人才需告知，即只有保险人询问的内容才是投保人应当告知的重要事项。实践中，即使保险人已经询问，但如投保人因重大过失未能清楚理解保险人询问内容的确切含义，或者基于自身疏忽未能认识到所询问内容包括其知道的事实等方面原因，未能将其知道的重要事项告知保险人，则构成因重大过失未如实告知。二是因重大过失未如实告知。投保人虽然知道相关事实且知道其为重要事项，但在回答过程中可能因各方面原因未向保险人准确告知，则构成因重大过失未如实告知。

五、关于保险人明确说明义务的范围

2009 年《保险法》将保险人明确说明的对象由原来的“保险人责任免除条款”变更为“免除保险人责任的条款”，在解释上包括：一是修订前《保险法》所指的保险人责任免除条款，即保险合同中载明的保险人不负赔偿或者给付保险金责任的范围的条款；二是散见在保险单其他条款中的涉及部分免除保险人责任的条款。[1] 实践中对“免除保险人责任的条款”如何界定存在较大争议。为此，本解释第 9 条规定：“保险人提供的格式合同文本中的责任免除条款、免赔额、免赔率、比例赔付或者给付等免除或者减轻保险人责任的条款，可以认定为保险法第十七条第二款规定的‘免除保险人责任的条款’。保险人因投保人、被保险人违反法定或者约定义务，享有解除合同权利的条款，不属于保险法第十七条第二款规定的‘免除保险人责任的条款’。”对于本规定，应从以下几个方面进行理解。

第一，并不是所有与保险责任相关的条款均是免除保险人责任的条款。所谓免责，应以当事人应承担责任为前提，如保险人无须承担保险责任，则不存在免除一说，故保险人提供的格式条款中用于确定保险责任范围的条款不属于免除保险人责任的条款。实践中，被保险人或者受益人以相关免责条款不产生效力为由要求保险人赔偿或者给付保险金的，人民法院应当审查保险条款关于保险责任范围的具体规定，以确定事故是否属于保险责任范围：事故不属于保

[1] 安建：《中华人民共和国保险法（修订）释义》，法律出版社 2009 年版，第 47 页。

险责任范围的，无须审查事故是否属于免责范围以及相关免责条款的效力；事故属于保险责任范围的，应进一步审查事故是否属于免责条款规定的情形，以及免责条款是否有效。

第二，本规定并未穷尽所有免除保险人责任的条款。本规定虽对免除保险人责任条款进行列举，但并非封闭性的，除了本规定列举的以上条款外，仍可能存在其他免除保险人责任的条款，故对格式条款中的其他条款是否必须经保险人明确说明才能产生效力，需要结合保险条款的相关内容判断其是否实质上减轻或免除保险人责任。例如，保险合同中的释义条款，其虽是针对保险合同中所含有的专业词汇或者其他需要解释和说明的事项所约定的条款，但因释义条款所解释的专业术语或事项可能与保险责任密切相关，释义条款也将直接影响保险责任的承担与范围。因此，如果释义条款可能涉及限制或免除保险人应当承担的责任的，也应经过明确说明才能产生效力。

第三，解除权条款不属于免除保险人责任的条款。保险人因投保人、被保险人违反法定或者约定义务，享有解除合同权利的条款，虽也可能导致保险人不承担保险责任，但这是保险人解除保险合同的法律后果，而不是直接免除保险人的保险责任，故该不属于“免除保险人责任的条款”。值得注意的是，保险合同中关于保险合同解除的条款应当符合保险法的规定，否则可根据《保险法》第19条规定认定无效。

实践中，应注意区分《保险法》第17条所指免除保险人责任的条款与第19条所规定的无效格式条款。《保险法》第17条和第19条都是对保险格式条款的规制，但二者属于不同层次：前者是对格式条款订入的规制，保险人提供的格式条款必须向投保人说明，对免除保险人责任条款，则必须提示和明确说明相关条款才能订入合同，作为合同的组成部分，否则不产生效力；后者是对格式条款效力的规制，保险人提供的格式条款即使符合第17条的订入规范，成为保险合同组成部分，但其如存在第19条规定情形，则该条款是无效的。可见，免除保险人责任的条款不同于无效的免责条款，前者范围更广。例如，保险条款中的除外责任条款和免赔条款，属于第17条规定的“免除保险人责任的条款”，保险人在订立合同时需对这些条款进行明确说明，但这些条款则并不当然是第19条规定的无效免责条款，甚至通常都不能认定为无效的免责条款。从合同角度来看，第17条涉及格式条款是否产生效力，第19条则涉及格式条款是否有效，故相关条款符合第17条的规定是是否适用第19条的前提。实践中，应先判断相关格式条款是否属于第17条的免除保险人责任条款。如果相关格式条款属于免除保险人责任条款，则需判断保险人是否进行提示和明确说明：如保险人未提示或明确说明，则该条款未生效，不存在依据第19条判断是否有效的问题；保险人进行提示和明确说明，该条款已经生效的，才存在是否需要依据第 19 条对其效力进行判断的问题。

六、关于明确说明的履行

关于保险人对免除保险人责任的条款的明确说明义务如何履行，最高法院曾以批复形式进行明确，一些地方法院也通过指导意见的形式进行规范，但实践中仍存在不同认识。为防止明确说明义务流于形式化，本解释第 11 条第 2 款规定："保险人对保险合同中有关免除保险人责任条款的概念、内容及其法律后果以书面或者口头形式向投保人作出常人能够理解的解释说明的，人民法院应当认定保险人履行了保险法第十七条第二款规定的明确说明义务。"对于本规定，应从以下几个方面加以理解。

一是说明的内容。保险人不仅应就免除保险人责任的条款的概念、内容进行明确说明，还应对其法律后果进行明确说明。

二是说明的形式。保险人的说明，可采取书面形式和口头形式。采取书面形式的，若投保人对说明内容存有疑问，保险人仍应采取口头形式予以解答，直至其理解合同条款内容。除传统之书面或口头形式外，保险人还可能借助电子邮件、在线交谈、在线传输等网络形式进行说明。当然，无论口头说明、书面说明，还是其他方式之说明，保险人都必须对其履行说明义务承担举证责任。

三是说明的程度。保险人的明确说明，应达到通常人所能理解的程度。此处的通常人应理解为普通外行人，是指具有一般知识与智力水平的一般保险外行人。如保险人说明、解释能够达到使普通外行人了解合同条款真实含义的程度，即可认为保险人已履行了明确说明义务。

四是说明的判断。对于保险人明确说明的判断，一是应结合明确说明的内容。如说明内容简单明晰、通俗易懂，普通外行人能够轻易理解的，保险人无须作出过于复杂的说明。如说明内容术语众多、概念晦涩、句式复杂，普通外行人难以理解的，保险人须深入说明。二是应结合说明的对象。如说明对象属普通投保主体，则保险人只需作出达到一般理性外行人所能理解的说明；如保险人在订立保险合同时知道投保人的认知能力、智力水平等方面不同于普通人的，则应进行特别的说明；如保险人有证据证明投保人的认知能力、专业素养高于普通外行人，则保险人明确说明的举证责任可适当放宽。

对于通过网络、电话等方式订立的保险合同，司法解释第 12 条允许保险人以网页、音频、视频等形式对免除保险人责任条款进行提示和明确说明。需要注意的是，以网页、音频、视频等进行的提示和明确说明也必须达到司法解释第 11 条规定的标准，否则相关免除保险人责任条款不生效。

以网络方式订立的保险合同中，保险人通常是通过计算机网页的操作程序来完成其提示和明确说明义务的，投保人拟通过网络投保的，必须按照保险人的指示，按顺序阅读网页，并点击“同意”予以确认。实践中，有些保险公司所设计的投保程序，在投保人如实填写相关信息，履行如实告知义务，点击“下一步”后，并不是主动弹出保险条款的页面，而是直接出现载有“1. 本人认可并接受网上投保方式，愿以此种方式与保险公司签订保险合同；2. 本人已详细阅读投保须知和保险条款，对各项保险责任和除外责任均已了解并同意”内容的投保人声明页，引导投保人直接点击同意进入下一步。保险人如要阅读保险条款，需要点击该页面所链接的保险条款。以这种方式来履行提示和明确说明义务并不符合要求。保险人的提示和明确说明义务是保险人应主动履行的义务，而不是基于投保人请求才被动产生的。投保人只有主动点击才会出现保险格式条款，实际上类似于保险人根据投保人的请求提供格式条款，不符合《保险法》第 17 条的规定。此外，还有些保险公司所设计的网页虽会主动弹出保险格式条款，供投保人阅读，只有投保人点击网页底部的投保声明页的“同意”时，才进入下一步，但其网页所载的格式条款的所有内容在形式上完全一致，并未采用特殊字体、颜色或者符号等特别标识对免除保险人责任条款进行提示，这种情况下应认为保险人未尽到提示义务，相关免除保险人责任条款不产生效力。

网络销售有网络页面作为格式条款的载体，故其提示和明确说明义务的履行可依据《保险法》第 17 条的规定进行判断。电话销售与网络销售不同，其保险合同是通过电话方式订立，保险人通过电话沟通之后才向投保人送保险单，此时如何判断保险人提示与明确说明义务的履行？如果认为，保险人在投保人收到投保单后仍需再次与投保人沟通，对保险单中免除保险人责任条款进行说明，似乎不能体现电话销售的特点，不能实现交易的便捷。如果认为，保险人只要在电话沟通时进行提示和明确说明即可，无须在投保人收到保险单后再次说明，则因通过电话沟通并不如面对面方便，且投保人并未看到保险条款，仅凭保险人的电话介绍难以真正了解保险条款的内容，这种情况下如何保护投保人不为销售误导所影响？这是需要在实践中进一步探索的。

七、关于保险合同内容的认定规则

保险合同的内容可能涉及不同载体，不同载体上所记载的内容可能不完全一致，此时如何认定保险合同的内容容易产生争议，故本解释第 14 条规定：“保险合同中记载的内容不一致的，按照下列规则认定：（一）投保单与保险单或者其他保险凭证不一致的，以投保单为准。但不一致的情形经保险人说明并经投保人同意的，以投保人签收的保险单或者其他保险凭证载明的内容为准；（二）非格式条款与格式条款不一致的，以非格式条款为准；（三）保险凭证记载的时间不同的，以形成时间在后的为准；（四）保险凭证存在手写和打印两种方式的，以双方签字、盖章的手写部分的内容为准。”对于该规定，应从以下几个方面进行理解。

第一，投保单与保险单或者其他保险凭证不一致的，以投保单为准，除非保险人对不一致情形向投保人进行说明并经投保人同意。保险人拟签发与投保人不一致的保险凭证，应主动进行说明，使得投保人明了保险单或其他保险凭证中哪些内容与投保单相比有了变化，并只有在投保人同意的情况下，不一致的内容才能作为合同的组成部分。投保人的同意可以是明示的，也可以是默示的，但投保人单纯的不作为不能视为同意。实践中，有的保险人在保险单中印制“投保人有核对保险条款义务，超过规定时限（如规定 48 小时）未通知则视为投保人无异议”等内容。因缺乏保险人的主动说明和提醒，投保人往往注意不到上述印制的内容；即便注意到了上述印制的内容，在保险人不就不一致之处特别提醒的情况下，投保人也难以发现保险单与投保单的不一致之处，尤其是在投保单往往由保险人保管、投保人手中并无投保单的情况下更是如此。鉴于此种限时要求投保人阅读的方式起不到让投保人明了保险单与投保单不一致之处的效果，保险单中与投保单不一致的内容不能视为纳入了保险合同之中，也就不能约束投保人方，保险人若以上述印制内容为由主张其已履行了明确说明义务并经投保人同意的，不应支持。

第二，应正确适用非格式条款优于格式条款、形成时间在后优于形成时间在前、手写内容优于打印内容规则。格式条款以及打印的保险凭证一般都是由保险人单方事先提供的，而非格式条款以及手写的部分则是由当事人事先通过协商确定的，更能体现当事人的真实意思，故非格式条款优于格式条款，手写内容优于打印内容。形成时间在后的内容是对形成时间在前内容的变更，故二者不一致时应以形成时间在后的内容为准。值得注意的是，适用以上规则应具备以下两个条件：一是非格式条款、手写内容以及形成时间在后的凭证是经双方当事人意思表示一致成立的。保险实务中，一些保险人向投保人出具的保险单或其他保险凭证以“特别约定”的方式对保险格式条款的相关内容单方作出变更，以限制被保险人权利、限缩保险人义务，这些特别约定如果未经投保人同意不能作为保险合同的内容。保险人主张特别约定是合同组成部分的，应举证证明“特别约定”征得了投保人的同意。二是非格式条款与格式条款、手写内容与打印内容、形成时间在后的凭证与形成时间在前的凭证存在冲突。非格式条款与格式条款、手写内容与打印内容、形成时间在后的凭证与形成时间在前的凭证虽存在不一致，但若不存在冲突或者相互抵触的，则非格式条款、手写内容以及形成时间在后的凭证可以作为格式条款、打印内容和形成时间在前凭证的补充，共同作为合同组成部分，不适用本规则。

第三，应注意区分本规则与不利解释原则的适用。不利解释原则的适用前提是保险纠纷当事人就同一保险格式条款的含义产生了分歧且存在两种以上的合理解释。对于保险合同记载的内容不一致，即不同保险条款之间产生冲突如何选择适用问题，超出了不利解释原则的调整范围，应当按照本解释第 14 条关于保险合同内容的认定规则处理。

过犹不及

——论保险人缔约义务的合理边界

刘建勋*

“过犹不及”语出《论语》，其意为：过分也是一种不足，同样不能达到目标。立法与司法均应当正确界定保险人缔约义务的合理边界，追求缔约自由、意思自治、公平交易在格式保险合同之上的真实内涵。比较研究可以发现，我国保险法为保险人设定的缔约义务存在“过分”与“不足”两种缺陷：一方面，保险人本应承担的某些重要缔约义务并未被纳入，可能损害保险相对人的利益；另一方面，我国保险法课以保险人的某些缔约义务又过于严苛，同样不利于公平交易。

一、前提：课以保险人缔约义务的理由

依据当事人在订立合同时所处之地位，可以将合同划分为议商合同和附合合同。议商合同，是由当事人双方在平等的基础上，经过充分协商而订立的合同。附合合同，则是由一方当事人提出合同的主要条件，另一方当事人或者从整体上接受他方条件，或者不接受他方条件，没有协商余地的合同。[1] 多数保险合同，系采用保险人提供的格式条款订立的附合合同。按照合同法的一般原理，当事人订立合同应当遵循自愿平等、协商一致的原则。议商合同的条款是当事人磋商的结果，除非具有欺诈、胁迫、误解等特殊情形，应当认定其为当事人的真实合意。附合性的保险合同则不然，投保人与保险人虽然也有磋商行为，但是磋商的对象一般限于保险期间、保险金额等不能为格式条款所覆盖的内容。对于格式条款本身，投保人只能表示“接受”或者“不接受”——接受则合同成立；不接受则合同不成立。

有观点认为，就格式保险合同而言，当事人的真正合意应当表现为，投保人在充分理解合同条款的内容及其含义的基础上作出愿受其约束的意思表示。

---

* 刘建勋，北京市西城区人民法院法官。

[1] 温世扬：《保险法》，法律出版社2007年第2版，第48页。

该合意包括对合同条款的“理解”和“接受”两个方面，“理解”是“接受”的前提，不理解而接受，不构成真正的合意。[1] 鉴于格式条款由保险人单方拟定，且条款内容具有高度的专业性和复杂性，故保险人在缔约过程中有必要承担某些缔约义务，帮助投保人了解保险产品及合同内容，使其在理解的基础上对于交易价值作出准确判断，并据此作出是否投保的决定。课以保险人的缔约义务的目的即在于，防止保险人滥用其优越地位，通过合同获得不当利益，使相对人陷于“自甘冒险”的不利境地，并在此基础上实现缔约自由和公平交易的真实内涵。

二、比较：中、德保险法关于保险人缔约义务的立法差异

德国保险法颁布于1908年，是陆上保险统一立法的先驱和集大成者，该法对日本、瑞士、瑞典等许多大陆法系国家的保险立法具有深远影响。[2] 现行《德国保险合同法》内容丰富，多达216条，而我国保险法的“保险合同章”仅有57条。因此，研究德国保险法对于评估我国保险立法之得失具有重要参考意义。比较之后可以发现，中、德保险法关于保险人缔约义务的规定，在以下几个方面存在重要差异。

（一）关于保险人建议义务

保险人建议义务是指保险人承担向投保人推荐适用保险产品的义务。课以保险人此项义务的理由在于，保险产品具有高度专业化和定型化的特点，某些合同条款及其承载的权利义务，普通公众依据一般生活常识难以准确理解。正如美国保险法学者论述的：如果有人认为保险合同中的字词适用于它们的常用释义，合同就会像雷区一样布满陷阱。[3] 由此，投保人对于保险产品的价值产生误判，就缔约作出的意思表示系出于误解，甚至是由于受到保险人误导的可能性皆不能避免，在此情形下成立的合同即有可能不是当事人的真实合意。保险人作为具有专业知识的经营者，有能力、有必要在了解相对人之危险类别、危险水平与保费支付能力的基础上，准确判断该相对人存在何种保险需求，以及何种保险产品可以满足其保险需求。由保险人承担建议义务，向投保人推荐适用的保险产品，符合诚实信用原则的要求。

1. 德国保险法的规定

投保人投保是为了满足某种保险需求。所谓保险需求，是指保险相对人由于在客观上存在某种危险，从而产生的转移分散该危险的意愿。所谓满足保险需求，是指保险合同的保障功能，可以与保险相对人转移分散危险的意愿形成

---

[1] 温世扬：“保险人订约说明义务之我见”，载《河北法学》2001年第2期。

[2] 孙宏涛：《德国保险合同法》，中国法制出版社2012年版，第1页。

[3] 约翰·F. 道宾：《美国保险法》，梁鹏译，法律出版社2008年第4版，序言。

契合。应当指出，保险产品的保障功能是大致的和方向性的，即便是被冠名为“一切险”的保险产品，保险人也不可能提供没有保险空白的绝对保障。[1] 为了实现保险功能与保险需求的契合，德国保险法第 6 条第 1 款规定：“如果投保人对相关保险产品产生疑惑，则保险人应当询问投保人的投保意愿和需求，并根据投保人将要支付的保费针对某项特定保险产品作出建议并就上述建议详细说明理由，为其推荐合理的产品。”该款规定是建议义务的核心，具体有两方面内容：其一，保险人应当主动了解相对人的保险需求；其二，保险人应当向投保人推荐适用其保险需求的产品。如果保险人不履行上述义务，那么按照德国保险法第 6 条第 5 款的规定，“其应当针对投保人因此遭受的损失承担赔偿责任”。

尤其值得称道的是，德国保险法在明确保险人建议义务的同时，针对投保人的不同情形，对于该义务的履行采取了灵活的规定。保险人建议的前提是“投保人对保险产品产生疑惑”。如果投保人具有保险知识，或者对于保险产品不存疑惑，即可以“书面放弃接受保险人建议的权利”。对于投保人的弃权，依照该法第 6 条第 3 款的规定，“保险人必须明确告知投保人放弃上述权利可能对投保人请求损害赔偿的权利造成不利影响”。

2. 我国保险立法的缺失

由保险人承担建议义务的合理性毋庸置疑，因此该规则不但在学术界广获认同，而且被越来越多地贯彻于保险实践之中，即便在我国亦如此。保监会即规定：“保险公司设计费用补偿型医疗保险产品，必须区分被保险人是否拥有公费医疗、社会医疗保险的不同情况，在保险条款、费率以及赔付金额等方面予以区别对待。保险公司销售费用补偿型医疗保险，应当向投保人询问被保险人是否拥有公费医疗、社会医疗保险和其他费用补偿型医疗保险的情况。保险公司不得诱导被保险人重复购买保障功能相同或者类似的费用补偿型医疗保险产品。”[2] 上述规定显然带有“保险人推荐合理产品”的意味。

但是，由保险人承担建议义务作为一个具有积极意义的规则，并未被我国保险法所采纳。其后果为，投保人购买其并不需要的保险产品的现象时有发生。例如，大量的家庭自用轿车被车主投保了“车上人员（司机）责任保险”，该险种属于责任保险业务，保险标的是被保险人（通常为车主）依法向司机承担的赔偿责任。由此可见，该险种适用于雇用司机驾驶车辆并且有可能因此向司机承担赔偿责任的雇主。家庭自用轿车的司机主要是被保险人本人或其近亲属，因而几乎不存在由被保险人向司机承担赔偿责任的可能性。家庭自用轿车的车主购买此类保险，显然是由于不了解该险种的保障功能，误以为其本人驾

---

[1] 小罗伯特·H. 杰瑞、道格拉斯·R. 里士满：《美国保险法精解（第四版）》，李之彦译，北京大学出版社 2009 年版，第 220 页。

[2] 中国保监会《健康保险管理办法》第 22 条、第 29 条。

驶车辆发生事故所造成的自身之人身损害，保险人也会给予赔偿。

在一个案件中，甲欲为自己名下的汽车投保，委托乙向保险人提出投保申请，保险人签发的保险单竟然将乙记载为投保人和被保险人，甲在发生事故后就车损索赔，保险人又以甲不是被保险人而不具有保险金请求权为由拒赔。[1]此情形说明，保险市场在我国极不成熟，普通公众不能准确理解一些与保险有关的基本概念，保险人建议义务的价值由此更为彰显。我国保险法不但应当明确保险人建议义务，而且应当适度扩大其建议范围，将投保人、被保险人与受益人的选定、保险期间与保险金额的确定等关乎保险合同的重要事项，均纳入建议义务的范围。

（二）关于保险人的格式条款提供义务

格式条款由保险人预先拟定，如果不交付相对人，相对人即无从了解其合同权利义务，因此各国保险法普遍规定了保险人的条款提供义务。我国《保险法》第 17 条第 1 款亦规定：“订立保险合同，采用保险人提供的格式条款的，保险人向投保人提供的投保单应当附格式条款……”按照上述规定，保险人履行条款提供义务的方式是“投保单附条款”，而投保单是投保人作出缔约意思表示的文件，因此保险人履行条款提供义务的时点，只能在合同成立之前，而不能在合同成立之后。

相对于我国保险法，德国保险法的规定更为灵活。一方面，德国保险法第 7 条第 1 款前段规定：“在投保人作出承诺前，保险人应当以书面形式告知投保人保险合同的相关条款”，以此保障投保人在缔约时知晓有关信息。另一方面，该法对于保险人履行义务之时间的规定，也依据缔约方式的不同而有所差别，其第 7 条第 1 款后段规定：“如果根据投保人的要求，保险合同是通过电话或其他通信方式订立的，而上述缔约方式使得投保人在做出承诺之前无法获得上述信息，则在保险合同订立之后保险人必须尽快将上述信息通知投保人。即使投保人在做出承诺前以书面声明方式放弃获得上述信息的权利，上述规定仍然适用。”这一具有灵活性的规定对于现代保险交易意义重大。在科技进步的今天，非传统的新型缔约模式不断出现，其中的电话投保，因其便捷和低成本已经为我国保险市场所普遍采纳。在电话投保的模式之下，我国保险法有关“保险人向投保人提供的投保单应当附格式条款”的规定，不可能得到切实履行。市场上常见的变通做法是，保险人在电话交易完成、合同已经成立后，向投保人收取保险费时，一并要求投保人在投保单上签字了事。这不是在履行法定的缔约义务，而是应付保险监管的走过场。客观而言，保险人这些不符合法律规定的做法，实为法律僵化造成的无奈之举。因此，我国保险法应当吸收借

---

[1] 案件来源：北京市西城区人民法院（2010）西民初字第 17264 号。

鉴德国保险立法之长，肯定电话投保、网络投保、传真投保等新型缔约模式，并且规定由于采取此类交易方式致使保险人在合同成立前无法履行条款提供义务的，应当在合同成立后的合理期间内尽快履行。作为对保险相对人的救济，可以赋予其在收到条款后的合理期间内无条件解除合同并且取回全部保险费的权利。如此，合同项下的权利义务平衡并未被打破。

（三）关于保险人的合同说明义务

鉴于格式保险条款的不可磋商性、专业性和复杂性，世界上许多国家和地区的保险法，课以保险人合同说明义务，以此防止投保人出于重大误解或者由于受到保险人欺诈误导而错误地作出投保决定。中、德保险法均明确了保险人的合同说明义务，但是针对保险人履行说明义务之范围以及不履行义务之后果的规定，存在着明显差异。

1. 关于保险人履行说明义务之范围

我国《保险法》第 17 条第 1 款中规定保险人“应当向投保人说明合同的内容”，第 2 款又规定保险人应当“明确说明免责条款”。德国保险法的规定则有所不同，该法在第 7 条将保险人应当说明的事项逐一列明，具体包括以下信息：投保人的合同解除权；人身保险的被保险人可以期待的利益，该利益的确定、计算模型以及获取保险的成本；健康保险的保险费支付形式及分散成本等。此外该款还规定，即便投保人以书面形式放弃获得上述信息的权利，保险人的信息提供义务也不能免除。由上述立法差异可见，德国保险法并未规定保险人需要逐条款说明合同全部，而是将其说明义务的重点确定为保险费的支付、合同的解除以及被保险人的合同利益等核心内容。保险交易的本质在于，投保人以支付保险费为对价，将危险转移给保险人并因此获得保险保障。保险人基于收取保险费而承保的危险，与相对人意欲转移的危险互相吻合时，该相对人的保险需求才可能被满足。因此，将保险人说明义务的重点确定为保险人责任即合同之保障功能，方为促成真实合意的要点所在。反观我国保险法，将保险人说明合同的重点确定为保险人免责，颇有本末倒置之嫌。

保险合同属于射幸合同，被保险人存在某种危险是必然的，但是危险是否发生则属于概率事件，因而保险赔付具有不确定性。这种不确定性决定了保险人在订立合同时实无必要逐字逐句地向相对人解释合同的每一条款，其需要披露的只是合同中的“重要信息”。关于信息是否重要的标准，有学者认为，如果保险人就某一合同条款或信息是否作出恰当说明，会直接对投保人缔约决策构成实质性影响，该条款或信息即具有重要性。[1] 格式合同中“重要信息”之外的一般性条款，由于其不是投保人的决策依据，故无须成为说明对象，否则

[1] 于海纯：“保险人缔约信息义务的边界——以重要性标准之建立为中心”，载《比较法研究》2011 年第 2 期。

就会不必要地增加交易成本，而所有交易成本最终均将由消费者承担。德国保险法以列举方式明确了保险人履行说明义务的范围，并且将说明重点确定为合同的核心权利义务，更有助于保险相对人准确判断交易价值，既经济又实用。

2. 我国《保险法》第 17 条第 1 款的规定“有义务无责任”

我国《保险法》在第 17 条第 1 款，虽然规定保险人应当向投保人说明合同内容，但是并未规定保险人不履行义务的法律后果。一切法律漏洞都会被充分利用，每一个有保险交易经验的投保人都会有类似感受——保险人并没有真正向他们说明过“保险人责任”、“合同解除”等重要事项。究其缘由，正如有学者所论述的，无责任就无义务，无救济便无权利。[1] 我国保险法该款规定貌似具有义务性和强制性，但由于其法律责任的结构性缺失注定流于空谈。

反观德国保险法，从两个方面防范保险人逃避义务：第一，明确格式合同中违法条款为无效。该法第 18 条规定，格式条款如果违反该法第 7 条所规定的信息提供义务的，“对投保人不利的约定应归于无效”。[2] 此处所称对投保人不利的约定，包括格式合同中免除保险人信息提供义务的条款。这一规定从根本上否定了保险人利用格式条款逃避法定义务的行为。第二，赋予保险相对人救济权利。该法第 7 条第 4 款规定：“投保人可以在保险期间内随时要求保险人以书面文件的形式向其提供合同条款，包括保险合同的承保范围和一般条款，上述文件的首次邮寄成本应当由保险人承担。”而后，该法在第 8 条第 2 款规定：当投保人收到保险单与保险合同条款，包括保险合同一般条款以及根据该法第 7 条第 1 款和第 2 款规定的其他书面信息后，可以行使合同解除权。上述两项规定相结合，不但可以落实投保人对于“重要信息”的知情权，而且赋予其知情之后的合同解除权，以此消除误解缔约所造成的损失。

3. 关于我国保险法所独有的免责条款说明生效规则

（1）我国保险法的规定

我国《保险法》第 17 条第 2 款规定：“对保险合同中免除保险人责任的条款，保险人在订立合同时……未作提示或者明确说明的，该条款不产生效力。”该款规定课以保险人两项缔约义务，即提示投保人注意、明确说明格式合同中的免责条款，同时规定了严厉的法律后果，如保险人不履行义务免责条款即不能生效。有学者指出，在此特定情形之下，所谓免责条款“生效”，并不意味着该条款必然对相对人具有法律意义上的约束力，而仅指免责条款被订入合同之中。[3] 这些被订入合同的免责条款经法院审查被确认为有效之后，才对当事

---

[1] 方乐华：《保险与保险法》，北京大学出版社 2009 年版，第 274 页。

[2] 德国保险法第 18 条，有关“违反该法规定并对投保人不利的约定应归于无效”的规定，并非仅针对该法第 7 条，另针对多种情形。详见孙宏涛：《德国保险合同法》，中国法制出版社 2012 年版，第 66 页。

[3] 崔建远：《合同法》，法律出版社 2007 年第 4 版，第 63 页。

人具有约束力。

(2) 免责条款说明生效规则的缺陷

我国《保险法》第 17 条第 2 款的规定，确立了格式合同中免责条款的“说明生效规则”。有观点认为，“该规则是我国保险立法之创举……对于保护被保险人利益、贯彻保险之最大诚信要求极具意义”。❶ 笔者查阅了多个国家和地区的保险立法，均未发现类似规定。这一情形意味着，我国保险立法于 1995 年首创的免责条款说明生效规则，至今仍被其他国家和地区的保险立法所普遍拒绝采纳。进而引发的思考是，这一规则是否存在着严重的缺陷？

《保险法》第 17 条第 2 款所采取的文字表述是“免除保险人责任的条款”，对于免责条款的范围、种类和性质未辅以任何限制性修饰语，文义涵盖过宽。事实上，保险人通过格式条款为自己设定若干免责情形，素为举世保险业所通行，目的在于对危险进行有效管控。如果不加区别地将一切免责条款纳入说明生效规则的适用范围，其结果必然是，即便具有合理性甚至合法性的免责条款，也会由于保险人的缔约行为瑕疵而失去功能，形成无法填补的合同空白。试举以下两类免责条款为例，论证格式免责条款如果不加区别地适用说明生效规则，将损害合同项下的权利义务之平衡，甚至产生纵容道德危险的严重后果。

第一，明示“不保危险”的免责条款。保险人在合同内承保哪些危险，除非有法律的强制性规定，否则即属于产品设计的范畴，保险人有权自主决定。例如，某保险人使用的《非营业用汽车损失保险条款》约定，“地震造成的被保险车辆之损失，保险人不负责赔偿”。地震免责是一个国际性的保险规则，即便在日本这样的地震多发国家，汽车保险通常也将地震造成的损失排除在赔付之外。❷ 该条款的目的，在于向保险相对人明示，保险人对于地震这一特定危险不予承保。在保险精算层面，保险人也没有厘定、收取与地震有关的保险费。如果以保险人未履行说明义务为由判定该免责条款不生效，与地震有关的危险将被司法强行纳入承保范围，保险费与承保危险之间的对价平衡关系将被打破，从根本上违背了公平原则。

第二，防止道德危险的免责条款。保险标的所面临的危险多种多样，其中最需要被严格防范的是保险相对人带有主观恶意的道德危险，道德危险无论是积极的（故意制造保险事故）抑或是消极的（对保险标的疏于维护放任损失发生），与之有关的损害结果皆不应获得保险赔付。例如，某保险人使用的《非营业用汽车损失保险条款》约定，“被保险人饮酒后驾驶车辆造成的车辆损失，

---

❶ 吴定富：《中华人民共和国保险法释义》，中国财政经济出版社 2009 年版，第 51 页。

❷ 梁鹏：《评论与反思——发现保险法的精神》，西南财经大学出版社 2011 年版，第 168 页。

保险人不负责赔偿”。这一免责条款的功能显然在于防范道德危险，如果以保险人未履行说明义务为由判定该条款不生效，将使严重过错获得保险救济，不符合公平正义的基本原则。

不宜适用说明生效规则的免责条款并不止于上述两种。[1] 应当认识到，格式保险合同中的多数免责条款，是保险人为了维护保险标的之安全，管理控制危险所采取的合理化经营措施。危险管理是保险经营的根本所在，免责条款未经说明不能生效的规则，以保险人缔约行为之瑕疵，从根本上否定控制危险的合理措施，实为以偏概全。该规则在立法论证上欠成熟，为世界各国保险立法所排斥亦属必然。

（3）恰当的思路与补救措施

关于格式条款与合同整体的关系，有学者作出了精辟的论述：一般地说，消费者在载有格式条款的文件上签字，格式条款即订入合同中，即使他并未阅读过这些条款，除非有欺诈、胁迫等因素。这似乎对相对人过于苛刻，其实不然。因为相对人签字时应当尽到注意义务，了解免责条款及其他格式条款的内容，没有做到这一点便有过失，不值得加以特别保护。再说，免责条款及其他格式条款成为合同的组成部分，并不意味着它一定能拘束相对人，如果免责条款及其他格式条款存在着显失公平问题时，尚有立法控制、行政控制和司法控制等环节阻止它生效。既然如此，我国法应当确立当事人在合同文件上签字就受其约束的规则。[2]

在法律逻辑上，将经营者不履行合同说明义务的法律责任规定为消费者的合同撤销权或解除权更为恰当。例如，日本《消费者合同法》第 4 条规定：经营者在作缔结消费者合同的劝诱时，就某一重要事项或者与该重要事项相关的事项仅作对该消费者有利方面的说明，而对该重要事项对该消费者不利方面的事实故意不作说明，导致消费者误认为该事实不存在从而作出该消费者合同的要约或承诺的意思表示之时，消费者可以撤销该意思表示。[3] 在保险交易的范畴内，鉴于保险目的在于转移危险的特殊性，因此交易公平亦有其特定内涵。保险交易的公平不在于保险费与保险赔付之间的等价有偿，而在于合同成立之时保险费与保险人承保危险之间的对价平衡不被恶意打破。如果保险人未善尽信息提供义务，使相对人对于交易的价值产生重大误解，撤销或解除合同方为正道。反之，若强行维持合同关系，并以加重保险人责任的方式惩罚其缔约过失，貌似保护了保险消费者，实则违背了公平交易的原则。

---

[1] 详见刘建勋：“格式保险合同之免责条款说明生效规则的限制适用”，载《人民司法应用》2012 年第 7 期。

[2] 崔建远：《合同法》，法律出版社 2007 年第 4 版，第 64 页。

[3] 转引自于海纯：“保险人缔约信息义务的边界——以重要性标准之建立为中心”，载《比较法研究》2011 年第 2 期。

在审判实践中，已经逐渐有法院和法官认识到《保险法》第 17 条第 2 款所确立的免责条款说明生效规则的负面影响，并且试图通过“解释法律”的方法对该条款的适用范围进行限缩。例如，北京市高级人民法院曾经指出，免责条款是指保险合同中不因投保人、被保险人或受益人未履行法定或者约定义务而免除保险人责任的条款。[1] 这样的裁判思路，对于正确适用《保险法》第 17 条第 2 款、消除免责条款说明生效规则的不利影响，是一种积极的尝试。

三、结语：过犹不及

保险法是保险交易的规则，交易规则的目标应当设定于维护交易公平。过犹不及，达到目标为“及”，“过分”与“不足”，均不能达到目标。就法律缺陷对社会生活的负面影响而言，“过分之法”较之于“不足之法”更为严重。法律规定若存在内容缺失之不足，法官尚可以援引其他原则性规范予以补救。例如，我国保险法虽然没有规定保险人的建议义务，但是如果投保人据此产生重大误解从而订立了保险合同，法官仍然可以援引《合同法》第 54 条的规定将合同撤销。但是法律一旦超越其应有限度并过分苛刻，我国系成文法系国家的客观情形，决定了“以法律为准绳”的法官极难有回旋余地。在审判实践中，以保险人未就机动车保险合同的免责条款履行说明义务为由，判决其向醉酒驾驶的被保险人履行赔偿责任的判例[2]，即可为此提供佐证。

立法机关应当吸收借鉴包括德国保险法在内的他国保险立法之有益经验，在将来修订保险法时，从以下几个方面完善保险人的缔约义务：第一，明确保险人向投保人推荐合理保险产品的建议义务；第二，将保险人说明合同义务的重点规定为保险产品的保障功能以及由此派生的被保险人合同利益；第三，取消免责条款经说明方可生效的规定，或者限缩该规则的适用范围；第四，将保险人不履行建议义务和说明义务的后果规定为，投保人有权撤销或者解除合同。通过这些规则的确立，课以保险人合理适度的缔约义务，并以此实现真正意义上的缔约自由、意思自治和交易公平。

---

[1] 刘兰芳：《商事审判指导规范与适用》，法律出版社 2009 年版，第 281 页。

[2] 案件来源：浙江省绍兴市中级人民法院（2011）浙绍商终字第 367 号。

论保险法上明确说明义务的说明范围及说明标准

——兼评《保险法司法解释（二）》第10～13条之适用

韩小安　陈秋荣*

明确说明义务是保险法上的重要制度，《保险法司法解释（二）》以4条解释之篇幅对《保险法》第17条进行了适用标准上的细化，本文试图在结合新司法解释第10条至第13条的适用来进一步讨论明确说明义务的说明范围及说明标准，对说明范围中的免责条款进行类型化分析，并针对不同的类型把握不同的说明标准及证明标准，特别是对减轻保险人明确说明义务的情形进行了有益的探讨。

一、问题的提出

基于最大诚信原则，格式条款的说明义务是匡正保险合同缔约当事人之间实质不平等的重要规则，格式条款中免除保险人责任的条款更是要求保险人在形式和内容上均进行明确说明始生效力。2009年《保险法》修订时，对明确说明义务进行了细化，并强调“足以引起保险人注意的提示”作为明确说明义务的一项重要内容；《保险法司法解释（二）》更是用了4条解释之篇幅对明确说明义务在说明范围边界、提示义务、说明标准、新型营销模式中说明义务的履行问题及举证责任、证明标准等方面在制度上进行了规范。而说明义务在比较法上并无立法先例，应属我国立法之首创，从其发展来看，这一制度的成长与嬗变也是在司法实践中完成的。

在新的司法解释出台之前，有一类案例的确是值得实践反思的。例如，被告林某酒后驾驶摩托车将卓某及其妻阳某撞伤致残，交警部门认定林某对该起交通事故负全部责任。事后，卓某和阳某向法院起诉，请求判决林某赔偿损失36余万元。由于林某曾在财产保险公司投保了摩托车定额险，便要求保险公

---

* 韩小安、陈秋荣，苏州中院民二庭法官。

司在保险责任范围内承担赔付责任，而该财产保险公司则抗辩称事故是由林某酒后驾车所造成，属保险合同免责范围。对此，本案一审、二审法院均认为“酒后驾车免责条款”需要明确说明，且保险单最后的“投保人声明”内容属于保险合同的格式条款，不能证明保险人已履行了明确说明义务，故本案保险合同的免责条款不产生效力。[1] 这类案例的处理方式在新的司法解释出台后已然得到了修正，对司法解释的理解和适用过程同样是对说明义务范围及边界、说明标准等基本理论问题的检验，故本文旨在结合相关司法解释进一步厘清说明义务制度的一些基本问题。

二、明确说明义务的说明范围：免责条款的类型化分析

现行《保险法》第 17 条提出了“说明”和“明确说明”两个适用标准。其中对一般的格式条款规定了保险人的说明义务，而对于免责条款则要求保险人必须进行“明确说明”，并将“明确说明”义务的履行作为相关条款的生效要件。基于此，本文试图研究的“明确说明义务”的对象必然是免责条款，然而《保险法》第 17 条所规定的“免除保险人责任的条款”是否能够涵盖明确说明义务的全部对象抑或是对“免除保险人责任的条款”是否均采同一说明标准？本文拟对保险合同中的免责条款作类型化阐述。

（一）免责条款的一般情形

1. 显性的免责条款[2]

实践中，保险合同一般均为格式合同，缔约双方在信息、保险专业知识等方面均处于实际不平等的地位。然而，保险合同格式化集中体现了经济活动中对诸如保险、金融等专业性较强行业的“相对专长”为市场活力和效率带来的积极影响。在格式保险合同中，通常有一个被命名为“责任免除”、“责任除外”或“除外责任”的章节或段落，保险人在这些段落中集中设置了与保险人责任免除有关的条款。因此，一般的免责条款在保险合同中是显而易见的。

例如，在保险合同中约定“任何原因引起的火灾，保险公司不负责赔偿”、“被保险人驾驶证超过有效期限的，保险人不负赔偿责任”、“被保险人因病身故的，保险人不负赔偿责任”等情形均属于明显的免责条款。质言之，本文认为，在保险合同中有专章罗列或是虽不在合同相应责任免除的章节，但是有明显“保险人不负保险责任”、“保险人减轻保险责任”表述的条款即为显性的免

[1] 参见吴勇敏、胡斌：“对我国保险人说明义务制度的反思和重构——兼评新《保险法》第 17 条”，载《浙江大学学报（人文社会科学版）》2010 年第 3 期。

[2] 对“显性免责条款”的名称使用参见刘建勋：《保险法典型案例审判思路及审判要点解析》，法律出版社 2012 年版，第 143 页；王林清：《保险法理论与司法适用：新保险法实施以来热点问题研究》，法律出版社 2013 年版，第 275 页。

责条款[1]，这类免责条款比较容易做出判断，其文义已经注明与保险人免责有关，其当然应当适用《保险法》第17条及相关司法解释的生效规则。

2. 隐性的免责条款

保险合同中，部分条款虽未标明为免责条款，但是这些条款实质上具有免除保险责任的功能，即为隐性的免责条款。例如，保险合同中约定“保险事故发生后，保险公司按照国家相关法律法规规定的赔偿范围、项目和标准以及本保险合同的规定，并根据国务院卫生主管部门组织制定的交通事故人员创伤临床诊疗指南和国家基本医疗保险标准，在保险单载明的赔偿限额内核定人身伤亡的赔偿金额”。[2] 该条款是机动车交通事故商业第三者险中“非医保费用不赔”的典型体现。在理论界，有观点认为该条款并非免责条款，而仅是保险责任范围的约定。但司法实践中，也有观点认为这一条款虽在表述上并未明显标明“免除保险人责任”，但其在实际内容上，主要目的是为了限缩保险人的赔偿责任，从全额赔付限缩至仅在医保范围内对医药费进行赔偿，而事实上，交通事故的受害人在诊疗过程中会遇到大量非医保用药，根据合同，这部分费用将得不到赔偿，因此这类条款被定义为隐性的免责条款。再如，保险合同约定“被保险人自意外伤害发生之日起180日内因同一原因身体残疾的，本公司根据中国人民银行1998年制定的《比例表》的规定，按保险金额及该项残疾所对应的给付比例给付残疾保险金”。应该说这一条款从文义上看完全无法确定其具有限制或免除保险人责任的含义，需实际对照《比例表》才能明确，保险人实际上只对七级以上的伤残进行赔偿，对七级以下的伤残予以免责，这也属于典型的隐性免责条款的情形。

实践中，隐性的免责条款还包括免赔率、比例赔付等条款。然而，隐性的免责条款是否属于《保险法》第17条的适用范围，在新的司法解释出台之前是有争议的。赞成的观点认为，隐性的免责条款虽然没有限制保险人的赔付责任，但是限制了保险人的赔偿范围、赔付结果，因此应当认为属于免责条款的范围，应受相关法律规制。[3] 反对的观点认为，并非只要是免责条款保险人就都负有提请注意并明确说明的义务。隐性免责条款只有显著违背了公平原则、内容不合理时其效力才被讨论，《保险法》第17条才有适用的必要。[4] 新的司法解释对此进行了一定程度上的统一，《保险法司法解释（二）》第9条第1款规定：“保险人提供的格式合同文本中的责任免除条款、免赔额、免赔率、比

---

[1] 此处显性的免责条款是不包含法定免责及法律、行政法规禁止性规定的情形的，下文将对法定免责及法律、行政法规的禁止性规定予以详述。

[2] 参见闫东、路志明：“保险合同隐性免责条款的解释与规制——以机动车商业车损险为视角”，载《山东审判》2012年第3期。

[3] 参见刘建勋：《保险法典型案例审判思路及审判要点解析》，法律出版社2012年版，第143页。

[4] 王林清：《保险法理论与司法适用：新保险法实施以来热点问题研究》，法律出版社2013年版，第276页。

例赔付或者给付等免除或者减轻保险人责任的条款，可以认定为保险法第十七条第二款规定的‘免除保险人责任的条款’。”从一定意义上讲，这一规定将实质性免除或减轻保险人赔付责任的条款，包括保险人可以援引用于减轻、免除保险责任及赔付范围、赔付结果的条款均认为是免责条款，其效力应受到《保险法》第 17 条的限制。

（二）法定免责条款和法律、行政法规禁止性规定

正如本文开篇作为问题提出的案例所示，诸如“酒后驾车免赔”、“无公安机关交通管理部门核发的行驶证和号牌，保险人不负责任”等条款性质应如何确定？显而易见的是，“酒后驾车”、“无证驾驶”均为我国相关道路交通事故安全法律所禁止，对法律或行政法规的禁止性规定在保险合同中的重申是否仍应适用《保险法》第 17 条的效力规定？这一问题实质上是在讨论法律、行政法规的禁止性规定是否属于保险法上的法定免责条款，为此应当区分法定免责条款及法律、行政法规禁止性规定的实质内涵。

1. 法定免责条款

法定免责是指法律明确规定保险人不承担或可以不承担保险责任的情形。将保险法有关保险人免责的规定直接纳入格式条款是保险公司在涉及保险产品、制定保险条款的常用做法。这类保险条款主要包括：《保险法》第 16 条第 4 款、第 5 款，保险人因投保人未履行如实告知义务而免责；第 27 条第 2 款，保险人由于投保人、被保险人故意制造保险事故而免责；第 27 条第 3 款，保险人由于投保人、被保险人、受益人编造虚假事故原因、夸大损失程度而免责；第 43 条第 1 款，保险人由于投保人故意造成被保险人死亡、伤残或者疾病而免责；第 44 条第 1 款，保险人由于被保险人在合同成立或者合同效力恢复之日起两年内自杀而免责；第 45 条，保险人由于被保险人故意犯罪或者抗拒依法采取的刑事强制措施导致其伤残或者死亡而免责；第 49 条第 4 款，转让保险标的，被保险人、受让人未履行通知义务，保险标的的危险程度因其被转让而显著增加的，保险人免责；第 50 条第 2 款，保险标的的危险程度显著增加，且被保险人未按照合同约定履行通知义务的，保险人对于与危险程度显著增加有关的保险事故免责等。

对于法定免责条款在保险合同中的重申，是否属于《保险法》第 17 条规定的免责条款的范畴，本文认为，法定免责的本意是无论当事人是否在合同中对相关免责事项作出约定，只要免责事由发生，保险人就可以免责。这样规定是基于对道德风险的防范，有其特殊的立法目的，且其作为法律规定是推定当事人明知的，故必然不属于本文所研究的明确说明义务的说明范围。

2. 法律、行政法规禁止性规定

实践中，保险公司大量存在援引法律、行政法规禁止性规定作为免责事由的情形，而法律、行政法规相关禁止性规定与法定免责条款是否等同？本文认为，显然不能等同。法律、行政法规对违法行为的禁止，并设定相应的法律后果，并非基于保险法律关系，行为人做出不适法的行为，应当受到相应行政或刑事处罚，并不当然对民事合同产生影响，更不应直接导致免除保险人保险责任的依据。

《保险法司法解释（二）》在这一问题上选择了减轻保险人说明义务的立场，“保险人将法律、行政法规中的禁止性规定情形作为保险合同免责条款的免责事由，保险人对该条款作出提示后，投保人、被保险人或者受益人以保险人未履行明确说明义务为由主张该条款不生效的，人民法院不予支持”。任何人不应从自己的违法行为中获利是一个古老的法律谚语，对于本身就违反法律的行为如果还能获得保险赔偿，即行为人违法产生的损失若能转嫁由保险公司承担，行为人将实质上无须承担违法行为的后果，则法律法规的禁止性规定就失去了意义，因此，法律法规的禁止性规定虽然不应直接对保险合同产生影响，但是违反相关禁止性规定的行为可以成为保险免责事由是符合法理的。值得注意的是，其与法定免责条款的效力不同，法定免责条款具有“当然免责”的效力，而法律、行政法规禁止性规定在保险合同中并无此效力，仍要求保险人作出提示，只是在明确说明上减轻了保险人的义务。

三、明确说明义务的说明标准

前文对免责条款的类型化分析，旨在廓清对不同的免责条款适用不同的说明标准，避免在司法实践中出现“一刀切”或标准混乱的情形。

（一）一般的说明标准

1. 规范的梳理

一般的说明标准主要是针对《保险法》第 17 条第 1 款规定之“免除保险人责任的条款”即前文所述的显性的免责条款及《保险法司法解释（二）》所指的隐性的免责条款。

对于这两种较为常见的免责条款，《保险法》第 17 条第 2 款规定了保险人“提示”及“明确说明”的义务，《保险法司法解释（二）》第 11 条对“提示”和“明确说明”的义务进行了解释上的细化，为审理此类案件提供了一般的适用标准。具体而言，在“提示”义务的司法审查上，司法解释认为“保险合同订立时，保险人在投保单或者保险单等其他保险凭证上，对保险合同中免除保险人责任的条款，以足以引起投保人注意的文字、字体、符号或者其他明显标志作出提示的，人民法院应当认定其履行了保险法第十七条第二款规定的提示义务”。在“明确说明”义务的司法审查上，司法解释认为“保险人对保险合同中有关免除保险人责任条款的概念、内容及其法律后果以书面或者口头形式向投保人作出常人能够理解的解释说明的，人民法院应当认定保险人履行了保险法第十七条第二款规定的明确说明义务”。应该说该条司法解释第2款对“明确说明”的判断标准与2005年最高人民法院研究室关于《对〈保险法〉第十七条规定的“明确说明”应如何理解的问题的答复》是一脉相承的。

2. 证明标准的把握

根据《保险法司法解释（二）》第13条第1款之规定，“保险人对其履行了明确说明义务负举证责任”，因此，在审判实践中，保险人是否尽到明确说明的义务，主要看其是否完成举证责任，质言之，站在审理案件的角度，保险人说明的程度是指其能够证明的程度。

就“提示”义务而言，一般地，如果保险人能证明其提供的保险合同中免责条款采取了显著的标志，如加粗、加大、采用醒目颜色印刷等情形的，可以认为保险人已经完成其履行提示义务的举证责任。例如，在“宁波A物流有限公司与B财产保险股份有限公司北仑支公司财产保险合同纠纷上诉案”❶中，保险人采用黑色加粗字体印刷其关于对保险事故造成的精神损害不予赔偿的条款，宁波中院认为其已经完成了“提示”的举证责任。“提示”义务是“明确说明”义务的前提，判断是否完成“明确说明”义务，首先要判断其是否完成“提示”义务。

就“明确说明”义务而言，《保险法司法解释（二）》第13条第2款规定，“投保人对保险人履行了符合本解释第十一条第二款要求的明确说明义务在相关文书上签字、盖章或者以其他形式予以确认的，应当认定保险人履行了该项义务。但另有证据证明保险人未履行明确说明义务的除外”。实践中保险人一般采用“投保人声明”的方式来完成此项举证责任。但是否在保险合同中增加一条“投保人声明”就可以认定保险人完成明确说明义务是值得探讨的。例如，在“太平洋财产保险股份有限公司莱西支公司与青岛益瑞汽车配套制品有限公司财产保险合同纠纷上诉案”❷中，保险人提交的投保单在设计上将投保人落款盖章的位置放在了投保人声明栏中，虽然投保人在投保单的落款处盖了章，但该盖章是对投保人声明的确认，还是投保人对投保单内容的认可，指向不明。因此，青岛中院认为因投保单系投保人向保险人发出的愿与其订立保险合同的意思表示，投保人在投保单上签字是投保单生效的要件，是必备程序。投保人在投保单上签章的主要目的是对订立合同的意思及对投保内容的确认，

---

❶ 参见“中国知网”：宁波A物流有限公司与B财产保险股份有限公司北仑支公司财产保险合同纠纷上诉案，http://192.168.80.129/law/detail/detail.aspx? DbCode=CLKC&dbname=&filename=ca201209060006，2013年9月23日最后访问。

❷ 参见“中国知网”：太平洋财产保险股份有限公司莱西支公司与青岛益瑞汽车配套制品有限公司财产保险合同纠纷上诉案，http://192.168.80.129/law/detail/detail.aspx? DbCode=CLKC&dbname=&filename=ca201206150717，2013年9月23日最后访问。

其本身不具有保险人向投保人履行明确说明义务予以确认的含义，除非保险人另作说明以示区别，故认定保险人未提供证据证明其完成了明确说明的义务。从这个案例中可以明确的是，即使大多数保险合同都会以专门条款列明“填写前仔细阅读机动车辆保险条款，并特别注意保险条款中的责任免除”，并在“投保人声明”一栏中列明“本人已听取贵公司对保险条款中各项内容尤其是免责条款的解释，并均已了解，且同意遵守”等内容，但这并不是保险人证明自己完成举证责任的充分条件。

在这个问题上，浙江省高院和山东省高院的做法值得借鉴。《浙江省高级人民法院关于审理财产保险合同纠纷案件若干问题的指导意见》[1] 中明确，保险人对全部免责条款及对条款的说明内容集中单独印刷，并对此附有“投保人声明”或附有单独制作的“投保人声明书”，投保人已签字确认并同时表示对免责条款的概念、内容及其法律后果已经明了的，一般可认定保险人已履行明确说明的义务。《山东省高级人民法院关于审理保险合同纠纷案件若干问题的意见（试行）》[2] 中亦有同样的规定。

因此，本文认为，保险人援用“投保人声明”以完成举证责任的，该“投保人声明”应具备形式和实质两个条件。形式上，其应当是独立于保险合同文本而单独制作的，投保人在投保单上的签字确认与该“投保人声明”应予区别。实质上，保险人需证明投保人已经确认对免责条款的概念、内容及后果已经明了。一般地，如果其说明的内容概念清楚、句式简单，一般理性外行人不存在理解障碍的，即认为保险人已履行明确说明义务，投保人对其“阅读并了解”进行签字确认的，即认为保险人完成了相应举证责任。

（二）减轻的说明标准

1. 法定免责条款

前已述及，法定免责条款是指无论保险人是否将其订入合同，只要法定免责事由发生，保险人便可援引该事由要求免责的情形，保险人对法定免责条款可以不交付、不提示、不说明，因此，法定免责条款并不属于本文“明确说明”义务研究的范围。

然而，格式合同的说明义务之初衷是为了避免缔约双方在信息掌握、缔约技术、专业知识背景等方面地位的差异，而对格式合同的拟订者课以的特殊义务。相对于投保人而言，保险人在保险学、保险法学领域具有无可比拟的专业性，尽管法律推定投保人应当了解保险法的基本规定或者说投保人不能以不了

---

[1] 参见“浙江法院网”：《浙江省高级人民法院关于审理财产保险合同纠纷案件若干问题的指导意见》，http：//www.zjcourt.cn/content/20130604000047/20130604000254.html，2013 年 9 月 22 日最后访问。

[2] 参见“北大法律信息网”：《山东省高级人民法院关于审理保险合同纠纷案件若干问题的意见（试行）》，http：//vip.chinalawinfo.com/newlaw2002/slc/slc.asp？gid=17270270，2013 年 9 月 22 日最后访问。

解法律规定进行抗辩，但是保险人基于诚信义务的原则，应当对投保人就自身的法定免责情形进行必要的提示和说明，但此种说明，并不囿于一定的形式，可以是门店的大堂公告或是宣传材料，且无论保险人说明与否均不影响法定免责条款的效力。

2. 法律、行政法规禁止性规定

如本文开篇所引案例，在新司法解释出台之前，实践中对此问题的处理方式有较大差异。《保险法司法解释（二）》第10条规定，“保险人将法律、行政法规中的禁止性规定情形作为保险合同免责条款的免责事由，保险人对该条款作出提示后，投保人、被保险人或者受益人以保险人未履行明确说明义务为由主张该条款不生效的，人民法院不予支持”。因此，司法解释已经予以明确之规定，即此类条款只要保险人“作出提示”即可，质言之，保险人只需履行“提示”义务。

该条款在逻辑证成上包含了两个方面：第一，为法律、行政法规禁止的行为不应获得保险赔偿，否则，行为人实质上将无须承担违法行为之责任，也就是从违法行为中获利，此为法理之不允；第二，法律、行政法规的禁止性规定只确立行为人的刑事或行政责任，并不当然导致其在保险合同中影响保险人责任的承担，如果保险人援引禁止性规定为免责事由，必须订入保险合同并对投保人进行“提示”。由此，行为人违反法律、行政法规的禁止性规定，并不当然对私法上的民事合同产生影响，如保险人并未将禁止性规定情形作为免责事由，则行为人对禁止性规定的违反不会直接导致保险责任的免除。

显然，保险人的说明义务在此种情形下被大大减轻，其只需证明完成“提示”义务即可，通俗地讲，保险人只需让被保险人知晓保险人将哪些禁止性规定变成了免责事由，而至于法律、行政法规的禁止性规定的概念、内容是推定一般理性第三者知道并应当知道的，因此，保险人对这些禁止性规定本身并不具有说明的义务。例如，在“厉某与A保险公司财产保险合同纠纷上诉案”[1]中，关于保险合同中的酒驾条款是否生效的认定上，宁波中院认为，一方面，保险人在保险条款中对免责条款中“责任免除”以加黑加粗的方式引起被保险人的注意，并在条款中单列责任免除条款；另一方面，投保人已有3年以上驾龄，连续4年投保该类保险，理应知晓酒后驾驶的危害及后果，故保险人的说明义务可适当减轻。应该说虽然该案审理在司法解释出台之前，但审理思路是符合法理及司法解释精神的。而本文开篇所引案例之一、二审法院对于说明义务规则的适用过于机械，其显然未区分免责条款的不同类型。

---

[1] 参见“中国知网”：厉某与A保险公司财产保险合同纠纷上诉案，http：//192.168.80.129/law/detail/detail.aspx? DbCode=CLKC&dbname=&filename=ca201209040969，2013年9月23日最后访问。

3. 其他减轻保险人明确说明义务的情形

关于是否存在其他减轻保险人明确说明义务的情形，有两个案例值得思考。

在“永安财产保险股份有限公司重庆九龙坡支公司与重庆伟远保温容器有限公司保险合同纠纷上诉案”[1] 中，重庆高院认为，审理中，双方均不能举出充分证据证明保险人是否进行了口头说明，因此，应当由保险人负举证责任。但明确说明义务主要是使投保人了解所投险种的内容，投保人在收到保险单后至事故发生时并未要求保险人对保险条款予以说明，也未提出异议，且投保人曾就相同的机器设备向保险人投保过财产保险综合险，并进行过索赔。按照诚信原则，应视为投保人公司作为有经验的投保人已经了解财产保险综合险条款的有关内容，保险人是否履行说明义务对其并没有影响，因此免责条款应为有效。该案判决时间较早，暂且不论其说理中认为保险人的说明义务应受到投保人是否“咨询”或“要求说明”的影响，然其因对投保人相关经验的考量来减轻保险人说明义务的审理思路并非无可取之处，至少是值得讨论的。

在“太平财产保险有限公司青岛分公司与朱某等保险合同纠纷上诉案”[2] 中，青岛中院认为，投保人车队作为从事经营运输的企业，对车辆进行保险是其维持正常经营和化解经营风险的必要手段，保险对运输企业具有举足轻重的作用，因此，对保险合同的内容，特别是其作为经营性单位，对免责条款的理解和熟识程度应当高于一般主体。保险人履行明确说明义务的证明责任相对于一般主体要低。

显而易见的是，上述两个案例提出了这样的问题：保险人履行说明义务的标准或者说证明标准是否因说明对象而有所差异？保险人与同一投保人再次或多次签订同类保险合同时，能否减轻保险人的明确说明义务？

对于说明对象自身差异的问题，本文认为，虽无司法解释规定可以对保险人明确说明义务进行规定，但是，结合保险合同最大诚信原则，说明义务的本质是为了消除信息的不对称，使得不具有相关知识的投保人能够理解免责条款的概念、内容及后果。而对于有证据表明其不可能不理解保险合同所提示的免责条款之情形的，例如前引案例中“有 3 年以上驾龄”、“经营性主体”等具有区别于一般投保人情形的特征的，保险人的说明义务应当予以减轻。

对于保险人与同一投保人再次或多次签订同类保险合同的情形，在新的司

[1] 参见“中国知网”：永安财产保险股份有限公司重庆九龙坡支公司与重庆伟远保温容器有限公司保险合同纠纷上诉案，http：//192.168.80.129/law/detail/detail.aspx？DbCode＝CLKC&dbname＝&filename＝20080126LD0067，2013 年 9 月 23 日最后访问。

[2] 参见“中国知网”：太平财产保险有限公司青岛分公司与朱某等保险合同纠纷上诉案，http：//192.168.80.129/law/detail/detail.aspx？DbCode＝CLKC&dbname＝&filename＝ca201206150607，2013 年 9 月 23 日最后访问。

法解释拟定过程中曾展开过讨论并存在争议。[1] 本文认为，并不能因保险人与同一投保人再次或多次签订同类保险合同这一单一的情节就减轻或免除保险人的说明义务。主要是因为，不同保险合同签订的时间不同，投保人作为一般主体，其并非对保险合同的免责条款具有惯常的高度敏感性，其完全有理由忘记相关免责条款的具体概念、内容，特别是法律后果。但是，审理中可以结合其他情节，例如“投保人曾经就同一保险标的基于同种合同进行过保险理赔”等，确实有证据证明投保人已经对相关免责条款知道并了解的，可以适当减轻保险人履行明确说明义务的举证责任。

四、余论：未竟的明确说明义务

明确说明义务作为一种制度是我国保险法上的有益尝试，其也是在司法实践中不断发展的。明确说明义务的范围，特别是说明标准也会随着保险险种、合同载体、订立方式等情形的不断变化而更加丰富多元，因此本文认为明确说明义务并不是已经发展完成的制度，其仍然会在司法实践中不断更新并完善。例如，新的司法解释第 12 条已经对实践中出现的新型保险合同订立方式的说明方式进行了回应，“通过网络、电话等方式订立的保险合同，保险人以网页、音频、视频等形式对免除保险人责任条款予以提示和明确说明的，人民法院可以认定其履行了提示和明确说明义务”，但该条款对说明标准及证明标准应如何把握并未予以明确，留待实践予以完善。

另外，随着社会经济的发展，会出现更多、更复杂的险种，特别是在专业行业和特定领域的险种，对于该类险种涉及的免责条款，保险人的说明标准及证明标准是否较之一般标准更高？与此同时，伴随着人类社会逐渐进入风险社会，社会大众更多地选择通过保险转嫁日常生活或是重大变故的风险，公民自身在保险知识和缔约能力上都会显著提升，此时，保险人明确说明义务的标准是否会在更多情形下适当减轻？而对于这些问题，司法实践对现实状态的洞察永远走在立法之前，因此，法院的审判活动应对明确说明义务制度的未来发展进行大胆而有益的尝试。

---

[1] 参见奚晓明：《最高人民法院关于保险法司法解释（二）理解与适用》，人民法院出版社 2013 年版，第 254 页。

2012年度上海法院审判保险纠纷案件中发现的问题及应对建议

董　庶*

一、保险纠纷案件审判基本情况及其特点

（一）案件数量小幅上升

2012年全市法院共受理一审保险纠纷案件2388件，同比上升14.53%；收案标的总金额为人民币3.53亿元（以下币种均同）。❶ 2011年全市法院共受理一审保险纠纷案件数量为2085件，2010年为2132件，2009年为1745件，2008年为1446件，2007年为866件。

根据上海保监局公布的数据，2012年全市原保险保费收入为820.64亿元，同比上升8.97%。2011年全市原保险保费收入为753.11亿元，2010年为883.86亿元，2009年为665.02亿元，2008年为600.05亿元，2007年为482.64亿元。❷

对比两组数据，可以发现保险纠纷案件收案数和原保险保费收入的变化基本相同。自2008年起至2010年止，原保险保费收入逐年增长，收案数也随之逐年增长。2011年，原保险保费收入出现了负增长，当年的保险纠纷案件数量也有所下降。2012年原保险保费收入出现反弹，保险案件数量也有所上升（见图1）。

我们认为，2012年收案上升的主要原因有二：一是群发案件突增。比如虹口区法院于2012年受理了因一份保险框架协议引发的诉讼348件。剔除这些群发案件，保险案件的收案数量与去年基本持平。这与我们2012年年初的预测基本相符。二是2011年上海保险业原保险保费收入出现下降，保险业务

---

* 董庶，上海高级人民法院法官。

❶ 根据审判业务的划分，社会保险、海上保险、交通事故受害人在道路交通事故纠纷中一并起诉保险人的案件不在统计数据之列。

❷ 有关上海保险业数据均采自中国保监会上海保监局网，具体详见 http：//www.circ.gov.cn/web/site7/tab377/。

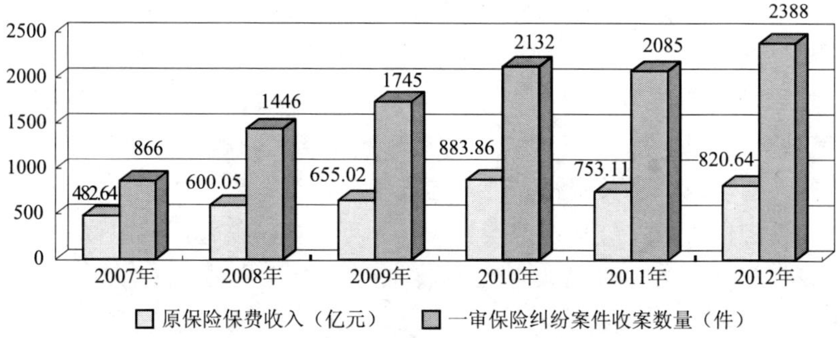

图 1　2007～2012 年原保险保费收入与一审保险纠纷案件收案数比较

量出现回落。保险合同总量的减少，势必导致因合同引发的纠纷数量下降。但上述经济状况变化反射至法院诉讼有一定的时间滞后，使得 2012 年非群发性的保险纠纷案件收案数量有一定程度下降。随着我国经济的企稳回升，保险业可能进一步回暖，我们预测 2013 年涉保险纠纷案件受理数将出现小幅增长。

（二）保险代位求偿权纠纷案件数量上升

2012 年上海法院受理的一审保险代位求偿权纠纷案件数量为 149 件，较去年上升了 38%，收案标的金额为 4706 万元。2011 年一审保险代位求偿权纠纷案件数量为 108 件，2010 年为 90 件，2009 年为 27 件，2008 年为 28 件。

根据上海保监局公布的数据，2012 年上海财产险原保险赔付支出为 138.63 亿元，较去年上升了 33%。2011 年为 104.32 亿元，2010 年为 84.26 亿元，2009 年为 78.50 亿元，2008 年为 79.52 亿元（见图 2）。

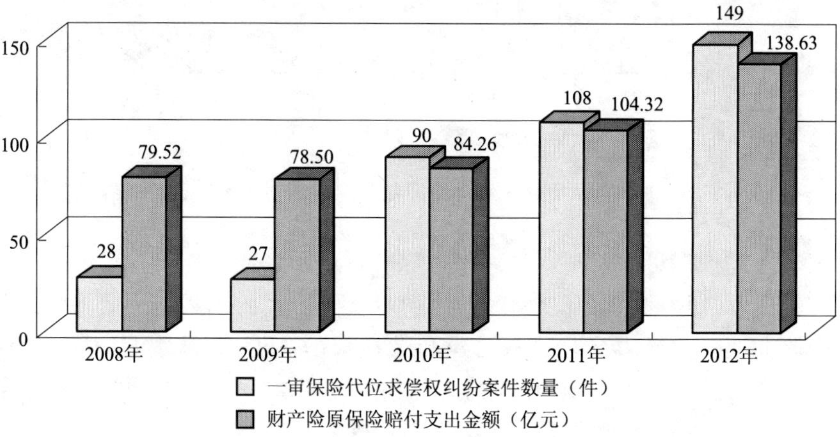

图 2　2008～2012 年审判保险代位求偿权纠纷案件数量与财产险原保险赔付支出金额比较

对比两组数据可以发现，一审保险代位求偿权纠纷案件收案数量与财产险原保险赔付支出金额均呈现逐年上升之势。但前者的增速明显大于后者。上述数据反映出，保险公司对保险代位制度的重视度和追偿积极性正不断提升。《关于审理道路交通事故损害赔偿案件适用法律若干问题的解释》已于2012年年底施行。对未取得驾驶资格、醉驾等高度危险行为导致的人身损害，该司法解释明确规定保险公司应承担赔偿责任，并可以在赔偿范围内向侵权人主张追偿权。我们预计，2013年各保险公司将继续加大代位追偿工作力度，特别是对实施不法驾驶行为的侵权人的追偿力度，保险代位求偿权案件数量可能继续保持增长态势。

（三）申诉率逐年下降

2012年全市法院共受理当事人申请再审的涉保险纠纷申诉案件5件，占保险案件全年一审结案数的0.2％。2011年受理涉保险纠纷申诉案件14件，占当年一审结案数的0.62％。2010年申诉案件为18件，占当年一审结案数的0.80％。2009年申诉案件为21件，占当年一审结案数的1.348％（见图3）。

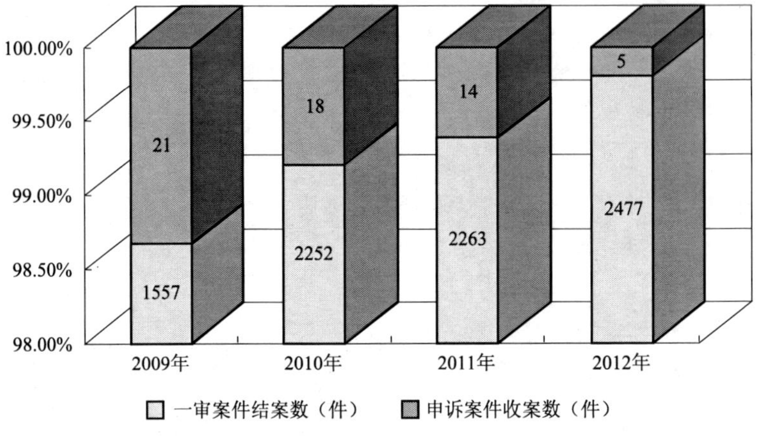

图3　一审保险纠纷案件结案数和申诉案件收案数比较

比较上述数据可以发现，虽然一审保险案件结案数逐年上升，但申诉案件数量和比例双双呈逐年下降之势。这主要缘于三方面的因素：一是保险监管部门、保险同业公会通力配合，从构建和谐社会的高度出发，积极协助法院调解；二是保险公司积极实施通融赔付，化解了大量纠纷；三是法院的保险纠纷案件法律适用统一工作取得显著成效。

（四）调撤率继续保持较高水平

2012年，全市法院金融审判条线继续坚持“调解优先、调判结合”的工作原则，加大调解力度，保险案件的调撤率达到了70.57％，远高于涉银行、证券、期货等其他金融案件47.8%的平均调撤率。市二中院在保险案件调解中引入社会力量，联手市保险同业公会推出“多元化解保险纠纷工作机制”，“借外脑”化解矛盾，该合作项目被授予“上海金融创新推进奖提名奖”。

2013年，上海法院将根据《最高人民法院、中国保险监督管理委员会关于在全国部分地区开展建立保险纠纷诉讼与调解对接机制试点工作的通知》精神，充分发挥保险监管机构、保险行业组织预防、化解社会矛盾纠纷的积极作用，进一步健全完善保险纠纷多元解决机制，促进依法、公正、高效、妥善化解矛盾纠纷，为保险纠纷当事人提供更多可选择的纠纷解决渠道，维护各方当事人的合法权益，推进保险业持续健康发展。

二、保险纠纷案件审理中需要引起重视的问题及相关建议

(一) 侵害保险消费者合法权益

近年来，尽管在社会各界共同努力下，保险消费者权益保护取得了很大进展，但是与经济社会发展的要求和人民群众的期望相比，还有很大的差距。各种有损保险消费者合法权益的行为仍屡见不鲜。保险业应当从维护行业信誉、改善行业形象、促进行业健康发展的角度出发，切实加强对保险消费者的权益保护，促进保险市场的良性发展。

1. 银保渠道“存单变保单”现象仍有发生

近年来，保险公司的银保渠道业务迅速发展，逐渐成为人身保险销售的重要支柱，对寿险公司的发展起着举足轻重的作用，对银行增加中间业务收入、丰富产品体系也具有重要意义。但是部分销售人员为提高营销业绩，将保险产品混同于储蓄、理财产品进行销售，以高额回报引诱客户投保，严重有损于保险业诚信经营的社会形象。

如在周某诉某银行一案中，73岁的周某一再坚称其在银行是存款100万元，要求银行归还本金及利息。而银行则主张周某在银行购买的是两份由其代为销售的某人寿保险公司的投资连结型人身保险。而且出示了由周某本人签字的《投保书》、《投保提示书》、《人身保险合同回执》及《银行代理保险业务代收保险费收款通知书》。该案最终经法院调解，双方达成了和解撤诉协议。

【应对建议】

利用银行销售渠道销售人身保险产品时，虽然具有优势互补、互利互赢的优势，但极易导致保险消费者对产品的性质发生重大误解。保险公司应当充分认识到保障保险消费者权益对培育保险市场、促进良性发展的重要意义。在销售投资性寿险产品时，销售人员应当主动向投保人明确说明产品性质和风险，并采用问卷方式评价消费者对产品性质和风险的知晓程度、承受能力。为杜绝

销售人员“代填代答”现象，还可采取录音、录像方式，并在核保时严格审查。对退休人员购买投资性寿险的，更应当审慎核保。

2. 片面强调投资收益现象仍然存在

在销售投资性保险产品中，营销人员片面强调高收益或者夸大收益，不进行风险提示，对费用扣除和犹豫期等涉及投保人利益的问题避而不谈的现象仍然存在。

如李某携19万元到某银行存款，在营销人员介绍下购买了一种宣称比定期存款收益更高的产品。但待其取款时被告知自己根本就没有存过款，而是花19万元买了190份人身保险。李某遂以自己在签订保险合同时存在重大误解为由，起诉法院请求撤销该合同。经法院调解，最终双方达成了退还19万元并补偿损失的调解协议。

【应对建议】

保险公司在销售投资性保险时，应当如实明确说明产品性质及风险，说明收益的预测依据。为了避免将来发生纷争，可以采用书面形式询问投保人意愿和需求，并有针对性地为其提供购买产品的建议和理由。

3. 保险费率设置存在不合理之处

出于保险专业性和交易便利性的要求，绝大部分保险合同都是通过由保险公司提供的格式条款来订立，保险费率也是由保险公司通过精算方法加以确定的。因此，与保险消费者相比，保险公司在保险条款和费率的确定中占有一定的优势地位。虽然法律对格式条款作出了一些限制性规定，精算规则也对费率的计算进行了约束，但在实际操作中，保险公司提供的费率还是存在一些不尽公平合理之处，极易引发保险消费者不满。

如在韩某诉某财产保险公司一案中，法院查明，韩某购买一辆手动舒适型长城腾翼V80汽车（型号CC6460VM06），购车价款为86600元。韩某投保车险时，保险公司以新车购置价为108300元确定了保险费用。合同签订的几个月后，韩某发现上述问题，遂以保险公司未按照其实际购车价确定保险费、多收保险费、存在欺诈为由，起诉至法院，要求撤销保险合同，全额退还保险费并赔偿损失。法院审理后认为，长城腾翼V80汽车分4种车型，舒适型车价为86600元，标准型为75800元，实用型为81200元，精英型为108300元。韩某所购车辆为舒适型，故保险公司将涉案新车购置价确定为108300元有误，应退还其差额。

【应对建议】

保险公司应通过加强人员培训、增设审核流程等措施，确保保单对保险标的的体现同投保单信息完全一致。保险同业公会应及时汇总、整理此类信息，针对汽车市场销售价格变化，适时调整、细化车辆承保系统中的数据。

4. 对保险价值和保险金额的确定缺乏合理性

《保险法》第 55 条规定，保险价值可以由投保人与保险人协商确定。保险实务中，非新购置财产投保的，通常都是由保险人提供折旧率和计算公式，在此基础上协商确定该财产的保险价值。由于大部分保险消费者不具备财会知识，基于对保险公司的信赖，很少会对保险公司提供的折旧率和计算公式提出质疑。部分保险公司滥用保险消费者的这种信赖，提供的折旧率和计算方式明显不合理，多收保险费，损害了保险消费者的合法权益。

如某法院在其受理的多起车险案件中发现，涉案机动车如系由营业用车变更为非营业用车的，保险公司仍一律以投保时机动车的使用性质（即非营业用车）计算折旧（折旧率每月 0.6%），以确定保险金额。部分投保人发现后，以欺诈为由提起诉讼。法院审理后认为，被保险车辆的使用性质发生变化的，应采取分段计算方式，该车营业用车期间的折旧应按营业用车 0.9%的折旧率计算，变更为非营运用车后则按 0.6%的折旧率计算。

【应对建议】

在协商保险价值过程中，保险公司应当充分说明折旧率和计算公式，使得保险消费者真实了解其含义，公平协商确定保险价值。在核定机动车盗抢险的保险金额时，保险公司应主动询问投保人该车过往历史，对车辆使用性质发生变化的，区分时间段计算折旧。

（二）保险公司管理存在缺陷

在保险业快速发展的今天，保险公司的经营面临着业务经营风险、财务风险以及产品本身的风险，部分保险公司在客户管理、法务管理、理赔管理、人员管理等方面仍存在缺陷和不足，制约了保险业的健康发展。

1. 对代理制营销员的会议出勤、公司处分等管理制度存在不规范，导致营销员不满

保监发〔2007〕123 号文规定，保险公司不得对代理制保险营销员实行员工考勤制度，除依照法律和行政法规规定，或依据个人保险代理合同追究违约责任外，保险公司不得对代理制保险营销员实施罚款、处分、开除等处罚。但部分保险公司制定的针对代理制保险营销员的纪律守则、公司规章中仍存有诸如会议、培训出现迟到、早退行为实行扣款的规定，引发诉讼。

如金某诉某保险公司保险代理合同纠纷一案，金某即以保险公司按下属某营业部制定的《早夕会纪律守则》对其未参加会议扣除了佣金 40 元为由，提起诉讼。

【应对建议】

保险公司依据《保险法》第 112 条的规定，应加强对代理制保险营销员的培训和管理。但保险公司不能单方依据代理合同约定以外的一些公司内部管理

制度对代理制营销员进行扣款、处分。如确有必要进行出勤管理的，应当根据《合同法》的有关规定，通过自由协商，将遵守公司出勤制度作为保险代理合同的义务载入合同，明确约定违约后的违约金条款。同时，保险公司总公司可以制定统一的代理制营销员出勤管理制度，但不应任由公司基层机构、甚至营销员团队的负责人自行制定早夕会和培训出勤管理制度。

2. 对保险单核定存在管理漏洞，导致保险单印刷错误

保险单记载了当事人双方约定的主要合同内容，是证明双方权利义务的重要凭证。但实践中，部分保险公司由于管理漏洞、工作失误，出现了保单印刷重大错误的现象。而且，一些公司发现错误后，并不积极采取补救措施，而是待被保险人、受益人来领取保险金时再与之交涉，导致涉讼。

如潘某为其子在某保险公司投保了一份儿童保险，保单载明婚嫁金为43820元。潘某领取时却被告知印刷错误，应为23800元。潘某提起诉讼后，保险公司承认印刷错误，但只愿意补偿2000元。

【应对建议】

严格规范公司内部的管理和工作流程。对保险合同内容悉心审核，尤其是保险金额和计算方式部分。在处理因保单错误所致纠纷时，应诚恳致歉，尽可能地获得谅解，协商解决，妥善处理。对已发现的错误保单，应及时组织力量，全面进行排查，制定调处预案。在与保险消费者协商中，应当秉持诚信经营的理念，保障保单持有人的信赖利益不受损害。

（三）团体保险业务存在缺陷

团体保险是由保险公司用一份保险合同为团体内的许多成员提供保险保障的一种保险业务。在团体保险中，符合上述条件的“团体”为投保人，团体内的成员为被保险人，保险公司签发一张总保单给投保人，为其成员因疾病、伤残、死亡以及离职退休等提供补助医疗费用、给付抚恤金和养老保障计划。部分保险公司在开展保险业务中，并未严格按照《保险法》的相关规定签订保险合同，由此引发经营风险。

1. 团体保险合同条款存在瑕疵

一些单位在为员工投保团体人身险时，采取了企业和员工分担缴纳保险费的做法。一旦退保，单位和员工都向保险公司主张退还保费时，保险公司极易处于两难境地。

如某公司为保障其公司职工福利，数年前与某保险公司约定以某公司为投保人向该保险公司投保团体寿险，并按季向该保险公司支付了保费。但该保险公司实际为某公司每一个员工均单独出具了保险单，保险单上记载的投保人、被保险人均为员工本人。保险费支付方式则采取了某公司将资金分发至员工的个人账户，由保险公司统一扣划。该公司后因调整福利计划，向保险公司请求

退保；该公司部分员工得悉后，亦以自己的名义起诉法院，要求退还保费。法院审理后认为，所谓团体保险应是投保人为其特定团体成员投保，由保险公司用一份保险合同提供保险保障的人身保险。诉争保险合同虽然名为团体保险，但每一员工持有的保单明确记载了投保人、被保险人均为员工本人，故应按非团体保险适用相关法律。

【应对建议】

保险公司开展团体险业务时，应当严格执行保监发〔2005〕62号文的要求。比如应用一份保险合同统一约定团体保险的权利和义务，对投保人为法人的，应当将该法人明确列为投保人，而不应将职工单独列为投保人。又如，对被保险人分担缴纳团体保险费的，为了避免退费发生纠纷，保险合同还应当明确投保人和被保险人各自缴费部分的权益归属。

2. 责任保险领域采用团体保险模式存在风险

一些保险公司为拓展业务，在财产保险领域比照团体保险的做法，创设了一些新的品种。虽然取得了一定的经济效益和社会效益，但由于产品设计本身存在不合理之处导致产生纠纷，损害了保险消费者利益。

如吴某为自己饲养的一条狼狗向某保险公司投保了准养犬伤人第三者责任险。后因该犬将案外人周某咬伤，经法院调解，吴某赔偿了周某医疗费、伤残补偿金等合计15万余元。吴某向保险公司索赔，保险公司主张应按合同约定赔偿限额进行赔付，医疗费限额是5000元，周某的伤残等级为十级，赔偿金需依据《伤残赔付比例表》中设定的标准乘以1%，仅为700元。吴某遂提起诉讼。法院在审理中查明，该险种的投保手续的具体流程是先由区犬类管理办公室与保险公司签署一份总保单，根据其辖区内的具体情况预估保险犬只数量和保险金额，保险费用的交付方式由保险公司和相关行政部门采取年初预交年底结算的方式；保单载明犬类管理办公室为投保人及被保险人，索赔权益人为准养犬证主人；犬只主人如需购买该保险产品，可在前往相关行政部门办理犬类准养证时缴纳保险费用，并获取缴费凭证。

【应对建议】

根据《保险法》的规定，受益人是人身保险所特有的定义。在财产保险、责任保险合同已经明确约定被保险人的情况下，再约定受益人，极易引发究竟谁依法享有保险金给付请求权的争议。将区犬类管理办公室列为投保人，而实际负担全额保险费的又系犬主人，剥夺了犬主人本可作为投保人所享有的法定权利。将区犬类管理办公室列为被保险人，还会导致何谓保险事故的争议，即保险事故究竟是该办公室对外承担责任，还是犬主人对外承担责任？保险公司在开发此类新保险产品时，除了要创新探索外，也要按照《保险法》的规定确保保险消费者的合法权益。

（四）保险代理人不规范销售

通过保险代理人销售保险是保险公司重要的经营方式。但由于保险代理人与保险公司之间仅存在平等民事主体间的代理关系，这种营销方式已经成为各保险公司管理的薄弱环节，不断引发纠纷，严重有损保险公司的品牌和形象。

1. 保险代理人怠于履行明确说明义务

旅行社、景区在向游客销售意外险时，怠于履行明确说明义务的现象十分常见。一旦发生事故，保险消费者多会以减免责任条款未经明确说明不发生效力为由提出抗辩，导致保险公司承担本不应该承担的赔偿责任。

如李某报名参加某旅行社组织的千岛湖特价三日游，在工作人员的推荐下，李某通过旅行社投保了旅游意外险，保险金额 15 万元（70 周岁以上减半），保险费 6 元。李某随团行至景点时跌伤，构成九级伤残。当李某向保险公司索赔时，保险公司称该保险条款规定只有七级以上伤残才能获得理赔。李某遂起诉至法院，要求保险公司赔偿医药费、鉴定费、伤残赔偿金等共计 4 万余元。李某主张，其是事故发生后才被告知伤残等级达七级以上才能获得赔偿，保险公司应该在赔偿限额 7.5 万元的范围内赔偿。法院审理后认为，旅行社作为保险代理人在销售时仅向李某告知了保险产品名称及保险金额，对于赔偿的范围及限额、残疾赔偿标准等内容，并未进行口头说明，亦未提供书面条款。李某仅能从旅游合同中约定的保险产品名称及保险金额推断保险责任的范围及赔偿金额。故有关“伤残等级达七级以上的”条款不发生效力，判令保险公司支付李某 4 万元。

【应对建议】

旅游意外险、航空意外险等短期意外保险产品具有保险费低、保险期间短、保障范围有限等特点。而且通常在购买前留给保险消费者充分了解产品、免责条款的时间也极其有限。一概要求保险公司或保险代理人采取逐一口头明确说明的方式履行上述法定义务，既可能耽误旅客的正常行程，还会造成保险公司经营成本大幅提高。但不履行《保险法》所规定的保险条款交付义务和明确说明义务，一旦发生事故，保险公司又将处于极其不利的地位。建议保险公司和保险代理人对此类特殊产品深入调研，创制出既符合法律规定又充分保障保险消费者权益的投保程序。比如柜面销售的，可以在销售柜台摆放事先印制好的保险条款和条款含义的书面说明文本，供购买者索取和查阅；以电话、网络方式销售的，可以播放录音或电子文本的方式向投保人提供保险条款、产品介绍、条款说明。对每一投保人均应主动询问是否需要对条款含义进一步进行明确说明，投保人如选择放弃的，应当以签字或口头方式予以确认，保险公司、保险代理人应做好相应的证据保全。

2. 保险代理人未及时申报贻误承保

根据《保险法》相关规定，保险代理人接受投保人投保资料后，并不意味着保险合同成立。只有当保险代理人将投保资料送交保险公司，保险公司核定并同意承保的，保险合同才依法成立。如保险代理人因过失导致投保资料未及时送交保险公司，延误核保的，就会损害保险消费者的权益。

如朱某与某旅行社签订旅游合同，并由该社办理旅游意外险，朱某支付了保险费 6 元。游程中，朱某不慎摔伤。朱某联系旅行社和保险公司申请保险理赔时，却被告知该旅行社未在出团前将投保信息传给保险公司，保险公司未能核保并出具保单，故拒绝赔偿。朱某向法院提起了诉讼，要求保险公司按照合同约定理赔 4 万余元，形成纠纷。

【应对建议】

保险公司和保险代理人应当严格按照《人身意外伤害保险业务经营标准》检查、完善现有的销售程序。保险代理人代理意外险的，应实现系统联网计算机出单。保险代理人应在销售时，明确告知保险消费者可以通过电话或网络查询核保或保单信息，防止出现因客观原因导致未及时出单的现象。

3. 保险代理人多收保费

部分保险代理人为牟取不正当利益，采取欺诈方式多收取投保人保费。该行为不但损害了保险消费者的合法权益，也影响了保险业声誉，还会导致承担巨大的赔偿责任。

如陈某参加某旅行社组织的西藏游，并由旅行社代为办理旅游意外险，支付了保险费 40 元。途中陈某猝死，其妻周某发现旅行社与保险公司之间的《旅游意外保险业务统保协议》约定，保费标准为每人 4 元，遂起诉要求保险公司支付 10 份意外保险金 130 万元。保险公司辩称，保险费为每人 4 元，且不能重复投保，至多也只能赔偿 13 万元。最终，经法院调解，保险公司支付了周某 13 万元，某旅行社支付 30 万元。

【应对建议】

保险代理人应当加强自身建设，提高合法经营意识，以诚信为本开展经营活动。对业已发生不诚信问题的保险代理人，保险公司应审慎与之开展业务，避免因其不当代理行为所产生的风险延伸至保险人。

（五）合同条款存在瑕疵

保险合同是确定当事人权利义务的主要依据。但部分条款或在拟定之初就存在缺陷，或随社会情势、法律法规的变动而出现问题，引发经营风险。

1. 与投保人签订保险合同的同时，又与其上级公司单独签订“赔付封顶”条款

为扩大业务范围，保险公司常会寻找到有保险需求的企业的上级公司、集

团公司，与之协商保险费、条款。但最终与谁签订保险合同，在实践操作中存在一定差异。有的保险公司与上级公司签订框架协议，约定保险费优惠和赔偿限额后，再由保险公司与每一独立法人单独签订保险合同。该方式由于合同条款设计存在缺陷，经营风险巨大。

如2012年，某区法院陆续受理了某集团公司及其下属各区域公司诉某保险公司保险合同纠纷案300余件。法院查明，某集团公司与某保险公司签订车险框架协议，约定“保费打折、赔付封顶”。随后，各区域公司又分别与该保险公司单独签订了车险合同（含交强险）。但在合同履行中，由于交强险赔付大幅上升等原因，该保险公司赔付累计总额远远超过了框架协议所约定最高赔付总额，遂以框架协议约定“赔付封顶”为由，停止理赔，并起诉要求某集团公司返还超出框架协议约定的赔偿款项。各区公司亦起诉法院，要求该保险公司依据保险合同约定履行保险赔偿义务。法院审理后认为，各区公司属独立法人，不是框架协议的当事人，故不受框架协议约束，保险公司应当依据保险合同承担保险赔偿金。

【应对建议】

根据《保险法》相关规定和精神，当事人可以在合同中约定保险金额，包括累计赔付的最高总额、免赔率等。但保险公司应当充分注意，合同约定的内容仅对该合同的投保人、被保险人具有拘束力。如保险公司欲将该保险合同的保障范围覆盖至投保人的关联企业，可以约定将关联企业作为共同被保险人，使得该合同的赔付最高限额等条款也可以约束关联企业。但法律法规有强制性规定，如交强险的赔付限额，当事人不得通过合同约定的方式加以变更和限制。

2. 车险中的“医保条款”缺乏可操作性

商业三者险条款通常约定，保险人按照国家相关法律法规规定的赔偿范围、项目和标准以及本保险合同的规定，并根据国务院卫生主管部门组织制定的交通事故人员创伤临床诊疗指南和国家基本医疗保险标准，在保险单载明的赔偿限额内核定人身伤亡的赔偿金额。但事实上，交通事故受害人在抢救、治疗过程中，多会选择高于上述标准的治疗手段和药物。被保险人依法向受害人承担赔偿责任后，再请求保险人赔偿时，保险人通常又会以该条款拒绝赔付。

如李某诉某保险公司保险合同纠纷案中，李某主张自己已实际向事故受害人赔付了13万元，要求保险公司承担赔偿责任。保险公司则主张受害人部分用药属于医保范围外的，保险人不应承担赔偿责任，引发极大争议。

【应对建议】

在保险合同中约定保险赔偿金额的计算方式时，应尽量采取不易产生歧义、计算简单、举证便利的方式。比如各省、市的医保标准存在差异，事故发生地、医疗救治地、受害人住所地和合同当事人所在地不一致时，就会发生应当采用何地医保标准核定的争议。又如，对超医保范围用药一概不予赔付，欠缺合理性，极易引发已实际向受害人赔付的保险消费者的不满。保险合同可以约定此类情形下，可以参照医保标准中同类病症的医疗费用核定赔偿金额。保险公司还可以采取开发新型附加保险的办法，将超医保范围用药所产生的赔偿责任纳入商业三者险保障范围。

试论车上人员责任险的险种创新

袁洪涛*

一、机动车保险审判中存在的问题

车上人员责任险是机动车保险中存在时间较长的一个险种。车上人员责任险的保费不高，机动车投保，一般都要投保车上人员责任险。车上人员责任险前些年一直不是机动车保险合同纠纷案件关注的热点，但近两年来车上人员责任险纠纷日益增多，法院受理案件量持续上升，成为法院审理机动车保险合同纠纷案件中的难点之一，且被保险人一方败诉居多，被保险人对法院判决的公正性提出质疑，个别案件甚至成为信访案件，一些人大代表、运输行业协会等也对此表示关注，对车上人员责任险案件的判决提出意见与建议。

车上人员责任险是为被保险人转嫁、分散其对车上人员的赔偿责任而设置的险种，可简单理解为“被保险人对车上人员应负赔偿责任的保险”，是一种责任险，其不同于人身意外险。人身意外险则是在被保险人发生意外事故导致伤亡时保险公司即应按照保险合同约定向被保险人赔偿保险金的一个险种。关于车上人员责任险的保险责任，保险条款一般规定：保险期间内，被保险人或其允许的合法驾驶人在使用被保险机动车过程中发生意外事故，致使车上人员遭受人身伤亡，依法应当由被保险人承担的损害赔偿责任，保险人依照本保险合同的约定负责赔偿。根据该保险条款的规定，在车上人员发生意外时，若被保险人依法承担了赔偿责任或应承担赔偿责任则可向保险公司索赔，若依法不需承担赔偿责任，则不能向保险公司索赔。保险公司承担保险责任需以被保险人对车上人员承担法定赔偿责任为前提。

车上人员责任险分车上人员责任险（乘客）、车上人员责任险（驾驶员）两类，存在争议最多的是车上人员责任险（驾驶员）。在审判实践中，单位司机因履行职务行为开车发生事故导致伤亡，认定为工伤，若只需社保部门支付医疗、死亡伤残补助等相关费用，单位依法不需再承担赔偿责任，则保险公司

---

* 袁洪涛，深圳市中级人民法院商事审判庭审判长。

不需向被保险人承担赔偿责任。当然，被保险人一方能够举证证明除社保赔偿外，所在单位还依法承担了或还需承担其他赔偿责任，则对这一部分赔偿责任应按照保险合同的约定判令保险公司赔付保险金。车上人员伤亡，社保赔付标准低，所在单位自愿在法律规定之外往往再赔付一些款项，事后要求保险公司在保险金额幅度内赔付，因不是法定赔偿责任，人民法院则不予支持。现在运输业的从业人员大都参加社保，该险种在驾驶人员缴纳社保的情况下，严格按照保险条款操作，投保已失去意义。此种情形不仅存在于运输行业，私家车车主投保车上人员（驾驶员）责任险，本人驾车发生意外，因责任自负，依据保险条款的规定，也无法从车上人员责任险中获得赔付；私家车借予他人使用发生意外，依据《侵权责任法》的规定，车主（即被保险人）一般也不需对借用人承担赔偿责任，车主、借用人则也无法从车上人员责任险中获得赔付；私家车投保车上人员（驾驶员）责任险也没有意义。法院在组织双方当事人调解时，保险公司的代理人甚至也曾感慨，经营车上人员责任险保险公司稳赚不赔！

二、机动车保险引发纠纷的原因分析

近年来此险种引发的纠纷比较多，分析起来大致有如下原因：

（1）随着劳动法、劳动合同法、社会保险法等一批保障劳动者合法权益的法律实施，一般单位都为员工缴纳社保。一旦发生交通事故，认定驾驶员属于工伤，则按照工伤赔付标准由社保部门支付，单位额外赔付一些款项，因不属于法定赔偿责任，保险公司往往予以拒赔。

（2）个人车辆挂靠运输企业比较常见。个人与挂靠企业一般都签订有挂靠协议，依据挂靠协议，个人经营风险自负，个人或其雇用的司机驾车发生交通事故，作为被保险人的挂靠企业即便未给个人代缴社保，也不需承担赔偿责任，其向保险公司申请理赔，往往已被保险人以未履行赔付义务为由予以拒赔。

（3）《中华人民共和国侵权责任法》于 2010 年 7 月 1 日起施行。在该法施行之前，人民法院出于保护道路交通事故受害人的需要，往往判决车辆所有人或管理人承担连带责任。车主因承担赔偿责任，则其可向保险公司索赔。《侵权责任法》第 49 条规定：“因租赁、借用等情形机动车所有人与使用人不是同一人时，发生交通事故后属于该机动车一方责任的，由保险公司在机动车强制保险责任限额范围内予以赔偿。不足部分，由机动车使用人承担赔偿责任；机动车所有人对损害的发生有过错的，承担相应的赔偿责任。”《最高人民法院关于审理道路交通事故损害赔偿案件适用法律若干问题的解释》第 1 条规定：“机动车发生交通事故造成损害，机动车所有人或者管理人有下列情形之一，人民法院应当认定其对损害的发生有过错，并适用侵权责任法第四十九条的规定确定其相应的赔偿责任：（一）知道或者应当知道机动车存在缺陷，且该缺陷是交通事故发生原因之一的；（二）知道或者应当知道驾驶人无驾驶资格或者未取得相应驾驶资格的；（三）知道或者应当知道驾驶人因饮酒、服用国家管制的精神药品或者麻醉药品，或者患有妨碍安全驾驶机动车的疾病等依法不能驾驶机动车的；（四）其他应当认定机动车所有人或者管理人有过错的。”除了上述司法解释规定的情形，对于出租、出借的机动车发生道路交通事故，机动车所有人或管理人一般不承担赔偿责任，则其向保险公司申请理赔，往往也被保险公司拒赔，因此导致借用人、承租人使用车辆发生交通事故，难以得到保险保障。

鉴于上述情况，驾驶员或被保险人为了能够得到保险赔偿金，或者谎称驾驶员是为自己办事而使用车辆，甚至不惜伪造赔偿协议，制造虚假诉讼。保险合同的双方当事人本应最讲诚实信用，但险种设计的不合理，导致索赔时的不诚信现象频频发生。

三、解决此类问题的建议：保险险种创新

通过以上分析，现在的车上人员责任险条款似乎主要对未给员工缴纳社保的企业而言有一定意义。投保人缴纳了保险费，却得不到保险保障，保险的预期与目的落空，权利与义务严重失衡，被保险人特别是驾驶员本人或亲属对此意见很大。经调查，因市场竞争激烈，一些保险公司为了赢得客户，占有市场，更怕媒体炒作，影响企业形象，加之车上人员责任险赔偿额度有限，在理赔上往往有意放宽尺度，如私家车车主、借用人的单方事故，一般都予以赔偿，甚至在员工已缴纳社保的情况下也按照约定的赔付标准赔付。但这样做并不符合车上人员责任险条文的原意，也有违规范经营原则。

车上人员责任险不像交强险、商业第三者责任险那样引发了社会关注，但在汽车日益普及的情况下，该险种涉及众多车主、单位，关乎千家万户，其影响不可等闲视之。针对实践中存在的问题，我们建议对此险种进行改造或创新。我们建议，可保留现有车上人员责任险，供有需要的投保人选用，但应根据变化了的客观情况，重新精算保险费率；重要的是应创设车上人员意外险，只要投保了该险种，被保险人或其允许的驾驶人在使用被保险机动车过程中发生意外事故，致使车上人员遭受人身伤亡时，保险公司即应依据保险合同的约定负责赔偿。车上人员意外险应扩大被保险人的范围，将车辆所有人或管理人允许的驾驶人员列入被保险人，以避免借用车辆缺乏保险保障。这样将责任险转化为意外险，一是有利于体现投保商业险的目的，符合社会预期。社保赔偿标准低，再投保商业险才可获得更多保障，这样对投保人而言购买商业险才更

有价值与意义。运输企业为员工缴纳社保，再为员工购买车上人员意外险，应可获得双重保险保障。二是避免保险合同双方发生不必要的纠纷，操作更简便易行，被保险人一方也不必为索赔费尽心机编造理由，以致出现“老实人”吃亏的局面。三是有利于促进保险企业规范经营，改善保险企业的社会形象。同样的条款，这一家保险公司拒赔，另一家保险公司赔偿，让被保险人无所适从。保险公司收取保费，承担一定的保险责任，符合权利义务相一致的原则；如保险公司在投保人投保时未尽到明确说明义务，承保之后又以合同有规定为由予以拒赔，导致社会上一些人对保险公司产生不良印象，不利于保险公司业务的拓展。

以新车购置价作为保险金额的真实含义及推定全损的计算标准

——对一起车损险纠纷案的评析

郑云瑞　徐　冰　姜丽丽*

应当说，在保险审判实践中，以保险金额确认保险人的赔偿责任范围和认定保险标的损失程度来确定保险赔偿方式，是处理车损险纠纷案件时不可回避的环节。由于当事人经常在机动车损失保险合同中约定以新车购置价作为保险金额，因此，能否正确地理解以新车购置价作为保险金额的含义就是关系到保险人与被保险人切身利益的重要问题。同时，审理车损险需要把握的又一个问题，便是能否科学地、合理地认定受损车辆的损失程度，尤其是推定全损的计算就成为确认保险赔偿方式的前提。笔者在本文中借助处理一起车损险纠纷案的体会，谈谈有关以新车购置价作为保险金额的真实含义及推定全损的计算标准的看法，以此与大家交换意见，提升司法审判人员处理车损险案件的水平。

一、一起车损险纠纷案件的案情和裁判结果

1. 裁判要点

法院处理本案件的裁判要点如下：

（1）当投保人与保险人约定以新车购置价作为保险金额时，隐含的意思是以新车购置价作为保险价值，保险人应以该保险金额即保险价值为限承担保险责任。

（2）推定全损的计算标准应与保险金额的确定依据相对应，即当保险金额按照实际价值确定的，应以实际修理费是否超出实际价值来推定是否全损；当保险金额按照保险价值确定的，应以实际修理费是否超出保险价值来推定是否全损。

2. 基本案情

原告江某诉称：2009 年 9 月 2 日，高某驾驶江某所有的 N6792 重型普通

---

* 郑云瑞、徐冰、姜丽丽，无锡市中级人民法院法官。

货车在沪宁高速公路上发生交通事故，造成N6792重型普通货车驾驶员高某死亡、乘员汪某受伤以及车辆财产损失的重大交通事故。因N6792号车向某财产保险股份有限公司安徽分公司（以下简称保险公司）投保了机动车损失险（以下简称车损险），保险期间自2009年5月19日至2010年5月18日，现保险公司拒绝赔付，故请求判令保险公司支付保险金54954元（包括车辆损失53924元、清障费730元、施救费300元），后江某将索赔的保险金额降至52624元，对车损中应由机动车交通事故责任强制保险（以下简称交强险）赔偿的2000元及施救费300元在本案中不予主张。

被告保险公司辩称：已根据保险条款的相关规定向江某赔付保险金12500元，本案赔付业已结案，请求法院驳回江某的诉讼请求。

法院经审理查明：2009年5月18日，原告江某为N6792号载货汽车在保险公司投保了车损险及不计免赔等险种，其中车损险责任限额为172600元，保险期间自2009年5月19日至2010年5月18日。保险单载明：投保时新车购置价172600元；保险单所附《营业用汽车损失保险条款》（以下简称《保险条款》）第二十七条第（一）款规定了保险金额以新车购置价确定的赔偿方式：（1）发生全部损失时，在保险金额内计算赔偿，保险金额高于保险事故发生时被保险机动车实际价值的，按保险事故发生时被保险机动车的实际价值赔偿。保险事故发生时被保险机动车的实际价值根据保险事故发生时的新车购置价减去折旧金额后的价格确定。折旧金额＝保险事故发生时的新车购置价×被保险机动车已使用月数×月折旧率。（2）发生部分损失时，按核定修理费用计算赔偿，但不得超过保险事故发生时被保险机动车的实际价值。

2009年9月2日，高某驾驶保险车辆N6792号车在沪宁高速公路上发生交通事故，该车头部撞击前方客货车道内由王某驾驶的A9939的重型厢式货车尾部，造成N6792号车驾驶员高某死亡、乘员汪某受伤及货物损坏的重大交通事故。交警部门就该事故出具《道路交通事故证明》载明：无法查实事故发生时A9939重型厢式货车的行驶状态。2009年10月30日，高某亲属就道路交通事故人身损害赔偿诉至原审法院，原审法院经审理后作出（2009）锡法民初字第2391号民事判决，认定事故双方各承担50%的赔偿责任。2009年10月6日，无锡市价格认证中心出具《道路交通事故车、物损失评估鉴定书》，认定皖N6792号车的车损为59924元。嗣后，江某为保险车辆的修理支付修理费53924元、清障费730元。

2011年4月25日，保险公司支付江某保险金12500元，其计算方式为：保险车辆系2002年3月购买，新车购置价为172600元，至事故发生时折旧89个月，月折旧率为1.1%，折旧金额＝172600×89×0.011＝168975.4（元），且因最高折旧金额以投保时新车购置价的80%，即172600×0.8＝138080（元）

为限，故认定汽车的现值为 172600－138080＝34520（元），而车损评估为 59924 元，故保险车辆已无维修必要，应推定为全损，加扣残值后，应该为 27000 元，再扣除应由交强险承担的 2000 元，并按事故责任比例 50％赔偿即保险公司仅需赔偿江某车损 12500 元，现已赔付完毕。江某则认为，保险公司应对车损 53924 元进行全额赔偿。

双方的争议焦点主要围绕保险公司的赔偿限额，即保险公司应在保险金额范围内赔偿江某的车辆修理费损失及清障费损失，还是应以实际价值为限赔偿上述损失。

3. 处理本案所涉及的《保险法》相关法条

就本案案情而言，涉及《中华人民共和国保险法》第 18 条第 4 款、第 55 条规定的内容。

4. 法院的裁判结果

江苏省无锡市某区人民法院于 2012 年 8 月 3 日作出（2012）锡法商初字第 115 号民事判决确认，保险公司应赔偿的金额为：涉诉保险车辆因保险事故产生的车损为 53924 元，减去江某在本案中不予主张的交强险赔偿部分的 2000 元及保险公司已赔付的 12500 元，加上江某主张的清障费 730 元。原审法院判决：一、保险公司于判决生效之日起三日内支付江某保险金 40154 元。二、驳回江某的其他诉讼请求。宣判后，被告保险公司提出上诉。无锡市中级人民法院经审理于 2012 年 11 月 7 日作出民事判决：驳回上诉，维持原判。

二、对本案件的评析

1. 法院裁判所依据理由的分析

法院生效裁判认为，当投保人与保险人约定以新车购置价作为保险金额时，虽然该保险合同中未载明保险价值，亦应认为此保险合同中已隐含以新车购置价作为保险价值的意思表示。保险人应以该保险金额即保险价值为限承担赔偿责任。

首先，中国保险监督管理委员会曾于 1999 年以规范性文件的方式发布了示范性条款（即《机动车辆保险条款》），对机动车辆的保险金额和赔偿限额规定为：车辆的保险价值根据新车购置价确定；车辆损失险的保险金额可以按投保时保险价值或实际价值确定，也可以由被保险人与保险人协商确定，但保险金额不得超过保险价值，超过部分无效。对车辆损失险的赔偿处理规定为：（1）全部损失，按保险金额计算赔偿，但保险金额高于实际价值时，以不超过出险当时的实际价值计算赔偿；（2）部分损失，以保险价值确定保险金额的车辆，按实际修理费用计算赔偿，保险金额低于保险价值的车辆，按保险金额与保险价值的比例计算赔偿修理费用；保险车辆损失赔偿以不超过保险金额为限。上述示范性条款确定了以下几个原则：一是确定车辆的保险价值为新车购置价；二是确定可以车辆的保险价值即新车购置价作为保险金额投保；当车辆发生全部损失时，以不超过出险时车辆的实际价值为限计算赔偿；当车辆发生部分损失时，如果以新车购置价作为保险金额的车辆，则在保险金额范围内按实际修理费用计算赔偿。该示范性条款的设定逻辑周延，亦符合保险法理和我国保险法律的规定，既符合财产保险的补偿性原则，又不致出现保险金额超过保险价值而无效的情况。

反观本案中双方的保险合同条款，其系以新车购置价作为保险金额，但相关赔偿处理条款却规定为：车辆发生全损时，在保险金额内计算赔偿，保险金额高于保险事故发生时车辆实际价值的，按实际价值计算赔偿；车辆发生部分损失时，以事故发生时车辆的实际价值为限赔偿修理费用。根据该条款的规定，保险公司承担的最高赔偿限额即为车辆出险时的实际价值；且在具体的理赔过程中，又以实际价值作为推定全损的计算标准，这就进一步导致永远不可能按约定的保险金额进行赔偿。但保险合同却以必然高于车辆在出险时的实际价值的新车购置价作为保险金额，架空了保险金额的最高赔偿或者支付限额的基本功能。本案中保险公司制定的保险条款中相关赔偿处理的规定应仅适用于以车辆的实际价值作为保险金额的保险合同，而不适用于以新车购置价作为保险金额的保险合同。因此，保险人应以该约定的保险金额为限承担赔偿责任。

2. 对本案例的注解

(1) 以新车购置价作为保险金额的真实含义及效力

保险金额是指保险人承担赔偿或者给付保险金责任的最高限额。财产保险保险金额的确定一般有以下几种方式：① 定值保险，即保险金额由保险双方约定一个固定的价值来确定，如果财产全部受损，则赔偿保险金额，如果部分受损，则按保险金额乘以损失成数进行赔偿，而不论财产的实际价值；② 不定值保险，即不约定保险价值，也不明确保险标的的实际价值，只约定保险金额作为最高赔偿金额，财产损失时，如果保险金额高于或等于财产实际价值，则赔偿实际价值，如果保险金额低于财产实际价值，则按比例赔偿。③ 重置价值保险，即财产发生损失时，保险人按财产的重置成本赔偿，而不扣除财产的使用折旧。

本案中，保险双方约定以新车购置价作为保险金额，该约定如何用保险法术语进行解读。根据我国保险法的规定，保险金额不得超过保险价值，超过部分无效，则本案中保险金额是否存在“超限”问题而损及其效力，这两个问题是本案需要重点解决的问题。

保险人提出：虽然保险合同约定了以新车购置价作为保险金额，但是双方签订保险合同时车辆已经使用多年，其保险价值已经远低于新车购置价，根据保险法“保险金额不得超过保险价值，超过部分无效”的规定，保险合同约定的保险金额应属无效，保险金额应为车辆出险时的实际价值。

保险人的主张实际排斥了将新车购置价作为保险价值的可能性，无疑将出险时的实际价值作为确定保险金额的唯一根据，这显然违背了前述保险金额确定方式的保险法基本原理。并且，保险人在投保人投保时承诺以新车购置价作为保险金额，但在诉讼中又仅认可车辆出险时的实际价值为保险金额，保险人的这一行为也明显违背了诚实信用原则。

以新车购置价作为保险价值具有规范性依据。保监会于1999年颁布的部门规范性文件《机动车辆保险条款》第7条规定，车辆的保险价值根据新车购置价确定……车辆损失险的保险金额可以按投保时保险价值或实际价值确定，也可以由被保险人与保险人协商确定。但保险金额不得超过保险价值，超过部分无效。保监会的示范性条款在保险行业内具有指引规范的作用，在审判中可作为参考。上述示范性条款实际上确定两项内容：一是车辆的保险价值可以为新车购置价；二是可以车辆的保险价值即新车购置价作为保险金额投保。因此，既然保险合同中约定了以新车购置价作为保险金额，虽然保险合同中未载明保险价值，但是亦应认为保险合同中已经隐含了以新车购置价作为保险价值的意思表示，保险人应该以该保险金额即保险价值为限承担赔偿责任。

（2）以新车购置价作为保险金额时的赔偿处理方式

以新车购置价作为保险金额的保险不是一种不定值保险，而是一种定值保险。鉴于该保险价值的确定依据是新车购置价，即车辆的重置价值，故其也应属于重置价值保险。依合同的基本逻辑性，此种保险的赔偿处理方式应符合定值保险或重置价值保险的一般处理方式，当车辆全部损失时，则赔偿保险价值或重置价值；部分损失时，则按损失比例赔偿或在保险金额范围内赔偿修理费用。

保险人拒绝以新车购置价作为保险金额进行赔付的主要原因是认为该约定违反了保险赔偿中最基本的补偿性原则。实际上，定值保险或重置价值保险的赔偿处理方式在一定程度上的确突破了保险的补偿性原则，但定值保险作为一种保险方式有其存在的合理性。首先，保险价值或以何种方式确定保险价值是双方当事人的自愿约定，保险人应予遵守。其次，从权利义务的对等性来看，以保险价值作为保险金额时，如果仅以实际价值作为赔偿限额，投保人按照高额的保险金额缴费但是只能按照较低的实际价值得到赔偿，存在权利义务上的不对等。

对此，上述保监会于1999年颁布的《机动车辆保险条款》则很好地解决了车损险合同对保险补偿性原则的突破问题。该示范性条款设定的赔偿处理方法为：全部损失时，按保险金额计算赔偿，但保险金额高于实际价值的，以不超过出险时车辆的实际价值为限计算赔偿；部分损失时，以保险价值确定保险金额的车辆，按实际修理费用计算赔偿……可见，在新车购置价＝保险价值＝保险金额的情形下，即使发生全损，也只是以出险时的实际价值为限赔偿，而不会以车辆贬值前的新车购置价获赔，这就凸显了财产保险的补偿性；而发生部分损失的时候，则在保险金额范围内按照实际修理费或者在不足额的时候按照比例赔偿，这既满足了被保险人的损失补偿要求，又体现了保险金额作为最高额赔偿的功能。

我们来看一下美国的车辆保险业务。在美国，对于车损险的赔偿限额的确定有两种方式：一种不约定保险金额，保险公司的赔偿限额是根据受损汽车的实际价值和修理费用中较低的金额来确定的。实际价值是出险时车辆的市价（我国的保险合同条款一般均约定按一定的折旧率计算车辆的实际价值，而不论车辆的实际使用情况）。如果修理费用超过了市价，则可推定车辆全损，保险公司按市价赔偿。所以推定全损是在不约定保险金额时，按保险补偿原则确定的一种规则。另一种则以车辆重置成本作为保险金额，也就是赔偿限额，这种方式下车辆出险时的市价就没有意义了，即便车辆维修费用超过市价，但只要不超过车辆重置成本，保险公司亦应赔偿修理费用。在这种情况下，车辆的重置成本是保险公司赔偿的限额。这与企业财产险中的固定财产保险金额的确定及赔偿处理原则是一致的。也就是以财产的重置成本作为保险金额，赔偿时也以重置成本为限。可以看出，保监会的示范性条款的设定与美国的车辆保险关于保险金额与赔偿处理方式的安排是一致的。

但本案保险条款中有关赔偿处理的条款则规定为：车辆发生全部损失时，在保险金额内计算赔偿，保险金额高于保险事故发生时被保险机动车实际价值的，按保险事故发生时被保险机动车的实际价值赔偿；车辆发生部分损失时，按核定修理费用计算赔偿，但不得超过保险事故发生时被保险机动车的实际价值。很明显，本案保险条款与保监会示范性条款在赔偿处理方式上的不同在于当车辆发生部分损失时的赔偿限额。本案保险条款中对赔偿限额的设定明显违反了定值保险或重置价值保险的一般赔偿处理方式，也违背了当事人的投保预期，是产生“高保低赔”现象的原因所在。

（3）以实际价值作为推定全损的计算标准是否合理

保险条款在具体的理赔中还会涉及“推定全损”这个概念，通常保险公司的做法是给定一个折旧公式折算出出险时车辆的实际价值，以该实际价值作为赔偿标准，当实际修理费高于实际价值的推定为全损，低于实际价值的则为部分损失。但是此种推定方式在某种情形下会导致高保低赔，如果保险合同约定的保险金额为高于车辆实际价值的保险价值或者重置价值，当推定全损时，保险人以车辆实际价值为限承担的修理费，这将造成事实上永远没有按照约定的保险金额进行赔偿的可能，等于架空了保险金额的功能。

本案的冲突正是如此，一方面推定全损的计算方式决定了是以实际价值作为最高赔偿限额；但另一方面又以新车购置价作为保险价值及保险金额，两者的赔偿计算标准不一，是典型的高保低赔条款。

司法实践中解决此冲突的做法有两种：第一种做法是将以实际价值为限推定全损的计算方式作为免责条款对待，以保险公司是否履行明确说明义务来判断条款是否有效；第二种做法是基于“高保低赔”所产生的保险金额与保险赔偿限额的差额，退赔相应的保险费。但是我们认为：不应轻易认定合同条款是否有效，而应在尊重合意的基础上，区别对待。鉴于以实际修理费是否超出被保险车辆的实际价值来推定是否全损，其实质是以被保险车辆的实际价值作为最高赔偿限额，因此该赔偿计算方式只适用于按照实际价值确定保险金额的情形，而不适用以保险价值或者其他协商方式确定保险金额的情形。

由于本案的保险金额是按照新车购置价确定，因此以实际价值为赔偿限额的计算方式显然不适用本案，只适用于以实际价值作为保险金额的情况。上述司法实践中的第一种处理方式过于粗糙，忽略了以实际价值作为推定全损的计算标准在特定情况的合理性，该计算方式的有效性是不以是否履行了明确说明义务为转移的；关于第二种退赔多余保费的处理方式，虽然表面上解决了“高保低赔”的问题，平衡了权利义务关系，但客观上强行更改了保险合同的内在逻辑，有损投保人的期待利益，也不利于保险行业的规范化。

保险纠纷诉调对接机制的理论与实践

——以江苏省徐州市为例

单云娟　赵　涛*

保险纠纷诉调对接机制是人民法院探索构建多元化纠纷解决机制的结果，是人民法院借助社会力量调处民商事纠纷的新举措，具有降低纠纷化解成本、节约司法资源、促进保险公司自律等价值，通过介绍徐州保险纠纷诉调对接机制的具体做法及运行两年多来取得的成效，彰显了保险纠纷诉调对接机制在钝化矛盾、定纷止争、减少诉讼方面的优势，并指出保险纠纷诉调对接机制存在的问题。

一、保险纠纷诉调对接机制建立的背景

保险具有保障、资金融通和社会管理功能，其中保障功能是保险业的立业之本，最能体现保险业的特色和核心竞争力。由于我国保险业起步较晚，保险公司的经营管理尚不够规范，公众的保险意识和保险知识层次相对较低，保险消费者和保险公司对保险产品和法律规定的认识往往存在差异，由此引发大量的保险纠纷，消费者对保险公司和保险产品的整体评价不高。加上法院处理的保险合同纠纷案件，保险公司败诉率高、保险公司对以调解方式解决纠纷的抵触情绪严重，进一步加深了公众对保险行业的负面印象，从而阻碍了保险行业的快速发展。针对保险消费市场存在的“销售误导、车险理赔难”等现实问题，在人民法院积极参与社会管理创新的现实语境下，司法裁判职能逐步从“纠纷解决”走向“规则之治”，即保险司法应当更加注重对保险消费者合法权益的保障及对保险市场经济秩序的维护。保险纠纷的复杂多样与案多人少、法官专业知识不足的尖锐矛盾，客观上要求人民法院必须探索一条能够依法、公正、高效化解保险纠纷的新路径，法院与保险行业协会保险纠纷诉调对接机制由此应运而生。

* 单云娟、赵涛，徐州市中级人民法院法官。

二、保险纠纷诉调对接机制的性质和价值

（一）保险纠纷诉调对接机制的正当性分析

所谓法院与保险行业协会保险纠纷诉调对接机制，是指保险纠纷调处中的法院诉讼方式与行业协会调解方式相衔接的机制，包括保险行业协会诉前调解和诉中委托调解、协助调解。在诉调对接过程中，必须坚持当事人选择调解或诉讼程序自愿、调解程序和调解协议内容合法、调解向诉讼转换便捷等基本原则。

法院与保险行业协会保险纠纷诉调对接机制是我国法院贯彻中央关于诉讼与非诉讼相衔接的矛盾纠纷解决机制改革的总体部署和人民法院“调解优先、调判结合”的工作原则、努力构建多元化纠纷解决机制的结果，是法院借助社会力量调处民商事纠纷的新举措，其直接法律依据是最高人民法院《关于人民法院民事调解工作若干问题的规定》和最高人民法院《关于建立健全诉讼与非诉讼相衔接的矛盾纠纷解决机制的若干意见》。2012 年 12 月 18 日，最高人民法院、中国保险监督管理委员会联合下发《关于在全国部分地区开展建立保险纠纷诉讼与调解对接机制试点工作的通知》，证明法院与保险行业协会保险纠纷诉调对接机制存在的正当性。

（二）保险纠纷诉调对接机制的价值分析

（1）有利于降低纠纷的化解成本，高效、便捷地实现“案结事了”。司法裁判是当事人双方庭审诉辩的结果，诉辩模式呈现剧烈的对抗性，在举证与反证、立论与驳论的“诉辩拉锯战”中，大量的时间、精力、财力被耗费。同时司法裁判的强制性特性，使受裁判约束方因此而上诉或申诉，诉讼周期无限延长，导致高诉讼成本投入。而保险行业协会诉前调解，则使保险纠纷的当事人以最小的代价获得最大的诉讼效益：调解氛围的友好，有助于对证据的认可，对对方主张的承认和权益兑现；调解形式的简便，使很多程式化的步骤得以省略；如果调解成功，当事人不要求法院以调解书的方式确认调解协议的，当事人无须缴纳任何费用；如果当事人要求法院确认调解协议，法院也会减、免相关费用。在诉前达成调解的，就不必再经过法院的审理程序，纠纷由此得到快速解决；即使诉前不能调解成功，也为审判人员提供了比较丰富的信息，有利于提高审判效率。

（2）有利于缓解法院“案多人少”的基本矛盾。我国正处在社会转型期，社会矛盾多元化，大量纠纷涌向法院，使法院受理民商事案件的数量不断增多。从近年来全国各地法院受案情况看，那些改革开放实行得早、经济较发达、人口集中地区的法院，往往也是最深切地感受到案多人少压力的法院。当案件不断增多而审判力量又相对不足时，把一部分案件委托给行业协会进行调

解，省却立案审查、庭审、制作裁判文书和执行等程序，缩短纠纷在法院的运转时间，自然可以收到分流案件、减轻法院压力的效果。

（3）有利于促进保险公司自律，推动保险行业健康发展。作为具有保险专业知识的中立第三方，保险行业协会主持或参与调解更容易取得保险纠纷当事人特别是保险公司的信赖，其从专业角度提出的调解方案更易为当事人所接受，避免硬性裁判导致的双方当事人隔阂加深、对立情绪加剧，使纷争不仅在法律上得以彻底解决，也在心理上得以真正消除。针对调处保险纠纷过程中发现的保险公司的不规范展业行为，行业协会及时指出并督促改正，不仅有利于个案纠纷的化解，也可帮助保险公司及时查堵漏洞、防范潜在的风险，有利于实现保险行业的可持续发展。

三、徐州法院与行业协会保险纠纷诉调对接机制的具体做法

为促进保险纠纷诉调对接工作的有序开展，徐州中院和徐州保险行业协会在先期设立保险行业司法服务站的基础上，于2010年11月正式建立了保险纠纷诉调对接工作机制，共同设立“徐州法院保险纠纷诉调对接办公室”，制定了《保险纠纷诉调对接工作实施细则》、《保险纠纷调解工作规则》和《保险纠纷诉调对接办公室调解员管理规定》，保险行业协会聘请了40名保险纠纷专、兼职特邀调解员，调解处理涉诉保险纠纷，建立特邀调解员例会和培训制度，为保险纠纷矛盾化解工作的开展奠定了制度基础。

（一）工作流程

1. 诉前调解

法院立案庭在接收和审查起诉材料时，向当事人建议由保险纠纷诉调对接办公室进行调解。当事人不同意调解而坚持要求起诉的，由法院进行立案审查。对当事人同意调解的，立案接待人员通知保险纠纷诉调办公室专门联系人，同时移交有关材料复印件，调解办公室做好相关材料接收、材料登记、案件编号和数据统计等工作。诉调对接办公室接到相关材料后，于2日内通知有关特邀调解员查看材料，了解情况。特邀调解员于3日内通知双方当事人，与双方当事人进行沟通，并酌情征求法官意见，在此基础上，确定调解的时间、地点和要求。调解期限一般不超过20个工作日，经当事人同意，可酌情延长。当事人在诉调办公室主持下达成调解协议后，当事人不要求法院出具民事调解书的，由特邀调解员代表保险行业协会出具调解书，加盖保险行业协会印章；当事人要求人民法院出具民事调解书的，由诉调工作小组引导当事人到法院立案庭办理立案手续，移送相关材料，经审判庭对调解的合法性、可执行性、是否损害案外人利益等方面进行审查并确认效力后，出具民事调解书，并分别送达双方当事人和保险行业协会。当事人达成调解协议并由法院或保险行业协会

出具调解书后，当事人留下银行账号，保险公司在规定的时间内兑现承诺，支付赔款。诉调对接办公室做好相关材料的归档工作。对经保险行业协会调解，当事人不能达成调解协议的，由诉调对接办公室将调解笔录、调解做工作的情况、调解不成的原因、双方当事人的意见等书面材料连同起诉材料复印件移交法院立案庭，立案庭按照法律规定进行立案审查。

2. 委托调解和协助调解

对已经进入诉讼程序的保险合同纠纷案件以及涉及交强险的道路交通事故损害赔偿纠纷案件，法院相关审判庭可以在取得当事人同意后，将案件移交并委托保险行业协会进行调解；对于事实比较复杂、法律关系相对不明确的纠纷，可以邀请保险纠纷特邀调解员参与协助调解。保险行业协会接受委托后，比照诉前调解案件的流程开展调解工作；特邀调解员接受法院邀请协助调解的，按照有关法院通知的时间、地点参加调解。案件调解或判决生效后，法官回访，保险公司承担理赔责任的，督促其及时履行义务，确保权益人利益早日实现。对保险公司存在的问题发送司法建议，以规范保险公司的赔偿机制和内部管理制度，使保险公司充分认识到调解处理纠纷的重要性。

（二）工作方式

在工作方式上，采取专、兼职特邀调解员相结合，保险协会集中调解与指导各单位调解相结合，保协独立调解和到法庭配合调解相结合的办法，多方位开展协调工作。一是配合法庭调解。保险行业协会通过接受法庭诉前调解、法庭委托调解和协助法庭调解 3 种方法，积极配合法庭进行调解。二是参与和指导各单位调解。保险协会通过建立综合服务考评机制、不定期组织督促检查、组织指导及参与各保险公司调解等途径和方法，引导各保险公司立足自身解决问题，提倡各保险公司主动与保险消费者沟通、协商和调解，把大量保险纠纷解决在公司，减少诉讼案件，把矛盾化解在萌芽状态。三是接受客户上门调解。对各保险公司调解不成或当事人争议较大的保险纠纷，由保险公司引导当事人到调解办公室，调解办公室本着公平、公正的原则进行调解，把保险纠纷化解在保险行业协会，减少当事人到法院诉讼的程序。四是专、兼职特邀调解员相结合进行调解。正常情况下，以专职特邀调解员为主组织调解，案件数量大时，根据需要抽调兼职特邀调解员配合调解。

在保险协会与各保险公司的互动上，主要采取 6 种方法：一是矛盾化解工作开始前，召开各单位主要领导和有关负责人会议，统一思想，达成共识；二是在聘请兼职特邀调解员时，充分征求各公司意见，由各公司推荐人选，市保险协会组织面试，择优录用；三是在接受案件进行调解前，与各公司有关负责人及时进行沟通，交换意见，统一思想，对公司同意调解的案件，进入调解程序，对经过反复商量保险公司仍不同意调解的案件，退回法院；四是对保险公司同意调解的案件，由调解办公室组织当事人进行调解，调解结果由保险公司参加调解的人员向单位领导汇报后签订调解协议书；五是调解协议书签订后，由调解办公室跟踪监督调解协议履行情况；六是发现问题后，及时与相关保险公司进行沟通协调，对属于全局性的问题，保险行业协会召开各保险公司有关领导会议，分析情况，提出问题，进行商量和沟通，研究解决问题的办法。

（三）受案范围

在实践过程中，诉调对接办公室逐步明确同意受托的案件标准为：一是保险责任明确的案件；二是事实清楚的案件；三是法律关系明确的案件；四是争议不大的案件；五是当事人双方都同意接受调解的案件。对于事实比较复杂、法律关系不太明确、当事人双方争议较大、诉讼标的过大、当事人双方有一方坚决不同意接受调解的案件，一般不予接受。在受理案件的范围上按照先易后难，先小后大，先少后多的原则，分 3 个阶段逐步推进。

第一阶段：2011 年年初～7 月。先从市区云龙、泉山法院开始，从保险合同纠纷开始，对机动车辆保险事故不涉及人伤案件的财产损失金额 5 万元以内、人身保险事故损失 5 万元以内，事实清楚、法律关系明确、争议不大、标的较小的保险纠纷案件进行调解。

第二阶段：2011 年 7～10 月。在初步练兵、理顺关系、摸索经验的基础上，重点调解机动车辆保险合同纠纷。对事实清楚、法律关系明确、争议不大的案件能调则调，尽量扩大调解面，让尽可能多的机动车辆保险合同纠纷通过调解解决。

第三阶段：2011 年 11 月至今。向交强险人伤纠纷案件、寿险案件拓展。从目前情况看，调解案件范围主要集中在机动车辆保险合同纠纷和交强险人伤纠纷，2012 年 3 月 15 日寿险纠纷案件已调解成功第一例。

四、徐州适用保险纠纷诉调对接机制取得的成效

徐州中院与徐州保险行业协会保险纠纷诉调对接机制运行两年多的实践证明，保险纠纷诉调对接机制能够有效提升保险纠纷化解成效，大量保险合同纠纷经诉调对接办公室做工作以调解方式结案，诉外调解率稳步上升，既高效、便捷地维护了投保人、被保险人的利益，实现了保险合同的目的，又在客观上减轻了法院的案件压力，有利于缓解法院案多人少的突出矛盾，彰显了保险合同纠纷诉调对接机制在钝化矛盾、定纷止争、减少诉讼方面的优势。

（一）全市法院保险合同纠纷案件变化情况

工作机制运行以来，全市法院保险合同纠纷案件的受案数、结案数均出现较为明显的下降，而调解、撤诉结案的绝对数却出现增长，调撤率也持续显著提高。

2010 年，全市法院商事审判条线新收保险合同纠纷案件 853 件，审结保

险合同纠纷案件851件，在审结的851件案件中，以调解、撤诉方式结案的346件，调撤率40.66%。

2011年，全市法院商事审判条线新收保险合同纠纷案件679件，同比下降20.40%；审结保险合同纠纷案件662件，同比下降22.21%；在审结的662件案件中，以调解、撤诉方式结案的353件，同比增长7件，调撤率53.32%，同比上升12.66个百分点。

2012年，全市法院商事审判条线新收保险合同纠纷案件671件，同比下降1.18%；审结保险合同纠纷案件659件，同比下降0.45%；在审结的659件案件中，以调解、撤诉方式结案的426件，调撤率64.64%，同比上升11.32个百分点。

（二）诉外保险合同纠纷矛盾化解成效

据徐州保险行业协会统计，2011年全市机动车承保数量为596790台，同比增长24.5%，承保车辆发生机动车交通事故103841起，事故率17.4%，同比下降2.2个百分点，因交通事故产生保险纠纷4881件，纠纷率4.7%，同比下降0.9个百分点；其中2875件保险合同纠纷经诉调对接办公室做工作以调解方式结案，诉外调解率58.9%，同比上升30个百分点；2006件纠纷进入法院诉讼，诉讼率41.1%，同比下降30个百分点。2012年，保险行业协会成功调解保险纠纷821件，其中参与或指导保险公司调解432件，联合法院调解142件，客户、律师推荐自主上门调解165件，配合公安机关调解82件。

（三）典型案例

案例一：张某与都邦财产保险股份有限公司厦门分公司财产保险合同纠纷案

我市农民张某购买了“黄牛”违规跨省销售的都邦财产保险股份有限公司厦门分公司（以下简称厦门都邦财险公司）的交强险一份，为自己的变形拖拉机投保。在保险期间内，发生致一人死亡的交通事故。经公安部门认定，张某负事故全部责任。张某向死者近亲属赔偿55000元后，向厦门都邦财险公司申请理赔时遭到拒绝。张某百般无奈之下向徐州保险行业协会寻求帮助。保险纠纷诉调对接办公室受理该案后高度重视，立即与厦门都邦财险公司电话联系，指出其经营和管理的不规范之处及相应的危害，厦门都邦财险公司最初态度强硬、表示坚决不予理赔，经过我方特邀调解员多次沟通交流和据理力争，最终厦门都邦财险公司表示接受诉调对接办公室提出的调解方案，即：厦门都邦财险公司自愿按照保险合同的约定承担保险责任，在交强险限额内赔偿张某55000元整，其他损失由张某自负，本次交通事故纠纷一次了结；鉴于该保险单签订的严重瑕疵，调解协议签订的同时终止保险责任，收回保险单原件并不退还保费；由保险公司负责书面通知该车的注册管理机关备案。调解协议签订后，双方向法院申请确认调解协议的效力。从张某向保险协会求助到保险公司将赔偿款打入张某账户，仅用了不到一个月的时间，未向双方收取任何费用，双方分别给保险纠纷诉调对接办公室送锦旗表示谢意。

案例二：丁某与中国人民财产保险有限公司徐州市分公司财产保险纠纷案

丁某在中国人民财产保险有限公司徐州市分公司（以下简称徐州人保财险公司）为其面包车投保商业第三者责任险，保险金额10万元。在保险期间内，丁某驾驶该车与第三人驾驶的摩托车发生交通事故，致第三人受伤。经法院生效判决确认，丁某应赔偿第三人94443元，承担诉讼费760元。丁某支付上述费用后向徐州人保财险公司申请理赔遭到拒绝。丁某在向法院起诉的同时，向保险纠纷诉调对接办公室申请调解。保险纠纷特邀调解员收到材料后，本着公平、公正、中立的立场开展调解工作，将赔偿的项目、标准逐项列出，原被告双方看后一目了然，20天左右即达成调解协议。而送至法院的诉状，因法院案件太多，且要严格遵循法定程序，尚未开庭审理。原告委托律师立案时已向法院预缴一半的诉讼费，按照相关法律规定，即使撤诉该诉讼费也不予退还。考虑到该案的实际情况，保险协会和法院相关业务部门多次协调，经院长审核批准，才将诉讼费退还给原告。通过该案的处理，原告及其律师对保险纠纷诉调对接机制免费、高效处理纠纷表示充分的肯定和支持。这样的案例还有很多，经过口碑相传，现在许多律师接到保险纠纷案件后，先到保险纠纷诉调对接办公室申请调解，确实调解不成才到法院申请立案。还有很多保险消费者通过收听保险协会在电台开设的"保险有方"栏目，对法院与保险行业协会保险纠纷诉调对接机制有所了解，遇到纠纷首先选择到诉调对接办公室调解，取得了很好的效果。

徐州法院与保险行业协会保险纠纷诉调对接机制已受到江苏省高院、徐州市委综治办的充分肯定，江苏省保监局将徐州保险纠纷诉调对接的工作经验向全省推广，中央电视台、《人民法院报》等多家国家级、省市媒体也先后多次派记者现场采访报道了徐州保险纠纷诉调对接工作的先进典型事迹，多个省市的法院、保监局纷纷来徐州学习保险纠纷诉调对接工作经验。

五、保险纠纷诉调对接机制存在的问题

（1）调解案件的范围有一定的局限性。对于案件事实比较复杂、法律关系不太明确、当事人双方争议较大、当事人双方有一方坚决不同意接受调解的案件，一般不适用保险纠纷诉调对接机制。一些业务规模较小、进入市场时间较短的公司往往因调解权限小或图省事、怕麻烦，有时候还存在"重判轻调"的现象。此外，对交强险人伤纠纷和寿险纠纷等的诉调对接还处于继续探索阶段。

（2）特邀调解员的数量和能力一定程度上制约了诉调对接的成效。由于专

职特邀调解员数量有限，而需要调解的案件数量又相对较多，有些案件难以严格遵循诉调对接工作规定的期限，调解周期偏长。对兼职特邀调解员如仅依靠其工作热情和责任感而缺乏有效的激励和培训机制，不利于激发其提高调解能力的积极性，从而影响调解的成效。

（3）对复杂案件调解和裁判的标准不统一。对道路侵权人伤等各类复杂保险纠纷，行业协会调解和法院裁判的标准和尺度把握不同，有时导致调解和裁判的结果有些差异，导致当事人对诉调对接产生质疑，影响了调解的质量和效果。

（4）材料的收转和保密工作有待加强。法院立案庭在向保险协会移送材料时，对部分案件存在只移交诉状、未移交证据材料的情况，影响了特邀调解员的工作效率。此外，因材料的流转需经过多个环节，而目前又缺乏相关的保密规定，有泄露案情的可能，对调解不利。

六、结语

人民法院与保险行业协会保险纠纷诉调对接，是一个逐步完善的过程。只有从保险纠纷诉调对接机制的工作载体、工作程序、工作制度、诉调对接范围以及与其他相关部门的协调配合等各方面进一步完善措施，才能促进该项工作机制功能更加完备，解决矛盾纠纷的手段更加多样，维护稳定、推进管理创新的效果更加明显。

参考文献

[1]《最高人民法院关于人民法院民事调解工作若干问题的规定》（法释〔2004〕12号）。

[2]《最高人民法院印发〈关于建立健全诉讼与非诉讼相衔接的矛盾纠纷解决机制的若干意见〉的通知》（法发〔2009〕45号）。

[3]《最高人民法院、中国保险监督管理委员会关于在全国部分地区开展建立保险纠纷诉讼与调解对接机制试点工作的通知》（法〔2012〕307号）。

[4] 刘同君，储晓雷．论“诉调对接机制”之正当性——基于江苏经验的思考［J］．江苏大学学报（社会科学版），2012（4）．

[5] 李文斌．诉前调解规则厘定［EB/OL］．北大法律信息网．

[6] 马明锋．对当前诉前调解工作现状的分析与思考［EB/OL］．中国法院网．

[7] 徐州市中级人民法院与徐州保险行业协会：《保险纠纷诉调对接工作实施细则》、《保险纠纷调解工作规则》、《保险纠纷诉调对接办公室调解员管理规定》。

车损险保险金额的确定及相关赔偿处理

——“机动车辆商业保险示范条款”相关条文评析

刘学生*

机动车辆保险是一个独特的财产保险类型，尤其在现阶段，车辆保险对财产保险市场举足轻重。对社会公众而言，车辆保险具有重要意义，是为数不多的具有较强投保需求的保险类型。因此，车辆保险既受到保险业高度重视，也为社会公众所关注，其承保、理赔、产品和经营状况方面发生的纠纷，往往会形成舆论焦点。由于车险的复杂性和特殊性，加之车险业务在产品经营等方面客观存在的缺陷，有关问题的解释和澄清并不容易。2011 年 3 月，媒体针对机动车损失保险“高保低赔”、“无责不赔”等现象的广泛报道和质疑，引发车险的信任危机，也加快促进了商业车险制度改革的进程。2012 年 3 月，经过多方努力，中国保险行业协会颁布了新的“机动车辆商业保险示范条款”❶，有颇多亮点，值得赞许。该示范条款第 12 条、第 19 条，是关于车损险保险金额的确定及相关赔偿处理的规定，可以说是对所谓“高保低赔”质疑的回应。笔者试结合新旧条款的对比，对所谓“高保低赔”以及新的规则进行分析，并澄清一些认识上的误区。

一、所谓“高保低赔”的由来

广受质疑的“高保低赔”问题，源于现行车险条款中保险金额确定方式及其相应赔偿处理的规定。该车险条款为中国保险行业协会于 2006 年统一颁布，分 A、B、C 3 套，对上述问题，3 套条款基本一致。以现行 A 套“家庭自用汽车损失保险条款”为例，根据其第 10 条规定，车损险保险金额由投保人和保险人按照 3 种方式选择确定：（1）投保时的被保险机动车的新车购置价；（2）投保时被保险机动车的实际价值；（3）在投保时新车购置价内协商确定。其第 27 条规定，保险人依据保险金额不同的确定方式，分别承担不同的赔偿

---

* 刘学生，中国保监会法规部副主任。本文为个人观点，不代表所在单位意见。

❶ 全套商业车险示范条款具体内容，可登录中国保险行业协会网站查阅。

责任：（1）按照新车购置价确定保险金额的，发生全损时，在保险金额内计算赔偿，保险金额高于保险事故发生时被保险机动车实际价值的，按事故发生时车辆实际价值计算赔偿；发生部分损失时，按照实际修理费用计算赔偿，不得超过事故发生时车辆实际价值。（2）按照车辆实际价值确定保险金额或协商确定保险金额的，发生全损时，保险金额高于保险事故发生时被保险机动车实际价值的，按事故发生时车辆实际价值计算赔偿；保险金额低于或等于保险事故发生时被保险机动车实际价值的，按保险金额计算赔偿；发生部分损失时，按照保险金额与投保时的被保险机动车新车购置价的比例计算赔偿，但不得超过事故发生时车辆实际价值。

上述条款规定，自2006年行业颁布施行至今，其实还可上溯至更远，已成行业惯例。从形式上看，车损险保险金额的确定有3种方式可供选择，并非只有新车购置价唯一选项，但车险业务经营中，以投保时机动车新车购置价确定保险金额为主要方式。这与保险业务人员诱导、投保人对车险认知有限都不无关系。实务中，按新车购置价投保，视为足额保险，若按实际价值或协商价值投保，则视为不足额投保，如果发生保险事故，相应的赔偿是不同的。这既是保险公司的说法，也是条款含义的解释结论。然而，按照机动车新车购置价足额投保后，保险事故发生，发生全损或推定全损，根据条款规定，保险人是按事故发生时机动车的实际价值计算赔偿。问题就此产生，首先，以多年来的市场判断，机动车市场价格趋势一直下行，即使比较新车购置价，出险时的新车购置价低于投保时的新车购置价，后者高于前者的情形非常罕见。其次，车辆使用中不断磨损折旧，即使比较车辆实际价值，出险时的实际价值也必然低于投保时的实际价值。可见，除新车首次投保外，其他车辆投保时实际价值即已低于新车购置价，出险时其实际价值低于投保时实际价值，显然更低于投保时的新车购置价。因此，以投保时新车购置价为保险金额承保，而赔偿时则以事故发生的车辆实际价值赔偿，后者数额明显低于前者，这就构成所谓“高保低赔”。而由于保险金额与保险费的收取直接相关，以较高的保险金额为基础收取保险费，而赔偿却以较低的实际价值为基础计算，由此引发对“高保低赔”显失公平的质疑，可以说是顺理成章。

二、行业解释与根源剖析

“高保低赔”对投保人、被保险人有失公平，从表面上看是成立的。至少对于全部损失，出险时的车辆实际价值必然低于承保时的新车购置价，既然责任承担远远抵达不到保险金额，为什么还要约定此责任限额，保险公司是否多收取了不该收的保险费？此种承保理赔的条款，还可能被司法机关视为定值保险，但若按定值保险理赔原则处理，则一来与条款规定明显抵触[1]；二来不符合损失补偿原则。因此，这个问题，需要一个合理解释，否则，难脱不公平乃至“霸王条款”的诘问。

综合保险业界和专家学者的意见，对此问题的解释主要有以下几点[2]：

第一，保险公司并没有主观上的欺诈意图，只是客观上存在不足，不为公众所理解。保险金额的确定其实有 3 种方式，投保人可以进行选择，并非全是“高保”。

第二，高保低赔只看到了全部损失时按照车辆实际价值赔偿，但部分损失时，车辆的修理更换都是按照新的零部件计算赔偿的，而且从数据上看，全部损失占不到车损险案件的 1%比例，99%以上是部分损失案件。因此，笼统讲“高保低赔”是不准确的，以偏概全。

第三，按照新车购置价投保是“足保”而非“高保”，是为了在发生保险事故尤其是部分损失时获得足额赔偿；而以车辆实际价值投保，为不足额保险，车辆发生部分损失时，不能按照新的零部件进行维修更换，只能按比例赔偿。

第四，高保低赔，实质上是对不精确的车损险定价方式做了粗糙不准确的表述，容易引人误解。车险的定价确实可以更精确一些。在保险发达国家，车损险以车型等风险因素为基础确定费率，投保时无须确定具体的保险金额和保险价值，理赔时按照车辆实际价值或实际修理费用赔偿，自然不存在“高保低赔”问题。但我国处于保险初级市场，车型众多，没有强大的精算数据支持，做不到以车型为基础对车损险进行定价，费率计算不够精确，无法将部分损失与全部损失分别计算，将各种车损情况都按照一个费率计算。这是亟待完善的问题，但也是目前阶段难以完全解决的。对实际个案来说，可能是公平的，也可能是不公平的。

应当说，上述解释一定程度上是成立的，但其中涉及保险原理、保险费率厘定、精算基础、产品设计等诸多专业内容，不容易为社会公众所理解和接受，况且车损险条款本身存在若干缺陷，因此，对此既要实事求是分析历史和现实因素，也应正视不足，力求改进。

笔者以为，所谓“高保低赔”的概括固然失之粗略，容易掩盖实质问题，但对全损情形下的承保理赔，又颇为形象。究其实质，缘由有二。其一，与车损险费率厘定方式有关。在保险发达国家，车险定价方式科学，以车型数据为

---

[1] 车险条款普遍明确声明“本保险合同为不定值保险”。司法实践中有法院将按新车购置价承保的车损险，作为定值保险判决按新车购置价计算赔偿。保险行业的约定可谓是对此类法律风险的一种防范。

[2] 2011 年 4 月，中国保险行业协会组织召开“完善商业车险承保理赔工作座谈会”，有关专家学者发言观点参见《中国保险报》2011 年 4 月 2 日。

基础计算保费，结合其他使用性质、驾驶人情况等风险因子进行调整，理赔则无论全损还是部分损，皆按实际损失赔偿。我国现阶段车辆保险粗放经营，按车型定价尚不能实现，以新车购置价为准收取保险费是一种退而求其次的模式，具体计算上又是如一般财产保险确定保险金额，以其为基础计算保险费，不同的保险金额确定对应不同的赔偿处理。这种粗略的、不精确的经营方式，必然导致在赔偿责任控制和保险费充足要求间产生冲突，在个案上引发争议是必然的。其二，是与车损险产品设计有关。现行车损险是将全部损失险与部分损失险一体设计的，保险金额统一确定，统一适用，但发生保险事故时，全损和部分损失的赔偿是不同的。如果按上述全损与部分损失时互相影响的解释，这两种情形应当设计成两个车险产品分别提供。况且现在保险行业尚拿不出精确的数据来说明部分损失的发生率和理赔总额，可以冲抵全部损失情形下“高保低赔”的差额，对于个案机动车来说，部分损失的赔偿金额即使按数次发生数次赔偿计算，总金额可以达到新车购置价的几率也微乎其微。此外，公众的感性认识也加深了一些误解，比如对旧车，常人认为应比新车费率低，但从保险角度讲，旧车承保风险更大，费率反而可能要提高。

因此，对于“高保低赔”，有可以解释的余地，尽管这种解释未必能为一般人理解和接受。现阶段的车险经营，受制于技术手段和数据积累的局限，属于笼统粗算。这种定价方式，虽然整体上车损险的保险费与赔偿水平或许是相当的，但对于个案，对于不同车型、使用年限、损耗状况、驾驶习惯的具体车辆来说，可能是不均衡的。由于费率厘定不够精确，相关风险因素未能充分反映在车损险价格中，新车与旧车，豪华车与普通车，好司机与差司机，便不知道谁占了谁的便宜。

三、修改思路的探讨与争议

从长远来看，车险经营应当逐步向车型定价方向发展，承保理赔费率不再纠缠于保险金额，充分考虑各种风险因素，反映不同的风险特性，由粗放经营向更科学精准的专业经营转变。但现阶段这只是理想。目前现实的选择是逐步改进，在现有模式基础上改善产品设计。对保险金额确定问题，车损险条款修订的一个共识是应当按机动车辆实际价值承保。无论是基于损失补偿原则，还是符合公众一般理解，按新车购置价确定承保金额的方式应当摒弃。

以车辆实际价值承保，只是解决承保金额的确定问题，相应的赔偿处理也须变动。目前条款对全损和部分损失的赔偿方式，在统一以车辆实际价值为准承保的前提下如何调整，成为新的问题，毕竟投保是为了理赔。以下几种思路可供探讨，示范条款修订过程中也被不同程度地提及。

（1）将车损险设计为定值保险。既然以车辆实际价值确定保险金额，可以考虑将车损险设计为定值保险，即承保时确定保险价值，理赔时全损按照约定的保险价值赔偿，部分损失按照损失占全部损失的比例赔偿。此观点的争议在于，一来与车险损失补偿原则不符；二来机动车辆发生保险事故很难确定部分损失与整体车辆价值的比例关系。

（2）将车损险全部损失与部分损失分别设计为两个产品。如此，在费率计算、赔偿规则上可以分别考虑，避免彼此牵制形成的困扰。进一步，全损险可设为不定值保险，部分损失险可设为定值保险。

（3）在现有条款基础上修改。仍然坚持不定值保险的操作方式，以车辆实际价值为基础承保与理赔。以投保时车辆实际价值为基础确定保险金额，保险事故发生，以出险时车辆实际价值为准赔偿，部分损失按照实际损失在保险金额内赔偿。

保险业观点认为，车辆保险从来都属于不定值保险，以被保险车辆实际损失补偿为原则，不应使得被保险人获得不当得利，因此，定值保险的思路难获赞同。将全损和部分损失作为两个险种设计，仍然有赖于不同情形损失发生率等经营数据的精准化，而如果这个条件成立，是否分开设计差别不大，这些条件不具备，分开也不可能。所以，鉴于现实条件，上述后一种方案，在现行条款基础上完善，将保险金额确定方式进行修订成为各方可以接受的选择。

以车辆实际价值为基础设计承保金额和保险责任范围，应当说基本上解决了“高保低赔”的现象，但有两个问题需要解决。

其一，如何确定车辆实际价值，进而确定保险金额。首先，以何时的车辆实际价值为准，投保时还是出险时？显然保险事故发生是未知发生的事项，根本无法确定其发生时点，无法寻找其实际价值。理论上说，保险价值应当指整个保险期间内保险标的的价值，或者被保险人对保险车辆的保险利益价值体现，据以确定的保险金额同样也是适用于整个保险期间，但是实务操作中，难以评估价格波动明显的机动车在一个保险期间内的价值并给予一个固定的数额，因此，按照投保时的车辆实际价值确定保险金额成为现实的选项。其次，投保时车辆实际价值如何计算。评估机动车的实际价值其实困难重重，且不论车辆对车主使用价值与作为商品交换价值的意义不同，即使同样条件的机动车，不同的评估标准得出的价值也可能大相径庭。长期以来，一般以新车购置价为基准，按照折旧系数逐月计算折旧，这个方法有明显不足，一来折旧系数未必科学；二来对其他影响车辆价值的因素完全忽略。理想的条件是，有成熟的车辆尤其是二手车价值评估机制，做到具体情况具体评估。就目前条件看，即使在相对发达的大城市，这一条件也不充分，因此，仍以折旧系数为基础，尽可能兼顾其他因素评估被保险机动车的实际价值是当前的可行选择。

其二，按照投保时车辆实际价值确定保险金额承保，保险事故发生，以出险时车辆实际价值计算赔偿，是否仍存在“高保低赔”？众所周知，机动车的价格长期处于下滑状态，即使全新车辆，从上路驾驶第一天即开始贬值。换言之，保险期间内，保险车辆自承保之日起，其价值即开始降低，则无论保险事故何时发生，出险时的实际价值必然低于投保时的实际价值，那对于全部损失而言，此种方式岂不仍然保的高赔的低，有观点认为这仍构成超额保险，保险公司仍会获得不当得利。对此，需要进行实务和理论两方面的辨析：实务上，如前所述，不能片面仅就全部损失情形而论，应当结合部分损失的赔偿原则和实际损失发生率等因素综合分析。理论上，必须澄清一个长期以来普遍存在的认识误区，即以保险事故发生时的保险标的实际价值为保险价值与投保时约定的保险金额比较，来认定一个保险合同是足额、不足额还是超额。这是产生上述质疑的根源，下面笔者对此稍作展开分析。

根据保险法规定，保险金额不得超过保险价值，超过保险价值的为超额保险，超过的部分无效，保险人应返还相应的保险费。而对何谓保险价值，法上并无明文规定，只是对不定值保险规定，保险标的发生损失的，以保险事故发生时保险标的的实际价值为赔偿计算标准。因此，应当准确理解不定值保险中的保险价值含义，以及确定保险事故发生时保险标的实际价值的意义。

保险价值是当事人对保险标的具有的保险利益的经济价值体现，是保险合同双方就投保和承保风险的限定和明确。其价值额度，既限定了风险边界，也是计算风险对价的基础，作为风险标的，对其价值评估，无疑应置于整个保险合同期间来考察。对保险人来说，其风险责任存在于整个保险保障期间，这正是保险行为特性所在，不能就某一时点的保险标的价值为标准来判定承保风险的多少。以保险事故发生时的保险标的价值作为保险合同的保险价值，是认为在未出险的保险期间，保险人即没有承担保险责任，这显然是对保险保障功能的片面曲解。另一方面，保险费的收取，也是基于大数法则进行精算而得出，是整个危险共同体风险对价的均衡分摊，不可简单视为个别事故发生时的直接成本。因此，由于保险事故发生的不确定性，而风险保障责任存在于整个保险期间，流行观点将保险事故发生时这一特定时点保险标的之价值推定为保险价值，有违保险价值的本来含义，可谓以点盖面，似是而非。[1]

既然保险价值不应以出险时保险标的价值为准，那么不定值保险中，确定保险事故发生时保险标的实际价值，其意义并非为确定保险价值进而据以判断超额或不足额；其目的在于，以之为标准计算具体损失，进而确定保险赔偿额度。换言之，保险事故发生，确定保险标的此时的实际价值，是为贯彻财产保

---

[1] 详细分析参见刘学生：《保险价值与保险金额——不定值保险合同若干问题辨析》，载尹田、任自力主编《保险法前沿》2012 年第 1 辑，法律出版社 2012 年版。

险损失补偿本质，而非重新确认保险合同项下保险价值的数额。流行观点正是在此点上走进误区，将出险时的保险标的实际价值想当然与保险价值混为一谈。其实，保险法只是明确规定将保险事故发生时保险标的实际价值作为计算损失赔偿的标准，并未将保险事故发生时保险标的实际价值视为保险价值，并进而与保险金额比较认定超额或不足额保险。[1]

澄清上述理论，并非证明车辆条款费率的公平性不存在任何问题，笔者只是认为前述问题分析的思路是错误的。事实上，如果仅就全损险而言，如果已经预见到保险期间内，被保险车辆的价值必定是递减的，那么按照投保时的车辆价值确定保险金额确实值得商榷，因为即使不按具体出险时，而是衡量保险期间内的车辆实际价值都必然低于保险金额，至少对全损险而言，超额保险的质疑不无道理。因此，为解决这一问题，曾有主张按照保险期间中间时点的车辆实际价值确定保险金额，以解决这一难题。业内还有主张保险金额与保险费计算基础分离，即以投保时的车辆实际价值确定保险金额，使用保险期间止期的车辆实际价值计算保险费，以回应公平性的质疑。这些思路的探讨虽都不尽完美，但作为解决问题的努力，值得赞赏。

四、示范条款规则评析

经过近一年的努力，2012 年 3 月 14 日，中国保险行业协会颁布“机动车辆商业保险示范条款”等全套车险条款。尽管理论上示范条款不具有强制性，根据监管部门的改革思路，它也仅是未来车险市场上的三类车险条款之一，但毋庸置疑，示范条款相当长时期内会是我国机动车商业保险市场上的主流产品形态甚至是唯一形态。[2] 因此，分析示范条款有关规则，我们可以考察此次商业车险制度改革取得的进步或不足。针对“高保低赔”问题，示范条款的改革体现在其第 12 条和第 19 条。第 12 条是关于车损险保险金额的规定，该条规定：保险金额按照投保时被保险机动车的实际价值确定。投保时被保险机动车的实际价值由投保人与保险人根据投保时的新车购置价减去折旧金额后的价格协商确定，或依据其他市场公允价值协商确定。折旧金额可根据保险合同列明的参考折旧系数确定。第 19 条是关于保险事故发生后，对机动车损失赔偿计算方法的规定，依据该条，机动车发生全部损失，赔款按照保险金额减去约定的有关免赔额确定；机动车发生部分损失，保险人按照实际修理费用在保险金

---

[1] 参见《保险法》第 55 条第 2 款。

[2] 2012 年 2 月，中国保监会下发《关于加强机动车辆商业保险条款费率管理的通知》（保监发〔2012〕16 号）。该通知明确，中国保险行业协会制定示范条款，供保险公司参考使用；连续两个会计年度综合成本率较低的公司，可在示范条款基础上增加保险责任；满足经营年限、承保数据、综合成本率、偿付能力等较高条件要件的公司可根据自有经营数据，自主开发车险条款。

额内计算赔偿（也需减去约定的相关免赔额）。这两条条文表面上并不复杂，易于理解，但其中蕴涵车损险重大进步与变革，下面试逐一分析。

（一）车损险保险金额确定回归常识，以车辆实际价值为基础确定

相比现行条款，示范条款完全摒弃按新车购置价确定保险金额的方式，统一规定按照投保时车辆的实际价值确定保险金额。这一原则改动，基本上解决了“高保低赔”中的“高保”问题。车损险为损失补偿保险，按照保险标的的实际价值即可能的风险承担范围设定保险金额，相比按新车购置价确定承保金额，更符合法理、逻辑与常识。应当说，这是一个根本性改进，既满足损失补偿保险本质要求，也符合社会公众的一般认识。当然，投保时车辆实际价值的评估是实务操作的难题，示范条款对车辆实际价值的协商确定规定了两种基本方式，即以新车购置价减去折旧后的价格，或者其他市场公允价值。这应是符合实际的可行模式，具体业务中，双方可根据各地二手车交易评估市场的发达程度自主决定何种车辆价值评估方式，进而协商确定保险金额。这一模式，既明确了以车辆实际价值为确定保险金额的基础，又规定了保险价值评估方式，同时在保险金额具体确定上强调双方的自愿协商，颇值肯定。

（二）承保车辆发生全部损失时，保险理赔实际采用定值保险方式

解决了保险金额的确定问题，更重要的是保险赔偿规则如何调整。与现行条款一样，示范条款也将被保险车辆全部损失和部分损失分别规定不同的赔偿规则和计算方法，但是对全部损失的赔偿规则，发生了可谓是革命性的变化。根据示范条款第 19 条第 1 款，机动车全部损失，保险赔款为保险金额减去约定的免赔额等后的差额。一般而言，对不定值保险，保险事故发生，即使发生全损，也是在保险金额范围内，根据保险标的实际损失计算赔偿，即保险法上所谓“以保险事故发生时保险标的的实际价值为赔偿计算标准”。但示范条款的规定，是直接依据合同订立时约定的保险金额为赔偿计算标准，而此保险金额乃是按照合同订立时被保险车辆的实际价值确定的，因此，对于车损险被保险机动车发生全部损失时，其赔偿规则实质上采用了定值保险的理赔原则，尽管条款形式上未直接明确为定值保险（业务操作中，投保单或保险单上未必会有承保车辆保险价值的明确约定）。

此种改革，有相当的突破性。它不仅改变了长期以来保险业坚持车损险不得为定值保险的戒律，也对损失补偿原则采取了灵活态度。事实上，损失补偿原则与定值保险并无必然冲突，而传统上之所以强调车损险为不定值保险，主要原因是保险金额按照新车购置价确定，即使车辆发生全损，以新车价格赔偿也超出常理和保险原则。既然示范条款已将车辆实际价值作为保险金额确定的唯一标准，那么全部损失以保险金额为赔偿计算标准，至少具有两个优点：一是彻底消除了“高保低赔”。既然赔偿时不再考虑出险时的车辆实际价值，则保险事故发生时车辆实际价值与合同订立时车辆实际价值的差额问题不复存在。二是简化了定损理赔程序，节省交易成本。车辆发生全损，不必再评估具体损失额度，以约定的保险金额为基础，减去约定的免赔额度和从第三者已经获得的赔偿，即可计算保险赔偿数额，简便高效，减少理赔争议。

（三）承保车辆部分损失按实际损失赔偿

被保险车辆发生部分损失，示范条款规定，保险人按照实际修理费用计算赔偿，不得超过保险金额。这延续了原来的部分损失理赔规则，也符合按实际损失补偿的保险理赔原则。机动车辆保险相比其他财产保险有其特殊性，车辆发生部分损失，无论是修理还是部件的更换，其实都难以衡量其占车辆总体实际价值的比例，因为一辆车的价值并非所有部件价值的简单加和，修理费用更是无法评价。此类问题显示出车险定价精算上的特殊性。因此，无论现行条款还是新的示范条款，虽然都规定按照实际修复费用赔偿，貌似与据损失论赔偿的不定值保险理赔规则吻合，实际上，此处的修复尤其是零部件更换，其价值都超出一般财产保险中的部分损失比例，这也是保险业一直强调部分损失部件更换为新件而非折旧后价格的原因。示范条款虽然将车辆实际价值定为保险金额约定的基础（消除“高保”），但不仅在全损理赔时遵循定值保险规则，部分损失情形下的实际损失理赔也未打折扣，应当说这体现了商业车险制度改革的行业诚意。可见，对部分损失的承保理赔进行详细分析，不仅可以了解车损险的复杂性，更可以解释和回应一些不尽成立的责难。

（四）以足额保险为基础设计，不足额保险情形应另行处理

分析示范条款规定，会产生一个疑问，即保险合同订立，按照投保时车辆实际价值确定保险金额，车辆实际价值由双方依据车辆折旧后的价格或其他市场公允价值协商确定。暂不论确定实际价值过程中的正常争议，如果车辆实际价值已达成共识，或者已有客观标准，但投保人选择保险金额仍低于车辆实际价值，则上述理赔原则是否仍然适用？笔者认为，示范条款的赔偿规则应当是基于足额保险而设计，即双方评估认可投保时车辆实际价值，按照此实际价值确定保险金额，二者的额度应当保持一致，只有如此，按照实际损失赔偿才是合乎逻辑的结果。否则，如投保人故意以低于车辆保险价值的保险金额投保，全损时按保险金额赔偿固无不可，但部分损失时仍然按实际修复费用赔偿则对保险人有失公平，还会引发投保人“低保高赔”获利的道德风险。因此，在车辆实际价值确定的情形下，如果投保金额低于保险价值，应构成不足额保险，车辆发生部分损失，应当按照保险金额与车辆实际价值的比例对实际修复费用计算保险赔偿数额，且不得超过保险金额。此为不足额保险应有之义，也是防范投保人逆选择的必然要求。

对示范条款的表述，可能会产生一些不同理解。有观点认为示范条款的设计意味着投保车损险必须是足额保险。此外，依照保险法规定，即使不足额保险，按比例赔偿也并非强制性规定，保险合同可以另行约定其他赔偿方式。[1]这涉及条款解释，不久的将来保险行业或保险公司正式适用示范条款时应当对此进行明确。但本着公平和利益平衡精神，条款执行与业务操作中，至多可以允许在协商确定车辆实际价值上争议妥协，但不能鼓励乃至纵容有不良动机的低额投保。

（五）费率因素的调整

如前所述，示范条款对于车损险的全部损失和部分损失仍然是一体设计的，承保金额确定方式统一，保险赔偿分别依据不同规则，保险费统一收取。鉴于承保理赔上的这些突破变化，以及传统上商业车险产品定价方式和经营水平的影响，可以预见，伴随车险条款新面貌的出险，将会有一定程度的保险费率的调整，这也属情理之中。

综上所述，机动车商业保险示范条款在车损险保险金额的确定和赔偿规则上有相当大的改进和突破，意义重大，影响深远。但有关问题需要更充分的阐释，执行和操作中仍存在不少难题。就整个条款而言，许多方面仍存不足和缺憾，未来仍需努力。从本次车险改革的指导思想看，示范条款只是未来车险市场上的三类车险条款之一，符合条件的保险公司，可以发挥其优势和能动性，率先开发出更完善的车险产品。通过良性的市场竞争，中国保险市场上，呈现出一套满足公众需求和期待，符合保险原理和常识，为社会和保险经营者所认可的机动车保险条款费率，或许不是很遥远的事情。

[1] 参见《保险法》第55条第4款。

交强险制度的反思与重构

——兼论《侵权责任法》相关条文的完善

毛大春*

一、问题的提出：交强险到底怎么了

2013年8月30日，中国保险行业协会向社会披露了2012年交强险经营情况❶。经审计的各保险公司交强险汇总数据显示，2012年1月1日至12月31日，交强险共承保机动车1.29亿辆次，交强险保费收入共计1114亿元。2012年，交强险赔付成本821亿元；经营费用320亿元（含营业税62亿元，救助基金21亿元）。2012年，交强险经营亏损54亿元，其中，承保亏损83亿元，投资收益29亿元。

交强险制度自2006年7月1日正式实施的那天开始就一直处于亏损状态。6年半累计承保亏损高达399亿元。与此相反的是，在这6年多的时间里，社会公众却不断提出质疑。有人甚至认为保险公司一年交强险的盈利就达400亿元，是暴利。我们不禁要问，交强险到底怎么了？

针对交强险连年亏损的情况，中国保险行业协会交强险工作组专家张海波认为是以下四大因素导致交强险陷入承保亏损的困局❷：一是人伤、医疗和汽车维修成本的持续上涨；二是部分车型的费率与风险水平不匹配，亏损严重；三是费率浮动机制的实施，使实际费率水平显著下降；四是全国统一的费率水平也未能反映各地风险水平的差异，导致部分地区亏损严重。此外，据统计，交强险经营6年半以来，累计经营亏损已近240亿元，而同期所缴纳的营业税则高达272亿元。据此也有人认为，交强险税负过高也是导致交强险亏损的一

* 毛大春，中国保监会福建监管局。

❶ http://www.iachina.cn/02/03/content/0315_news.html.

❷ 张海波：四大因素致交强险连续亏损。http://insurance.hexun.com/2013－08－30/157590155.html.

个重要原因，建议减免交强险税收。[1]

交强险亏损还有没有其他的原因？其根源究竟在哪儿？应该如何来重构交强险制度呢？本文拟就此作一探讨。

二、交强险制度的现状

（一）“被设计”的交强险

我国的交强险制度源于《道路交通安全法》（以下简称《道交法》）的规定。《道交法》第 17 条规定：“国家实行机动车第三者责任强制保险制度，设立道路交通事故社会救助基金。具体办法由国务院规定。”根据这一立法授权，国务院于 2006 年颁布了《机动车交通事故责任强制保险》（以下简称《交强险条例》），并将《道交法》中的“机动车第三者责任强制保险”改为“机动车交通事故责任强制保险”。虽然字面上有所变化，但它“是在既有商业机动车责任保险的基础上发展起来的，究其本质，仍然属于责任保险范畴”。[2]

根据这一基本判断，在中国保监会为主制定的《交强险条例》中明确了交强险的保险责任和责任免除。《交强险条例》第 21 条第 2 款规定：“道路交通事故的损失是由受害人故意造成的，保险公司不予赔偿。”第 22 条进一步规定，在驾驶人未取得驾驶资格或者醉酒、被保险机动车被盗抢期间肇事和被保险人故意制造道路交通事故等情形下，保险公司在机动车交通事故责任强制保险责任限额范围内垫付抢救费用，并有权向致害人追偿；造成受害人的财产损失，保险公司不承担赔偿责任。在《交强险条例》的主要起草部门——国务院法制办和中国保监会联合编写的《机动车交通事故责任强制保险条例释义》一书中明确“本条（即第 22 条）是关于机动车交通事故责任强制保险除外责任的有关规定”[3]，并表示“设立除外责任的目的是为了督促被保险人遵纪守法，维护社会公共秩序，更好地体现以人为本的精神”。[4]

根据《交强险条例》的上述规定，中国保险行业协会在具体设计交强险条款时，对责任范围和责任免除做了进一步细化，并据此核定了交强险的费率。其中的关键两点是：

在第 9 条“追偿”中规定：被保险机动车在驾驶人未取得驾驶资格、驾驶人醉酒、被保险机动车被盗抢期间肇事和被保险人故意制造交通事故等情形下发生交通事故，造成受害人受伤需要抢救的，保险人在医疗费用赔偿限额内垫

[1] 在 2013 年“两会”期间，全国政协委员、中国太保董事长高国富在其“两会”提案中，就建议免征交强险营业税或降低营业税税率及税基，以改善交强险经营亏损的现状。http：//money.163.com/13/0307/07/8PBLIG7I00253B0H.html.

[2] 刘炤、杨华柏、郭左践：《机动车交通事故责任强制保险条例释义》，法律出版社 2006 年版，第 8 页。

[3] 同上书，第 58 页。

[4] 同上书，第 60 页。

付。被保险人在交通事故中无责任的，保险人在无责任医疗费用赔偿限额内垫付。对于其他损失和费用，保险人不负责垫付和赔偿。对于垫付的抢救费用，保险人有权向致害人追偿。

在第 19 条“赔偿处理”中规定：“保险事故发生后，保险人按照国家有关法律法规规定的赔偿范围、项目和标准以及交强险合同的约定，并根据国务院卫生主管部门组织制定的交通事故人员创伤临床诊疗指南和国家基本医疗保险标准，在交强险的责任限额内核定人身伤亡的赔偿金额。”据此，保险公司认为，对于非医保药品和诊疗目录的费用支出，保险公司不予赔偿。

（二）“被执行”的交强险

司法实践中，法院则执行了一套与上述设计思路不一致的交强险。

在法院看来，虽然《道交法》第 17 条规定了机动车第三者责任强制保险制度，并授权国务院就此进行立法，但《道交法》第 76 条[1]规定的基本原则不能违背，即发生机动车交通事故，无论被保险人是否在交通事故中负有责任，保险公司均应按照在责任限额内予以赔偿。

与此同时，在交强险制度实施以来的 6 年多时间里，在受害人作为原告起诉时，法院一般都认为，除受害人故意行为外，保险公司无任何免责范围。《交强险条例》第 22 条和交强险条款第 9 条规定的保险公司只承担垫付责任而后追偿的 4 种情形，在司法实践中被法院判定为保险公司承担赔偿责任而后追偿。这一点，在 2012 年年底出台的《最高人民法院关于审理道路交通事故损害赔偿案件适用法律若干问题的解释》[2] 中得到了确认。

对于非医保用药的问题，法院也多以该条款违反《合同法》第 40 条和《保险法》第 19 条的规定，以免除保险公司责任、加重被保险人和受害人责任为由，认定该条款无效而判定保险公司对非医保用药予以赔偿。

（三）结论

据此，我们认为，交强险亏损的另一个重要原因在于交强险制度的司法实践与原有设计背道而驰，导致保险公司收取的保险费与其所承担的保险责任不匹配。“在保险合同中，保险人的主要义务是负担承担危险的义务，并在保险事故发生时给付保险金，投保人的主要义务是给付保险费，二者应当对价。保险费是每份保险的价格，如同其他商品价格一样，保险费率是保险产品成本的

[1] 《道交法》第 76 条规定：“机动车发生交通事故造成人身伤亡、财产损失的，由保险公司在机动车第三者责任强制保险责任限额范围内予以赔偿；不足的部分，按照下列规定承担赔偿责任：（一）机动车之间发生交通事故的，由有过错的一方承担赔偿责任；双方都有过错的，按照各自过错的比例分担责任。（二）机动车与非机动车驾驶人、行人之间发生交通事故，非机动车驾驶人、行人没有过错的，由机动车一方承担赔偿责任；有证据证明非机动车驾驶人、行人有过错的，根据过错程度适当减轻机动车一方的赔偿责任；机动车一方没有过错的，承担不超过百分之十的赔偿责任。交通事故的损失是由非机动车驾驶人、行人故意碰撞机动车造成的，机动车一方不承担赔偿责任。”

[2] 《最高人民法院关于审理道路交通事故损害赔偿案件适用法律若干问题的解释》第 18 条。

体现。”[1] 因此，“应当体现保险费与风险程度的一致性”[2]，即收多少钱承担多少责任。否则的话，保险公司出现承保亏损就在所难免。交强险条款费率设计时也遵循了这样的基本原则。但在实际运作中，保险公司承担的责任范围却超过（在某些地区甚至是远远超过）其所收取的保险费。具体表现在以下两个方面。

一是排除了保险公司免责事由。除了受害人故意制造保险事故外，对于被保险机动车在驾驶人未取得驾驶资格、驾驶人醉酒和被保险人故意制造交通事故等情形导致的事故，也要求保险公司承担赔偿责任，客观上导致了保险公司责任范围的扩大。以上述案件赔付金额占交强险赔付金额的比例为 3%来估算，全国一年保险公司为此多赔付的金额近 25 亿元。同时，虽然《交强险条例》和司法解释都赋予了保险公司在赔付后对责任人有进行追偿的权利，但保险公司若要行使追偿权，必然需要多支付成本，且能够追偿成功的比例也并不多。这些都必然导致保险公司赔偿责任的扩大。

二是增加了保险公司非医保用药的赔付支出。2012 年交强险处理的事故赔案是 2052 万件，其中人伤案件大约为 20%。而交强险人伤赔案的件均医疗费为 5155 元，件均医疗费中非医保用药的占比大概为 30%。据此估算，保险公司为此多赔付 60 亿元。

三、交强险制度的反思

（一）机动车交通事故责任的基本法律规范

回顾历史，我们可以发现，侵权责任法律制度是不断发展变化的，也是与责任保险及强制责任保险制度的发展变化密切相关的。

“侵权责任法律制度是一项古老的法律制度。大约公元前 1250 年的古巴比伦《汉谟拉比法典》以及大约公元前 450 年古罗马《十二铜表法》中就有了侵权责任的规定。”[3] 历经 3000 多年的历史变迁，侵权责任法律制度不断发展革新，在保护被侵权人、减少侵权行为等方面发挥了重要作用。伴随着侵权责任法律制度的发展，越来越多的人发现，不少侵权人因自身财力有限，无法承担侵权赔偿责任，特别是高额赔付。于是，一项新的制度——责任保险制度诞生了。在此之后，人们又发现，仅有责任保险还不够。如果不强制责任人购买责任保险，在发生其所不能赔付的侵权责任时，仍然无法赔付受害人的损失。于是，一些特定领域又产生了强制性责任保险制度。

与上述历史发展进程相同的是，从 1886 年德国奔驰生产的第一辆现代意

---

[1] 奚晓明：《最高人民法院关于保险法司法解释（二）理解与适用》，人民法院出版社 2013 年版，第 239～240 页。
[2] 同上书，第 240 页。
[3] 王胜明：《中华人民共和国侵权责任法释义》，法律出版社 2010 年版，第 4 页。

义上的汽车开始，机动车交通事故责任的法律制度规范也是不断发展变化的，与责任保险特别是强制责任保险也是紧密相连的。

机动车交通事故侵权责任的法律制度经历了从一般过错责任到无过错责任或者过错推定来处理机动车交通事故侵权责任的过程。在这个时候，法律主体只有侵权人和被侵权人两个当事人，法律关系也简单，只是机动车交通事故侵权责任法律关系。

在责任保险制度产生后，上述法律架构也发生了变化。法律主体增加了承保责任不想的保险公司一方，法律关系也相应地增加了侵权人（投保人或者被保险人）与保险公司的保险合同法律关系。

20 世纪 30 年代以后，强制责任保险制度被引入机动车交通事故侵权责任领域，法律架构也进一步发展，变得更为复杂。

首先，处理机动车交通事故损害赔偿问题时，不仅涉及侵权人（包括机动车的所有人或驾驶人）与受害人，还必须考虑承保强制保险责任的保险公司和承保商业三者险责任的保险公司。具体可以将其分解为如下的三个法律层次：一是机动车所有人或驾驶人与受害人之间的侵害损害赔偿关系；二是机动车所有人或驾驶人与承保强制责任保险的保险公司之间的强制责任保险关系；三是机动车所有人或驾驶人与承保商业三者险的保险公司之间的商业三者险关系。

其次，在此基础上构建了“四层次”的机动车交通事故损害赔偿的法律架构。

第一层次：明确机动车交通事故责任的基本归责原则，即发生机动车交通事故，如何在机动车与受害人之间分配责任。

第二层次：如果机动车有投保强制责任保险，则由承保强制责任保险的保险公司承担责任限额内的赔偿责任。

第三层次：如果机动车还有投保商业三者险且属商业三者险的责任范围，在机动车一方需要赔偿的金额超过强制责任保险的责任限额或是不在强制责任保险的责任范围内，则由承保商业三者险的保险公司在其责任限额内承担相应的赔偿责任。

第四层次：如果商业三者险还不足以赔偿，或不在商业三者险责任范围内，则只能由机动车一方承担剩余的赔偿责任。

综上，我们可以得出的结论是，责任保险制度是在侵权责任法律制度的基础上发展起来的，没有侵权责任法律制度就没有责任保险。同样，强制责任保险制度则是在责任保险制度的基础上产生的，并未脱离责任保险的基本原理。

当然，如果不是采用强制性责任保险，而是无过失损失保险的国家或地区，其法律架构也当然会有所变化。

（二）我国机动车交通事故责任的法律规范

在我国，首先规范机动车交通事故责任的是《民法通则》。其第 123 条规定："从事高空、高压、易燃、易爆、剧毒、放射性、高速运输工具等对周围环境有高度危险的作业造成他人损害的，应当承担民事责任；如果能够证明损害是由受害人故意造成的，不承担民事责任。"有学者将机动车列入此条中所称的"高速运输工具"，并据此认为，机动车交通事故责任为无过错责任，只有造成他人损害，就要承担民事责任，除非损害为受害人故意所为。但也有学者对此提出疑义，认为将机动车与飞机、火车等并列为高速运输工具而实行统一的无过错责任是不适当的。[1]

在《民法通则》之后的近 20 年时间里，我国并没有专门法律对机动车交通事故责任做出规定。在具体处理道路交通事故时，依据的是 1992 年 1 月 1 日起施行的《道路交通事故处理办法》。该办法对于机动车交通事故责任的认定与《民法通则》第 123 条截然不同，采取的是过错责任的归责原则。在这一个时期，我国也并没有真正意义上的强制责任保险。但机动车大多都投保商业三者险。相比较之前，这个时期的法律主体增加了保险公司一方当事人，法律关系也多了一个商业三者险的保险合同关系。

2004 年 5 月 1 日开始施行的《道交法》第 76 条对机动车交通事故责任进行了规范，但并未明确机动车交通事故责任的归责原则，只是首次引入了强制责任保险制度。但也正是这一规定，基本奠定了现行的机动车交通事故责任的赔偿原则和顺序，也成为法院系统执行交强险制度的上方宝剑。

在此后出台的《侵权责任法》，作为专门规范侵权法律关系的法律，曾被寄予厚望。但遗憾的是，《侵权责任法》虽然在第 6 条和第 7 条规定，我国的侵权责任一般为过错责任，在法律特别规定情况下可以为无过错责任，并设有"机动车交通事故责任"专章来规范机动车交通事故责任，但其还是没有对机动车交通事故责任的归责原则做出规定。相反，而是在专章的第 1 条还明确规定："机动车发生交通事故造成损害的，依照道路交通安全法的有关规定承担赔偿责任。"这里的"道路交通安全法的有关规定"就是《道交法》第 76 条。

至此，我国的机动车交通事故责任的法律主体和法律关系的法律架构也就形成全新的面貌。

在法律主体方面包括四方当事人：机动车（侵权人，包括所有人或驾驶人）、受害人、承保交强险的保险公司和承保商业三者险的保险公司。法律关系方面包括三个法律关系：机动车与受害人之间的侵害损害赔偿法律关系、机动车与承保交强险的保险公司之间的强制责任保险合同关系、机动车与承保商业三者险的保险公司之间的商业三者险合同关系。

---

[1] 对于这个问题的分歧，可见刘锐：《机动车交通事故侵权责任与强制保险》，人民法院出版社 2006 年版，第 241 页。

但以此构建的赔偿顺序被简化了[1]：

（1）在发生机动车交通事故时，不论被保险人对事故的发生有无过错，先由承保交强险的保险公司在责任限额范围内予以赔偿。

（2）不足部分，由承保商业三者险的保险公司根据保险合同予以赔偿。

（3）仍有不足的，依照《道交法》和侵权责任法的相关规定由侵权人予以赔偿。

（三）对现行交强险制度的反思

从交强险的字面上看，其为责任保险并无疑问。但实际执行中却又偏离了责任保险的基本原理。

1. 责任保险的基本原理

何谓责任保险？《保险法》第 65 条第 4 款规定："责任保险是指以被保险人对第三者依法应负的赔偿责任为保险标的的保险。"从这一定义，我们可以看出，保险公司对责任保险的被保险人赔付保险金的前提是被保险人对第三者依法负有赔偿责任。换句话说，只有在满足两个条件：一是被保险人与保险公司订有责任保险合同；二是被保险人对第三者依法需要承担赔偿责任，保险公司才可能向被保险人支付责任保险的保险金，二者缺一不可。必须强调的一点是，责任保险的前提是民事责任法的规定。不论被保险人对第三者所造成的损害是否具有主观过错，只要相关的民事责任的法律明确规定其必须承担赔偿责任即可。即使法律规定的是无过错责任，也是如此。简言之，不是"无过错则无责任保险"，而是"无责任则无责任保险"！

2. 实际执行的偏离

在法院看来，"从世界范围来看交强险的功能定位及其与侵权责任的关系模式可以区分为责任保险模式和基本保障模式"。[2]"责任保险模式以侵权责任为基础，强调交强险在本质上是责任保险的一种，即对被保险人依法应当向第三人承担的侵权责任为保险标的的保险，在理念上更为强调交强险分担被保险人损失的功能。"[3]"基本保障模式则更加重视交强险的基本社会保障功能，在不同程度上，使之与侵权责任相分离，亦即，交强险不再以侵权责任为出发点，在理念上，更为强调交强险对受害人的损失填补功能。"[4] 在具体方式，一是"在逻辑和形式上仍然以侵权责任为基础，通过立法或司法实践将机动车交通事故责任的归责原则定位为无过错责任或严格责任，从而间接地使保险人

[1] 《最高人民法院关于审理道路交通事故损害赔偿案件适用法律若干问题的解释》第 16 条。

[2] 奚晓明：《〈最高人民法院关于审理道路交通事故损害赔偿案件适用法律若干问题的解释〉理解与适用》，人民法院出版社 2012 年版，第 208 页。

[3] 同上。

[4] 同上书，第 208～209 页。

的保险金给付责任不再附加条件，亦即，在交强险限额内，保险人给付保险金的责任几乎没有例外，从而在结果上实现保险限额内的结果责任”。[1] 二是“在原则上在交强险限额内使侵权责任与交强险相脱钩，不讨论侵权责任的问题，只要发生损害，保险人即需向交通事故受害人承担赔偿责任”。[2] 为此，他们得出的结论是：“交强险的功能并不受制于法律尤其是保险法的逻辑。选择何种模式，取决于一国立法者赋予交强险承担的功能和欲实现的目的。因此，交强险并不一定要以侵权责任为基础，也不取决于机动车交通事故责任采取何种归责原则。”[3]

基于以上认识和我国《道交法》第 76 条的规定以及《交强险条例》对交强险功能的基本定位，法院认为，“我国现行法更为强调交强险的基本保障功能，更为重视交强险对受害人损失的填补功能，采纳的是基本保障模式，即在交强险责任限额内，保险公司的赔偿责任与被保险人的侵权责任相脱钩”。[4]

（四）结论

实际上，前述法院的观点有待商榷。我们认为，基本模式中的第一种方式应该归为责任保险模式。因为它通过将机动车交通事故责任归责原则确定为无过错责任或严格责任，并在此基础上建立的强制保险。

而我国的交强险名为责任保险，实为上述基本保障模式中的第二种方式，即无过失损失保险或是准社会保险。因为，我国法律对于机动车交通事故责任的归责原则是不明确的，在此基础上建立的交强险自然也就无法满足“无责任即无责任保险”的责任保险基本原理。再举一个简单的例子，《最高人民法院关于审理道路交通事故损害赔偿案件适用法律若干问题的解释》第 17 条规定：“投保人允许的驾驶人驾驶机动车致使投保人遭受损害，当事人请求承保交强险的保险公司在责任限额范围内予以赔偿的，人民法院应予支持，但投保人为本车上人员的除外。”从法律上来讲，投保人对投保人自己造成损害，何来责任？若交强险为责任保险，根据责任保险的原理，这条规定就显得很荒唐。但交强险若为无过失损失保险，那就再正常不过了。

四、交强险制度的重构

基于上述分析和判断，我们认为，有必要在确定交强险基本属性的前提下，对交强险制度进行相应重构。

---

[1] 奚晓明：《〈最高人民法院关于审理道路交通事故损害赔偿案件适用法律若干问题的解释〉理解与适用》，人民法院出版社 2012 年版，第 209 页。

[2] 同上书，第 209～210 页。

[3] 同上书，第 211 页。

[4] 同上。

模式一：以无过失损失保险为基础的交强险制度重构。

（1）为交强险正名。既然交强险不再以责任保险而是以无过失损失保险为基础，那么“机动车交通事故责任强制保险”就应该改为“机动车交通事故损失强制保险”，更名正言顺。

（2）修改《交强险条例》。

一是完善保险费率调节机制。遵循无过失损失保险的基本原理，只要交通事故造成损失，保险公司就应当予以赔付，保险公司承担的赔付责任就比现有的保费所承担的责任有较大变化。因此，根据“不亏不盈”的基本原则，应当准许保险公司调整保费。同时，完善保险费率调节机制，确实使得保险费率与保险责任相匹配。

二是取消道路交通事故社会救助制度。基于交强险无过失损失保险的属性，保险公司也基本无免责范围，那么就完全可以将道路事故救助基金的救助和交强险的赔偿合并，改由交强险统一支付。

三是改变具体经营模式。现有的商业化模式带来许多弊端，也多为社会所诟病。在“只要交通事故造成损失，保险公司就应当予以赔付”的大前提下，完全可以改革现有的商业化模式。因此保险公司在交强险经营中的职责将变得简单。在保险费收取环节，由于交强险保险费率实行全国统一的标准，保险费核算是简单的，且实行的是强制投保制度，无须太多的展业宣传；在支付赔款环节，交强险既然无免责事由，保险公司也只是履行支付职责而无须进行复杂的理算。这就完全可以实行保险公司代办的模式。由政府机构委托保险公司代为履行相应职责，并支付定额的代办费用。这也有利于准确核算和减少交强险的经营费用支出，而无须再支付手续费和相对较高的经营费用。而政府也只需将道路事故救助基金管理机构转为代办费用的核算机构即可，既没有增加机构，也不会增加管理费用。

四是简化操作流程。投保环节，投保人无须填写投保单，只需将投保车辆的信息从公安交警部门导入保险公司即可；保险公司也无须向投保人出具保险单，只要有简单的保险凭证（如学生平安保险的保险凭证）即可。理赔环节，因为交强险赔付责任的简单化，保险公司也可以相对简单地进行核算后即向受害人支付赔款；而对于保险公司之间，则可以通过建立行业内的结算系统予以统一清算。这都在一定程度上可节约许多的成本。

（3）废除交强险条款。交强险的赔偿范围和顺序都十分明确，也没有什么免责事由，而且条款本身在司法实践中也基本被抛弃。因此，只要在《交强险条例》中规定清楚相关当事人的权利义务，完全没有必要再制定具体的交强险条款。

模式二：以责任保险为基础的交强险制度重构。

（1）明确机动车交通事故责任归责原则。根据“无责任即无责任保险”的责任保险基本原理，在无法律明文规定机动车交通事故责任属于何种责任（即过错责任或无过错责任）的情况下，具备责任保险属性的交强险和商业三者险也就成了无源之水、无本之木。因此，首先应当对《侵权责任法》进行修改完善，明确机动车交通事故侵权责任采用什么样的归责原则，过错责任还是无过错责任；或是区分人身伤亡和财产损失分别规定不同的归责原则。

（2）删除《道交法》第76条。在明确机动车交通事故责任归责原则的基础上，删除《道交法》第76条，改由《交强险条例》进行规定。

（3）修订《交强险条例》。基于机动车交通事故责任归责原则的规定和交强险的责任保险属性，在《交强险条例》中，尤其应当对保险责任和责任免除、赔偿限额、被保险人和第三人的范围等方面做出相应的修改。具体而言：

一是保险责任和责任免除。鉴于交强险在保障受害人基本生活和生命健康的基本功能，应当将交强险的保险责任限定为人身伤亡的损失赔偿，而将财产损失和人伤赔付中的精神损害赔偿排除在外。

二是赔偿限额。取消无责赔付的规定和相关限额。取消财产损失的赔偿项目和限额。取消分项赔偿限额。将规定最高赔偿限额改为规定最低投保限额。

三是被保险人和第三人。任何情况下，应当将投保人自己排除在第三人之外，以免造成“自己对自己有赔偿责任”的怪象。

借鉴国际经验，构建
我国保险消费者保护体系

范流通　完颜瑞云*

受益于国家政策支持以及小额保险的迅速发展，保险产品消费者的层面得以迅速扩展，为保险业发展带来了新的业务增长点。然而，鉴于消费者信心是保险业发展的基础，又由于保险消费群体的扩大，加强保险消费者保护迫在眉睫。目前，我国保险消费者保护的主要依据是《保险法》以及散乱的部门规章，很多规定过于模糊和分散，急需建立健全保险消费者保护体系。本文从机构设立、信息披露、客户信息保护、建立争端解决机制和加强教育 5 个方面为完善我国保险消费者保护体系提出了有价值的思考。

一、引言

保险市场发展之初，保险被滥用于避税和资金转移的工具，并且由于保险监管缺位催生了大量的保险欺诈行为，在这一背景下，保险部门的投诉率相对很低，保险消费者保护也就无从谈起。现阶段，很多新兴国家和发展中国家评价保险市场发展程度多以保费收入或保险深度为标准，这一评价导向迫使这些国家的保险市场涌现出越来越多的保险消费渠道，比如由强制机动车辆险和健康保险引起的保险消费，以及信贷供给和小额保险（microinsurance）技术增长引致的保险需求等，以获得更多的保费收入。这种情况的直接后果是保险消费群体激增，产生保险纠纷的可能性变大，消费者权利受到侵害的可能性也与日俱增，急需专门的保险消费者保护立法以及消费者保护体系，来保证保险市场的持续稳健运行。

保险市场发展初期呈现出的不良行业惯例也导致了保险消费者的权利遭到侵蚀，比如不切实际的保险产品获益许诺、对产品信息言过其实的解读、误导广告的投放、索赔案例中拖赔惜赔等现象的普遍以及把产品销售给不需要的被保险人等。另外，与一般产品不同，保险产品的销售完全可以由销售人员主

* 范流通，云南保监局法制处处长；完颜瑞云，西南财经大学保险学院博士研究生。

导，保险销售人员可以利用投保人对保险产品的不了解诱导保险产品的消费，更有甚者，通过亲戚关系和朋友关系进行的捆绑销售和搭售行为在很大程度上能限制消费者的选择权和流动性。这些不良行业习惯一方面导致保险业的公众形象受损；另一方面直接损害消费者的利益。

我国正式的关于保险消费者保护的做法最早可以追溯到1995年《保险法》的出台，里面关于保险合同的规定首次限制了保险人的做法，开始注重保险消费者的权利保护。然而，和其他发展中国家和新兴国家一样，我国保险消费者保护建设是在行业发展和审慎监管之后才开始考虑的，有鉴于此，我国保险消费者保护体系建设和发达国家相比依然存在着很大的差距。受益于高效的媒体支持以及健全的法律体系，西方国家关于保险消费者保护的体系建设已经相当成熟，和中国不同，西方国家多采用判例法来构建自己的司法体系，这样一来，西方国家在保险消费者的法律纠纷中就有一个巨大的判例法数据库存可供参考，如《公平在英国》（*Equitable in the UK*）等，欧盟也于2008年通过了《在民事和商事特定方面调节的指令》（*Directive on Certain Aspects of Mediation in Civil and Commercial Matters*）以更完善的保护保险消费者的合法权利。

总之，由于小额保险的快速发展以及国家强制险种的普遍开展，我国被保险人的群体得以扩大，被保险人逐渐扩展到较为贫穷的个体和家庭，这部分被保险人的合法权利相对更易受到损害；另一方面，我国保险市场的发展之前过多强调市场发展和审慎监管，在一定程度上忽略了消费者保护的问题，现阶段凸显出的问题表明急需构建合理的保险消费者保护体系，借鉴国际先进经验就显得尤为重要。本文首先介绍了保险消费者保护的背景，提出了构建保险消费者保护的急迫性；其次介绍了我国保险消费者保护的现状；再次分析了国际保险消费者保护的先进经验；最后为构建符合我国国情的保险消费者保护体系提供了有价值的思考。

二、我国保险消费者保护现状及问题

自从1980年恢复国内保险业务以来，我国保险业得到了空前的发展，发展之初，各保险公司乃至整个保险行业均以保费收入和保险市场份额作为衡量一家保险公司发展程度的指标，这一做法在保险业的发展初期无可厚非，任何一个市场的初始开拓行为都是粗放形式的，但这一粗放经营带来了很多严重的问题，尤其是保险消费者保护问题。不同于其他传统行业，保险业以提供虚拟产品和虚拟服务为特点，市场的发展前景在很大程度上依托于消费者信心，当由于利益受损导致消费者对保险不信任时，保险业的发展势必受到影响。有鉴于此，我国从1995年的《保险法》开始考虑保护保险消费者的利益，经过若干年的发展，我国保险消费者保护工作取得了一定的成绩，但也存在一些不容忽视的问题，在保险消费者保护体系建设方面还有很多工作要做。下面简要分析保险消费者保护体系建设方面我国现阶段的状况以及存在的不足。

（一）保险消费者保护法律体系建设不完善

首先，关于消费者保护基本法方面，1993 年 10 月 31 日颁布的《消费者权益保护法》从 1994 年 1 月 1 日起开始实施，然而，该法以传统行业的消费者为立法保护对象，对以提供服务为主的保险业的消费者保护问题未有提及。另外，《消费者权益保护法》至今已有 20 年的历史，其内容很多已经不符合目前的情况，急需增加新的内容。2013 年 4 月 28 日至 5 月 31 日，全国人大开展《消费者权益保护法》修正案草案的征求意见工作，征求意见稿中第 27 条增加了保险消费者保护的内容，“采用网络、电视、电话、邮购等方式提供商品或者服务的经营者，以及从事证券、保险、银行业务的经营者，应当向消费者提供经营地址、联系方式、商品或者服务的数量和质量、价款或者费用、履行期限和方式、风险警示、售后服务、民事责任等真实、必要的信息”。征求意见稿何时以何种面目以正式法律的形式出现在公众面前尚不清楚，该征求意见稿中关于保险消费者保护的规定也过于简略。

其次，《保险法》是目前保险消费者保护最直接的法律依据，该法也存在需要完善的地方。《保险法》1995 年颁布，分别于 2002 年和 2009 年两次修订，目前的第二次修订稿中，关于保险消费者保护方面的规定主要体现在关于保险人合同解除权的限制和不可抗辩条款、关于投保单附格式条款、关于格式条款的内容限制、关于理赔核定时限、关于保险标的转让的权利承继以及关于保费的退还在内的 6 个方面。[1] 这 6 个方面的规定是目前为止对保险消费者保护最完善、最彻底的法律规定，然而，《保险法》中的一些规定首先在文字表达上不甚完整，比如《保险法》第 92 条规定寿险公司撤销或破产的保单转让制度，但对“转让条件”没有明确规定。特别是《保险法》第 116 条和第 131 条中的禁止欺骗、禁止隐瞒重要情况、禁止阻碍或诱导不如实告知等关键条款，目前尚无如何认定“欺骗”、“隐瞒”、“重要”、“阻碍”、“诱导”的形式和要件的规章或规范性文件。[2]

另外，关于保险消费者保护的其他规定还有保监会颁布的近 50 部保险规章，首先其法律效力和正式法律相比存在差距，其次关于消费者保护的规定也显得过于分散，还存在规定不清程式设置存在缺陷等问题，急需出台的更能彰显保险消费者保护的《保险合同法》却遥遥无期。

---

❶ 郑伟：“保险消费者权益保护：机制框架、国际经验与政策建议”，载《保险研究》2012 年第 3 期。

❷ 中国保监会保险消费者权益保护局课题组：“保险消费者权益问题的思考”，载《保险研究》2012 年第 9 期。

（二）保险消费者保护机构建设不尽合理

中国消费者协会成立比《消费者权益保护法》颁布实施早了10年，于1984年设立，是保护消费者合法权益的全国性社会团体。《消费者权益保护法》明确了消费者协会是依法成立的对商品和服务进行社会监督的保护消费者合法权益的社会团体，规定了其包括受理投诉在内的7个方面的职责，并确立了其是不以营利为目的的机构性质。

反观保险消费者保护的机构设置，2011年之前，保险消费者保护工作的团体和机构包括保监会、保监局、保险行业协会和保险学会等，在受理投诉和解决纠纷方面各机构相互交叉，保险监管机构是解决消费者保护问题最主要的机构，保险行业协会和保险学会协助保险监管机构的工作。2011年10月，中国保监会保险消费者权益保护局成立，职责职权受中国保监会节制，主要工作是保护保险消费者权益。对比不难看出我国保险消费者保护机构设置上的不足，首先，中国保监会保险消费者权益保护局不是社会团体，是国家机关单位，其公信性和公正性会受到一定程度的质疑；其次，中国保监会保险消费者权益保护局职责职能未能在法律层面得以明确，保险消费者对其了解过少；最后，目前消费者权益受损后选择投诉的机构过多，包括协会、学会、监管机关和保护局，到底哪一个机构是最合适、最合理的维权渠道公众存疑，在一定程度上存在资源浪费的情况。

（三）信息披露机制和销售规范行为有待加强

信息不对称现象在保险市场上表现得最为明显，消费者对保险产品和保险公司本身的了解完全依靠保险公司自己的说法，若存在信息失真现象，保险消费者很容易利益受损。有效的保险消费者保护体系建设，离不开健全的信息披露机制。另外，不同于一般商品，保险产品的销售很大程度上取决于销售人员对保险产品的描述，如果销售人员主观故意误导消费者，消费者的利益也容易受损，因此，在规范信息披露机制的同时，也需要对保险销售行为进行规范。

信息披露方面，保监会于2010年5月颁布实施《保险公司信息披露管理办法》，旨在保护保险消费者的合法权益，同时规范保险市场的良性发展。该办法要求保险公司信息披露应当遵循真实、准确、完整、及时、有效的原则，不得有虚假记载、误导性陈述和重大遗漏，并且对保险公司信息披露的内容、方式、时间和信息披露管理等作出了具体规定，并出具信息披露报告。另外，《保险法》中也规定了保险公司应当遵循如实告知等方面的义务。可以看出，监管机构对信息披露的要求显得过窄，没有涉及保险公司成本和费用方面，这有利于保护保险公司的商业机密，但同时也损害了消费者的知情权，比如保单维护成本等方面和消费者利益切实相关的内容消费者是有权知道的。

销售规范方面，目前销售人员在展业时，对保险产品的描述过多强调产品的收益，对消费者在享受保险服务所必须承担的义务和面临的风险方面销售人员三缄其口，这种明显的销售误导行为如果得不到改善对保险市场的发展是极其有害的。

（四）消费者信息保密工作存在疏漏

近年来，信息安全问题受到全社会的关注，信息泄露已经危及国家、社会、企业以及个人的生命财产安全，信息保护对所有群体都显得非常重要。关于消费者的信息安全问题，《消费者权益保护法》进行了比较详细的规定，《保险法》中也规定了保护保险消费者信息安全的重要性以及方式方法。《保险法》第116条规定，保险公司工作人员不得“泄露在业务活动中知悉的投保人、被保险人的商业秘密”，第131条规定，保险中介等从业人员不得“泄露在业务活动中知悉的保险人、投保人、被保险人的商业秘密”，并相应规定了违反保密规定应当承担的责任。另外，《保险专业代理监管机构》、《保险经纪机构监管规定》、《保险公估机构监管规定》、《保险营销员管理规定》等分别对保险消费者信息保护方面做了补充规定。不难看出我国对保险消费者信息保护的重视。

然而，即便如此，保险消费者信息泄露的现象依然层出不穷，一个比较明显的现象是某一客户在一个公司投保之后，会有其他公司工作人员通过电话和邮件等渠道联系这一客户。另外，金融集团内部之间信息是共享的，比如在金融集团的银行办理了一项业务留下了客户信息，此金融集团的其他机构如保险公司和证券公司就拥有了该客户的信息，这对客户来说是典型的泄密行为。更有甚者，个人购车买房等行为留下的个人信息也会通过第三方“出售”给保险公司或其他金融机构，使消费者不厌其烦。

可以看出，虽然我国关于保险消费者信息保护方面的法律法规建设比较全，但明显存在很多漏洞，首先，监管机构很多时候不好界定到底是谁泄密以及泄密的严重性到底有多大；其次，法律并未规定消费者信息的“内部使用”问题是否属于泄密行为；最后，关于边缘行业之间的信息“交换”行为信息泄密行为无法防范。

（五）保险从业人员的监管力度和方向需要拓展

保险从业人员是保险业赖以生存的根本，尤其是保险销售人员。保险产品的特殊性决定了保险从业人员对消费者选择是否消费保险产品具有决定性的作用，保险消费者权益受损在根源上可以归结到保险从业人员身上，保护保险消费者权益，非常需要从保险从业人员身上抓起。我国《保险法》以及将于2013年7月1日开始实施的《保险销售从业人员监管办法》和《保险经纪从业人员、保险公估从业人员监管办法》对保险从业人员的从业资格、执业管理、禁令行为以及法律责任等方面进行了较为详细的规定，在一定程度上规范了保险从业人员的执业问题。

然而，上述法律法规的规定依然没能解决我国居民独特的“找关系问题”，即亲属销售和朋友销售问题。现阶段我国保险销售依然靠销售人员的“关系网”，个人销售业绩和自己的交际面息息相关，这种情况原本无可厚非，然而很多保险产品的购买都是建立在“给个面子”或“关系这么好照顾一下”诸如此类的基础之上的，存在消费者非自愿的情况，消费者打从心底抵触这种销售形势，需要监管机构予以规范。在原本存在的监管力度和方向的基础上，需要拓展对保险从业人员的监管范围和力度。

（六）争端解决机制建设不健全

如果保险消费者与保险公司发生纠纷，理论上可以通过仲裁或者诉讼方式解决，但在实践中，采用仲裁或者诉讼方式解决保险合同纠纷成本较高，时间较长，消费者权益往往得不到切实保障，这就需要相关部门建立争端解决机制以维护消费者利益。我国关于争端解决机制的建立并没有明确说明，只是在相关法律法规中规定了如果出现消费者权益受到损害之后保险公司所应承担的经济责任或法律责任问题。2007 年 7 月 12 日，保监会发布了《关于推进保险合同纠纷快速处理机制试点工作的指导意见》（以下简称《指导意见》），就保险纠纷的快速处理机制的运行模式、处理规则做出规定。《指导意见》潜在要求各地的保险行业协会作为快速处理机制的调解处理机构，在处理机制的运行模式、调解或裁决的效力等方面做了详细规定。这是一个非常有效的尝试，对保险争端的机制建设意义重大。

然而，仅此不足以满足消费者渴求解决争端的需要。在目前机制建设的情况下，一旦出现保险争端，解决渠道必然通过第三方机构，在时间上和效率上存在一定程度可以避免的损耗。很多保险消费者希望能够直接和保险公司取得有效沟通解决纠纷问题，希望保险公司能够建立内部争端解决机制而不用事事麻烦第三方机构，而且保险公司也希望能够不通过第三方把消费者的不满运用自己的力量予以化解。可知，目前争端解决机制的建立过多考虑了通过外部的正规争端解决渠道，而忽视的内部争端解决机制的设立。

三、保险消费者保护国际经验

消费者的信心是保险业持续健康发展的基础。随着国际保险市场的发展，市场成熟度逐步上升，同时，保险消费者的个数逐步上升，消费者的法律意识和维权意识增强，西方国家对保险市场的关注也开始从市场发展程度和审慎监管逐步转移到消费者保护方面。尤其是 2008 年全球金融危机之后，越来越多的国家意识到保险消费者保护的重要性，许多国家和组织纷纷出台法律规定，以规范其保险消费者保护体系。比如，2009 年 9 月，英国金融服务局（FSA）

采取了一系列措施保护信贷保险（Payment Protection Insurance，PPI）持有人的利益。2009 年 5 月，澳大利亚审慎监管机构（APRA）出台了一系列征求意见稿，拟按照审慎标准 510、520、310 等全面加强对人身保险公司的监管，这些审慎标准涉及审计、精算、公司治理等方面。许多国家和组织的做法值得我们借鉴，下面简要分析一些国家和组织的做法。

（一）世界银行

世界银行（World Bank）一直致力于消费者保护方面的研究，并经常在全球范围内强调消费者保护的重要性，经常发布自己的研究成果供全球国家使用。世界银行于 2012 年 7 月发布了题为“金融消费者保护的优良实践”（Good Practices For Financial Consumer Protection）研究报告，分别介绍了银行消费者保护、证券消费者保护、保险消费者保护和非银行信用金融部门消费者保护等体系建设的做法。世界银行认为，消费者保护体系建设至少应该考虑以下几个方面：消费者保护机构设置、市场行为规范、客户信息保护、纠纷解决机制的建立以及相关信息的有力宣传等。

（二）国际保险监督官协会

国际保险监督官协会（International Association of Insurance Supervisors，IAIS）于 1994 年在瑞士成立，是全球性的非政府保险监管组织。IAIS 成立之后，即着手制定通用的保险监管标准，注重全球保险消费者保护的机制建设。1997 年，IAIS 发布了《保险监管原则》，从加强保险从业人员的要求和监管保险合同以及信息披露等方面提出了消费者保护方面的要求。此后，2003 年 10 月，IAIS 发布了《保险核心原则与方法》，对原有的核心准则进行了修正，IAIS 于 2011 年 10 月再次修订并发布了《保险核心原则、标准、指引和评估方法》(以下简称《保险核心原则》)，新版《保险核心原则》极大地拓展了规则深度和广度，并对原 IAIS 规则体系进行整合，形成了既有原则性指导意义，又有实践价值的系统性文件。在消费者保护方面，IAIS 在诸如 ICP18 中介、ICP19 业务行为、ICP20 公开披露、ICP21 打击保险欺诈等几个核心原则中进行了具体说明，强调了保险消费者保护的重要性，凸显了 IAIS 对保险消费者保护的重视和关注。

（三）国际消费者联盟组织

国际消费者联盟组织（International Organization of Consumers Unions，IOCU，简称 Consumers International，CI）是一个独立的、非营利的、非政治性的组织，也是在消费者权益保护方面最为权威的国际性组织。2011 年 4 月，国际消费者联盟组织向正在华盛顿召开的 20 国集团财长会议发去了一封公开信。公开信称，在金融危机爆发三年多之后，金融消费者权益保护工作终于得到了国际性的关注。2011 年 8 月，国际消费者联盟组织发布了《国际消费者联盟对经合组织金融消费者保护高层原则草案的评论》，对经合组织制定的金融消费者保护方面的行动原则草案发布了相应的评论，将评论具体总结为10个方面。在评论中，国际消费者联盟认为，经合组织草案没有表现出对于消费者保护应有的决心，甚至在草案中没有提及金融危机。国际消费者联盟还认为，这份草案缺乏必要的合理的应用规划，应该将草案进一步细化。

（四）美国

2008年金融危机始发于美国，危机之后，美国充分认识到了消费者信心对金融业发展的重要性，开始重点关注消费者保护的问题。2009年美国就开始考虑对金融监管进行改革，并于2010年7月颁布实施《多德—弗兰克华尔街改革与消费者保护法》，法案中明确指出了消费者保护的重要性，该法案的第五部分专门针对保险业，主要涉及联邦保险办公室、州一级保险改革、未受认可保险人、再保险、建设规则等；第九部分专门就保护投资者及相关监管方面做出规定；第十部分主要提出设立消费者金融保护局，并对其职能等方面做出规定。应法案要求，2010年7月美国成立了消费者金融保护局（CFPB），专门致力于保护消费者的金融权益。针对近年来投保人受到健康和医疗保险欺诈的问题，美国保险监督管理协会（NAIC）特别加大了对该类问题的查处力度。

（五）欧盟

欧盟（EU）是保险消费者保护意识最早的组织之一，欧盟成立于1993年，在这之前就有关于保险消费者保护方面的法案出台（如1977年出台的《保险代理人和保险经纪人指引》[1] 等），1995年就出台了关于个人信息保护方面的法案，并着重强调了对保险消费者的保护。[2] 此后，欧盟出台了一系列法案，以规范消费者保护问题，如1997年的关于合同签订方面所涉及的消费者保护问题[3]，1998年和2001年出台的关于保险纠纷解决机制方面的法案等。[4][5] 近年来，欧盟对保险消费者保护方面的法律建设更细致、更全面，全面规定了从保险产品开发到保险服务提供以及保险公司破产等方面所涉及的问题。可以说，就保险消费者保护法律建设方面，欧盟是最完善的国际组织。

[1] Directive on Insurance Agents and Brokers, 1977/92/EC.

[2] Directive on the Protection of Individuals with Regard to the Processing of Personal Data and on the Free Movement of Such Data, 1995/46/EC.

[3] Directive on the Protection of Consumers in Respect of Distance Contracts, 1997/7/EC.

[4] Recommendation on the Principles Applicable to the Bodies Responsible for Out-of-court Settlement of Consumer Disputes, 1998/257/EC.

[5] Recommendation on the Principles for Out-of-court Bodies Involved in the Consensual Resolution of Consumer Disputes, 2001/310/EC.

四、构建我国保险消费者保护体系的思考

受益于我国推行的政策性保险和强制保险，以及小额保险的兴起，越来越多的人群被纳入保险消费者行列。消费者群体的扩大一方面刺激保险业新的业务增长点；另一方面由于人群中存在大量收入较低或知识水平较低的消费者，其合法权益很容易受到损害。消费者权益受损直接的后果是消费者信心下降，这对保险业的发展是极其不利的，有必要加强对消费者的保护工作。然而，由上面的分析可以看出，我国目前保险消费者保护体系的构建工作非常不理想，有必要在借鉴国外先进经验的基础上在以下几个方面构建并完善我国保险消费者保护体系。

（一）设立专门的消费者保护机构，完善其职责范围

在设立机构之前，有必要在法律中详细规定保险消费者保护的一切事项，并且应对保险消费者保护规则的制定和实施进行充分的切实可行的安排，而规则的执行者必须由专门的机构负责。综观国际上发达国家保险消费者保护机构的设立，均为独立于政府和市场之外的社会团体，以此来体现其公正性和无偏性，我国也可以采用这种方式。就现阶段来说，可以考虑把中国保监会消费者保护管理局独立出来，使其经营性质脱离政府背景，职责职权受监管部门的节制即可，或成立消费者自愿组织和行业自律组织等。消费者保护机构的职责职权范围包含但不限于以下几点：

第一，规范保险合同的成立及维护工作。保险合同是一切保险业务的起点和终点，必须非常重视，应当在《保险法》或一般的《合同法》里面专门规定保险合同的具体内容，或者最好出台《保险合同法》。此类法律建设中，应专门规定信息交换和信息披露方面的要求，以及保险合同双方的权利和义务，并要求合同双方可通过合理的渠道获得信息不对称时想获得的信息。

第二，规范保险公司行为准则。首先，在保险业与相关的消费者协会之间应该协商存在这样一种“原则性的准则”以规范保险人的行为，这种“原则性的准则”应该由法定的机构或者有效的自律性组织予以监督。其次，如果这种“原则性的准则”存在的话，保险人应该以合适的方式告知大众。再次，保险人自愿遵守一些特定的关于保险产品及渠道的共识的时候，“原则性的准则”的含义将被扩展到这些特定的共识上。最后，这些保险人自愿遵守的共识也应该进行广泛的宣传。

第三，兼顾审慎监管和消费者保护。保险业发展过程中，审慎监管是非常重要的，而当保险市场相对成熟时，消费者保护更应该重视。具体来说，首先，审慎监管与消费者权益保护可以在同一机构得到实施，也可以将它们分别交给不同的机构来实施。但是，必须保证足够的资源能够合理地分配到审慎监

管与消费者权益保护上，以有效贯彻消费者权益保护的原则。其次，司法系统应该为金融领域的消费者保护的实施提供足够的保障。最后，鼓励并敦促媒体和消费者保护民间组织在消费者权益保护方面应发挥正面的积极作用。

第四，规范捆绑和搭售条款。当保险人作为一种销售渠道与商品提供者或信用提供者（包括银行和租赁公司）建立合同关系时，所有捆绑、搭售及其他排他性的条款（包括附属的实施在法律意义上属于独立的合同）都必须赋予消费者知情权，并且让他们有选择退出的权利。

（二）规范各方面的信息披露行为

鉴于保险市场是信息不对称最典型的市场，对信息披露行为进行具体规定时非常有必要，鉴于保险市场上存在不同的群体，下面从 3 个方面说明信息披露的具体规范。

1. 规范保险销售人员的信息披露行为

信息传达方面，保险人有责任确保与保险产品相关的信息都经由他们的代理人传达给了消费者。销售人员身份方面，应该在保单中明确告知保险消费者那些卖保险给他们的中介是代表他们的利益还是代表保险人的利益。如果这个中介是经纪人，消费者应该被告知在其与中介接洽时，保险人是否会支付佣金给中介。另外，一个中介不应该在同一险种上同时扮演代理人与经纪人的角色。在具体产品销售方面，如果销售的是带有储蓄性质的长期寿险产品，消费者有权知晓中介从中获得的佣金及其他费用的多少及渠道。如果销售的是趸交的投资性产品，消费者应该被告知所有支付给中介的佣金及其他费用。在兼业代理方面，当银行作为保险销售代理人时，消费者应该时刻被告知他们所购买的产品并不是银行产品，也不是银行担保的产品。在专业胜任能力方面，所有销售人员以及中介人员都应该具有针对其所销售的险种的足够知识。另外，对于销售长期储蓄及投资性险种的中介，监管机构应该制定或认可相应的教育背景要求。违反信息披露的制裁方面，当保险销售人员违反上述关于信息披露方面的规定，应当严格规定应缴罚金及吊销中介执照，并严格实施。

2. 规范市场开拓及保险合同规定方面的信息披露行为

规范保险公司的广告行为方面，首先，保险人应该确保他们的广告、宣传资料以及程序不会误导消费者，在投资类保险产品进行投资收益方面的广告中，应通过监管机构的核实和监管。其次，保险人对于所有在其广告、宣传手册上出现的关于其保险产品的内容负有法律责任。最后，所有营销及宣传手册对于大众来说应该是易读、易懂的。理解客户需求方面，销售中介及保险市场开发主管人员应该掌握足够的关于消费者需求的知识，并确保能够提供合适的产品。在开发长期储蓄及投资性产品之前，必须对市场进行正式的需求调查，这些需求调查的结论应该在很长一段时间保存下来。犹豫期的设置方面，对于长期储蓄及投资性保单来说，应该有一个足够长的犹豫期，以确保这些保单不是因为销售压力和误导而产生的。主要事项说明方面，所有关于保险产品所披露的关键性事实陈述条款都应该以大字的形式附加于所有销售及合同文件中。

3. 规范监管信息的披露行为

保险机构基本信息监管方面，首先，在保险公司所有的广告（包括印刷品、电视、广播及其他）中，保险人都应该向公众披露它是受监管的；并说明监管它的机构的名称及地址。其次，所有保险中介都应该具有营业执照，并且相关的授权信息应该以合适的方式为公众所知，包括通过网络。保险机构财务状况监管信息披露方面，首先，监管者应该发布关于保险领域发展、健康状况、深度的年度报告，这种报告可以以特别报告的形式发布，也可以包含在法律赋予其披露及可审计性的其他要求中。其次，要求保险人定期披露其财务信息，以方便消费者对其财务状况做出合理判断。最后，如果不存在可信的信用评级，监管机构应该为那些保险发展评论人员及中介机构定期发布关于每个保险人的足够信息，以便他们能判断保险人的财务状况并转达给消费者。

（三）规范保险客户维护工作，确保消费者信息安全

客户维护方面，第一，应当定期及时把储蓄型和投资连结型产品所获得的收益告知消费者，对于传统储蓄型的寿险产品，至少每年通报一次，投资连结型寿险产品的通报期限应更频繁一些。第二，在规定时间内，应赋予消费者对自己账户交易信息存在质疑的权利和手段。第三，保险人应当根据消费者的需求在合理的时间内披露传统寿险和投资连结型寿险的现金价值，此外，还应当向消费者提供此类产品在合同成立之初以及随时间变化进行调整的现金价值变动表。第四，在非寿险的续保中，保险人应当在续保日之前通知续保需要的信息，即使消费者不打算续保，保险人也应当在合同终止前通知消费者关于续保的有关事项。第五，当发现消费者没能履行如实告知义务，并且没有告知的是重大事项时，保险人有权随时终止合同（索赔已经发生的除外）。

消费者信息安全方面，消费者有权要求他们的金融交易信息是严格保密的，面对任何不可预期的安全威胁、未经授权的消费者个人信息访问，保险人有确保消费者的个人资料的保密性和安全性的责任。

（四）完善保险争端解决机制

国际上通行的做法是设立包括内部争端解决方案和正式争端解决方案在内的两套争端解决方案，以共同构建保险争端解决机制。

1. 内部争端解决方案

所谓内部争端解决方案，是限于消费者和保险公司之间的争端解决方案，这种方案不借助外部力量，主要通过保险供求双方的协调解决争端问题，能最大限度地节约成本和时间。具体形式为，首先，保险公司规定保单持有人提供解决争议和索赔纠纷的内部途径。其次，保险公司应当指派其雇员处理零散消费者的投诉问题。再次，保险公司应当告知消费者内部争端解决方案的程序。最后，监管机关和主管机构应当定时审查保险公司的内部争端解决方案是否符合消费者保护的要求。

2. 正式争端解决方案

所谓正式争端解决方案，是当争端不适合运用内部争端解决方案或消费者不信任保险公司时，需要第三方介入组建正式争端解决方案。具体形式为，首先，在正式争端解决方案中，应该有一个可供消费者求助的第三方组织，这个第三方组织可以是“消费者保护情况调查委员会”或法庭（仲裁庭）等，并且一旦选择用正式争端解决方案处理争端问题，不能再用内部争端解决方案解决此类问题。其次，“消费者保护情况调查委员会”或其他负责解决争端的机构的职能和作用应该被公众所熟知。再次，“消费者保护情况调查委员会”或其他机构应该独立于监管机关和监管派出机构。最后，“消费者保护情况调查委员会”或其他机构对争端做出的解决方案对保险公司应当具有约束力，同时应当建立合理的机制以确保这些解决方案的执行，保险公司和监管机构应为其广泛宣传。

（五）加强消费者金融教育，提高消费者自我保护意识

保险是金融体系的一部分，本质上来说保险产品属于金融产品的一种，并且现阶段吸引消费者的保险产品多具有理财和投资性质，因此，在对消费者进行知识教育时，不能仅限于基本保险理论的宣传，还应该广泛的让消费者了解投资理财方面的信息，即对消费者进行金融方面的知识教育，在提高消费者知识领域的同时提高消费者自我保护意识。

第一，广泛开展金融扫盲计划。首先，应该在全国范围内开展金融扫盲计划，对公众开展金融方面的知识教育，以增加人们的金融意识。其次，在组织和开展金融扫盲计划中，政府、国家机关、非政府组织等机构要积极参与。最后，应当由政府指定一个机构（如中央银行或监管机构等）负责领导和协调全民金融扫盲计划的制订和实施。

第二，为公众提供的知识应该是公正的。首先，应该为金融消费者（尤其是弱势金融消费者）提供足够的正确的信息以确保他们能了解金融产品的特性以及他们可以从金融产品中所能获得的服务。其次，监管当局可通过网络或公共出版物为公众提供一些金融产品和金融服务的主要特征，如产品所能获得的收益及面临的风险，以及金融产品的成本信息等。最后，积极鼓励非政府组织为公众开展金融产品和服务宣传方案。

第三，应及时衡量金融扫盲计划的影响。在金融扫盲计划实施的过程中，政策制订者和执行者应当熟悉各细分市场对金融知识的需求，尤其要注意那些容易被忽视的弱势群体的需求。另外，应当定时调查公众对金融知识的了解程度，了解公众对金融知识的需求指向，及时矫正金融扫盲计划，并需对金融扫盲计划的有效性进行评估。

参考文献

[1] 郑伟．保险消费者权益保护：机制框架、国际经验与政策建议 [J]. 保险研究，2012 (3).

[2] 中国保监会保险消费者权益保护局课题组．保险消费者权益问题的思考 [J]. 保险研究，2012 (9).

[3] 李利，许崇苗．新《保险法》对消费者利益的保护 [J]. 保险研究，2009 (5).

[4] 王战涛．中德保险法中的消费者保护比较研究 [J]. 保险研究，2010 (10).

[5] 陈华，王玉红．保险消费者保护：市场失灵、政府介入与道德风险防范 [J]. 保险研究，2012 (10).

[6] 邓阳．我国保险消费者权益保护制度研究 [D]. 西南财经大学，2008 (12).

[7] World Bank. Good Practices for Financial Consumer Protection [J]. Working Paper, 2012 (7).

[8] Dan Svantesson, Roger Clarke. *A Best Practice Model for E-consumer Protection* [J]. Computer Law & Security Review, 2010 (26).

[9] Reinhard Steennot. *The Right of Withdrawal under the Consumer Rights Directive as a Tool to Protect Consumers Concluding a Distance Contract* [J]. Computer Law & Security Review, 2013 (29).

[10] Maria Ioncica, Eva-Cristina Petrescu, Mihaela Constantinescu. *The Role of Education on Consumer Behavior on the Insurance Market* [J]. Social and Behavioral Sciences, 2012 (46).

银保协作相关热点问题探究

陈　胜*

近年来，银保之间的业务合作发展迅速，银保合作为丰富金融服务、促进银行业和保险业的长远发展、满足消费者日益增长的服务需求做出了重要贡献。随着我国商业银行代理保险业务迅速发展，商业银行代理销售在保险业务发展中的重要性日益上升，不仅成为保险行业最为重要的销售渠道之一，同时也逐步成为商业银行中间业务收入的重要组成部分。

从总体上看，商业银行和保险公司在合规销售、服务客户、创造价值等方面取得了显著进步，但是在合作过程中也存在合作不深入、潜在风险较大、风险管控缺失、过分注重短期利益、信息披露不充分等问题，并且我国银行业与保险业的合作模式，无论从业务代理的推介环节还是从产品种类的开发环节来看都无法充分满足客户的现实需求。双方目前仅局限在银行充当保险公司代理中介这一层面上。为此，内部管理和外部监管都需进一步加强，促进商业银行和保险公司不断提高销售服务和售后服务质量，促进银保市场健康发展。

一、银保合作业务发展状况

银保合作的形式目前而言并不多样，主要集中在相互入股、混业经营、设立子公司、银行代理保险公司业务等方面，近年来亦开展了其他业务合作。在合作大潮下，也有不少银保拆分的案例，值得关注。

（一）相互入股，混业经营

2008年年初，国务院批准了银监会和保监会联合上报的关于商业银行投资保险公司股权问题的请示文件（以下简称160号文）。160号文原则同意银行投资入股保险公司。2008年1月16日，银监会与保监会签署《关于加强银保深层次合作和跨业监管合作谅解备忘录》规定银行和保险公司按照市场化和平等互利原则，可以开展相互投资试点。试点阶段的开展银行最后圈定为工商银行、建设银行、交通银行和北京银行。

---

* 陈胜，中国银监会创新监管部银证保协作监管处处长。

2009 年 9 月，交通银行投资入股中保康联人寿，交行成为全国首家入股保险业的商业银行。9 月 10 日，保监会披露同意中国银行通过其子公司中银保险投资恒安标准人寿，这是继交行入股中保康联后银行投资保险业的第二单。同年 11 月，银监会发布《商业银行投资保险公司股权试点管理办法》，对试点阶段商业银行投资保险公司的市场准入、风险管理、监督管理等方面做出了明确规定。随后，商业银行入股保险公司进程加快。2012 年 11 月，在银保业务收入方面居五大行之首的农业银行得到中国银监会和中国保监会的批复，同意其入股嘉禾人寿保险股份有限公司。至此，包括工农中建交在内的五大行已悉数入股保险公司，完成保险业务布局，在混业经营道路上又迈进了一步。

银行入股保险公司，对于银行的影响还需要进一步探讨，但对于保险公司的影响却是立竿见影的：2012 年 7 月，工商银行持股的工银安盛人寿更名成立，当月保费 5.98 亿元，同比增长 475.46%；建设银行持股的建信人寿，2012 年的保费收入也增长 400%以上。对于保险公司而言，大型密集的网点销售优势非常明显。

在大型商业银行入股中小型保险公司的同时，国内的保险巨头也开始入股商业银行；或由集团成立子公司，积极寻求更深层次的银保业务合作。中国人寿入股广发银行，中国人保入股兴业银行，就是保险公司入股银行的典型代表。而平安保险集团旗下控股的平安银行则于 2012 年 1 月收购深圳发展银行，合并重组成新的平安银行股份有限公司，从深圳的城商行一跃升级为拥有过万亿资产的全国性股份制银行。

银行和保险公司之间的相互入股以及设立子公司，符合混业经营的大趋势，也是在新的市场环境下，强强联合、优势互补的一种主动选择。

（二）代理业务

除相互的股权干预之外，商业银行和保险公司互相代理业务，拓宽业务范围，规避监管。比较突出的有保险公司放贷——小额贷款；保险公司代理银行的抵押品保险；商业银行代理保险公司的资产托管和资产管理等。

2010 年 6 月，银监会和保监会联合开展商业银行代理保险业务专题调研，结果显示，商业银行代理保险业务已基本占据了全国保险业务渠道的半壁江山；抵押品保险业务也逐渐发展成为银行接受抵押贷款时防范风险、减少损失的重要举措；银行联手保险公司高额放贷虽涉嫌法律擦边，却在争议中不断发展壮大。

（三）银保业务拆分实例

尽管银保合作发展迅速，前景被普遍看好，但近年来也出现了一些银保业务拆分的案例，较为典型的有花旗集团和汇丰集团。

花旗集团是“金融超市”模式的创立者，但这个庞大的金融集团在金融危机的冲击下连续亏损。2009 年年初，花旗集团将旗下业务一分为二，银行业务和保险业务就此分离，花旗集团与旅行者集团的合并以失败告终。另一家全球知名的金融集团汇丰集团，近年来也频频出售其保险业务，汇丰全球正剥离保险资产。

这两家全球最知名的金融集团大规模剔除保险业务，除了受到金融危机的冲击，巨额亏损，无力经营之外，从深层次来看，银行与保险业务的合作存在着很多问题。其一，信息保密问题，银保合作需要一定程度的信息共享，集团化为这种信息共享提供了便利。然而信息共享就意味着银保双方有泄露客户信息的风险，在职业道德层面和法律层面都颇有争议。其二，公司治理问题。一个企业或集团有其独特的企业文化和运行规律，尤其是已成规模的集团，更是会有非常鲜明的企业特征。不同集团的合并面临着企业文化的碰撞冲突，企业文化若无法融合，不仅无法产生规模经济效应，严重时还会对公司治理造成很大的负面影响。其三，利益冲突严重，混业经营后由于涉及目标各不相同、利害关系不完全一致的不同金融业务，利益冲突十分严重。集团内各部门、各业务之间条块分割、缺乏统一协调成为汇丰和花旗一类金融集团发展的桎梏。其四，混业风险相互关联。企业多元化具有降低风险的效益，但业务的相关程度越高，分散风险的程度越小，反而银行扩张到非传统金融活动导致了风险增加和收益降低。尤其是危机时期，相关度不高的业务表现出高度的关联，产生了危机的联动效应。花旗银行在此次金融危机中就因此遭受不少损失，濒临破产，致使其最终决定拆分银行和保险业务。

二、银保合作发展中存在的问题

近年来，银行代理保险业务所引发的消费者投诉和群体性冲突层出不穷：7 月丹东邮政局赛马营业所发生代理保险群体围堵事件；消费者投诉工行误导销售保险；银行非正常集中退保事件频发……这些事件频发，反映了商业银行和保险公司在业务处理上存在着诸多问题。究其原因是银保合作、混业经营过分追求速度和规模，合作短期化，认识不到位。部分商业银行和保险公司在合作中并未落实审慎经营、稳健发展的理念，硬件设施和管理能力没有跟上业务扩张的步伐，监管考核机制存在缺位。这些问题的存在，对于商业银行和保险公司的声誉都造成了较大的负面影响，特别是随着财富管理市场多元化的快速发展，理财观念的不断更新，银保合作在经营理念、业务开展模式、产品创新、监管方式等方面都面临新的挑战。这些问题主要可以总结为以下几个方面：

业务管理漏洞频出，监管考核机制不到位。保险公司利用银行代销保险这一渠道在我国刚刚起步，银行与保险公司之间的合作更是根基尚浅，两者之间以共享利益为目的，共赢为目标，但缺少规范化的法律法规，即出现问题时的责任划分，仅仅靠协议合作作为合作的支撑，导致合作关系不牢固，较为松散，初级合作水平占主要形式，所以说这种合作模式存在着较大缺陷，在营销业务的过程中，双方都在追求各自的利益必然产生矛盾。不仅如此，在银保合作中，市场参与者过分追求短期利益，风控意识薄弱，市场配置的自发性使得市场参与者为完成指标、实现盈利而利用监管漏洞，甚至不惜违规。保险公司以银行作为中间人，贷出盈余资金的类贷款模式，事实上也是钻了监管法规的空子。

产品类型单一，不能满足目标客户的需求。近年来，随着时代的进步，人们生活水平的提高，人们对银保的需求渐渐呈现多样化。然而以往银行及保险公司主要是以产品为导向的营销模式，人的需求必须服从于产品的属性，缺乏对终端客户的关注。由于缺少大众对客户需求的随访调查及定性定量的分析，所以，各个寿险公司通过银行柜台推出的产品大同小异。当前从银保渠道销售的产品大多是储蓄替代型产品，其收益水平、风险属性与银行存款、保本理财相似，缺少对客户的匹配度并且营销的模式比较被动，无法满足客户的差异化需求。

金融风险大，风控措施不到位。银保合作一直被认为是保险业发展的一大利好，银行密集的营业网点和客户基础，为保险销售提供了得天独厚的条件，银行代销甚至已经成为保险销售的第二大途径。然而随着代销业务的发展以及需求的增加，银行代销保险所收取的中间费用也不断提高。由于银行掌握渠道资源和客户资源，保险公司在这项业务合作中处于被动地位，迫于竞争压力一些保险公司不得不接受银行高价的手续费要求，以此抢夺银行销售阵地，将主要精力和优势资源投放到粗放型扩张计划之中，引起市场的恶性竞争，影响了产品的盈利性，进而影响到偿付能力。目前，银行代销保险业务的回报率已经低于普通保险销售方式的回报率，保险公司在这一银保合作项目中盈利甚微，影响到保险公司的长远发展。

在投资回报率日益压缩的情况下，可能会引发激进投资风险。保险是规避风险的一种投资手段，但一些保险公司为了保证产品回报率，选择了一些风险较大的行业进行投资，例如房地产。这使得投资失败的可能性加大。甚至可能引起整个保险市场恐慌，对整个保险市场带来灾难性连锁反应，不利于保险市场稳健持续地发展。也会对代销保险业务的银行产生影响。

混业经营所带来的危机联动效应是不可忽略的。在金融危机冲击下，全球两大金融巨头集团——花旗、汇丰——陆续拆分保险业务。银保合作，二者业务有一定的关联性，从这一角度来说，分业经营并不能有效降低风险，反而可能加速危机的传导。如何应对危机联动，建立风险的预测和控制体系，是目前亟待解决的问题。

此外，保险业低投资回报率风险，是诱发7月丹东邮政局赛马营业所代理保险群体围堵事件的主因；而银行代理保险，也会因为保险业务出现的问题，而遭受信用风险。当保险公司因短期产品收益难以为继的时候，将再次出现今年因保险公司满期给付收益达不到预期引发网点纠纷甚至是群体性事件的现象，那时，真正受损失的不仅仅是客户，更重要的是影响了银行系统整个行业的信用风险，将会对整个银行代理保险市场产生重创。

简单类比理财、储蓄等其他产品，夸大保险产品收益，进行销售误导。宣传资料不规范、虚假宣传、承诺甚至夸大收益是消费者投诉的重要原因。一些代销保险的工作人员在宣传中未对保险产品属性特点做出明确区分，混淆销售，误导消费者。例如，有些商业银行的分红险宣传单上，甚至看不出是银行产品还是保险产品，宣传单上写着“最新的零存整取理财产品”、“最新的定期理财产品”等字样，混淆保险产品与银行理财产品的概念。另外，银行员工在代理保险业务时，因为保险专业知识欠缺，理解不够深入透彻，若客户不主动咨询了解情况，销售工作难免造成歧义。更有甚者，在销售陈述时，将保险产品说成是银行的“定期”或“国债”等储蓄型产品，将销售术语说成“五年期的、定期存款、保本的、在银行存、在银行取……”，而只字不提“保险”二字，造成不少客户因信任银行而糊里糊涂的签约。

部分银行未对消费者的风险承受能力和适合度做全面测评，一些银行甚至在已做出测评的情况下仍然向不适宜购买某些种类保险产品的客户推销；违规要求保险公司做出收益承诺，或自身变相进行收益承诺，刻意弱化风险提示，埋下风险隐患。

部分保险公司及其销售人员出于自身利益考量，在对银行员工培训或对客户营销时避重就轻，对明确要求的风险提示内容避而不谈，甚至违规出示书面承诺书，作出不实承诺。近年资本市场持续低迷，某些高风险产品如万能险出现分红连连缩水，投连险出现严重亏损。在错误的销售引导下，国内曾出现“投连险连惹祸　海康人寿山东身陷退保”风波、投连险在全国引发大面积退保潮、客户围攻银行等恶性事件。银行业和保险业属于两个不同的行业体系。这些行为若不予以重视和规范，长此以往必然会导致银行客户的流失，会对银行的经营和信誉造成难以估量的损害，也会严重制约银保合作的健康可持续发展。

保险公司和商业银行责任划分不清晰，缺乏联合处理和应对投诉的有效机制。当前银保合作仍处于初期阶段，合作不深入且偏重短期效益，在监管指引等规范性文件下发之前，银保业务合作模式比较粗放。银行在其营业网点代销保险产品由银行和保险公司人员共同实施，责任划分不清，对于谁应承担销售管理责任，对误导销售、错误销售等行为负责的界定并不明确。不少消费者反映，在银行营业网点工作人员处买完保险，在出现问题后却被告知该工作人员非银行职工的问题，造成投诉、追责无门。同时，银保业务开展时间尚短，许多应急机制不到位，商业银行和保险公司在发生客户投诉、退保等事件时未能及时处理，相互推诿，拖延解决问题的时间，损害了消费者的合法权益。

三、认清形势、密切合作，共同推动银保业务发展

2010年11月1日，银监会发布《中国银监会关于进一步加强商业银行代理保险业务合规销售与风险管理的通知》，次年3月1日，银监会、保监会联合发布了《商业银行代理保险业务监管指引》，从加强监管协作，规范银保市场秩序，突出保护消费者合法权益的目的出发，强调银保合作应当遵循自愿、诚信和公平竞争的原则，要求各商业银行和保险公司依法合规开展代理保险业务，提高风险管理水平，防止错误销售，促进商业银行代理保险业务规范、健康、持续发展，实现双方优势互补、互利共赢，更好地为消费者服务。

关于银保合作的发展，我提以下几点建议：

（1）深化业务合作模式。尝试兼业代理专业化发展方式，银行独资或与保险公司合资成立专属代理公司或销售公司。针对银行客户做分级、分类管理，并匹配相应产品，通过分工提升销售队伍专业化水平，进而满足客户保险保障需求，降低销售误导。拓宽销售渠道，发展新型互联网营销业务。突破银行物理网点的瓶颈，借助合作银行在网银、自助终端方面的优势，通过实施客户端改造，推动保险产品销售多渠道化。

（2）完善法规，加强规章制度的学习落实。监管部门要督促各商业银行、保险公司组织全系统做好《商业银行投资保险公司股权试点管理办法》、《中国银监会关于进一步加强商业银行代理保险业务合规销售与风险管理的通知》等相关规定的传达、学习和执行。

（3）加强监管。一是统一管理、规范银行代理手续费。保险公司支付给银行营业网点额外费用的问题屡禁不止。对此，监管部门要继续按照监管指引的要求，强化手续费管理，规定代理手续费应统一转账支付，商业银行和保险公司应严格执行反商业贿赂法的相关要求；建立健全长效机制，制定实施科学的激励约束措施，形成权责统一的有效激励约束机制；二是要严密监控在销售过程中存在的承诺收益、误导销售等行为，要早发现、早暴露、早处理，提前做出应对解决预案。

（4）明确责任主体，妥善处理投诉事件。一是要明确责任主体，以便追责质询，妥善处理好各项投诉事件，维护银行和保险公司的形象；二是按两会监管要求，商业银行不允许保险公司人员派驻银行网点；三是商业银行和保险公

司都应加强员工培训，从职能定位、工作方式、组织发展等方面加快银保专管员队伍转型；四是要做好舆情监测工作，在突发事件处理过程中，银保双方要积极协作沟通，及时依照预案作出反应，而不是相互推诿，同时保持与媒体的密切联系，把握正确舆论导向，防止事态扩大，影响正常营业活动。

（5）全面梳理排查风险。各商业银行对于代销的保险产品要进行全面彻底的梳理排查，建立应急预案措施；监管部门要对代销业务的恶性价格竞争进行监管，维护银保市场的稳定发展；银保业务的市场参与者要做到合规销售，从消费者利益出发，尤其是商业银行应正确认识自己在银行代销保险业务中的作用，从为顾客提供理财服务，而非帮助保险公司销售保险的角度来开展业务；保险公司要审慎投资，降低因保险激进投资而带来的投资失败风险。

（6）完善体制建设，加强同业、混业的交流。要强化保险总公司和总行对违规行为的管理责任，完善内外部责任追究机制；防止恶性价格竞争等违法违规行为；同业之间要加强沟通与合作，加大检查和处罚力度，打击银保市场违规行为，共同促进银保市场稳健发展；保险业和银行业市场主体间、行业协会间应加强信息交流，建立定期交流机制，信息共享，共同促进银保业务发展，同时，市场参与者应与监管部门积极沟通，形成有效联动机制，及时发现问题，解决问题。

银保合作在混业经营的大趋势下必将得到更加深层次的发展，合作产品的丰富性和有效性也将不断得到提升。通过银保双方的通力合作，商业银行和保险公司定可以解决发展过程中存在的问题，为消费者提供更加高品质的银保服务，为我国金融市场的发展做出积极的贡献。

我国保险业反垄断执法和行业监管管辖权配置问题浅析

李祝用　鲍为民*

2012年下半年迄今，国家和地方发改委、物价局等部门在新疆、湖南、内蒙古、辽宁、浙江等地就财产险业存在的统一费率、新车共保等行为集中开展了反垄断执法检查和处罚。在此过程中，有观点认为，价格反垄断执法机构并不了解保险业发展的特殊情况，类似检查和处罚如果铺开，可能会危及行业的健康发展。本文以此为契机，考察了国际上反垄断执法机构和金融保险行业监管机构的管辖权配置模式，结合行业特殊性对我国现有反垄断执法格局做了初步剖析，并提出改进建议。

一、国际保险金融领域反垄断执法机构与行业监管机构的管辖权配置

当前世界各国的反垄断执法主要分为司法模式和行政模式。前者如美国，行政机构作为公诉人向联邦法院提出反托拉斯诉讼，由法院做出判决；后者执行反垄断法的行政机构不仅有权对案件进行调查和审理，而且有权对案件做出裁决，包括在被告不执行裁决时有权实施行政制裁。

由于反垄断监管对竞争机制的维护可能会削弱某些产业的竞争力，同时产业政策在增强产业竞争力的同时也可能会影响甚至限制市场竞争，因此，反垄断执法与行业监管之间难免会产生冲突。如何处理两类执法机构之间的管辖权冲突，也就成为一个全球性的难题。大致来看，国际实践可简单分为以下3种模式。

（一）行业监管机构排他性监管模式

行业监管机构排他性监管模式，是指将反垄断管辖权直接配置给行业监管机构，行业监管机构就竞争问题做出的决定豁免反垄断机构的审查和反垄断法

* 李祝用，中国人民保险集团股份有限公司法律总监兼法律合规部总经理，公司律师；鲍为民，中国人民保险集团股份有限公司法律合规部合规管理处/关联交易管理处高级经理，公司律师。

律的适用。作此选择的国家非常少，以肯尼亚、马拉维、毛里求斯最为典型。这些国家大多市场经济发展相对落后，或是尚未实施反垄断法，或是反垄断执法机构地位位于行业监管机构之下，无权对受管制行业行使反垄断管辖权，而由行业监管机构负责执行本行业的包括反垄断执法在内的全部行业监管。[1]

（二）竞争主管机关统一执法模式

在某些国家和地区，包括金融行业在内的诸多行业都被认为不存在行业特殊性，竞争主管机关对各行业统一享有竞争法的执法权，其中典型代表为新西兰和澳大利亚。

新西兰20世纪80年代金融体制改革完成后，便不存在金融监管机构，与金融行业有关的竞争法律与政策的执行一律由新西兰商业委员会负责。商业委员会是反垄断和竞争执法的唯一机关。但近年来，这种不区分行业，均适用一般性竞争法的做法开始备受质疑。澳大利亚竞争与消费者委员会是全国唯一的处理竞争事务的机构，各行业的反垄断管辖权全部由其统一行使，但金融业的审慎监管仍统一由审慎监管委员会负责。包括金融业在内的各行业监管机构对行业负有技术性监管职责，并与竞争与消费者委员会有密切联系。

此外，欧共体也是由竞争主管机关统一开展竞争执法，其竞争总局专司反垄断执法，统一处理欧盟竞争问题，下设10个局36个分局，D－1局负责监管银行和保险业；近年来部分权力开始下放给成员国竞争机构。[2]

（三）双重管辖模式

目前世界上大多数国家都将金融行业的反垄断监管权同时赋予竞争执法机构与行业监管机构，由二者共享反垄断执法权，即为双重管辖模式，其中以美国[3]和英国最为典型。

美国司法部反托拉斯局与联邦贸易委员会[4]并行执行反托拉斯法[5]，它们作为公诉人向联邦法院提出反托拉斯诉讼。一般来说，金融服务竞争问题由司法部反托拉斯局负责处理。同时，由于特殊历史原因等因素，美国保险业实行举世无双的分散监管型体制，由各州分别设立自己的保险监督局进行监管。[6]保险业享有一项量身定做的反托拉斯豁免——《麦卡伦—福格森法》豁免，联

---

[1] 李洁："论金融行业反垄断执法机构与行业监管机构的管辖权配置"，载《兰州商学院学报》2012年第4期。

[2] 王晓晔："关于我国反垄断执法机构的几个问题"，http://www.iolaw.org.cn/showarticle.asp?id=2048，中国法学网，2013年8月9日浏览。

[3] 在行政体系内部，美国司法部、联邦贸易委员会等反垄断执法机构与银行、保险等行业监管机构也存在管辖权冲突问题。

[4] 联邦贸易委员会不附属于任何政府部门，但其工作受到众议院和参议院下设的商业委员会的监督；委员会下设竞争局、经济局和消费者保护局，前两者是执行反托拉斯法的主要机构。

[5] 反托拉斯法主要指《谢尔曼法》、《克莱顿法》和《联邦贸易委员会法》。

[6] 李之彦：《保险业反垄断豁免制度研究——以美国反托拉斯法为蓝本》，对外经济贸易大学2007年博士学位论文，第9～10页。

邦明确地把保险业务专属监管权交由各州行使，只要保险公司的行为受到州的监管，就不受联邦反托拉斯法的规制。[1]

英国反垄断执法机构主要是公平贸易办公室（OFT）和竞争委员会（CC）。OFT 在有合理理由认为存在垄断协议或滥用市场支配地位时发起反垄断调查，做出处理决定、罚款和赔偿措施等，CC 则接受当事人对 OFT 所做决定的申诉。2013 年之前，英国金融行业由金融服务局[2]（FSA）实行统一监管，其职能包括对金融单位涉嫌卡特尔等垄断行为的监督管理，与 OFT 和 CC 的反垄断职权存在重叠。因此，FSA 和 OFT 专门签订了《共同行使合作协议》，并设立协调小组来协调工作，以免一事二罚和无人管辖。[3] 2013 年 4 月 1 日后，英国运行新的金融监管体制，FSA 被撤销，其职能分别由审慎监管局（PRA）和金融行为监管局（FCA）承担。在反垄断执法方面，新机构与 OFT、CC 之间如何协调管辖权，还有待进一步考察。

2005 年联合国贸发会（UNCTAD）就会员国行业监管和反垄断执法相互关系的调查报告[4]显示，法国、加拿大、南非、印度尼西亚等国也都属于双重管辖模式。法国某些行业监管者被授予超越促进竞争事务范围的管辖权，监管冲突时，多由法国行政法院或经济、财政与工业部部长基于逐案审查原则作出决定，其中竞争审议委员会起倡导性作用。加拿大由竞争主管机构和行业监管者共同签署谅解备忘录来划分各个机构间的职责。南非行业监管者拥有共同管辖权，竞争监管机构必须就被监管行业竞争事务管辖权的实施与行业监管机构达成一致。印度尼西亚竞争监管部门被授予倡导建议权，可以对电信、运输、制药等行业有关竞争的监管提出意见和建议。

二、我国反垄断执法机构设置及管辖权配置在保险金融领域所存在的问题

我国 2008 年正式施行的《反垄断法》将各行业（除农业外）都纳入适用范围，直接否定了行业监管机构完全管辖模式的可能性，条文通过技术处理，回避、搁置了反垄断执法机构和行业监管机构的管辖权配置问题。实践中，由

---

[1] 李之彦：《保险业反垄断豁免制度研究——以美国反托拉斯法为蓝本》，对外经济贸易大学 2007 年博士学位论文，第 25 页。

[2] 金融服务管理局在 2012 年年底被撤销，其审慎监管移交给英央行附属机构审慎监管局（Prudential Regulatory Authority），职能包括制定单个银行的资本及流动性标准；业务监管移交金融行为监管局（Financial Conduct Authority）。

[3] 李之彦：《保险业反垄断豁免制度研究——以美国反托拉斯法为蓝本》，对外经济贸易大学 2007 年博士学位论文，第 117～119 页。

[4] *BEST PRACTICES FOR DEFINING RESPECTIVE COMPETENCES AND SETTLING OF CASES WHICH INVOLVE JOINT ACTION OF COMPETITION AUTHORITIES AND REGULATORY BODIES* *，Study by the UNCTAD secretariat，http：//unctad. org/en/Docs/tdrbpconf6d13_en. pdf.

于金融保险具有很强的专业性和特殊性，该领域的反垄断执法就难免出现问题。

（一）现行反垄断执法机构设置

为避免对当时政府职能部门职责分工做大的调整，《反垄断法》在总则中规定“国务院设立反垄断委员会，负责组织、协调、指导反垄断工作”，将具体反垄断执法机构的设置权赋予了国务院行使。2008 年 7 月底，国务院成立反垄断委员会，定位为“组织、协调、指导”反垄断工作职能的议事协调机构，由国务院副总理任主任，商务部、发改委、工商总局、银监会、证监会和保监会等相关领导均为委员。

遗憾的是，国务院虽然成立反垄断委员会，却未实现立法者当初授权其通盘考虑特定行业和领域反垄断执法工作的设想，只是延续《反垄断法》制定之前的部门分工，通过部委“三定方案”，仍确定由工商总局、发改委和商务部共同行使反垄断职权，形成当前“三足鼎立”的反垄断执法结构。其中商务部反垄断局主要负责审查经营者集中行为，指导企业在国外的反垄断应诉工作以及开展多双边竞争政策国际交流与合作；发改委价格监督检查与反垄断局[1]（以下简称价监局）主要负责依法查处价格垄断协议行为[2]；工商总局反垄断与不正当竞争执法局主要负责垄断协议、滥用市场支配地位、滥用行政权力排除限制竞争的反垄断执法（价格垄断协议除外）等方面工作。

（二）我国反垄断执法机构设置模式的缺陷和不足

上述我国反垄断执法机构的设置，迥异于国际上设立统一、专门、独立的反垄断机构的通行做法，这种三足鼎立、独一无二的执法结构，使得反垄断执法机构和行业监管机构之间的管辖权配置问题变得更加复杂，实际运行中则存在很多缺陷和不足。

首先，将反垄断执法权分由 3 个部门行使，实际职责更落到 3 个司局级单位，分头执法、各自为战，必然缺乏统一性、权威性和独立性，不符合国际上反垄断执法的发展趋势。姑且不论 3 个部门间可能因为职责难以厘清而造成管辖权冲突[3]，反垄断执法与保险、银行、证券以及电信、能源等具体行业监管间的潜在冲突也无形中翻了 3 倍，更增加了执法的协调成本。

其次，我国《反垄断法》除农业之外，未给予其他任何行业反垄断豁免，而保险、银行、证券以及电信、能源等行业具有很强的技术性和专业性，对这些行业进行反垄断执法，必然要求执法机构要有足够的专业力量，熟悉被执法

---

[1] 原为“价格监督与检查司”，2011 年 7 月变更为“价格监督检查与反垄断局”，职能不变。

[2] 国家和省两级发改委具有行政执法权，市县两级相关机构配合调查，跨省案件由国家发改委负责指定牵头办案或者联合办案，重大案件由国家发改委直接组织查处。

[3] 比如发改委负责查处的价格垄断协议行为和工商总局负责查处的垄断协议就很难完全区分。

行业的专业知识、发展程度和竞争现状，如欧共体委员会竞争总局就由专门的D－1局监管银行和保险业。当前三足鼎立的格局无疑分散了反垄断执法力量，比如对于金融保险业，3个部委不可能都设立专门的反垄断执法司局，具体执法人员的专业性、权威性恐怕难以令人信服；而现行《反垄断法》也未规定协作机制，实践中，如果不考虑金融保险行业的特殊性单独执法，操作不当，可能会引发一系列问题，甚至对保险金融行业的稳定造成影响。

最后，尽管立法者当初希望国务院能通盘考虑特定行业和领域的反垄断执法工作，做出进一步安排，但目前这一工作还远落后于实际需要，各具体行业监管机构（如金融领域的一行三会，即人民银行和证监会、银监会、保监会）在反垄断执法中享有哪些权力、又应如何配合开展反垄断执法，一直没有明确，实践中很容易造成反垄断执法机构和行业监管机构之间的管辖权冲突和矛盾。

（三）反垄断执法机构单独执法容易忽略我国保险行业特定阶段的特殊性

保险产品价格的厘定，有很强的专业性，取决于大数法则和精算技术。风险保险费率在行业内统一算定、发布共享，是世界各国保险业在发展过程中，特别是在初期及成长阶段共同的惯例。但上述行为又很有可能触及垄断这根红线。因此，世界各国往往会综合平衡竞争政策和产业政策，通过除外和适用豁免制度来进行协调。如美国保险业迄今仍在享受《反托拉斯法》的全行业豁免；而欧共体虽然于2010年决定放弃对保险业的分类豁免制度，但还是将联合计算风险成本和共同制定标准化保单的豁免清单延期到2017年。[1]

对比发达国家，我国保险业还处于发展的初级阶段，恶性竞争现象突出。财产险业多年处于整体承保亏损状态，如1999年到2009年，仅2000年、2003年、2005年3年出现少量承保盈利。保险公司准备金长期提取不足，行业发展面临很大压力，直至2008年保监会“70号文”后市场秩序才得到有效规范，行业效益逐步有所好转；但到2012年，又进入亏损的下行通道，62家财险公司中37家承保亏损；到2013年上半年则进一步恶化，43家公司出现承保亏损。面临偿付能力和亏损的双重压力，从规范财险行业市场秩序的角度出发，近年来一些地区的保险行业协会才组织财险公司签署自律公约，出现了统一保险费率、限制折扣率等内容。

从我国保险业实际发展情况来看，当前阶段维持行业生存和维护保险金融行业稳定才是最为重要的。如果任由恶性价格竞争发展下去而不做限制，很可能导致一些保险公司偿付能力迅速恶化甚至倒闭，通过“多米诺骨牌效应”而发展为系统风险，影响整个国家乃至世界金融体系的稳定，最终损害的还是保

[1] 陈敏、官兵：“我国保险业反垄断法豁免制度建设研究”，载《保险研究》2012年第1期。

险消费者利益乃至整个国家的经济。在这一特殊阶段，行业自律、避免恶性价格战，无疑在规范市场竞争秩序方面起到了一定的积极作用，因此，2009年至2012年，财产险业才有较好的经营效果。当前我国经济发展水平远低于发达国家，保险深度、保险密度甚至还低于肯尼亚和毛里求斯这类市场经济落后的国家。❶ 如果不顾产业实际发展阶段，不深入调查、评估当前保险市场总体竞争状况，就简单地根据法律条文直接执法，无疑是存在问题的。

三、关于完善我国目前保险行业反垄断执法管辖权配置的建议

设立统一、权威、独立的反垄断专门执法机构是国际上大多数国家的通行做法，我国未来可能也会向着这个方向发展。在这样的反垄断执法机构中，必然要有通晓保险、银行、证券等金融行业专业知识的人员，才能做好对应领域的执法。但是，由于部门利益和惯性思维等因素，当前三足鼎立的反垄断执法结构短期内估计很难改变。因此，我们暂且以此为基础展开讨论。

在反垄断执法中，面对专业性极强的保险、银行、证券等金融产品定价事宜，价格部门只能要么大幅扩充自身执法队伍，细分领域，深化专业性执法；要么与保监会、银监会、证监会等行业监管机构合作，划分管辖权，建立沟通协调机制，借助专业力量协同执法。第一种选择下，目前发改委价监局的队伍配置显然不够，必须引进对保险、银行、证券等行业有整体了解和掌握专业知识的执法人员，才能深化该领域的价格执法，否则很有可能陷入困境。同样的，商务部、工商总局也得大量扩充保险、银行、证券等方面的人手；3家部委也要引入电信、能源、电力等领域专业人员。如此发展膨胀下去，必然造成监管资源的浪费。第二种选择是在现有体制下较为明智的做法，两类机构合作开展反垄断执法，可以优势结合，达成效率最大化。比如对于保险费率是否涉及垄断事宜，由于涉及专业的风险保费精算，并与我国保险业发展的特殊阶段相关，在对其进行反垄断调查和执法时，只有反垄断执法部门与行业监管机关通力合作，综合考虑各方面情况，才能避免偏颇。

对于现阶段两类机构如何开展反垄断执法合作，我们建议做如下设计：

一是确定反垄断执法机关主辅定位，明确划分管辖领域。

我国金融行业市场发展已经呈现多元化的竞争格局，比如按照保监会网站上公布的统计数据，目前国内保险业已有10家保险集团/控股公司、63家财产险公司（其中中资42家，外资21家）、70家人身险公司（其中中资42家，

❶ 按照瑞士再保险公司*Sigma*杂志公布的2011年度世界各国保险密度（以美元计量）和保险深度，中国大陆两个数值分别为163（其中寿险99，非寿险64）和3.0（其中寿险1.8，非寿险1.2），肯尼亚为24（其中寿险8，非寿险16）和3.2（其中寿险1.1，非寿险2.1），毛里求斯为470（其中寿险303，非寿险167）和5.3（其中寿险3.4，非寿险1.9）。

外资28家)、5家养老险公司、9家再保险公司(其中中资4家,外资5家)和16家保险资产管理公司[1],行业内部本身竞争就已经异常激烈;同时,保险业还要面对银行、基金、信托等金融领域内其他行业的竞争。为充分保证公平竞争环境和竞争秩序的有效建立,宜由反垄断执法机构承担主要的反垄断管辖任务,即以反垄断执法机构为"主",主导各行业(包括保险、银行、证券等金融行业)垄断行为的规制;同时明确保监会、银监会等金融行业监管机构的专属管辖权,将确需保险、银行、基金、信托、期货、证券等金融专业知识、经验做出反垄断决定的竞争事项交由其管辖,以行业监管机构为"辅"。此外,还应赋予反垄断执法机构补充管辖权,即如保监会等行业监管机构对业内的垄断行为未调查处理的,反垄断执法机构可以调查处理,但应征求行业监管机构的意见。

鉴于目前金融行业正处于推进利率、费率改革的特殊时期,且这些改革事关整个国家金融经济稳定,对涉及"利率、汇率、保险费率、证券及期货价格"垄断行为的认定和执法权,秉承《价格法》的立法精神,我们认为,赋予保监会、银监会、证监会等金融行业监管机关行使似乎更为妥当。

二是依托国务院反垄断委员会平台,协调统一执法。

《反垄断法》中虽然没有明确反垄断执法机构和行业监管机构管辖权具体如何划分,但提供了协调执法的平台——国务院反垄断委员会。该委员会的组成不仅包括3家反垄断执法机构,还包括保监会、银监会、证监会等具体行业监管部门。因此,在对具体行业的反垄断执法发生分歧时,反垄断执法机关或者行业监管机关可以及时提请国务院反垄断委员会协调。实践中,发改委2011年七八月份对银行业违规收取服务费用进行查处后,相关执法争议就被提交到国务院反垄断委员会协调。2013年6月,银监会和发改委联合制定发布了《商业银行服务价格管理暂行办法》(银监会〔2003〕第3号令,10月1日起施行),明确了银监会和发改委系统(包括"政府价格主管部门")在商业银行服务价格方面各自的管辖权范围。因此,若对保险业的反垄断执法发生分歧,反垄断执法机关或者保监会可以及时提请国务院反垄断委员会协调。

按照《反垄断法》,国务院反垄断委员会还有"组织调查、评估市场总体竞争状况"的职责。委员会可以聘请法律、经济等方面的专家组成专家咨询组,对需要研究的重大问题提供咨询。因此,如果反垄断执法机构和保监会就保险业竞争状况发生分歧时,委员会聘请的专家咨询组可以提供很好的行业分

[1] 截至2012年年底,已经获批的保险资产管理公司有16家,可以开展保险资金委托的有13家,已经获批在香港设立资产管理公司的有4家。

析咨询意见，从而使反垄断委员会有能力就竞争政策和产业政策做出权衡，统一执法标准。

此外，《反垄断法》第7条规定“国有经济占控制地位的关系国民经济命脉和国家安全的行业以及依法实行专营专卖的行业，国家……对经营者的经营行为及其商品和服务的价格依法实施监管和调控，……”；第15条中则规定了认定为“垄断协议”的例外[1]，其中包括经营者能够证明所达成的协议属于下列情形：“（二）为提高产品质量、降低成本、改进效率，统一产品规格、标准或者实行专业化分工的；（三）为提高中小经营者经营效率，增强中小经营者竞争力的；……（五）因经济不景气，为缓解销售量严重下降或者生产明显过剩的；……（七）法律和国务院规定的其他情形。”建议保监会可以考虑依照上述法律规定，与反垄断执法机构协商，明确保险业能否适用相关豁免条款。事实上，国家发改委反垄断执法机构的有关负责同志也提出过保险业研究行业豁免可行性的建议。

三是畅通信息交换渠道，加强执法沟通交流和合作。

面对具体行政执法的复杂性，不可能每个问题都提交到国务院反垄断委员会层面去协调，因此必然需要反垄断执法机构和保监会等行业监管机构更多的互动合作，才能实现权力顺畅、协调运行。鉴于此，国外相关经验可以很好地借鉴：

首先，建立信息交换共享机制。保监会等行业监管机构可以定期向反垄断执法机构通报本行业市场竞争评估报告，以便反垄断执法机构全面、系统地把握行业相关信息，及时、准确地预判行业竞争发展趋势。反垄断执法机构则应定期通报相关行业反垄断执法状况、存在的问题以及近期拟采取的执法措施。双方在制定反垄断相关制度，开展反垄断相关行动时，均应充分参考对方的通报来做出决定。

其次，建立意见征询、协商机制。一方面，两类机构在制定、修订法律规范时，事先与对方进行沟通、磋商，特别是涉及管辖权的事项，应充分征求对方意见，从源头减少矛盾冲突。如前文提及的银监会和发改委联合制定发布《商业银行服务价格管理暂行办法》就是很好的例子。另一方面，要强化在执法阶段的沟通协调：无论哪一机构在受理或者启动调查反垄断相关案件后，都应及时通知另一机构；反垄断执法机构在公布案件调查处理决定前，应征询行业监管机构的意见；对应地，行业监管机构在做出涉及反垄断行为的处理决定前，也应征询反垄断执法机构的意见。

---

[1] 但要求经营者应当证明所达成的协议不会严重限制相关市场的竞争，并且能够使消费者分享由此产生的利益。仅靠保险公司自己的力量，很难达到上述证明的要求，因此必然需要行业协会或者行业监管机构出面与反垄断执法机构协调沟通。

最后，共同制定工作备忘录或工作指南。反垄断执法是一项复杂工作，随着工作的深入开展，对于某一类型或某一阶段工作容易形成相对固定的合作、制约流程，两类机构可共同制定相应的工作指南，以便提高今后的工作效率。同时，对于出现的新情况、新问题，在既有法律法规尚未及时跟进的情况下，两类机构也可在共同协商的基础上通过制定工作备忘录或者指南的方式予以解决。如在当前我国保险业发展处于特殊阶段，行业适用《反垄断法》存在一定特殊性，而既有法律法规又未明确处理办法的情况下，发改委系统对保险业开展反垄断调查，就可以与保监会在共同协商的基础上，制定相关工作备忘录和指南，指导调查和执法工作，并考虑以后进一步推动相关法律的修订。

随着社会的发展，反垄断执法机构和行业监管机构的管辖权配置格局还需经历一个不断修正、调整的渐进过程，必须结合当时的文化传统、行政体制和产业发展现状等国情和特性综合考虑和选择。但无论怎么选择，都应该保障竞争政策和产业政策的协调发展，这才是最符合实际情况的反垄断执法模式。

论保险合同解除权与合同撤销权的竞合

窦文伟　李　劲*

在保险合同订立时，投保人对保险人就保险标的或被保险人的有关情况提出的询问有如实告知的义务。当投保人存在故意或因重大过失而不如实告知的情况时，《保险法》赋予了保险人保险合同解除权以维护其自身的合法权益。这一权利会因两年不可抗辩期的届满而消灭，因此而存在争议的问题是：如果投保人的不如实告知行为构成了欺诈，保险人能否主张适用《合同法》第54条规定的因被欺诈而产生的合同撤销权。这一问题具有极大的实践意义，但我国立法、司法以及理论上对其均未予以明确，因此亟须进一步完善。本文将针对上述问题进行分析，提出相应的见解。

一、前言

因不如实告知产生的保险合同解除权是《保险法》赋予保险人抵御道德风险的有力武器，但这一武器的使用受制于两年不可抗辩期的规定。因此，理论界和实务界对在投保人故意不如实告知的案件中能否适用《合同法》第54条中关于欺诈导致合同可撤销的规定产生了争议。[1] 争议的焦点在于如何认识《保险法》第16条与《合同法》第54条之间的关系，即究竟是两者之间存在法条竞合关系，抑或是保险合同解除权与合同撤销权之间存在竞合。

二、法条竞合与权利竞合的辨析

（一）法条竞合

当两个法律规范的构成要件之间存在完全重合或者部分重合的关系，即为广义上的法条竞合。[2] 但狭义的法条竞合是特指其中一个法律规范可排除另一

* 窦文伟，中国平安人寿保险股份有限公司；李劲，中国平安保险（集团）股份有限公司。

[1] 本文所针对的是“因投保人不如实告知而产生的保险合同解除权”与“因被欺诈而产生的合同撤销权”之间的竞合问题，为行文方便，在下文分别简称为“保险合同解除权”和“合同撤销权”。

[2] ［德］卡尔·拉伦茨：《法学方法论》，陈爱娥译，商务印书馆2003年版，第146页。

个法律规范的情形，与刑法学的用语方式相当。[1] 如果一个法律规范排除另一个法律规范，则相对于被排除的法律规范而言，前者为其特别法。[2]

本文认为法律规范之间要构成这种特别法与一般法的关系需符合以下条件：(1) 一般规范的构成要件与特别规范的构成要件之间是包含关系。特别规范是立法者出于一定的目的将一般规范中包含的某些情形单列出来，因此特别规范的适用范围应完全包含于一般规范的适用范围之中。[3] (2) 法律规范的目的具有一致性。例如保险诈骗罪是诈骗罪的特别规定，在构成要件上均针对诈骗行为，前者是后者中涉及保险的类型。它们的规范目的均为保护公私财产的所有权。当然，保险诈骗罪的规范目的还包括保护我国的保险制度，这也是立法者将其单列的理由。(3) 法效果不一致，或者不类似。因为特别规范是一般规范的例外，如适用它们导致的法效果无本质区别，立法者就没有必要将其单列。

(二) 权利竞合

梁慧星先生指出："数个权利存在于同一个标的，而其行使可生同一结果，称之为权利之竞合。"他进一步指出："最常见的是请求权竞合，但在各种权利之间都可以发生。"卡尔·拉伦茨先生指出："同一生活事实可以被纳入不同的作为请求权基础的规范，而这些根据不同的规范成立的请求权在内容上则是相同的。"[4]

上述所指的"同一结果"或"内容上的相同"不仅包括权利的内容完全相同的情况，也包括内容上重叠的情况。这也是"竞合"区别于"聚合"之处。[5] 比如侵权与违约均导致损害赔偿请求权，均针对受害方的损失予以赔偿，因此受害方不得重复主张，但赔偿的范围并不完全相同，因此属于内容上的重叠。而因投保人故意不如实告知行为而产生的保险合同解除权与因被欺诈而产生的合同撤销权在结果上均将消灭某一合同权利义务关系，但在行使方式、法效果、存续期间上均有差异，因此它们在内容上也是重叠而不是完全相同。

---

[1] [德] 卡尔·拉伦茨：《法学方法论》，陈爱娥译，商务印书馆 2003 年版，第 146 页。法条竞合在刑法学上的定义为：一个行为同时符合了数个法条规定的犯罪构成要件，但从这些法条之间的逻辑关系来看，最终只能适用其中的一个。参见张明楷："法条竞合中特别关系的确定与处理"，载《法学家》2011 年第 1 期。

[2] [德] 卡尔·拉伦茨：《德国民法通论》(上册)，谢怀栻等译，法律出版社 2003 年版，第 348 页。

[3] [德] 卡尔·拉伦茨：《法学方法论》，陈爱娥译，商务印书馆 2003 年版，第 146 页。

[4] [德] 卡尔·拉伦茨：《德国民法通论》(上册)，谢怀栻等译，法律出版社 2003 年版，第 350 页。

[5] "同一事实，或者基本上属于同一事实的情况可以根据不同的法律规定而产生不同的请求权，这些请求权是针对不同的给付的，而且都有效……这种情况称为请求权聚合……请求权竞合的所有请求权是针对同一给付的，而对这个给付只能要求一次。如果其中一个请求权得到了履行，由于它和其他请求权在内容上是重叠的，则其他请求权即随之消灭。"[德] 卡尔·拉伦茨：《德国民法通论》(上册)，谢怀栻等译，法律出版社 2003 年版，第 350～351 页。

（三）两者的区别

狭义的法条竞合和权利竞合均表现为一个事实符合了多个法律规范的构成要件，但存在本质上区别。狭义的法条竞合特指法律规范之间的冲突，根据法律规范的目的，应适用其中一个。而且，要认定为属于狭义的法条竞合需要符合一定的标准。权利竞合的情况中，权利人依法拥有多个权利，因这些权利在内容上相同或重叠，因此存在着冲突，必须择一行使。法律将选择权赋予了权利人。

三、关于保险合同解除权与合同撤销权竞合的争论

（一）我国台湾地区

我国台湾地区“保险法”第 64 条规定：“订立契约时，要保人对保险人之书面询问，应据实说明。要保人故意隐瞒，或因过失遗漏，或为不实之说明，足以变更或减少保险人对于危险之估计者，保险人得解除契约；其危险发生后亦同。但要保人证明危险之发生未基于其说明或未说明之事实时，不在此限。前项解除契约权，自保险人知有解除之原因后，经过一个月不行使而消灭；或契约订立后经过二年，即有可以解除之原因，亦不得解除契约。”台湾地区“民法”第 92 条规定：“因被诈欺或被胁迫而为意思表示者，表意人得撤销其意思表示。”同样的争议在我国台湾地区也早已存在，主要有两种处理的思路——“排除说”和“选择说”。台湾地区“最高法院”在 1997 年度第九次民事庭会议中针对这一争议进行了决议，并采纳了“排除说”。主要理由如下：(1)“保险法”第 64 条之规定，乃保险契约中关于保险人因被欺诈而为意思表示之特别规定，应排除“民法”第 92 条的适用；(2) 如果允许保险人行使该撤销权，将使得“保险法”对契约解除权行使之限制成为一纸具文。❶ 而选择说认为“保险法”第 64 条与“民法”第 92 条规定有两点主要的不同：(1) 法律规范的目的上，“保险法”第 64 条旨在落实投保人对如实告知义务的履行，而“民法”第 92 条旨在保护表意人意思表示的自由；(2)“保险法”第 64 条的构成要件为投保人违背如实告知义务，而违背义务的方式上存在故意型和过失型两种，而“民法”第 92 条之欺诈在主观心态上仅能表现为故意。❷ 台湾学者刘宗荣先生指出，两条法律规范在规范目的、构成要件上均不同，因此不是特别法与一般法的关系，而应该认定这两种权利是同时存在的关系，保险人可以选择任何一个使用。❸

---

❶ 刘宗荣：《新保险法：保险契约法的理论与实务》，中国人民大学出版社 2009 年版，第 143 页。

❷ 同上。

❸ 同上书，第 144 页。刘宗荣先生更进一步指出，违背诚实说明义务构成诈欺时，同时侵害保险人资讯正确之权利以及自由形成意思表示之权利，宜有不同的救济方法。再次强调“保险法”第 64 条与“民法”第 92 条之间有着不同规范目的。参见夏元军：“论‘保险法’上解除权与‘民法’上撤销权之竞合”，载《法律科学（西北政法大学学报）》2010 年第 2 期。

（二）德国

德国《保险合同法》对这一问题的规定与上述选择说一致。对于因不如实告知而产生的保险合同解除权的行使期限，德国《保险合同法》第 21 条第 3 款规定：保险人根据本法第 19 条第 2 款至第 4 款规定所享有权利的行使期限为合同生效后 5 年内，如果保险事故在上述期限届满前发生，则上述规定不予适用（保险人需承担赔偿责任），如果投保人故意违反告知义务的，上述期限为 10 年；同时，第 22 条规定：保险人以投保人欺诈性不实陈述为由撤销保险合同的权利不受影响。[1] 可见，当投保人故意不如实告知构成欺诈时，保险人可以主张适用《民法典》第 123 条的规定撤销该保险合同。

（三）我国大陆地区

在两年不可抗辩期届满前，保险人往往只会主张法定的保险合同解除权，但对于投保人明知被保险人已经被确诊患有某种疾病后仍恶意投保并故意不如实告知骗取承保的案例中，就会产生在不可抗辩期限届满后能否主张合同撤销权的争议。以下为其中一个案例：

投保人张某于 2009 年 11 月为其妻子投保终身寿险。保险人遵循保险法的要求和保险合同的约定对张某及其妻子进行了明确的询问，询问内容包括了被保险人目前或过去一年内是否去医院进行过门诊的检查、服药、手术或者其他治疗，以及被保险人是否目前或过去曾经患过白血病等。对此，张某及其妻子均否认存在上述情况。根据“告知”的情况，保险人承保了该保险合同。两年后，被保险人因白血病入院治疗并最终因医治无效而死亡，张某作为受益人向保险人申请索赔。保险人在对保险事故进行理赔调查时发现了被保险人在投保前一年内已因白血病 3 次住院接受治疗，而且其丈夫张某在相应的病历材料上均有签字。可见，张某在 2009 年 11 月投保时明知其妻子存在严重影响保险人决定是否同意承保的病情仍故意进行隐瞒，主观恶意明显，属于通过欺诈的手段骗取订立保险合同。保险人因此而解除合同并拒付相应的保险金，张某遂将保险人诉至法庭。一审法院在审理后支持了保险人的主张，在判决书中写道：“投保人违反《保险法》及保险合同约定的如实告知义务，其错误告知以及对被保险人患有白血病事实的隐瞒符合《合同法》第五十四条规定的当事人因受欺诈撤销合同的情形，本案属于保险人的法定解除权与因受欺诈而享有的撤销权的竞合。保险人可以选择适用解除权也可适用撤销权，虽然本案保险合同订立已超过 2 年，但是，合同法中撤销权的目的在于保护当事人意思表示真实的自由，而保险法解除权的目的在于督促投保人履行如实告知义务，故合同法中撤销权的规定与保险法中解除权的规定并不是普通法与特别法的关系。”一审

[1] 孙宏涛：《德国保险合同法》，中国法制出版社 2012 年版，第 67 页。

判决书肯定了保险合同解除权与合同撤销权之间存在竞合，并从《保险法》第64条与《合同法》第54条在规范目的上的不一致出发否定了它们之间存在“特别法与一般法”之法条竞合关系。但二审判决推翻了一审判决，其主要观点为“保险法中对未如实告知的范围是合同法上对欺诈的特别之规定……保险法作为特别法，其保险合同的解除权优先于合同法中可撤销合同的撤销权”。

此外，《保险法司法解释二》征求意见稿第11稿、第12稿中均规定：“投保人投保时未履行如实告知义务构成欺诈的，保险人依据《合同法》第五十四条规定行使撤销权的，人民法院应予支持。”但在征求意见稿第13稿和最终正式颁布施行的版本中删除了该规定。

可见，在保险合同解除权与合同撤销权之间是否存在竞合的问题上，我国大陆地区的相关法律规定及司法解释均未进行明确，在司法实务上存在较大的争议，理论界亦未有相应的定论，这给保险业界带来了极大的困惑。

四、保险合同解除权和合同撤销权竞合的应然分析

（一）依据竞合理论的分析

如果依据法条竞合理论对两个法律规范进行考察，《保险法》第16条与《合同法》第54条之间应不属于特别法与一般法的关系。

首先，从法律规范的目的上看，正如上文所提到的，《保险法》第16条首要的目的在于保障保险人在承保前获得关于保险标的或者被保险人的正确资讯，而《合同法》第54条的目的在于保护表意人意思表示的自由。在表象上看，前者也具备避免保险人作出有瑕疵的意思表示之功效，与撤销权之规定相似。但本文认为，两者在背景及程度上实不一致。保险制度的健康运作取决于保险人对风险的准确测定。通过准确测定风险，保险人收取恰当的费率或拒绝部分不可接受的风险，进而维护了所有保险消费者的利益，助力于社会的稳定。正是因为保险所具有的巨大社会效益，各国法律均采取措施尽量保障保险人准确测定风险。而基于保险合同当事人之间有着明显的信息不对称，法律要求投保人如实告知保险人询问的被保险人或保险标的之情况实属必要。《保险法》第16条正是为了实现这一技术目的而存在，而主要不是维护表意人的意思自由。[1] 此外，基于最大诚信原则，《保险法》第16条不允许投保人故意或因重大过失对被询问的重要事项有不如实告知，在对诚信的要求程度上高于《合同法》第54条。《合同法》第54条仅保护表意人不受一般交易活动所不容

---

[1] 樊启荣先生指出，告知义务制度的立法根据颇多，有合同要素说、诚意合同说及危险测定说等。其中合同要素说认为不如实告知影响了双方达成合意。诚意合同说则认为不如实告知行为违反最大诚信原则。危险测定说则认为如实告知义务是法律要求投保人协助保险人测定危险。本文认为，后两种学说均表达了《保险法》第16条与《合同法》第54条在规范目的上的不一致。见于樊启荣：《保险法》，北京大学出版社2011年版，第70页。

许的不诚信行为影响。

其次，特别规范的构成要件应被一般规范的构成要件所包含，而《保险法》第 16 条和《合同法》第 54 条在构成要件上并不符合这一特征。《保险法》第 16 条所规定的不如实告知包含故意和重大过失两种，而因重大过失的不如实告知与《合同法》第 54 条所规定的欺诈并无可比性。“故意不如实告知”与“欺诈”在外延上也仅是相交的关系。

欺诈是指一方故意以捏造或隐瞒事实的方式使另一方作出错误的意思表示。而故意不如实告知也表现为故意隐瞒事实或故意作不实的陈述，“故意不如实告知”在形式上似乎能被“欺诈”完全包含。但两者实际上具有本质上的差异，即欺诈比故意不如实告知对恶意程度的要求更高。韩世远先生指出，欺诈要以达到违反交易上要求的诚信为必要，要达到了社会生活上不能容许的程度。[1] 在一般交易活动中，隐瞒、夸大或者信口开河的行为只要未给交易对方的利益造成严重的影响，不应被视为欺诈，否则将严重破坏社会交易活动的稳定性。但保险活动对诚信的要求在程度上要高于一般交易活动，即保险活动当事人均需遵循最大诚信原则，不允许双方有任何不诚信的行为。因此，故意不如实告知的行为人虽然违反了《保险法》的相关规定，却不一定构成欺诈。比如投保人明知被保险人在一年内有赴医院治疗的记录，但认为其已经完全治愈，为避免节外生枝，隐瞒了这一对保险人核保较为重要的信息。又比如，投保人认为被保险人酒量很好，对其是否饮酒的告知事项不以为然，并未作出如实告知。此时的投保人确实存在故意不如实告知的行为，但其主观心态上并无大的恶意，只是为了更顺利地承保。而且保险合同是一种射幸合同，上述情况中出险的几率并不一定高，保险人的利益未受到大的影响，投保人获得的不法利益往往也只是费率上的一点优惠。这样的行为在一般交易活动中也许并非不能容忍，未必能构成欺诈而导致合同可撤销，但在保险活动中却不能被接受。《保险法》第 16 条明确规定：只要投保人故意不如实告知的被询问事项足以影响保险人决定是否同意承保或者提高保险费率的，保险人即有权解除合同，而不论费率被影响的程度。而既构成故意不如实告知又构成欺诈的行为的典型例子是带病恶意投保，保险事故的发生几乎成了必然，投保人隐瞒病情的目的是骗取相应的保险金。

最后，从法律效果上看。保险合同解除权和合同撤销权所导致的法律效果并不完全相同，但均为导致该保险合同的消灭，因此在权利内容上存在重叠，需要择一行使，符合权利竞合之特征。

综上所述，《保险法》第 16 条与《合同法》第 54 条在规范目的上并不相

---

[1] 韩世远：《合同法总论》，法律出版社 2011 年第 3 版，第 188 页。

同，构成要件之间为交叉关系，因此不符合法条竞合的要件。因此，当一个具体的事实情形同时符合《保险法》第 16 条和《合同法》第 54 条的构成要件时，应存在保险合同解除权与合同撤销权的竞合。

（二）依据《保险法》立法价值的分析

但立法者在制定《保险法》时，应是期望其在与保险合同有关的争议中优先适用。如果允许在两年不可抗辩期届满后适用《合同法》第 54 条，与《保险法》的立法价值不符。在这个角度上，仅允许适用《保险法》第 16 条有其合理性。可是，这种解读在当前会产生严重的不公平。

保险人是行业交易规则的制定者、产品设计者、格式条款提供者以及经济实力强大的商业实体，它在保险交易活动中占据了优势地位。为了平衡双方的利益，《保险法》在权利义务的分配上偏向于保护投保人、被保险人以及受益人一方。这种偏向是公平的，但应仅限于保护投保人、被保险人以及受益人一方的合法利益。然而，就本文所针对的争议问题而言，如果法律制度只允许保险人适用《保险法》第 16 条的话，恶意骗取保险金的欺诈行为将借两年不可抗辩期的规定得以逃脱。这会严重损害保险人的合法利益，更会对社会产生负面影响。特别是随着公民法律意识的不断增强，越来越多的人将认识到这种法律漏洞，其中的不法分子将以此攫取不法利益。

此外，通过不如实告知进行欺诈是保险欺诈的重要类型。当前，保险欺诈已经严重威胁到了保险行业的健康发展。普华永道发布的《2007 年度全球经济犯罪调查》就指出，保险业跃居为欺诈最猖獗的行业。[1] 保险欺诈不仅仅损害保险人的合法权益，还将降低保险人的偿付能力，最终损害广大保险消费者的利益。打击保险欺诈已经成为摆在全社会面前的严峻课题。目前除了对通过不如实告知进行的欺诈可适用《保险法》第 16 条外，法律制度还对多种保险欺诈行为单独作了规定，如虚构保险事故、故意制造保险事故等，赋予了保险人相应的救济途径。《刑法》第 198 条还规定了保险诈骗罪，针对部分欺诈行为将追究欺诈人的刑事责任。可见，法律制度的整体价值取向是坚决对欺诈行为予以否定。然而，《保险法》对通过不如实告知进行的欺诈行为适用两年不可抗辩期的规定，凸显了法律对其不合理的宽容，为潜在的保险欺诈人突破法律的围追堵截提供了方便。

而且，不可抗辩期规定蕴涵的立法思想是法律要维护成立超过两年的保险合同，但不作任何区分地保护显然过于粗糙，与法律不保护欺诈行为这一基本价值取向相违背，使得整个反保险欺诈制度体系存在逻辑上的混乱。

---

[1] 廖璐瑾："保险欺诈及其防范对策"，载《大众商务》2009 年第 8 期。

（三）立法或释法的建议

1. 立法建议

本文认为，应对《保险法》第 16 条进行修改，区分一般故意不如实告知与欺诈性不如实告知。[1] 欺诈性不如实告知是保险欺诈的一种。保险欺诈在手段上具有多样性，但均应包括以下主观要件：（1）欺诈人具有故意的主观心态；（2）欺诈人是以骗取保险金为目的。欺诈性不如实告知是指投保人出于骗取保险金的目的，故意不履行如实告知义务。对一般故意不如实告知行为和因重大过失不如实告知行为，可以适用两年不可抗辩期的规定。但对欺诈性不如实告知行为，不应适用两年不可抗辩期的规定，而是应该单独设置一个期间更长的不可抗辩期。此时，《保险法》对欺诈性不如实告知的相关规定将成为《合同法》第 54 条的特别规定，彻底排除了《合同法》第 54 条的适用。此种解决方案的优势：（1）符合法条竞合理论；（2）符合《保险法》的立法价值；（3）完善了反保险欺诈制度体系。它的不足之处：立法过程过于漫长，不能解决当前的实务困难。

2. 释法建议

直接采纳“选择说”，其依据是权利竞合理论。这需要在保险法司法解释中明确允许对欺诈性不如实告知行为可同时适用《合同法》第 54 条。此种解决方案的优势：（1）能够在不修改法律的前提下，平衡保险人、投保人、被保险人及受益人之间的利益；（2）有利于反保险欺诈。它的不足之处：没有充分考虑到《保险法》的立法价值，争议较大，因此需要以司法解释的形式进行明确。

现结合保险合同两年不可抗辩期的规定对该方案进行分析：在保险合同成立起的两年内，不论是一般故意不如实告知行为或欺诈性不如实告知行为，均可适用《保险法》第 16 条，产生保险合同解除权；欺诈性不如实告知行为同时符合了《合同法》第 54 条，产生了合同撤销权。对一般故意不如实告知行为，保险人只能主张保险合同解除权；对欺诈性不如实告知行为，保险人可以进行选择。当两年不可抗辩期届满后，保险人已不能适用《保险法》第 16 条，对于一般故意不如实告知行为，保险人只能承担相应的保险责任；但对于欺诈性不如实告知行为，保险人仍能够主张合同撤销权。

五、结语

保险行业虽然是一种商业活动，但其分散风险和为弱势群体提供保障的功

---

[1] 这一观点来自《德国保险法》的相关规定：第 22 条（欺诈性不实陈述）保险人以投保人欺诈性不实陈述为由撤销保险合同的权利不受影响。孙宏涛：《德国保险合同法》，中国法制出版社 2012 年版，第 67 页。

能具有极大的社会价值。保险行业的健康、有序的发展，能为社会各方带来共赢的结果。这有赖于法律制度的合理调整，以平衡双方利益。本文认为，《保险法》应该加强对投保人一方合法利益的保护，但同时也要考虑如何防止投保人一方获得不法利益。只有这样才能对整个社会产生正面的引导作用，既能引导保险人向更规范经营的方向开展业务，也能引导投保人一方更加遵纪守法、诚实守信。

参考文献

[1] [德] 卡尔·拉伦茨．法学方法论 [M]．陈爱娥，译．北京：商务印书馆，2003.

[2] [德] 卡尔·拉伦茨．北京：德国民法通论（上册）[M]．谢怀栻，等，译．北京：法律出版社，2003.

[3] 梁慧星．民法总论 [M]．北京：法律出版社，2011.

[4] 韩世远．合同法总论 [M]．3版．北京：法律出版社，2011.

[5] 刘宗荣．新保险法：保险契约法的理论与实务 [M]．北京：中国人民大学出版社，2009.

[6] 樊启荣．保险法 [M]．北京：北京大学出版社，2011.

[7] 孙宏涛．德国保险合同法 [M]．北京：中国法制出版社，2012.

[8] 夏元军．论保险法上解除权与民法上撤销权之竞合 [J]．法律科学（西北政法大学学报），2010 (2).

[9] 马宁，郁琳．论保险合同法定解除权与合同法中撤销权的竞合 [J]．广西社会科学，2011 (1).

[10] 曾祥生．论合同解除权与撤销权之竞合 [J]．求索，2010 (1).

[11] 董延林．合同解除与合同撤销的法律适用 [J]．法律适用，1998 (1).

[12] 段文波．请求权竞合论：以诉之选择性合并为归宿 [J]．现代法学，2010 (5).

[13] 张明楷．法条竞合中特别关系的确定与处理 [J]．法学家，2011 (1).

[14] 顾建亚．“特别法优于一般法”规则适用难题探析 [J]．学术论坛，2007 (12).

[15] 廖璐瑾．保险欺诈及其防范对策 [J]．大众商务，2009 (8).

[16] 韩瑛．试论保险欺诈的特征、形式及其防范 [J]．经营管理者，2011 (4).

[17] 尹江鳌，刘坤坤，陈晓琳．保险欺诈的表现形式及危害 [J]．中国金融，2012 (16).

[18] 李玉泉．论保险欺诈及其对策 [J]．法学杂志，2000 (1).

[19] 袁碧华，袁继尚．投保方保险欺诈民事责任制度研究 [J]．广东金融学院学报，2012 (2).

我国保险集团化管理的制度需求及应对

曹顺明*

在我国金融集团管理及立法中，保险集团管理和立法均走在行业的前列。立法方面，2010 年 3 月颁布的《保险集团公司管理办法（试行）》是我国第一个金融集团类立法。在保险集团管理方面，《保险集团公司管理办法（试行）》颁布时，我国保险业共有 8 家保险集团（控股）公司，其合并总资产、净资产和保费收入均占行业总规模的 3/4 强，对行业发展起着主导作用。[1]

在我国保险集团的管理中，近年呈现出的一个趋势是，多数保险集团开始从原来松散的股权关系，逐步走向真正的集团化管理，集团内部的协同和联动不断加强。由于我国保险立法和监管主要以单一保险公司为规范对象，未充分考虑保险集团化管理的情形和需要，因此在保险集团化管理推进过程中，时常会遇到因制度不完善或者欠缺而产生的无所适从甚至阻碍。因此，有必要就保险集团化管理中的制度缺陷进行认真研究，提出应对建议，采取应对措施。

一、我国保险集团与保险集团化管理

改革开放以来，我们保险业长期以单一主体进行运营，并没有所谓的保险集团。1995 年 11 月，经国务院同意，原中国人民保险公司改制为中国人民保险（集团）公司（以下简称中保集团），此为我国改革开放以来第一个称保险集团的主体。当时的中保集团为国有独资公司，直接对国务院负责；中国人民银行负责对中保集团的领导、监督和管理，财政部负责其财务管理。中保集团下设子公司，中保集团及其子公司均为企业法人。中保集团以控股公司的身份对其专业子公司投资并实施领导、监督和管理。该集团于 1998 年撤销。2001 年年初，中国太平洋保险（集团）股份有限公司正式组建，并在国内投资控股设立中国太平洋财产保险股份有限公司和中国太平洋人寿保险股份有限公司，确立了“集团化管理、专业化经营、市场化运作”的经营管理新模式。同年

* 曹顺明，中国再保险（集团）股份有限公司法律部。

[1] 参见《保监会负责人就保险集团公司管理办法（试行）答记者问》，2010 年 3 月。

12 月，中国保监会正式下发《关于中国平安保险股份有限公司分业经营改革的通知》，确定了平安按保险集团模式进行分业改革。[1] 根据通知，中国平安保险股份有限公司更名为中国平安保险（集团）股份有限公司，更名后的中国平安保险（集团）股份有限公司将以公司原有的产险资产和寿险资产，控股发起设立中国平安财产保险股份有限公司和中国平安人寿保险股份有限公司，另外保留平安信托公司 95％的股权，并通过其间接持有平安证券有限责任公司 30％的权益。[2] 2002 年 8 月，中国保险股份有限公司更名为中国保险（控股）有限公司。2003 年 6～7 月，中国人民保险、中国人寿保险、中国再保险分别改制成立保险集团或保险控股。此后，保险集团快速发展，截至 2012 年年底，我国共有保险集团 10 家，保费收入 1.15 亿元，占保险行业保费收入的 74.43％。

在保险业从组织形式快速进入集团化的同时，保险集团内部也加快了集团化管理的步伐。在保险集团刚组建时，多数保险集团更多的是形式上的集团，集团内部主体各自为战，并未实现资源整合与管理协同。然而，一方面，随着竞争的日趋激烈，通过集团化管理共享资源、节约成本、提高效率和竞争力、防范风险成为必要；另一方面，随着现代科技的日益发达，IT 系统功能的强大，数据集中、远程操作的出现，办公系统自动化等，以及监管、管理理念的提高，使集团化管理更为便捷和有效。因此，近些年来，各保险集团内部的集团化管理日新月异，在战略规划、人力资源、财务会计、信息系统、品牌文化、业务协同等方面的集团化程度不断提高，有的甚至实现了集中统一的管理。可以说，保险集团近年呈现出了明显的集团化管理趋势。

二、我国保险集团化管理中的制度需求

（一）保险集团的定位

毫无疑问，保险集团不仅已是现实中的存在，而且在保险行业具有举足轻重的地位。但在法律上，其性质是什么？应如何定位？除了保监会规范性文件《保险集团公司管理办法（试行）》有所明确和界定外，《保险法》等更高层次的立法未予明确。

《保险集团公司管理办法（试行）》规定，“为加强对保险集团公司的监督管理，有效防范保险集团经营风险，促进金融保险业健康发展，根据《中华人民共和国保险法》（以下简称《保险法》）、《中华人民共和国公司法》（以下简称《公司法》）及相关法律、行政法规，制定本办法”。“保险集团公司是指经

---

[1] 王禾生：《大道平安》，中信出版社 2008 年版，第 190～198 页。

[2] 《中国保险年鉴（2001）》，中国保险年鉴出版社 2011 年版，第 190 页。

中国保监会批准设立并依法登记注册，名称中具有‘保险集团’或‘保险控股’字样，对保险集团内其他成员公司实施控制、共同控制和重大影响的公司。”“保险集团是指保险集团公司及受其控制、共同控制和重大影响的公司组成的企业集合，该企业集合中除保险集团公司外，有两家或多家子公司为保险公司且保险业务为该企业集合的主要业务。”依前述规定，保险集团立法的依据是《保险法》与《公司法》；保险集团的定位，是有两家及以上保险子公司且以保险业务为主要业务的企业集合。然而，《保险法》与《公司法》对保险集团均只字未提；现实中有的保险集团总资产或利润来源中保险业务占比正在少于50%。这些，无疑都对保险集团更明确、更权威的立法定位提出更高要求。

（二）保险集团的经营范围

《保险集团公司管理办法（试行）》规定，“保险集团公司的业务以股权投资及管理为主”。现实中保险集团的经营范围，除了列明股权投资及管理等外，多数有兜底性条款“中国保监会批准的其他业务”。在保险集团化管理中，有的集团公司会向子公司提供诸如审计服务、IT服务、财务服务、法律合规服务等诸多服务；另外，不少保险集团公司在购置自用办公用房时，对多余的部分会临时出租。这些经营内容均不属于中国保监会批准的其他业务。如果无偿提供，极易会被指责为不规范关联交易甚至利益输送；如果有偿提供，由于经营范围中无此服务内容，有时易被认为超越经营范围，特别是对有些需要特许经营的服务，如法律服务，更面临超经营范围的合规风险。

（三）集团化的范围与操作程序

在实施保险集团化管理时，最先遇到的两个问题是：哪些事项可以实行集团化管理，哪些不能实行集团化管理；应当按照什么操作程序来实施集团化管理。对此，目前鲜有法律和监管规定有明确的规定，相对而言较为明确的规定是《保险集团公司管理办法（试行）》第17条，即“在维护子公司独立法人经营自主权的前提下，保险集团公司依法对集团整体战略规划、资源配置和风险管理承担最终职责，对集团内部的人力资源、财务会计、品牌文化等实施统一管理，加强集团内部的业务协同和资源共享，建立覆盖集团整体的风险管理和内部审计体系，提高集团整体运营效率和风险防范能力”。

但即使是前述规定，仍然有两个前提：一是要维护子公司独立法人经营自主权；二是要“依法”。由于目前并无法律、行政法规对保险集团化管理作明确的、针对性的规范，因此，在集团对整体战略规划、资源配置、人力资源、审计等实行集团化管理时，仍然要高度关注和判断对某些事项实施集团化管理是否会影响子公司的独立经营自主权，是否会可能未“依法”。这既体现在对可集团化管理事项的选择上，也体现在集团化管理的操作程序特别是决策程序上，例如在集团与涉及的子公司中需经何机构审批？是集团特定决策机构审批即可，还是子公司也要决策？是集团决策机构作出决议或发个通知即可，还是需要签署协议？是集团公司和/或子公司内部决策即可，还是需要报监管机构审批或备案？是不管何种集团管理事项均采用相同的操作程序，还是不同事项应有不同操作程序？等等。

（四）集团化管理的责任

集团化管理的责任主要包括民事责任与行政责任。其中，集团化管理的民事责任又包括集团内各主体之间因义务不履行而产生的民事责任、集团内各主体因集团化管理而对集团内其他主体的债权可能承担的民事责任。对前者，由合同法等相关法律进行规范；对后者，由公司法等法律予以规范，所需注意者为，在实行保险集团化管理时，如果事实上造成了“股东滥用公司法人独立地位和股东有限责任，逃避债务，严重损害公司债权人利益的”情形，影响到了子公司的法人独立人格，则会产生后者所述民事责任。

可见，集团化管理的民事责任，可依合同法、公司法等相关法律予以规范。但在行政责任方面，却有不少事项缺乏明确的规范。特别是，在委托方将相关事项全权委托给受托机构，而受托机构未遵守监管规定导致的行政责任，目前未有明确。例如，在实行集团化管理的保险集团公司，如果子公司向监管机构提供的财务报告不真实，而该报告完全由集团公司相关部门负责具体制作，仅以子公司名义提供或经子公司相关机构审批后提供。则提供虚假报告的行政责任，是由子公司承担，还是由集团公司承担，抑或二者均承担？其中涉及的个人责任，是由子公司相应人员承担，还是由集团公司相应人员承担，抑或二者中的相应人员均承担？此一问题，对集团化管理的推进和有效运作，关系重大。

（五）集团化管理与客户利益保护

集团化管理涉及客户利益保护的情形，既有直接的，也有间接的。直接的情形，如在集团不同公司间共享客户信息，这种客户信息，不仅包括客户的身份信息，而且包括客户购买其他公司产品或服务的信息。间接的情形，既包括因关联交易导致集团不同公司间利益的转移，而间接影响到客户的利益；也包括集团化管理时将业务外包时可能产生的监管缺失或不到位而引起客户利益受损的问题。对此，目前的监管规定少有规范。

三、完善我国保险集团化管理的立法建议

对前述保险集团化管理过程中的困惑，有的在一定程度上能够通过具体操作变通来解决，如经营范围中的非特许经营项目，可以在批准保险集团的经营范围时允许保险集团公司经营非特许的经营项目，但多数事项由于是制度不完

善造成的，因此还需要通过完善制度来予以解决。

（一）修改完善《保险法》等相关法律

关于保险集团的定位、集团化管理的法律依据、改变完全以单一保险公司为规范对象的保险业立法模式、明确保险集团化管理时的行政责任等，由于涉及的事项重要，且可能涉及对现行《保险法》规定的直接修改，需通过修改完善保险法等法律实现制度的完善。

（二）制定《保险集团公司管理条例》或金融控股公司条例

保险集团化管理涉及面较广，对集团内各成员公司、集团公司及成员公司的股东、高管与员工、客户利益等均影响较大。目前涉及它们之间的权利义务关系主要依赖合同法、公司法等普通法律来调整，管理关系主要依赖《保险集团公司管理办法（试行）》来规范。由于合同法、公司法针对事项的普遍性，较少考虑企业集团化管理甚至保险集团化管理所特有的事项；《保险集团公司管理办法（试行）》效力等级较低，权威性及全面性受到限制，因此，有必要就保险集团化管理制定针对性更强、效力等级更高的法律规范。

我国在金融集团立法方面较为落后，立即制定金融控股公司法的条件不是很成熟。因此，较为现实的选择，是制定《保险集团公司管理条例》或金融控股公司条例。在条例中将保险集团化经营管理较为重要的内容予以权威、科学的规范。

（三）制定保险集团化管理的专门监管规定并就集团化管理的重要方面制定科学可行的管理办法或指引

中国保监会已就支持鼓励保险集团实行集团化管理作出了原则性规定，但截至目前尚未制定专门监管规定。如前所述，保险集团化管理快速发展，业务外包无论形式、范围、规模等均变化极快，相应的制度不足问题将会日益暴露，不仅给保险集团推进集团化管理带来障碍和不便，而且其中蕴涵和积聚的风险也会越来越大，因此有必要针对保险集团化管理或业务外包抓紧制定专门监督规定，或就重要方面制定科学可行的管理指引。

在此方面，国际保险监督官协会在2010年发布的《对保险集团内不受监管实体的监管指引》（*Guidance Paper on the Treatment of Non-regulated Entities in Group-wide Supervision*）中，提出了类似要求。实践上，我国银行业监管从业务外包监管角度已作了诸多有益的探索。例如2010年，中国银监会制定了《银行业金融机构外包风险管理指引》，就银行业金融机构外包业务管理的组织架构、风险管理、监督管理作了规范。在一些具体监管规定中，更是就外包范围、外包的决策与操作、监管要求予以规范。如《消费金融公司试点管理办法》第24条规定，“消费金融公司如有业务外包需要，应制定与业务外包相关的政策和管理制度，包括业务外包的决策程序、对外包方的评价和管理、控制业务信息保密性和安全性的措施和应急计划等。消费金融公司签署业务外包协议前应当向银监会报告业务外包协议的主要风险及相应的风险规避措施等。消费金融公司不得将与贷款决策和风险控制核心技术密切相关的业务外包”。《商业银行信用卡业务监督管理办法》第71条规定，“发卡银行不得将信用卡发卡营销、领用合同（协议）签约、授信审批、交易授权、交易监测、资金结算等核心业务外包给发卡业务服务机构”。第76条规定，“收单银行对从事网上交易的商户，应当进行严格的审核和评估，以技术手段确保数据安全和资金安全。商业银行不得与网站上未明确标注如下信息的网络商户或第三方支付平台签订收单业务相关合同：（一）客户服务电话号码及邮箱地址；（二）安全管理的声明；（三）退货（退款）政策和具体流程；（四）保护客户隐私的声明；（五）客户信息使用行为的管理要求；（六）其他商业银行相关管理制度要求具备的信息。收单银行应当按照外包管理要求对签约的第三方支付平台进行监督管理，并有责任对与第三方支付平台签约的商户进行不定期的资质审核情况或交易行为抽查，以确保为从事合法业务的商户提供服务”。第90条规定，“收单银行不得将特约商户审核和签约、资金结算、后续检查和抽查、受理终端密钥管理和密钥下载工作外包给收单业务服务机构”。前述规定，值得在完善保险集团化管理制度时认真研究并参考借鉴。

“大资产管理”视角下保险资金投资运用问题浅析

胡 磊 省文杰*

近年来，伴随着利率市场化进程和社会融资结构的变化，中国的资产管理行业正迎来加速发展的重大外部环境变化，2012 年资产管理一系列新政密集出台，商业银行、信托公司、证券公司、基金管理公司、保险资产管理公司、期货公司等专业机构悉数参与资产管理业务的角逐，资产管理边界逐渐被打破，“大资管时代”已破冰起航。自 2006 年起，保监会也先后出台了多份文件放开保险资金投资渠道和保险公司的资产管理业务，放宽了险资投资债券、股权和不动产的品种、范围和比例限制，同时允许保险公司委托券商、基金、信托等有关金融机构进行投资。在这样的外部形势和监管环境下，保险资金投资运用一方面获得了投资渠道的大幅拓宽；另一方面也同时面临着资产管理的竞争压力。究竟保险资金运用如何突围，实践中又有哪些问题亟待解决，针对这些问题，本文从保险资金运用面临的外部形势出发，结合实践案例分析保险资金投资运用实务中出现的具体问题，并对保险资金投资监管政策提出一些思考和建议，仅供探讨。

一、保险资金投资运用外部形势及现状

（一）“大资管时代”资产管理格局

自 2007 年起金融行业资产规模不断攀升，基金业依托 2007 年牛市资产管理规模急速推进，截至 2012 年年底全行业已开展业务的 72 家基金管理公司管理资产规模合计达到约 3.62 万亿元。信托公司依托 2010 年之后信贷紧缩条件下的信托融资需求，截至 2012 年年底，全行业 65 家信托公司管理的信托资产规模达到 7.47 万亿元。银行理财产品依托 2010 年、2011 年之后居民对固定收益产品的需求，截至 2012 年年底，产品余额达 7.1 万亿元。而保险行业在长期快速发展中资产规模更是迅速累积，截至 2013 年 2 月底，保险行业资产

---

* 胡磊、省文杰，新华人寿保险股份有限公司法律部。

总额已接近7.5万亿元。

随着2012年金融业全面改革的趋势，资产管理各项新政密集出台。《证券公司定向资产管理业务实施细则》、《资产管理机构开展公募证券投资基金管理业务暂行规定》、《证券投资基金管理公司子公司管理暂行规定》、《期货公司资产管理试点办法》等文件全面放开各金融机构资产管理业务，基金公司可以设立“资产管理计划”，甚至准入门槛仅为2000万元注册资本的基金子公司也获准开展专项资产管理计划；证券公司的资管业务降低门槛，尤其是对单一客户的定向资产管理业务，完全放开其投资范围。此外，公募业务也向证券公司、保险资管等放开；期货公司首次被允许参与资产管理市场。

“大资管时代”即将到来的外部环境下，保险监管机构也陆续出台《关于保险资金投资股权和不动产有关问题的通知》、《关于保险资金投资有关金融产品的通知》、《基础设施债权投资计划管理暂行规定》、《保险资金境外投资管理暂行办法实施细则》、《保险资金参与金融衍生产品交易暂行办法》、《关于保险资产管理公司开展资产管理产品业务试点有关问题的通知》等一系列保险资金投资“新政”，进一步放宽了险资的投资范围、投资比例和投资品种的限制，使得保险资金投资运用一方面要面对市场上更加激烈和复杂的竞争环境；另一方面还要兼顾保险资金的稳健性。保险资金运用不同于证券业、银行业等其他金融资产的运用，其对资金运用的安全性、流动性和收益性要求相对较高，长期以来的险资“长钱短用”的窘境使得寿险行业资产与负债不能匹配，且保险公司本身也要受到偿付能力、资金循环等限制，保险资金本质的保障功能使得保险资金的运用更加侧重资产稳定增值的投资渠道，对投资风险的承受能力相对较弱。

（二）保险资金运用的主要形式

保险资金是指保险公司以本外币计价的资本金、公积金、未分配利润、各项准备金及其他资金。资金运用形式主要包含自主投资和委托投资两种，自主投资是指保险公司通过内部投资团队运用保险资金办理银行存款、进行股权、不动产等监管允许的投资，而委托投资则是委托外部专业资产管理机构进行保险资金运用，体现了保险资金运用的专业化趋势。保险资金主要是长期资金，理论上收益率应该相对较高。

2003年以来，保监会按照集中化和专业化原则，推动建立保险资产管理公司，形成了保险公司自主投资和保险资产管理公司受托投资相结合的管理模式。目前，境内保险资产管理公司15家，资产管理中心1家（友邦）。

2012年，保监会出台《保险资金委托投资管理暂行办法》，在现行委托保险资产管理公司投资管理的基础上，增加证券公司、证券资产管理公司、基金公司等作为保险资金受托投资管理机构，并明确了相关资质条件。目前，保监会已批准了40家基金、券商、资产管理公司的保险资金投资管理人资格。

2012年，保监会发布《关于保险资产管理公司有关事项的通知》，明确保险资产管理公司除受托管理保险资金外，还可受托管理养老金、企业年金、住房公积金等机构的资金和能够识别并承担相应风险的合格投资者的资金。2013年1月，保险资产管理公司成为中国证券投资基金业协会会员，为其2013年6月1日后向证监会正式申请发售公募产品，创造了基础条件。此次有11家保险资产管理公司申请并加入基金业协会，加上此前的中国人保资产，已有12家保险资产管理公司成为协会会员，基本上覆盖了行业90%以上的资产。

保险资金运用监管“新政”，在保险资金运用长期主要集中于银行存款、国债投资等途径的境况下，有效拓宽了保险资金投资运用渠道，大大增加了保险资产配置的灵活度，更有利于多渠道分散投资风险，减少保险资金收益率对资本市场的依赖。从其他金融业的角度来看，由于“新政”允许保险资金投资券商发起设立的集合资产管理计划、信托公司集合资金信托计划、商业银行信贷资产支持证券及保证收益型理财产品，因而一定程度上也推动了券商、信托公司、基金管理公司等其他金融业主体的业务创新。

如此说来，当保险、证券、银行、信托等金融行业相互融合的同时又激烈竞争，社会总资产规模有限，谁来为人民群众管理资产？保险行业不努力争取则坐失发展良机。例如，2013年是寿险行业满期给付的高峰年，满期的寿险产品将释放出大量的社会资产，在宏观经济形势并不明朗的环境下，保险资金和产品置于券商、基金、信托、银行理财产品等金融机构和产品的竞争大潮中，这部分原归属于保险行业的资产将流向何方？从保险行业角度，留下这笔资金，需要保险营销和保险资金运用两方面共同努力，保险资金运用面临的压力依然严峻。

二、保险资金投资运用实践案例及问题

（一）保险资金投资私募股权基金

2012年年底，新华人寿保险股份有限公司（以下简称新华保险）与香港某基金公司洽谈私募股权基金投资业务，基金拟认缴规模为3.25亿元人民币，根据监管政策的规定，保险公司投资股权基金不高于该基金发行规模的20%，但对境外基金设立要求却十分严格，如基金认缴资金规模不低于3亿美元或者等值可自由兑换货币，实缴资金应当按认缴规模配比到位，基金境内受托人满足3年以上保险资产管理经验等。这好比公司占股20%的股东对公司的全体出资人提出过多要求，因此保险资金投资募股权基金份额小，监管严，风险大，商业谈判复杂直接导致基金成立难度加大，对于关注资金募集效率的私募基金来说，放弃占比较小的险资募集选择合作模式成熟的其他主体一定程度上

反倒有利于推进基金募集成立。

（二）保险资金投资不动产

2013年新华保险为发展养老产业，拟与A公司合作设立项目公司（新华持股51%，A公司持股49%）对某住宅性质的地块进行开发，计划在一期项目（共两期）完成后A公司出售一期住宅然后退出此项目。考虑到保险资金投资不动产的相关监管政策，保监会2010年《保险资金投资不动产暂行办法》第13条规定："保险资金采用债权、股权或者物权方式投资的不动产，仅限于商业不动产、办公不动产、与保险业务相关的养老、医疗、汽车服务等不动产及自用性不动产。"除此之外，相关法律法规对于"养老不动产"并没有明确清晰的定义，更未提及保险公司开展养老项目所用地块应为何种土地性质。那么保险公司如何利用住宅用地进行养老社区建设运营？如何避免："不得利用投资养老和自用性不动产（项目公司）的名义，以商业房地产的方式，开发和销售住宅？"包括在此类项目中非保险资金所对应的股权及相应比例住宅的转让是否受5年期限的限制？[1] 这些是保险资金投资不动产时亟待解决的问题。

三、保险资金运用实务的政策建议

2012年全年，保险资金运用监管的重点一直集中在开放投资渠道和制定投资政策等方面。在如今保险资金运用渠道基本充足，投资品种和市场环境也相对宽松的环境下，保险资金运用的核心俨然应当集中在细化监管政策、改进监管方式、完善监管流程等问题上来。正如本文引例中提及的实践情况，保险资金不动产投资的监管规定存在模糊性和矛盾性，因此，进一步出台相关细则实属必要，根据保险资金的特点，正确认识保险与其他金融行业的竞争与合作关系，在实践中发展各种形式的中长期投资，增强灵活性、提升投资回报，切实增强市场活力、促进行业发展。从上述出发点，结合新华保险在保险资金投资运用的实践工作，我们尝试对现行保险资金运用的监管规定提出一些改进建议。

（一）进一步开放保险资金可投向的私募基金主体

从《关于保险资金投资股权和不动产有关问题的通知》等相关监管规定中可以看出，险资投资私募基金门槛相对较高，从投资对象上看，保险资金投资的股权投资基金，必须满足"非保险类金融机构及其子公司不得实际控制该基金的管理运营，或不得持有该基金的普通合伙权益"相关要求，这就意味着，由银行、信托公司与券商发起的私募基金将无法接收保险资金作为LP（基金

---

[1] 《保险资金投资不动产暂行办法》第15条　保险资金投资不动产，应当合理安排持有不动产的方式、种类和期限。以债权、股权、物权方式投资的不动产，其剩余土地使用年限不得低于15年，且自投资协议签署之日起5年内不得转让。……

有限合伙人)，险资与金融机构系私募基金渐行渐远。而对于少数险资能够涉足的私募基金，监管规定要求相关基金需要满足合格的基金管理团队、安全的基金资金托管、优秀的项目历史业绩和严格的财务报告等一系列审慎要求。❶“高门槛，严要求”的监管政策，使得保险公司试水私募基金业务受限颇多。

我们建议，金融行业既要竞争，也要合作。在私募基金方面，尤其要强调合作，因为私募基金的特点之一在于汇聚大量资金抵御风险，保险资金完全不应该排除与银行、信托、券商等其他金融机构在这一新兴领域合作。

（二）保险资金不动产投资

(1) 根据《保险资金投资不动产暂行办法》第11条和第13条规定，保险公司如果参与土地招拍挂程序阶段，由于土地尚未取得相关证件，只能以自用和养老名义取得。如以自用名义取得，则在投资时只能使用资本金等自有资金，但实际上保险公司可能是以投资为目的。因此，建议对此能够放宽，即参与土地招拍挂阶段，不限于自用和养老。

(2)《保险资金投资不动产暂行办法》第15条规定，保险公司投资不动产，自投资协议签署之日起5年内不得转让。首先，关于5年内不得转让，会让保险公司在竞争中处于劣势，因为非保险机构可以在5年内转让，与保险公司相比，其可以提前收回投资。因此，建议缩短保险公司投资不动产转让期限。其次，如果是通过招拍挂取得土地，则不得转让期限的起点从何时算起，建议明确，例如可以考虑从签署土地出让合同起算。

(3) 建议进一步明确保险资金投资养老相关要求。养老产业是国家重点产品，在保险资金投资不动产的规范中也进行了特别的强调和支持，但在实务中，面临着一些问题，例如，除北京等少数城市外，养老并不是一种明确的土地分类，保险公司如果取得住宅等性质的土地，如何以养老的计划进行开发？保险公司对于养老性质的不动产，是否必须长期持有不能销售？

我们建议，养老的本意也是居住，使用住宅用地进行养老开发应予许可，同时，从商业计划角度，保险公司应该可以尝试销售一部分养老住宅，以便回笼资金、实现利润，支持这种商业模式的实现。当然，保险公司也可以尝试持有养老社区，但对于入住资格有限度的进行销售并允许流通，适度回笼资金、

---

❶《保险资金投资股权暂行办法》第10条　保险公司投资股权投资基金，发起设立并管理该基金的投资机构，应当符合下列条件：

（一）具有完善的公司治理、管理制度、决策流程和内控机制；

（二）注册资本不低于1亿元，已建立风险准备金制度；

（三）投资管理适用中国法律法规及有关政策规定；

（四）具有稳定的管理团队，拥有不少于10名具有股权投资和相关经验的专业人员，已完成退出项目不少于3个，其中具有5年以上相关经验的不少于2名，具有3年以上相关经验的不少于3名，且高级管理人员中，具有8年以上相关经验的不少于1名；拥有不少于3名熟悉企业运营、财务管理、项目融资的专业人员；

（五）具有丰富的股权投资经验，管理资产余额不低于30亿元，且历史业绩优秀，商业信誉良好；……

促进后续发展。

(4) 进一步明确债权方式投资不动产的方式。债权方式投资不动产究竟有哪些形式？首先，债权投资计划肯定属于其中一种，例如，2011 年，太平洋资产管理公司发起设立的“太平洋—上海公共租赁房项目债权投资计划”正式通过了保监会的备案，并称为保监会《保险资金投资不动产暂行办法》出台后的第一单不动产债权投资计划，开创了保险资金以债权方式投资不动产的先河。然而，从民法角度，借款合同也是一种债权，保险公司能否在取得抵押的情况下，直接向目标物业进行借贷呢？我们认为，现行监管对此仍然存在模糊地带，建议予以明确。

同时，“4. 保险公司不得用其投资的不动产提供抵押担保。保险公司以项目公司股权方式投资不动产的，该项目公司可用自身资产抵押担保，通过向其保险公司股东借款等方式融资，融资规模不超过项目投资总额的 40%”。股东贷款这种债权方式，是否从形式上仍需委托贷款，也建议予以明确。

（三）保险资金股权投资

1. 重大股权投资的界定

“前款所称重大股权投资，是指对拟投资非保险类金融企业或者与保险业务相关企业实施控制的投资行为。”由于对重大股权投资的监管极其严格，我们建议对于“实施控制”有一个明显解释，对此可以借鉴上交所关于控股的规定：“控股股东：指其持有的股份占公司股本总额百分之五十以上的股东；或者持有股份的比例虽不足百分之五十，但依其持有的股份所享有的表决权已足以对股东大会的决议产生重大影响的股东。控股子公司：指公司持有其 50% 以上的股份，或者能够决定其董事会半数以上成员的当选，或者通过协议或者其他安排能够实际控制的公司。”凡是保险资金实现控股的，可按照重大股权投资办理。

2. 保险资金再投资

监管倾向于保险资金投资不应投向平台类的企业，使得保险资金作为股权投资后不可再投资，然而，市场竞争环境下，必要的收购、并购本身也是企业快速发展的重要手段，为此，我们建议明确在直接投资股权情况下，保险资金投资的标的企业也可以再进行股权投资，当然，这种再投资仍需符合保险资金投资的相关限制。

以上，是笔者对于保险资金投资一些不成熟的思考，希望与保险监管、行业、学界的各位专家进行切磋探讨，以期实现更加安全、高效的运用保险资金，从而推动保险行业更稳健的发展。

卡式电子保单业务中的法律问题探讨

万　群　费　伟*

电子保单是互联网技术在保险领域中的应用。目前我国保险业较常采用电子保单的业务形式主要包括卡单业务和网上业务。卡单业务是指投保人购买保险卡，然后通过网络或电话激活保险，生成电子保险单的业务方式。网上业务是指投保人直接在保险公司或销售公司的网站上填写并提交投保申请，保险人审核承保并签发电子保单的业务过程。

从目前保险业务的实际情况来看，较常出现纠纷的电子保单业务主要是卡单业务，争议的焦点问题基本发生在保险合同的成立、生效、保险期间以及保险人的明确说明义务等方面。对这些问题，实务界和学术界都有不同的看法，法院也做出了一些不同的判决。本文根据我们的实践经验和对保险法的理解，尝试对这些问题做一些实务分析。

一、卡单业务中保险合同的成立

1. 卡单业务过程包含购卡和激活两个阶段

一般而言，通过互联网签订保险合同的过程与一般的合同签订过程并无本质不同，都包括要约和承诺两个阶段，只不过意思表示的过程是通过互联网进行，并且如果合同成立，合同的载体也是以电子数据的形式保存在互联网系统中。但是，卡单业务的过程则有一点特殊性，这个特殊性在于，一项卡单业务的完成，包括两个阶段，其一是保险卡的销售阶段；其二是保险卡的网上激活阶段。

保险卡的销售阶段是一个传统的网下销售行为，由保险业务员把纸质保险卡销售给购卡人。需要说明的是，卡单业务名字中虽然有个“卡”字，但一般采取小册子的形式，里面除了印有如何激活保险卡的投保指南外，有的还印有该保险卡所载险种的保险责任和除外责任等重要情况的介绍。投保人从保险业务员手中购买或从他人手中得到保险卡之后，还要根据保险卡上的指示激活保

* 万群、费伟，恒安标准人寿保险有限公司法务部。

险卡。只有投保人激活保险卡时所填写的内容符合投保要求，才能生成电子保险单。

2. 保险卡的购买和销售是普通的买卖合同

保险卡的购买和销售过程，就是保险公司或其代理人收取保险费，向购卡人交付保险卡的过程；并且一般而言，在购买保险卡和激活保险卡之间有一段时间，在这段时间内，被保险人可能发生事故，那么，购买保险卡是否构成保险合同的成立可能就直接关系到被保险人是否能够得到保险金赔付。因此，保险卡的买卖行为是否构成保险合同的签约行为，就成为经常发生争议的问题。

有观点认为，投保人购买保险卡时，保险合同即成立，是一个开放式的简易保险合同，符合激活流程设定之承保条件（年龄、职业等）的被保险人，保险人均同意承保。法律并未规定不具备确定的被保险人的保险合同无效或不成立，因而被保险人确定与否并不影响保险合同的成立与生效。激活保险卡生成电子保单，是在网站上以数据电文形式确定被保险人和保险责任开始时间，而非合同成立生效的标志。也有观点认为保险卡的买卖是一种预约合同，合同双方预约要订立保险合同。[1]

笔者不同意这个观点。毫无疑问，保险卡购买人从保险人或代理人处购买保险卡是一种合同行为，这个合同是即时成立和生效的。但是，合同虽然即时成立和生效，却不一定是保险合同。判断其是否为保险合同，要确定其是否符合保险合同的本质特征。

《保险法》第2条规定："本法所称保险，是指投保人根据合同约定，向保险人支付保险费，保险人对于合同约定的可能发生的事故因其发生所造成的财产损失承担赔偿保险金责任，或者当被保险人死亡、伤残、疾病或者达到合同约定的年龄、期限等条件时承担给付保险金责任的商业保险行为。"第18条规定，保险合同应当包括投保人、被保险人的姓名或者名称、住所，以及人身保险的受益人的姓名或者名称、住所，保险标的，保险期间和保险责任开始时间等内容。

从卡单业务方式来看，保险卡是一种不记名的票证。购买保险卡的人可以以自己的名义激活，也可以转卖或赠送给他人，因此，保险卡的买卖行为发生之时，投保人是不确定的，被保险人和保险期间也不确定，而确定的投保人、被保险人和保险期间是保险合同的基本要素，把缺少保险合同基本要素的合同定义为保险合同，较为牵强。

从经济实质上来说，保险卡就是保险费的预付凭证，或者说是一种权利凭证，这种权利凭证的内容是持卡人可以凭卡行使投保权利，而保险人有义务依

---

[1] 张娜、刑嘉栋："电子保单中的热点及疑难问题探讨"，载《人民法院报》，网址：http：//www.chinacourt.org/article/detail/2012/07/id/536657.shtml。

据保险卡来承保。因此，笔者认为，保险卡的销售和购买行为就是一种普通的买卖行为，保险人和购卡人之间的合同关系是普通的买卖合同关系，它是独立于投保人投保和保险人承保的一种法律关系。虽然购买保险卡的一般目的是要投保，但在考虑这两种行为的法律性质时，不能把两者混为一谈。

以购买邮票或邮资封为例来说明，可以帮助理解这两个法律关系。邮票的本质是邮费预付凭证，邮资封是印有邮资已付标志的信封，一般人购买邮票或邮资封的目的是寄信，也就是说目的是要和邮政局签订邮递服务合同。但显然，购买邮票或邮资封本身并不是和邮局签订邮递服务合同，而仅仅是购买邮票的合同，也就是向邮局购买了一种权利，或者从经济性质上来说，干脆就是一种“期权”合同。只有把邮票贴在信封上，把信封交给邮局时，邮递服务合同才成立。邮票本身的收藏性和欣赏性使得人们易于理解购买邮票和寄信是两个不同的合同行为，但是，收藏性和欣赏性只是邮票的派生特点，并不是其本质属性。邮票的本质属性和保险卡的本质属性是一样的，是一种权利凭证。

3. 保险卡的激活与电子保单的生成是保险合同的成立过程

《保险法》第 13 条第 1 款规定：“投保人提出保险要求，经保险人同意承保，保险合同成立。保险人应当及时向投保人签发保险单或者其他保险凭证。”也就是说，保险合同的成立，仍然要完成要约和承诺两个阶段。

保险卡购卡人的购卡行为是否是一种表达投保要求的意思表示呢？笔者认为不是。有人是打算自己投保才购买保险卡，但也有人购买保险卡是为了转卖或赠送给他人，并不打算投保，因此，购买保险卡的行为本身不能构成“提出保险要求”。从另一方面来说，保险人把卡卖给购卡人，也不构成同意承保的意思表示。同意承保必须针对能够确定身份的被保险人做出。没有被保险人，保险公司没有同意的标的。前述保险合同购卡即成立的观点把保险卡设定了承保条件解释为保险公司预先同意承保，只要被保险人符合承保条件。其实，不光保险卡业务，任何业务形式的保险险种都有预先设定的承保条件，只要投保人和被保险人符合承保条件，保险公司都会承保，但是否符合承保条件，则要通过人工或电子手段进行审查。把符合承保条件的承保解释为保险公司同意承保，是把一个抽象的前提条件当成一个具体的行为，是把三段论的大前提直接作为结论。

与购卡行为不同，投保人“激活”保险卡的操作流程，实质上是一个网上的投保过程，更符合保险合同要约的特质。投保人根据保险卡上的投保提示，登录保险公司的网站，填写投保人和被保险人的身份以及其他信息，阅读投保流程要求其阅读的有关提示和文件，并最终向保险公司的计算机系统提交投保申请书，完成保险合同要约的意思表达。保险公司收到投保人的投保申请后，通过计算机系统或人工审核后，以生成电子保单的方式向投保人做出同意承保的意思表示。

因此，依据《保险法》的规定，在卡单业务中，投保人激活保险卡的过程才是投保过程，保险人同意承保的意思表示是生成电子保单。电子保单生成之时，才是保险合同成立之时。至于保险合同的生效时间和保险期间，则应根据《保险法》和保险卡约定的内容确定。

二、投保人的认定和代理问题

1. 电子保单的投保人应为投保申请书所示的投保人

电子保单业务有两个特点：其一，业务如前所述分为两个阶段，分别是购卡与投保，这两个阶段有两个主体；其二，投保人和保险人一般不面对面签署保险合同，保险人无法确认在计算机前操作的人就是名字填写在投保单上的投保人。投保人是保险合同的主体，也是保险人履行《保险法》所规定的诸多义务的相对人；因而，确定谁是投保人，对保险人意义重大。

如前所述，购卡和投保是两个性质不同的合同，保险卡的买卖合同关系不是保险合同关系，因此，不能以购卡人作为认定投保人的标准。否则，以保险卡不记名、可转让的特点，一个电子保单业务过程中，可能因保险卡的转让而产生数个投保人，投保人的权利也数度发生转让，这种认定法理不通，是自找麻烦。

就操作投保流程的主体而言，是否操作人就是投保人呢？也不是。笔者认为，同传统的保险合同业务方式一样，确定投保人的一般原则应是谁的名字出现在投保单中投保人姓名处，谁是投保人，而不能根据其他标准来认定，如实际交付保险费或激活保险卡的人。由他人代交保险费是一种赠与行为。他人代为激活，则是一种民事代理行为。

2. 保险代理人代为激活保险卡，是对投保人的代理行为

在卡式电子保单业务中，出于方便投保人、促进业务发展的目的，保险代理人经常代投保人操作网上激活流程。而恰恰是保险代理人的这个善意行为，经常成为保险纠纷中争议的焦点，因此，从代理法理的角度来探讨这个法律关系很有必要。

对于保险代理人这种行为的性质，一般认为，激活保险卡是投保人的权利，投保人有权决定是否激活、何时激活等；并且，保险合同中一般也不约定保险人或保险代理人有代为激活的义务。那么，保险代理人激活保险卡的行为的法律性质是否是一种代理行为呢？有的观点认为，保险代理人的这种行为是服务，不是代理，并且也有观点认为，保险代理人是保险公司的代理人，保险代理人身份排斥了其同时成为投保人的代理人。[1]

---

[1] 张娜、刑嘉栋："电子保单中的热点及疑难问题探讨"，载《人民法院报》，网址：http://www.chinacourt.org/article/detail/2012/07/id/536657.shtml。

笔者认为，服务不是一个法律术语，服务和代理并不是一对相互矛盾的概念，代理行为本身就可能是一种服务行为，比如，律师作为委托人的代理人出庭诉讼，保险代理人作为保险公司的代理人销售保险产品等，都是服务行为，假若保险合同中约定保险人有代为激活的义务，这种义务是服务行为，但其法律本质也是代理。因而，不能以服务作为标准来确定一种行为是否具有代理的性质。

笔者认为，要确定行为人的行为是否构成对他人的代理，要看该行为的权利主体是谁。如果该行为的权利主体是行为人本人，当然不构成代理。如果行为主体不是行为人本人，则依据不同情形可能构成代理、侵权或者无因管理。就保险代理人代为激活保险卡的行为而言，既然激活保险卡行为的权利主体是投保人，而保险合同又没有约定由保险公司代为激活，那么，保险代理人经投保人授权或同意而激活保险卡的行为，在法律意义上自然构成对投保人的代理。

保险代理人在销售保险卡时是保险公司的代理人，这是否就意味着保险代理人不能再代表投保人做出某种具体的意思表示呢？笔者认为可以。以保险代理人的销售过程为例，保险代理人在销售过程中经常代投保人填写投保申请书。填写投保申请书的权利主体是投保人，并且保险公司或保险代理人没有义务代为填写，显然，这是一种对投保人的代理行为。

从另一个方面来看，保险卡的买卖和激活是两个独立的行为，分别成立的是买卖合同和保险合同。在向购卡人销售保险卡时，保险代理人相对于购卡人的身份是保险公司的代理人。在保险卡的买卖合同完成后，购卡人和保险公司的保险卡买卖交易已经结束，保险代理人在购卡人面前，已经失去了作为保险公司代理人的法律地位。

基于保险卡不记名可转让的特性，购卡人得到保险卡后，可以自己投保，也可以转让给他人，可以在购卡后当时激活，也可以过一段时间再激活，可以自己激活，也可以请他人代为激活，保险公司并没有代理激活的合同义务，因此，投保人激活保险卡是完全独立于买卖保险卡的另一种行为，是投保人与保险公司通过互联网订立保险合同的流程。这个流程从客观上已经与保险代理人无关，从法律角度看保险代理人在这个投保流程中也不对投保人负有义务。因而，如果投保人授权保险代理人代为激活保险卡，保险代理人此时相对于投保人，已经不是保险公司的代理人了，而是投保人的代理人了。

因此，从法律意义上来说，在购卡交易完成后，无论是谁代理投保人操作激活保险卡，是保险代理人也好，不是保险代理人也好，其行为都是代理性质，是代理投保人做出激活投保的意思表示，而不是代理保险公司。

3. 保险卡激活过程中的代理行为，应受一般代理法律的原则调整

既然投保人与其授权代为激活保险卡的人之间是代理法律关系，则应受一

般代理法的调整。投保人承担代理人行为的后果，代理人违反代理人义务的，由代理人向投保人承担责任。如果仅仅因为激活保险卡的操作人是保险代理人，而笼统地从保险代理人的职业出发，认为保险代理人的任何行为都是代理保险公司做出，因而保险公司应承担责任，这是混淆了法律关系。

代理人的行为后果由被代理人承担，这种行为后果不光是保险合同成立与否的后果，还包括保险法所规定的投保人的如实告知和保险人的明确说明等义务。目前对于投保中出现代理行为的，法院判决中经常采取不一致的认定策略，一方面认定代理投保的行为构成有效代理，保险合同成立且有效；另一方面则认定保险人没有向投保人履行说明或明确说明的义务。

在实际保险卡业务中，也会出现无效代理的情形，即激活操作人未经投保人授权或同意而代为激活保险卡。笔者认为，对于此类情形，同样应按照一般代理法的原则来处理。如果投保人不予追认无权代理的效力，则代理行为无效，保险合同也无效，无效代理人对投保人和保险人承担责任。如果投保人事后追认无权代理的效力，则无权代理变为有权代理，投保人应承担代理行为的一切法律后果，即保险合同成立且有效，代理人向保险人做出的情况告知视为投保人做出，而保险人向代理人履行的说明和明确说明义务视为向投保人履行。

三、保险人的明确说明问题

《保险法》规定，订立保险合同时，保险人应就其不承担的责任向投保人做出明确说明，否则，不承担责任的条款无效。《保险法》的这条规定对保险公司压力巨大，是保险纠纷案件中保险公司败诉的主要原因之一。保险公司在设计卡单业务的内容和激活流程时给予了格外的注意。

根据《保险法》的规定，保险公司履行明确说明义务有几个主要要素：一是时间；二是对象；三是方式。基于卡式电子保单业务的特殊性，时间和对象尤其值得讨论。

1. 保险人应当在保险卡的激活流程中履行明确说明义务

《保险法》要求保险人履行明确说明义务的时间是“订立合同时”，也就是说这个义务是一种先合同义务，应在合同成立前履行。如前所述，笔者认为保险卡的销售和购买不构成保险合同的订立，只有激活保险卡和生成电子保单的流程才是合同的订立流程，因此，保险人应当在生成电子保单之前履行明确说明义务。

保险公司履行明确说明义务的对象是投保人，向其他人履行说明义务是无效的。基于卡单业务的特性，保险卡购买人不一定是投保人，因此，向购卡人履行明确说明义务不能当然视为向投保人履行了明确说明义务。如果投保人不是购卡人，向购买人履行义务的法律后果不能传递到投保人身上。因此，保险公司应在投保人的身份确定之后，再履行明确说明义务，方为稳妥。当然，在投保人即购卡人的情况下，在购卡环节履行明确说明义务应当具有法律效力。

从上述两点出发得出的结论就是，保险公司应在投保人激活保险卡的流程中，在电子保险单生成之前履行明确说明义务，才能满足《保险法》对于履行该义务的时间和对象的要求。从这个结论出发，保险代理人在销售保险卡时对购卡人明确说明保险人不承担的责任，对保险人来说，不能保证保险人履行了明确说明义务。

2. 保险人应当在保险卡激活流程中设置阅读页面履行明确说明义务

在履行明确说明义务的方式上，在卡式电子保单业务中，保险公司在设立业务流程时，应当也只能采取书面的方式来履行明确说明义务，才能确保满足《保险法》的义务要求。

在内容较为详细的保险卡中，保险公司会把不承担的责任以及其他重要条款内容印出。但是，如果印出的内容仅仅是保险条款内容的重复，而没有进行一定程度的解释，则很可能不能满足明确说明义务之"明确"的要求。那么，即使做出了比较好的解释，是否就一定能满足《保险法》的要求了呢？笔者认为也不尽然。因为，保险卡册是无记名可转让的权利凭证，在转让的过程中，保险卡的全部或部分内页（如前所述，保险卡实际采取小册子的形式，所以有内页）可能丢落，但只要记住卡号，仍然可以激活，因而在保险卡上进行了解释也不能保证对投保人履行了明确说明义务。

对保险人来说，设立卡单业务流程时最稳妥的履行明确说明义务的方式，是在激活时设立页面流程，要求投保人须先阅读保险条款和明确说明的页面，并对这些页面点击"同意"按钮后，才能进入后续的激活程序，否则无法生成电子保单。这种方式，应认定满足《保险法》的要求。

考虑如何对电子保单业务中适用《保险法》的规定时，应考虑电子商务的经济性质。保险业务的电子商务并非是保险公司追求时髦之举，而是社会经济活动本质特点的体现，这个特点就是降低成本、提高效率，以有限的资源创造更多的价值。因此，在适用《保险法》的规定时，应考虑这一经济本质，说到底，法律也不过是用法律语言来表达的经济或其他领域的客观规律，不符合客观规律的法律或其适用，无法达到法律的目的，反而会起到降低社会福利的作用。基于此一观点，笔者认为，在对电子保单适用法律时，应考虑合理性、可行性及科学性，而不能对保险合同的一方施以超过法律目的所需的苛刻要求。

自助保险卡未被激活　本保险合同不成立

——对一起卡式保险纠纷案件的评析

偶　见*

一、案情梗概及其法院的裁判结果

（一）案情梗概

2011年3月9日，A人寿保险股份有限公司淅川县支公司业务员李甲向赵乙推销“步步高升系列尊享人生卡”激活式保险卡，赵乙随即购买了一张。当日，李甲到A人寿保险股份有限公司淅川县支公司填写了卡单，让A人寿保险股份有限公司淅川县支公司的内勤帮忙激活该保险卡。

2011年7月21日，赵乙意外摔伤，左股骨下段截肢伤残四级，腰部压缩性骨折伤残九级，花医疗费2万余元。7月25日，赵乙向A保险公司报案，A人寿保险股份有限公司淅川县支公司发现该卡单尚未激活。于是，赵乙随后在补充激活后，又将《索赔申请书》交给了A人寿保险股份有限公司的南阳中心支公司。A人寿保险股份有限公司的南阳中心支公司以保险卡没有激活为由拒赔，赵乙遂向法院提起诉讼。

作为本案被告的A人寿保险股份有限公司的南阳中心支公司辩称：（1）保险合同成立不等于保险合同生效。本案中“尊享人生卡”是附条件生效的保险合同，且在发生保险事故时条件并未成就，则保险公司不应承担保险责任；（2）保险合同成立后，赵乙把激活保险卡的义务委托给了他人，受托人是以个人身份接受的委托，故赵乙可据此向受托人进行追偿；（3）按照我公司设计的程序，“尊享人生卡”在激活时，操作人必须按要求阅读条款并确认后才能进行下一步，如果没有确认阅读，则不能完成投保流程，该保险卡便不能被激活。

（二）法院的裁判结果

一审法院经过审理后，认为：（1）A保险公司的业务员李甲作为保险代

---

* 偶见，江苏省保险学会秘书长助理，《江苏保险》副主编，南京大学保险法研究所副所长。

理人员实施的推销保险业务行为是一种要约邀请，投保人递交保费则是要约。如果保险人在投保人生存并保持健康期间作出承诺，则该保险合同即告生效。保险单的制作与交付，是保险公司在保险合同成立后应当履行的义务，其作用虽然可作为保险合同的证明，但并不代表保险合同的成立是以保单的制作与交付为要件。具体到本案中，被告销售的“尊享人生卡”权利义务具体确定：保险费一年 100 元，保险责任确定为意外伤害保险金 5 万元，意外伤害医疗保险金 4000 元。原告赵乙交保费 100 元表示投保人作出了要约要求；李甲接受了 100 元保险费，向赵乙交付了卡号为 86728005110900053441、激活卡单保单号码为 40447821 的“尊享人生卡”，并在卡上粘贴了赵乙的签名，这应当视为保险公司同意承保，合同即告成立生效。保险人及时代替投保人激活“尊享人生卡”，是合同成立后保险公司应履行的义务，其作用虽可作为保险合同的证明，但并不是说明保险合同的成立生效以此为要件。（2）保险合同一般是格式合同，根据我国《合同法》第 39 条、第 40 条的规定，本案中的“尊享人生卡”所涉及的“投保须知”部分是被告免除其责任、加重对方责任、排除对方主要权利的内容部分，被告本应该采取合理的方式提醒对方注意该部分内容，而被告制作的文件中该部分的字体颜色与保险金额、保险费等部分的文字相比较，却更为模糊，字体比“投保须知”的其他文字小一号，故该“投保须知”中免除被告责任、加重原告责任、排除原告主要权利的部分依法是无效的。（3）A 人寿保险股份有限公司淅川县支公司无独立法人资格，故 A 人寿保险股份有限公司的南阳中心支公司应是本案的责任主体，故判决 A 人寿保险股份有限公司的南阳中心支公司向原告赵乙支付意外伤害保险金和医疗费。

一审法院裁判后，A 人寿保险股份有限公司的南阳中心支公司不服，向二审法院提起上诉。

二审法院经审理后，认为：赵乙购买保险卡后，A 人寿保险股份有限公司的业务员李甲让赵乙填写卡单和委托激活信息登记表，并承诺让 A 人寿保险公司的内勤代为激活该保险卡，该行为表示赵乙与 A 人寿保险股份有限公司之间的保险合同成立并生效。后该保险卡未被激活，其责任应在 A 人寿保险股份有限公司淅川县支公司。现在该保险卡的 1 年有效期限内赵乙发生了意外伤害，而 A 人寿保险股份有限公司的南阳中心支公司以该保险卡未激活为由拒赔不当。原审认定事实清楚，适用法律正确。判决驳回上诉，维持原判［原案例见魏建国、谢蕊娜编写的《保险卡未激活出险保险公司应承担保险责任》，载《人民法院报》2013 年 5 月 9 日］。

二、对此案的法理评析

笔者认为，本案涉及两个法律关系，即保险合同法律关系和委托合同法律关系，应当区分具体情节作出不同的判断。而就本案的核心内容来讲，该案的保险卡所涉及的保险活动仅仅成立了预约保险合同，但尚未成立正式的保险合同，因此，保险人所应承担的是委托合同的违约责任而非保险责任。两审法院对本案的认定和裁判均存在着事实认定不清，适法错误的问题，值得商榷。

（一）未被激活的自助式保险卡不属于正式保险合同

从性质上讲，自助式保险卡是一种凭借账号密码，利用互联网、电话或者短信的方式激活而生效的新型保险产品。因此，需要用合同法理论从全新的视角认识保险卡所涉及保险合同的法律属性和法律构成。

1. 未被激活的自助式保险卡缺少标的要件

按照合同法理论，合同标的是当事人权利义务所共同指向的对象，它是各类合同成立的重要要件。合同标的是否确定和可能，决定了合同履行是否具有现实性。原因是，合同标的的条款是合同中不可或缺的条款，合同中有些条款的缺少并不影响合同的成立和生效，然而，合同标的的条款却不能空白，如果双方当事人没有约定则合同不能成立。如《法国民法典》第 1108 条规定：“契约有效成立应具备四项根本条件……构成权利义务客体的确定标的……”；《意大利民法典》第 1346 条亦要求：“契约的标的应当是确定的或可确定的。”不仅如此，《国际商事合同通则》在确定合同效力时，将价格、约因条款都排除在合同要件之外，但对合同标的条款始终未作任何排除性的规定。我国《合同法》第 12 条也将合同标的纳入合同内容应当具备基本条款之一。

具体到保险合同领域，我国《保险法》第 18 条同样重视保险标的的地位和作用，将其规定为保险合同所应当载明的事项之一。《保险法》第 12 条更在表述两大类保险合同时，突出了保险标的所处的关键地位，规定：“人身保险是以人的寿命和身体为保险标的的保险。被保险人是指其财产或者人身受保险合同保障，享有保险金请求权的人。”可见，在人身保险合同中，被保险人必须特定化，以便于保险双方能够对其予以确认，基于其特定化而拥有的寿命和身体才能够成为人身保险合同的保险标的。未予特定化或根据保险合同约定规则不能够特定化的人不能成为人身保险合同的被保险人，关键原因就在于该人身保险合同缺少相应特定化的保险标的。而就新型的自助式保险卡的运用来讲，该保险卡在销售之时，何人接受该保险卡所涉及的保险人提供的保险保障尚无法最终确定，也就是说被保险人并不确定，亦不存在确定被保险人的约定规则；因此，未被激活的自助式保险卡所涉及的人身保险合同便由于缺少特定的保险标的要件而不能够成为正式保险合同。

2. 未被激活的自助式保险卡欠缺保险利益要件

未被激活的自助式保险卡不仅缺少特定的保险标的，也因欠缺保险利益而难以成立和无法生效。根据《保险法》第 12 条的规定：“人身保险的投保人在保险合同订立时，对被保险人应当具有保险利益。”第 31 条第 3 款规定：“订立合同时，投保人对被保险人不具有保险利益的，合同无效。”《合同法》第 56 条规定：“无效的合同或者被撤销的合同自始没有法律约束力。”上述规定均明确地表明保险卡会因为欠缺保险利益而无法生成法律效力。

理由是，投保人购买自助式保险卡后，其投保行为既可以自己为被保险人，也可以转让给他人，甚至可能出现被保险人和购买者没有任何关系乃至互不相识、互不知悉的情形。正是考虑到自助式保险卡在买卖行为成立时，被保险人不确定，从而，仅就购买者而言，由于被保险人在购买保险卡之时尚未确定，则其根本就谈不上对被保险人具有可保利益，无效的保险合同便不可能因为当事人嗣后行为而产生效力，因而将自助式保险卡认定为本合同，期待日后当事人的激活保险卡的行为而赋予其效力，与《合同法》的基本规则是完全相悖的。

3. 未被激活的自助式保险卡欠缺具体保险期间

此外，保险期间也是该保险卡所涉及保险合同不能成立与生效的具体理由。依据《保险法》的规定，保险合同应当包括的合同条款包括着：“保险期间和保险责任开始时间”（第 18 条），而且，在“保险合同成立后，投保人按照约定交付保险费，保险人按照约定的时间开始承担保险责任”（第 14 条）。依此相比较，自助式保险卡所涉及的保险合同，仅有保险期限的长度和起始时间的确定规则，至于该保险卡所涉及保险合同的保险责任起始时间，并非是由购卡者与保险人在买卖自助式保险卡之时当场确定，而应当是自该保险卡被激活时得以确定。这意味着自助式保险卡在被激活之前并不存在保险责任的起始时间，因此，尚未激活的自助式保险卡所涉及的保险合同当然就欠缺保险期间条款，不得视其为保险卡涉及的本保险合同，从而，借助保险卡而表现的本保险合同的保险条款就因缺少应有的法律效力而不可能得以执行。

鉴于上述分析，笔者的看法是，本案的 A 人寿保险股份有限公司在本案诉讼过程中所作出的有关投保人购买“尊享人生卡”后，保险合同即告成立的抗辩就由于与我国《合同法》、《保险法》的相关规定不相吻合而不能成立。

（二）自助式保险卡不属于附条件保险合同

所谓附条件的合同，是指当事人在合同中特别约定一定的条件，以该约定条件的是否成就来作为合同效力发生或消灭的根据。《合同法》第 45 条规定：“当事人对合同的效力可以约定附条件。附生效条件的合同，自条件成就时生效。”在附条件的合同中，其所附的条件必须符合以下的法律要求：(1) 该条件必须是将来发生的事实。(2) 该条件应当是不确定的事实，亦即条件在将来是否发生，当事人是不能确定的。(3) 该条件是由当事人协商议定的而不是法律规定的。(4) 该条件必须是合法的事实。(5) 该条件不得与合同的基本内容相互矛盾。

不过，在自助式保险卡业务中，虽然激活保险卡是引起相关保险合同的保险责任得以开始的标志，其作为保险人一方事先在保险卡适用过程中设计的引起保险责任的必经步骤，成为保险卡的组成部分，并非运用该保险卡时可有可无的“条件”。同时，激活保险卡又是相对人在运用保险卡，进行保险消费过程中享有的一项权利，其特点是保险卡预先设计的、在当事人买卖保险卡时所能确定的一种事实——保险卡只要被激活，就能够享受保险保障。因此，保险卡的“激活”之举，不能作为自助式保险卡所涉及保险合同生效的所附“条件”，不应当认定自助式保险卡所涉及的保险合同为附生效条件的保险合同。在本案中，A 人寿保险股份有限公司的南阳中心支公司辩称：“尊享人生卡是附条件生效”，系其对自助式保险卡所涉及保险合同之性质的错误认识。

（三）买卖自助式保险卡应属签订预约保险合同

在整个民商合同的“家族”中，存在着一种预约合同（或称预约）。所谓预约合同，是双方当事人约定在将来订立一定契约之契约。预约合同的目的是确保与相对人在将来订立特定的正式合同，因此，履行预约合同而成立的合同应当为本合同。

自助式保险卡系将除被保险人、保险期间以外的其他合同内容先予确定，并约定当行为人“激活”保险卡时，保险人按约定规则承担保险责任的合同。而所谓“激活”，就是“激活”的行为人通过保险人的电子服务平台或其他网络服务平台，向保险人提供被保险人信息，同时，依自助式保险卡预约规则（自动）确定保险起保时间，从而完成保险合同所有要素的法律活动。因此，买卖自助式保险卡行为属于双方签订的预约保险合同，此时保险卡及其操作规则的约定构成预约保险合同；行为人“激活”保险卡，“行使保险标的的最后确定权的行为”，则是该行为人与保险人订立本保险合同的行为。

保险合同是双务合同，权利义务是相互对应的，一方的权利就是另一方的义务。自助式保险卡的激活，既可由购买人即投保人自己完成，亦可由非投保人的被保险人来完成：激活自助式保险卡并非预约保险合同或本保险合同所约定的保险人义务。因此，本案中的“代替投保人激活保险卡”，意味着确认了激活原本系投保人的义务，一审法院有关“保险人及时代替投保人激活‘尊享人生卡’，是合同成立后保险公司应履行的义务”的认定，显然是在同一保险合同关系中确认相对的双方当事人同为一项具体义务的义务主体，此主张当然与合同的相对性原则相矛盾。

（四）未完成订立保险合同所需的“要约—承诺”程序，保险合同不成立

根据我国《合同法》的规定：“当事人订立合同，采取要约、承诺方式。”（第 13 条）“承诺生效时合同成立。”（第 25 条）。而《保险法》进一步规定：“投保人提出保险要求，经保险人同意承保，保险合同成立。”（第 13 条）因此，保险合同作为合同的一种，其成立亦需经历要约、承诺两个阶段。其中，具体到保险卡所涉及的保险合同的订立，投保人递交保险费或仅仅作出投保的意思不能等同于要约，只有在其以约定方式（填写投保单、激活保险卡）将保险合同成立所需信息提供给保险人的行为时才属于要约。与此相对应，保险人通过约定方式获得被保险人信息，核保后同意承保的，就构成承诺，其保险卡所涉及的保险合同方为成立与生效。

关键在于，投保人选择自助式保险卡产品，就应当遵循有关自助式保险卡的投保流程。保险人销售自助式保险卡的行为为预约保险合同要约，自助式保险卡购买者的购买行为系预约保险合同的承诺；行为人"激活"保险卡的行为应为订立本保险合同的要约，保险人电子商务平台对被保险人信息的接收为订立本保险合同的承诺——可见，订立预约保险合同、本保险合同的要约与承诺系各不同的行为，不应混同。具体到本案，赵甲虽然旨在以自己为被保险人投保"保险费一年 100 元，保险责任确定为意外伤害保险金 5 万元，意外伤害医疗保险金 4000 元"的本保险合同，并意图尽快生效。但其既然选择了自助式保险卡，即"尊享人生卡"，则其投保所涉保险权利义务就应当受自助式保险卡之投保方式的约束，也就是说只有在该保险卡被激活后，保险合同才能成立；此前，投保人即便作出意在使合同成立的其他行为，如在保险卡上签名、向保险人声明保险合同应当马上成立等。却因为这些行为不符合自助式保险卡的投保流程而无法律意义，只要是该保险卡未被激活，则该保险卡涉及的本保险合同就并未成立。

即便就本案而言，由于保险人的承诺并未完成，预约保险合同亦未能成立。由于保险合同的签约双方应当是投保人与保险人，因此，按照我国《保险法》第 13 条有关"投保人提出保险要求，经保险人同意承保，保险合同才成立"的规定。双方签订预约保险合同同样要经历这两个环节。不过，在本案中，投保人赵乙购买保险卡的形式来提出投保要求后，保险人的承诺便关系到该预约保险合同能够成立。然而，笔者认为，本案中的保险业务员李甲在订约过程中的表示并不具有承诺的效力，其预收保险费亦不能够看成是保险人的无条件承诺。因此，处理本案的一审法院有关"保险业务员李甲接受 100 元……并在卡上粘贴赵乙的签名，视为保险公司同意承保，合同即告成立生效"的认定，是错误地将保险业务员李甲的保险代理行为认定为保险人的承诺行为，剥夺了保险人的核保和承诺的权利；与此同理，处理本案的二审法院有关"赵乙购买保险卡后，李甲让赵乙填写卡单委托激活信息登记表，并承诺让公司内勤激活该卡，该行为表示赵乙与 A 人寿保险股份有限公司之间的保险合同成立并生效"的认定，也是错误地将订立保险合同中尚未完成的订约流程混同于保险合同的成立。

（五）本案应当成立的是委托合同和转委托合同

委托合同又称委任合同，是指委托人与受托人约定，由受托人处理委托人事务的合同。

委托合同可以是有偿合同，也可以是无偿合同。《合同法》第406条规定："无偿的委托合同，因受托人的故意或者重大过失给委托人造成损失的，委托人可以要求赔偿损失。"

在本案中，投保人赵乙购买"尊享人生卡"后，随即委托保险业务员李甲代为激活保险卡，李甲表示接受该项委托，则相应的委托合同得以成立；从而，投保人赵乙成为该委托合同的委托人，保险业务员李甲成为受托人，该委托合同的委托事务即为激活保险卡。当日，保险业务员李甲到A人寿保险股份有限公司淅川县支公司填写了卡单，再委托该公司的内勤负责激活保险卡，显然，自此时就在保险业务员李甲与A人寿保险股份有限公司淅川县支公司内勤人员之间成立了转委托合同。

然而，李甲接受该代为激活保险卡之委托时的身份是保险业务员，依据A人寿保险股份有限公司的规章规定，受理内外部客户办理激活保险卡委托是公司业务内勤的业务职责范围，即"有权进行一切为行使其明示授权所必需或通常情况下所附随的行为"，李甲和A人寿保险股份有限公司的内勤均非是以个人身份接受代为激活保险卡的委托，因此，本案的保险人A人寿保险股份有限公司以"赵甲把激活保险卡的义务委托给了他人，受托人以个人身份接受委托，故赵甲可向受托人追偿"为由进行的抗辩，不能不说是有推脱责任，有悖诚信原则之嫌。

从保险实务角度讲，保险公司的业务内勤人员处理保险卡激活事宜的技能一般要高于保险业务员。不过，本案中的保险业务员李甲接受代为激活委托后，当日即到A人寿保险股份有限公司淅川县支公司填写了卡单，再将委托事务转委托给公司的内勤人员。因此，其虽未亲自完成激活保险卡事宜，但其履行接受委托义务时仍然认真地转委托给保险公司的内勤人员，故应当认为其是勤勉地完成了任务。而公司内勤人员既然接受了转委托，却未按转委托合同的指示来激活保险卡，致使赵乙所追求的本保险合同未能成立，具有违反转委托的过错。因此，A人寿保险股份有限公司应当对其内勤人员基于过错而不履行转委托义务所致被保险人之保险目的落空引起的损失承担违约赔偿责任，亦即A人寿保险股份有限公司本案保险人所应承担的非为保险合同义务，而应是因重大过失未履行委托合同义务的违约责任。

（六）应当适用《保险法》来认定保险合同格式条款的效力

根据我国《合同法》有关规定："采用格式条款订立合同的，提供格式条款的一方应当遵循公平原则确定当事人之间的权利和义务，并采取合理的方式提请对方注意免除或者限制其责任的条款，按照对方的要求，对该条款予以说明。"第39条规定："……提供格式条款一方免除其责任、加重对方责任、排除对方主要权利的，该条款无效。”第 40 条的规定，《保险法》第 17 条进一步规定：“订立保险合同，采用保险人提供的格式条款的，保险人向投保人提供的投保单应当附格式条款，保险人应当向投保人说明合同的内容。对保险合同中免除保险人责任的条款，保险人在订立合同时应当在投保单、保险单或者其他保险凭证上作出足以引起投保人注意的提示，并对该条款的内容以书面或者口头形式向投保人作出明确说明；未作提示或者明确说明的，该条款不产生效力。”与此相对应，《保险法》第 19 条规定了适用于格式保险条款的特殊解释规则：“采用保险人提供的格式条款订立的保险合同中的下列条款无效：（一）免除保险人依法应承担的义务或者加重投保人、被保险人责任的；（二）排除投保人、被保险人或者受益人依法享有的权利的。”那么，处理具体的保险纠纷案件时，如何确认所应适用的法律依据往往成为重要的问题。

1. 特别法优于一般法

显而易见，在合同领域内，我国《保险法》与《合同法》之间存在着密切的联系，但是，两者又存在着不同的立法层面。具体而言，《保险法》的保险合同部分是专门适用于规范调整我国保险市场的保险合同的法律规范体系，而《合同法》则着眼于我国市场经济中的各类民商事合同的整体。因此，《保险法》应当是《合同法》的下位立法，属于《合同法》的特别法，按照立法学的规则，《保险法》的保险合同部分具有优先于《合同法》适用的效力，也就是说，《保险法》的保险合同部分有规定的，应当优先适用《保险法》的规定，只有在《保险法》没有规定或者规定不全面时，才适用《合同法》的有关规定。其中，关于保险合同格式条款效力的判定，当然应当首先适用《保险法》的规定。而处理本案的一审法院不考虑《保险法》的规定，却径直适用《合同法》的规定来判定保险合同格式条款的效力，表明其适法上的失误。

2. 《保险法》第 19 条规定适用前提是目标条款为格式条款

无论是适用《合同法》第 39 条、第 40 条规定，还是适用《保险法》第 19 条规定，其法律前提是保险合同的目标条款必须是格式条款，而非格式保险条款则不应当适用上述法条。在保险实务中，保险合同可以是格式合同或者协商意定条款，从而，处理本案的一审法院作为裁判理由的“保险合同一般是格式合同”表述，既缺乏法律裁判应有的唯一性，也不具备适用《合同法》第 39 条、第 40 条以及《保险法》第 19 条规定来判定保险合同格式条款效力的法律前提；因为，本案件所涉及保险合同条款属于格式化的保险条款范畴，无涉“保险合同一般是格式合同”之判定。

3. 《保险法》第 19 条所规定的无效格式条款不因保险人提示或说明而产生效力

“该部分字体颜色比保险金额与保险费模糊，字体比投保须知小一号”系格式条款提供者违反《保险法》第 17 条提示与说明义务，而“免除保险人依法应承担的义务或者加重相对人责任，或者排除保险相对人依法享有的权利”系《保险法》第 17 条直接规定的无效条款，亦即该类条款即使“颜色鲜艳”、“字体醒目”也不能使其产生法律效力。一审法院判案理由中“本案中‘尊享人生卡’上涉及投保须知部分是被告免除其责任、加重对方责任、排除对方主要权利的部分，被告本应该采取合理的方式提醒对方注意该部分，而被告该部分字体颜色比保险金额与保险费模糊，字体比投保须知小一号”与“投保须知中免除被告责任、加重原告责任、排除原告主要权利的部分无效”之间的因果关系不能成立。

（七）保险支公司具有诉讼主体资格

中国人民银行于 1989 年 2 月 11 日所作《关于中国人民保险公司分支机构诉讼主体资格的说明的函》提出．“保险合同是经过批准的制式合同，是由中国人民保险公司或分公司统一印制的。但保险合同的保险方可以是总公司也可以是签订合同的各分支机构。因此凡因保险合同发生纠纷诉诸法院解决的，签订保险合同的分支机构应该作为诉讼主体起诉或应诉，不能以我国专业银行分支机构和保险公司分支机构目前不是法人为理由而否认其诉讼主体资格。”以我国目前保险公司的管理体制，支公司承担营业职能，对外开展保险业务、签订保险合同；中心支公司系管理机构，不直接承办具体保险业务。

《民事诉讼法》第 48 条规定：“公民、法人和其他组织可以作为民事诉讼的当事人。”早在 1992 年 7 月 14 日，最高人民法院审判委员会第 528 次会议讨论通过的《关于适用〈民事诉讼法〉若干问题的意见》第 40 条司法解释：“民事诉讼法第四十九条规定的其他组织是指合法成立、有一定的组织机构和财产，但又不具备法人资格的组织，包括……（7）中国人民保险公司设在各地的分支机构。”该司法解释是 1992 年颁布的，当时我国全国性的保险公司仅中国人民保险公司一家，而现在保险公司的主体已逾百家，但不能因此否认其他保险公司的分支机构的诉讼主体资格，否则有悖司法解释意旨。《最高人民法院公报》2007 年第 11 期公布了天津市第一中级人民法院“杨树岭诉中国平安财产保险股份有限公司天津市宝坻支公司保险合同纠纷案”民事判决书［（2006）一中民二终字第 527 号］，此案得到最高审判机关的承认，亦即对其保险支公司诉讼主体资格的认可。

《公司法》第 14 条规定：“分公司不具有法人资格，其民事责任由公司承担。”据此，保险中心支公司与支公司均不具有独立法人资格，若支公司不能成为诉讼主体，中心支公司同样不应作为诉讼主体和责任主体。可见，一审法院在其裁判中否定保险支公司诉讼主体资格的认定值得商榷。

行业调解价值审视及其制度完善

欧秋钢*

成熟的保险市场不仅需要实体法及政策的规制，还需要高效、公正的纠纷解决体系支持。行业调解就是在民事诉讼、其他非诉机制以外，被用于解决保险纠纷机制的又一大创新，发展中尚需逐步完善。如能纳入社会管理体系，行业调解将发挥更大的作用。

我国自 1980 年恢复国内保险业务以来，保险业保持了 30%以上年均增长速度，是国民经济中发展最快的行业之一。改革开放 30 多年，1980 年我国的总保费收入为 4.6 亿元，2008 年为 9784.0966 亿元，是 1980 年保费规模的 2127 倍。[1] 与此同时，保险纠纷和保险诉讼逐年剧增。2002 年开始，北京市场排名前十的寿险公司客户因保险纠纷向北京保监局信访的案件量每年逾千件。2010 年以来，北京地区保险公司被诉讼的保险纠纷每年逾万件。[2] 占全国财产保险市场份额 40%的人保财险公司，年诉讼量达到 20 万件。[3] 2011 年安徽全省财产保险机构诉讼案件达到 37766 起，涉案金额高达 40 多亿元。[4] 保险诉讼和涉案金额的大幅增长，绝不能仅仅被当作国家法治建设进步和民众法律意识增强的重要指标。对司法的过高期待和纠纷解决途径狭窄，必然导致司法资源不堪重负，诉讼成本日趋增长。裁判尺度不统一，生效判决执行难，当事人物质利益难以及时实现。长此以往，只会扩大社会关系对抗性和紧张性，影响司法公信度、保险行业形象和社会整体和谐。

为快速化解保险纠纷，切实保护保险消费者合法权益，中国保监会于 2005 年选择山东、安徽两省及上海市试点小额理赔纠纷调解。2007 年 4 月，

---

* 欧秋钢，北京保险学会法务部主任。

[1] 参见田玲、高俊："'助推器'还是'稳定器'：保险业对经济产出作用的经验证据"，载《保险研究》2011 年第 3 期。

[2] 参见北京保险行业协会法务部《行业诉讼情况报告》，2010 年、2011 年统计，北京保险行业协会网站。

[3] 根据该公司法律部总经理邹志洪 2012 年 8 月 9 日在"金融法律实务论坛第一期"的发言。

[4] 参见雷经升："赋予保险业非诉调解确定力、执行力"，载《中国保险报》2012 年 7 月 31 日。

根据国务院“国十条”[1]精神提出“为发挥行业协会的自律作用，可以在保险行业协会成立调解处理机构”。“结合我国保险业的实际，调处机构采用调解模式，通过纠纷双方达成调解协议方式处理保险合同纠纷，符合当前我国国情”。[2]在保险监管机构推动和指导下，部分省市地方保险行业协会陆续成立保险合同纠纷调解委员会，试行以行业调解方式快速解决保险纠纷，成为近年来保险行业一项制度创新。本文以北京保险合同纠纷调解机制为例，综述行业调解机制的运行情况及效果，分析行业调解机制的社会功能及价值，对完善这一制度提出建议。

一、行业调解机制的运行及效果

行业调解是由地方保险行业协会建立的保险合同纠纷调解委员会，接受保险合同一方当事人申请，在征得另一方同意后受理案件，由行业调解员在核实事实、分清责任基础上，通过说服、疏导等方法，促使双方在平等、协商、相互妥协基础上自愿达成调解协议，解决保险争议的机制。

北京保险行业协会报经北京市民政局批准，于2008年3月成立“北京保险合同纠纷调解委员会”（以下简称调解委员会），作为该协会的分会，在协会、理事会领导下独立开展保险合同纠纷调解工作，接受北京保监局的监督指导。根据保险公司业务经营范围，调解委员会下设产、寿险两个专业委员会。调解委员会办公室（以下简称调解办）负责日常调解工作、调解员培训及管理。调解委员会以全体会员大会行使重大事项决策权；以主任办公室会议在全体会员大会闭会期间行使调解委员会职权；以专业委员会会议讨论重大疑难案件的处理。[3]

调解委员会有一套较为完善的制度。在组织建设方面，有组织运行制度；在调解程序方面，有调解规则；在队伍建设方面，有调解员管理规定；在协议履行方面，有行业自律公约。[4]

调解办受理北京市投保人、被保险人、受益人与保险公司之间的保险合同纠纷，不涉及团体保险业务；争议问题不涉及保险精算及国民生命表；当事人

---

[1] 2006年6月，国务院提出“建立保险纠纷快速处理机制，切实保护被保险人合法权益”。参见《国务院关于保险业改革发展的若干意见》（国发〔2006〕23号，2006年6月16日），这一文件被保险行业称为“国十条”。

[2] 参见中国保监会“关于印发《关于推进保险合同纠纷快速处理机制试点工作的指导意见》的通知”（保监法规〔2006〕427号，2007年4月16日）。中国保险监督管理委员会编《保险规章制度汇编》（1998—2010）。中国财政经济出版社，第321页。

[3] 参见《北京保险合同纠纷调解委员会组织运行制度（试行）》，载《调解员工作手册》，第303～306页，北京保险行业协会编，2008年6月。

[4] 参见《北京保险合同纠纷调解委员会调解规则》、《北京保险合同纠纷调解委员会调解员管理规定》和《北京保险合同纠纷调解委员会调解自律公约》，载《调解员工作手册》第307～320页，北京保险行业协会编，2008年6月。

未就申请调解的保险纠纷申请仲裁或提起诉讼。[1] 合同任意一方均可作为申请人，通过电话、信函、电邮、传真、面访中任何一种形式提出调解申请，为合同当事人特别是保险消费者提供了维权便利。行业调解主要通过值班调解员首问负责制、行业调解员独任调解制和业内外调解员合议调解制[2] 3 种方式调处纠纷。20 天内完成案件受理、调解结案及协议履行。保险纠纷解决后，对调解中发现涉案保险公司的经营风险及管理瑕疵，调解办组织履职调解员与保险公司高管座谈，提出整改建议并送达《行业建议函》，帮助保险公司亡羊补牢，控制风险，更好地发展保险业务。

截至 2012 年年底，调解办共接听消费者来电 14643 个，来信 110 件，来访 290 人次。对符合受理条件的申请立案 3135 件，占全国保险行业受理案件的两成多。[3] 化解合同纠纷 3065 件，结案率 98%，履约率 100%，争议金额达到 1 亿多元。[4] 行业调解机制运行 5 年，快速化解了大量保险合同纠纷，是"灭火器"；降低了保险合同主体不切实际的诉求，是"退烧药"；缓解了保险消费者与保险公司的紧张对立，是"润滑剂"，实现保险消费者、涉案保险公司和保险行业多方共赢。

2012 年 4 月，中国保监会联合中国保险行业协会召开全国保险纠纷调处机制工作座谈会，要求到当年 9 月底，各保监局所在地原则上均要建立保险纠纷调处机构，并逐步在所辖地（市）级地区建立保险纠纷调处机构，有条件、有需求的县级地区要探索建立保险纠纷调处机构。[5] 5 月 28 日，中国保监会在京召开保险公司参与保险纠纷调处机制工作研讨会，进一步推进行业调解。12 月 19 日，最高法院与中国保监会联合发布《关于在全国部分地区开展建立保险纠纷诉讼与调解对接机制试点工作的通知》，要求各地法院、各地保险监管机构、各地方保险协会积极推进开展保险合同纠纷诉讼与调解对接工作。

二、行业调解机制的功能及价值

保险行业调解属于代替性纠纷解决方式。代替性纠纷解决方式是英文（Alternative Dispute Resolution）的意译，缩写为 ADR。ADR 概念源于美国 20 世纪 30 年代劳动争议的解决，原本是 20 世纪逐步发展起来的各种诉讼外

---

[1] 参见《北京保险合同纠纷调解委员会调解规则（试行）》，载《调解员工作手册》，第 307～309 页，北京保险行业协会编，2008 年 6 月。

[2] 合议调解制是由调解办指定 1 名业外调解员，合同双方各选择 1 名业内调解员，组成合议制调解室共同对疑难案件进行调处的机制。调解委员会备有《调解员名册》，记载了行业调解员姓名、工作年限、业务专长、任职公司等信息，供合同双方挑选。

[3] 2007 年 4 月至 2011 年年底，全国各保险纠纷调解机构共受理案件 12200 余件，调解成功率为 84.68%。参见《北京商报》2012 年 4 月 18 日。

[4] 参见北京保险行业协会《调解与诉调对接工作情况汇报材料》，2013 年 2 月 20 日。

[5] 参见《北京日报》2012 年 4 月 18 日。

纠纷解决方式的总称，现已引申为对世界各国普遍存在着的、民事诉讼制度以外的非诉讼纠纷解决方式或机制的总称。代替性、选择性、专业性和目的性是ADR的基本特征。20世纪80年代至今，ADR在我国保险业有一定范围的运用，例如争议双方之间协商、一方委托律师出具《律师函》与保险公司磋商、向保险监管机构信访、仲裁等。与这些非诉讼纠纷解决方式及民事诉讼相比较，行业调解在解决保险纠纷中具有独特的社会功能和价值。

（1）为保险合同纠纷的妥善解决开辟了崭新路径。较长时间以来，解决保险纠纷主要有投诉、信访和诉讼3种途径。投诉是过去10年间解决保险争议最主要的方式。保险消费者直接向承保公司内部投诉处理机构提出诉求。投诉处理存在职业化与非职业化、专业与非专业的不平等，其中一些事实、责任比较清楚、争议数额不大的纠纷，通过投诉能及时得到解决。如果案情复杂，问题疑难，争议标的金额较高，而处理投诉人员知识经验、谈判技能技巧不够，或者被授予的权限不高，受公司严苛内部制度限制，有的投诉就会长期拉锯，久拖不决。协商程序没有法律制度的保证，最后不得不借助外部机制解决纠纷。信访是保险客户向政府保险监管机构反映与保险主体之间的合同争议，希望得到解决并要求对保险主体进行行政处罚的一种争议解决方式。由于保险监管机构职能所限，对于平等民事主体之间的保险合同争议一般转保险公司处理。民事诉讼是法院在当事人和其他诉讼参与人的参加下，以审理、判决、执行等方式解决民事纠纷的活动。保险诉讼就是以司法方式解决保险争议。它具有公权性、强制性和程序性。在追求实质正义与程序正义的框架下，争议双方都要耗费较高成本。从审查立案到随机分案，从排期开庭到合议宣判，每个环节都有一定等待期。即使适用简易程序也需要3个月；如果适用普通程序或者还需进行鉴定，审限则更长。于是，多渠道、快节奏解决保险纠纷，迅速成为保险消费者维权、保险业务增长、保险市场发展的需要。行业调解，受理案件方便快捷，调解方式灵活多样，协议履行及时主动。既无须受制严格的诉讼程序，也不用担心民事裁判执行难，满足了高效率、快节奏社会生活需求。行业调解为当事人解决保险纠纷开辟了一条崭新路径，让保险合同当事人在纠纷解决方式上多了一项选择，是保险业发展史上纠纷解决机制的一大创新。与其他ADR机制及民事诉讼协调并存，共同化解保险纠纷，促进社会整体和谐。该机制运行5年来，解决的纠纷数量逐年增长，基本做到案结、事了、人和。越来越多的保险合同当事人主动选择行业调解作为纠纷解决方式，显示出其旺盛的生命力。

（2）为当事人意思自治创造了更大的自由空间。受几千年传统思想影响，一部分消费者存在厌讼倾向，保险公司基于业务发展和树立品牌考虑，担心赢了官司丢了客户，也对诉讼持消极态度。成本和收益是双方选择纠纷解决方式权衡的因素。立法滞后以及法官专业知识不足，有时会出现“同案不同判”。判决结果不可预测性，对争议双方同样具有风险。行业调解正好“为那些把节约成本放在第一位并不惜为此降低达到法律上正确解决这一要求的当事人提供一种方便”。[1] 我国已基本建成社会主义法律体系，对社会主体的基本权利义务和行为模式做出规制，明确了公民可以自主解决一定问题的任意性程度。只要不超越强制性法律的边界，主体的行为及其调整结果都是受到认可和保护的。“现代 ADR 的应用是与社会主体的自治和自律能力相适应的”。[2] 行业调解，可以让正义双方在法律基准下，最大限度地利用法律的空间，在强制与合意之间寻求到最符合自身利益和价值观的结果，能够让利益冲突的双方充分表达自己的意愿，及时权衡利弊，随时调整方案，增加或者放弃、抵消一部分权力，或以权力换取更大的利益。也可选择撤回诉求，维持既有的保险合同关系，且不受诉讼时空限制。在较为复杂的保险纠纷中，法律与道德、权力与道义、理智与情感有时并不一致。与诉讼及判决不同，行业调解在合法基础上更多地追求合乎情理，在法度之外情理之中解决纠纷，实现情、理、法的有机统一。如果碰到尚无法律规范的情况，当事人还可以通过合意形成双方都能接受的规范或基准。因此“纠纷解决过程往往也是社会规范的形成和确认过程。由于这种过程是循序渐进的专门性经验的积累，因而较之由判例一次性地确定某个法律原则或规则更具合理性”。[3] 行业调解为保险合同主体提供了诉讼之外的另一种程序正义框架，既不同于完全的“自力救济”，也克服了其他 ADR 机制固有弊端，为不可预测的诉讼结果及败诉风险提供了规避可能。与投诉相比，它具有程序公正的保证；与信访相比，它具有直接处理的优点；与仲裁相比，它为双方节省了费用；与民事诉讼相比，它具有更大的灵活性。为当事人意思自治创造了更大的自由空间。

（3）为合理诉求的实现及保密需求提供了履行保证。“迟到的正义非正义。”民事诉讼中，义务人不自动履行生效判决，法院强制执行难以查到可供执行的财产，有时还会激化矛盾。为保证行业调解协议及时正确履行，调解委员会建立起三道防线：一是通过成员公司共同签署《保险行业自律公约》，督促保险公司自觉履行协议。逾期不履行的，要承担一定的民事及行业管理责任；二是通过行政监管措施，监督保险公司履行协议，否则要承担一定的行政责任；三是通过司法确认保证调解协议履行。调解委员会与北京市东城区法院

[1] 参见［日］棚濑孝雄：《纠纷的解决与审判制度》，王亚新译．中国政法大学出版社 2004 年版，第 60 页。

[2] 参见范愉：《非诉讼纠纷解决机制研究》中国人民大学出版社 2000 年版，第 45 页。

[3] 参见范愉：《非诉讼纠纷解决机制研究》，中国人民大学出版社 2000 年版，第 370～371 页。

自2008年8月就开始探索[1]：行业调解协议达成后，一方当事人可以申请辖区人民法院确认其效力，从而赋予调解协议以国家强制执行的效力。5年来，北京行业调解协议的履约率一直保持100%，履行时间均在协议时效内，与生效判决“执行难”形成鲜明对比。一般来说，非诉调解所达成的协议仅具有民事合同性质，不具有国家强制力，其效力主要通过调解组织的公信力、双方当事人的承诺、公共道德和社会伦理来实现。而行业调解协议经司法机制确认，赋予其确定力、执行力，势必能有力推动非诉调解组织扩大调解范围，拓展调解领域，实现案结事了、定纷止争的目的。利益冲突与协调，是市场经济运行的重要表征。保险纠纷属于商事纠纷，其中隐含着被保险人、保险人以及保险代理人、保险经纪人、保险公估人、医疗机构、道路设计施工管理机构、保险人车辆生产销售维修企业、司法物证鉴定机构之间多元利益的冲突，每件具体纠纷都涉及消费者个人隐私与保险公司商业机密，民事案件的公开审判与纠纷双方的保密需求形成一对矛盾；投诉、磋商等其他ADR机制也无保密的制度约束。行业调解将保密原则纳入制度[2]并采取一系列保密措施：调解员对履行职责中获悉的客户信息资料、个人隐私及保险公司商业秘密负有严格保密责任，不得使用及披露；接受媒体采访不得泄露保险客户信息及保险机构和险种名称，较好地满足了双方保密需求。

（4）为司法资源及法官专业知识不足起到了弥补作用。保险是金融类合同，事关消费者生老病死、财产安全等切身利益，涉及多个知识门类和专业领域。保险法律关系中参与主体多元化、利益冲突多元化、主体价值观多元化，使保险纠纷呈现出多发性、持续性、复杂性特点。处理保险纠纷，需要熟悉保险专业知识，适用专门法律，这就要求居中人全面掌握保险专业、相关专业和保险法律知识。在保险纠纷逐年上涨而商事审判法官相对短缺情形下，法官们经常超负荷工作，短期内难以提升专业化审判水平。商事法官对保险原理、条款、流程、规则、监管等不甚熟悉，处理保险纠纷时考虑法律问题多，探索保险问题少。保险公司应诉能力又普遍较弱，常常感到“有理说不清，说理没人听”。裁判结果的差异化，使司法审判公信力受到质疑，也给保险公司理赔造成困惑。加上保险消费者纠纷属于正在形成和发展中的法律领域，存在着无适当实体法规可遵循的问题。[3] 故现行民事诉讼制度并不适合于解决所有保险纠纷。在我国ADR机制中，以人民调解解决家庭、邻里、农事及婚姻纠纷曾取

---

[1] 参见北京市东城区人民法院与北京保险行业协会《关于建立保险合同纠纷联合调解机制备忘录》，载北京市高级人民法院、北京保险行业协会《保险案件诉调对接机制工作研讨会会议材料》，第8页，2011年9月6～7日。

[2] 参见《北京保险合同纠纷调解委员会调解规则》第2条，载北京保险行业协会编《调解员工作手册》，2008年6月。

[3] 参见［日］谷口安平：《程序的正义与诉讼》，中国政法大学出版社2002年版，第299页。

得良好效果，调解员大多是居委会、村委会干部或者家族中的长者，其调解对专业知识要求不高。调解结果能为纠纷双方所接受，主要依靠调解员的地位、职权、资历和个人名望。行业调解虽然也属于人民调解范畴，但与传统的人民调解已不可同日而语。行业调解员具有天然的专业优势。他们年纪轻、学历高、有活力，大都受过正规院校教育，有一定保险理论基础。又因其置身于保险公司，对保险条款、保险责任、业务流程、业务系统、保险客户以及保险营销员十分熟悉，富有从业经验和管理水平。因此调解员在保险及保险法原则的适用方面比有些法官更专业，调处纠纷更得心应手。行业调解组织不仅集合了行业优势兵力，还从相关行业吸纳了一些专业人士，解决调解中的专业问题。有些案件经行业调解解决，调解结果反过来对司法审判产生影响，能够补偏救弊，既缓解司法资源及法官专业知识的不足，又起到普及保险知识和宣传保险法律的作用。行业调解已被引入民事诉讼程序。❶

（5）为社团组织参与社会管理和社会创新提供了活动平台。我国保险法规定，保险行业协会“是保险业的自律性组织，是社会团体法人。❷”除了行使自律、维权、服务、交流的职能外，“对会员之间、会员与投保人、被保险人和受益人之间发生的纠纷进行调解”❸ 成为保险行业协会新的职能。以政府职能转变为核心的行政体制改革是今年全国“两会”的亮点之一。按照简政放权和政社分开、政事分开的原则，政府会转移部分职能由社会组织承担。社团组织要发挥提供服务、反映诉求、规范行为的作用，主要体现在发挥行业自律、行业调解、活跃市场经济主体的作用；在经济、政治、文化、社会以及生态环境文明建设等各个领域增强社会自治功能的作用；在政府指导、依法活动基础上，加强内部治理结构建设，增强行为自律，不断提高社会组织能力、社会影响和社会作用。❹ 行业调解，使行业协会直接介入保险纠纷处理，可以及时了解保险纠纷成因，触摸保险市场脉搏，使行业规范制定、行业自律措施更科学、更有针对性；快速化解保险纠纷的同时，可以破除保险主体之间的壁垒，实现信息共享，促进保险公司共同发展。北京的行业调解工作建议制度独具特色，针对调解中发现的销售瑕疵、流程不畅、条款缺陷、服务不足，及时分析纠纷成因，提出有针对性的改进建议，让保险公司十分受益。比如，提示寿险公司在设计保险文书时重视免责条款的提示义务、销售保险产品时按照保险期限向投保人提供完备的《现金价值表》、保险公司调整医疗、健康保险就医医院范围应当征得被保险人同意、加强自保件保单核保等建议和措施，从基础上

❶ 参见 2013 年 1 月 1 日起施行的《中华人民共和国民事诉讼法》第 95 条、第 122 条。

❷ 参见 2009 年 2 月修订的《中华人民共和国保险法》第 182 条。

❸ 参见吴定富：《〈中华人民共和国保险法〉释义》，中国财政经济出版社 2009 年版，第 365 页。

❹ 参见 2013 年 3 月 13 日民政部部长李立国等答记者问。

推动保险公司依法合规经营，使保险纠纷解决更彻底，将调解成果扩展到防控风险及行业自律。近两年来，行业调解组织还积极参与最高法院两个司法解释[1]制定及修改工作，及时反映行业意见及建议，得到司法机关积极回应，部分意见被采纳。行业协会在参与社会管理和社会创新中积累经验，锻炼队伍，对于扭转行业负面形象起到较好作用。保险行业协会今后要在参与社会管理方面发挥更大作用，保险纠纷调解是一个极好的切入点。

综上，无论是与民事诉讼比，还是与投诉、磋商、信访、仲裁等 ADR 机制比，或者与传统的人民调解比，行业调解都有着不可替代的社会功能及独特优势，与其他多元化 ADR 机制和谐并存，在化解社会矛盾、参与社会管理中发挥作用。

三、行业调解机制的完善及建议

“救济走在权利之前。”一个成熟的保险市场，不仅需要实体法的规制，还需要依靠高效、便捷、公正、多元化的纠纷解决体系支持。综观各国 ADR 机制在解决保险纠纷中的运用，因司法体制及保险业发展水平而采用不同模式。一是以民间性 ADR 机构为主的模式，即通过民间仲裁机构、律师事务所、消费者保护协会等组织发挥调解纠纷的作用。二是以专业性 ADR 机构为主的模式，即设立独立的行业自律机构，聚集保险专业人才，免费为保单持有人提供投诉咨询和纠纷解决服务，裁决结果只对会员公司具有约束力，以维护保单持有人利益，维护公众对保险行业的信心。如英国专门处理金融保险纠纷的组织；我国香港的保险索偿投诉局；我国台湾的金融纠纷评议中心。三是以行政性 ADR 机构为主的模式，即由国家保险监督管理机关附设的保险纠纷 ADR 程序，分为行政调解和行政裁决。如韩国政府设在金融监督院的争议调解局及争议调解委员会，负责调解金融保险纠纷。对保险企业违规的裁决保险公司必须接受；对于合同争议的调解意见不以行政手段强制执行。四是法院附设 ADR 程序为主的模式，例如美国由联邦法院及各地法院在审理保险案件时，至少要向当事人提供一种 ADR 方式，使保险纠纷在进入实质性审理阶段之前尽量达成和解，以减少司法压力，维护司法体系的地位和尊严。欧洲一些国家在保险审判中吸收保险专业人士参与，通过第三方完成调解工作，有效化解矛盾纠纷。法院附设 ADR 模式，导致司法功能扩张，在保险纠纷解决中扮演了重要角色。

当前我国正处在经济发展转型期、社会管理调整期、社会矛盾凸显期，构

---

[1] 指《最高人民法院关于审理道路交通事故损害赔偿案件适用法律若干问题的解释》和《〈中华人民共和国保险法〉司法解释（二）》。——作者注

建多元化保险纠纷解决机制势在必行。党的十八大报告在改善民生和创新管理中加强社会建设方面提出，加强社会建设，必须加快推进社会体制改革。加快形成政社分开、权责明确、依法自治的现代社会组织体系。为政治体制改革和社团组织职能创新指明了方向。我国保险主体和保险市场的快速发展，为行业调解储备了人才，奠定了纠纷解决制度创新的基础。我国《保险法》经过2002年、2009年两次重大修改，为规范保险经营活动，保护保险活动当事人合法权益，妥善解决保险争议提供了法律保障。

行业调解，弥补了诉讼与其他ADR机制的不足，在低成本、快节奏化解保险纠纷中取得一定成效，但也显现出先天不足：调解机构设在行业协会内部，其中立性、公信力难免受到质疑；调解员结构和职权不清，调解中存在盲区；调解员主要来自保险公司且为兼职，履职时间难以保证；调解经费全部源于保险公司，长此以往会影响其参调积极性等，需要前瞻性地探索完善行业调解机制之路。笔者建议将行业调解机制纳入社会管理的制度体系中，在法制化、规范化的基础上有序运行，使之在促进社会和谐、参与社会管理方面发挥更大作用。

（1）以国家立法确认行业调解。党的十八大报告提出："提高社会管理科学水平，必须加强社会管理法律、体制机制、能力、人才队伍和信息化建设。"建议将行业调解纳入国家商事立法范围，依法确认行业调解的性质、地位、程序及效力；依法确认调解员的条件、职权及待遇，从根本上解决调解机制中立性、公信力问题；赋予行业调解组织独立调解权和一定范围的裁决权，形成解决保险纠纷调裁结合、调判结合的机制。针对保险纠纷多发性、类型化、复杂化的特点，未来可将专业调解设置为保险诉讼的前置程序，以节省国家司法资源。

（2）以国家政策扶持行业调解。建议将行业调解纳入社会管理特别是维稳工作体系。通过政府引导、招标购买服务等方式，给行业调解机制提供政策扶持，在机制创新、人才引进、社会宣传、公众教育等方面给予政策引导。政府还可以注入一定资金，保险行业协会、保险公司各出资一部分，接受调解的当事人适当交一部分，以保障该机制长期有效运转。如果未来该机制可以从行业协会独立出来，还可以从协会提供给大众及保险主体有偿服务的收入中获取一些经费，支持保险纠纷调解工作。

（3）以保险监管推动行业调解。我国保险监管现已形成对保险公司偿付能力、资金运用、公司治理结构进行监管的体系。[1] 行业调解，是保险监管机构有效引导和刺激社会主体需求，大力推动保险行业协会自律的结果。尽管保险

---

[1] 参见吴定富：《〈中华人民共和国保险法〉释义》，中国财政经济出版社2009年版，第280页。

监管机构不直接解决保险合同争议，但保险消费者基于信任，依然大量地将合同争议及纠纷反映到保险监管机构。尤其是 2012 年 4 月 26 日中国保监会 12378 投诉电话开通后，保险消费者投诉量大增。据统计，仅 2012 年上半年消费者的有效信访投诉达到 6176 件，同比增长 127.23%。[1] 中国保监会以及设在各地的监管局，对保险纠纷的解决能够起到一定的行政监管督促作用。因此，完善行业调解机制，仍然离不开保险监管机构的推动和指导。对调解中发现的某些问题，可以通过行政监管，净化保险市场，提升保险公司的风险管控能力。

（4）以行业自律完善行业调解。保险业正处于快速发展时期，各种矛盾纠纷不断凸显。行业协会运用自律手段能够有效地解决发展中的问题。行业调解机制在发展和逐步完善中，行业协会组织仍起到不可或缺的作用。保险纠纷是保险市场的一面镜子，纠纷成因能折射出保险经营的瑕疵与不足。通过保险行业协会制定行业经营规范、推行保险业务标准、签订行业自律公约等措施，可以有效对抗行业性风险。因此，行业调解应与行业自律紧密结合起来，在行业自律中逐步完善行业调解机制。

（5）以科学程序规范行业调解。行业调解不仅要有实质的公平正义，也需要科学规范的程序保证。行业调解要走职业化的道路。行业调解组织可以吸收退休法官、检察官、律师、教师以及保险专家、专业人员作为专职调解员，建立稳定、高质量的专职调解员队伍，以行业调解员作为兼职调解员进行补充，再吸收具有医疗、法律、交通、汽车修理、公估等专业知识和经验的专家作为顾问，解决调解中的疑难问题。调解机构最终应当与行业协会分离。行业调解要走专业化的道路。行业调解组织要对调解员进行持续的专业培训，从调解基础理论、保险基本原理、保险法基础知识，到保险业务、调解心理学等，都要纳入课程进行系统培训，使调解员能够运用专业知识调处保险纠纷，提高调解质量。行业调解要走专家化的道路。保险业务涉及知识门类繁多，有保险、精算、财务、法律、医学、药学，还有资产评估、损失评定、汽车制造及修理等，调解工作一定要注意发挥专家的作用，解决调解中的专门问题，调解结果才能具有权威性，才能被纠纷双方所接受。行业调解要走规范化的道路。通过商事立法确立比诉讼简化、比仲裁便捷的调解程序、调解规则及履行程序，最大限度节省化解保险纠纷的社会成本。

行业调解机制的不断发展与完善，必然会让绝大部分保险纠纷在这一机制下快速化解，而不是主要依靠法院裁判解决。我们有理由、有信心期待这个时期的到来！

---

[1] 参见李画："上半年消费者投诉同比增长 127.23%"，载《中国保险报》2012 年 8 月 22 日第 1 版。

第二编

学术界的视角

重构保险合同成立与生效的制度规则

——以电子保单所涉及保险合同的适用实践为视角

贾林青*

总结我国保险市场的实务情况和处理保险纠纷的司法实践，有关保险合同成立与生效的认定是处理保险纠纷中经常涉及的焦点问题。由于对此存在着不同的认识，现有《保险法》规定的立法标准又过于笼统，导致大家就判断保险合同成立与否，是否生效以及何时生效的看法迥然不同，也难以与保险市场实务需要相配合。因此，研究保险合同成立与生效问题，进而在《合同法》有关订立合同法律规则的基础上，重新构建保险合同成立与生效制度规则，为保险审判中认定保险合同成立与生效提供具有科学性和可操作性的法律标准奠定法理根据就至关重要。笔者通过本文专门针对电子保单的适用实践，讨论认定电子保单所涉及保险合同成立与生效的法律规则，并作为重新构建保险合同成立与生效法律制度的组成部分。

一、重构保险合同成立与生效法律标准的原因——保险市场实务特殊性分析

众所周知，合同的成立与生效是合同订立活动之法律效果的具体表现，是合同关系在当事人之间得以形成和开始产生法律约束力的标志。由于合同订立是各类民商事合同被运用于社会经济生活的第一个阶段，使得合同的成立与生效成为合同法规范和调整各类民商事合同难以回避的首要环节，因此，合同立法关于合同成立与生效的法律规定是否完善和科学就成为衡量一国合同法律制度之水平的重要依据。正是在此意义上，我国现行《合同法》(1999 年 3 月 15 日）针对合同的成立与生效作出了明确的一般性规定，用于判断合同成立与生效的法律根据。保险合同属于民商事合同的具体类型，《合同法》关于合同成立与生效的规定对其当然要加以适用。不过，保险实务的诸多特点势必影响到保险合同的运用具有自身的特点。其中，保险合同的成立与生效也就应当适应

* 贾林青，中国人民大学法学院教授，中国保险法研究会副会长。

着保险实务的需要而存在着有别于其他民商合同的特殊性。

笔者认为，如何构建我国保险合同成立与生效规则体系，则应当从我国保险市场上如下方面考察和认识保险活动的特殊性对于保险合同成立与生效形成的影响。

1. 维持保险市场正常经营秩序要求保险合同的成立与生效规则应当有利于最大诚信原则的实现

就民商法整体角度而言，诚实信用原则“作为大陆法系中独特的一种法律机制，在大陆法系的范围内具有普遍性”❶，其是规范各类民商事活动的基本法律原则之一，同样适用于保险领域。不仅如此，保险市场客观存在的诸多特点，尤其是保险的保障功能和双方当事人之间因信息和专业知识不对称而形成的实质上地位不平等的情况更突出了诚实信用的适用价值，因此，各国保险立法纷纷进一步提升了诚实信用原则的适用地位，确立了保险法范畴内“最大诚信原则”，用以维持各国保险市场正常稳定的经营秩序，以求在参与保险活动条件下，“当事人在订立、履行合同的全过程中，应当抱着真诚的善意，相互协作，密切配合”，“不弄虚作假、尔虞我诈；不做损害对方和国家、集体第三人以及社会公共利益的事情”。❷

中国保险市场面对我国信用体系正在逐步建立和完善的社会环境，更需要保险立法在对其进行规范调整的过程中强调诚信原则的适用价值，将其进一步提升为最大诚信原则。日前发生在上海的“泛鑫保险代理公司高管卷款跑路一案”恰恰诠释出最大限度地强调和发挥诚实信用在引导和规范我国保险市场有序发展上的作用。因为，保险活动的各个参与者，无论是保险公司、投保人或者被保险人，还是保险中介机构，均须持有高度的诚实信用态度，以诚为本地提供与保险活动相关的所有事实情况，建立保险合同关系，并行使各项权利和履行各项义务，尤其是恪守所承诺的保险责任，以此确保各方当事人所追求的保险保障效果的切实实现。可见，最大限度地讲求和贯彻诚实信用是维持我国保险市场正常经营秩序，充分发挥保险制度特有的“保驾护航”作用的有力保证。其中，保险活动参与者之间签订保险合同的环节当然要接受最大诚信原则的调整。而基于最大诚信原则的要求，构建保险合同成立与生效的法律规则就应当合于保险活动的特点，概括当今的保险市场，虽然保险人与投保人、被保险人之间信息不对称的情况因科学技术的发展而有所改变，但双方在签订保险合同过程中实质地位的不对称状态却仍然存在，故而，有不要根据最大诚信原则来设计适用于保险合同成立与生效的法律规则，不能一味地照搬一般合同的

❶ 徐国栋：《民法基本原则解释——成文法局限性之克服》，中国政法大学出版社 1992 年版，第 74 页。

❷ 谢怀栻等：《合同法原理》，法律出版社 2000 年版，第 16 页。

成立与生效规则。目的在于，基于最大诚信原则的指导作用，凸显当事人签订的保险合同真正代表双方意思表示的“真实性”，即借助保险合同约定的各项权利和义务源自双方当事人真实的意思表示，体现着彼此参与保险活动所追求的真实目标。据此而建立的保险合同关系才可能是保险立法调整保险活动的社会价值，这必然要求保险合同制度规则应当有利于提升诚信水平，确保保险合同的真实性。

2. 实现保险特有的保障功能需要保险合同的成立与生效规则发挥促进作用

综观各类民商事合同之中，保险合同是唯一被赋予保障功能的合同类型。由于保险制度是“通过分散风险及提供经济补偿，在保障社会稳定方面发挥着积极的作用”[1]，而保险合同作为固定保险活动关系的法律形式，则有利于该保险保障功能的有效实现，并形成了区别于其他民商领域中的民商事合同的典型特征，从而用于规范保险合同的法律规则就应当服务于此，以确保保险合同之保障功能的实现。其中，有关保险合同成立与生效的规则同样应当与此相适应，使其成为更有利于确认保险合同是否成立和生效，平衡双方当事人之间利益冲突，充分发挥保险合同的保障功能。

事实依据是，保险合同作为保险商品交换的法律形式，其保障功能是借助保险人收取较小数额的保险金而在保险事故发生或者具备支付条件后向被保险人支付保险赔偿金或者人身保险金来体现。这十分容易刺激当事人在签订保险合同过程中追求不当利益的心态，一方面是有可能出现投保人、被保险人签约时采取隐瞒有关的重大情节或者编造虚假事实来获取保险保障的“道德危险”手段的情况；另一方面是保险人利用其事先拟制格式保险条款的专业优势而不向相对人说明条款内容或者明知签约时已经出险或已经知道对方未如实告知而仍然与其签订保险合同的情况，均会影响到保险合同之保障功能的发挥。为了减少甚至避免这些负面情况，应当针对保险实务的具体需要设计和适用相应的法律规则，尤其是明确用以认定保险合同成立和生效的法律尺度，为保险市场上众多的签约活动提供统一明确的、有针对性的和便于适用的法律依据。因为，实现保险合同之保障功能的前提条件是保险合同关系的“稳定”存在，则适用保险合同成立与生效的法律规则，就必须强调其有利于建立稳定的保险合同关系，关键点是明确保险合同成立与生效的法律界点，作为双方当事人之间的权利义务存在与否的法律依据。

3. 保险市场经营模式的多样化需要与其相适应的保险合同成立与生效的制度规则

---

[1] 马永伟：《保险知识读本》，中国金融出版社2000年版，第40页。

伴随着我国保险市场的日益深化发展和竞争程度的不断强化，保险行业的生命力十分旺盛。各家保险公司出于自身获取赢利和发展壮大的需要，都力求完善其经营管理水平，提升和丰富着保险服务的内容和范围。虽然，各家保险公司根据我国《保险法》第95条的规定精神，其各自的“业务范围由保险监督管理机构依法核定，保险公司只能在核定的业务范围内从事保险经营活动”。❶ 但是，这些保险公司在各自开展保险业务活动所采取的经营方式可以不断进行创新和发展，使得我国保险市场呈现出经营模式多样化的趋势。

面对充满生气的中国保险市场，我国的保险立法应当以更加科学完善的规范制度体系对其实施调整，创造有利于保险市场有序发展所需的法律环境。毋庸置疑，其他各类合同法律制度的运用一样，保险合同成立与生效就属于保险合同制度的重要组成部分，保险立法应当对保险合同的成立与生效作出全面完善的规定，用于规范调整保险实务中大量存在的保险合同关系。不过，出于保险市场的发展和市场竞争的需要，参与保险市场活动的各家保险公司都在提高自身经营管理水平和保险服务水平的过程中努力摸索新的保险产品的营销模式和展业方法，呈现出多样化的市场局面。

与此相应地，当事人签订保险合同的类型亦不尽相同，不仅包括着普遍采取格式条款方式来签订的保险合同，也存在着当事人针对具体情况而采取协商意定方式签订的保险合同，甚至是不少保险公司将新型的电子数据载体引入保险营销领域，借助电子保单或者保险卡等固定保险合同关系。这意味着保险立法要适应保险市场经营模式多样化的需要，针对各类不同签约情况，研究和制定相应的有针对性的认定保险合同成立与生效的法律规则，从而，达到调动和保护当事人参与保险市场活动的积极性，提高保险合同的签约效率，避免在保险合同的签订环节上采取简单化“一刀切”的认定标准，促进保险市场良性发展的效果。

4. 保险合同订立程序的特殊性决定了保险合同成立与生效规则应当具有自身特点

众所周知，合同是我国市场经济条件下各类民商事活动的法律表现形式。当然，从共性角度讲，“缔结合同的双方当事人常要经过要约、承诺这两个步骤，才能就合同的主要条款达成合意，从而在双方当事人之间成立合同关系”。❷ 该订立合同的一般规则当然适用于各个经济领域的民商事合同，不过，与其他各类商品交换活动中交易合同的签订有所不同，基于保险市场发展中已经形成的习惯，保险合同的签订程序有特殊表现，涉及投保人以填写投保单的

❶ 许崇苗、李利：《中国保险法原理与适用》，法律出版社2006年版，第607页。

❷ 王利明：《民法》，中国人民大学出版社2008年版，第442页。

形式而实施的投保行为和保险人公司经过内部核保后的承保行为以及保险公司签发保险单的行为。其中，保险公司的核保活动需要一定的时间过程，往往是投保人进行投保以后的某一定时间，两者之间存在着时间差，尤其是存在着保险公司同意承保或者不同意承保的两种结果。显而易见，保险公司核保的结果关系投保人之投保目的的实现，不仅表明投保人与保险公司在保险合同签订过程中主动性的差异，更与保险制度之保障功能的实现与否息息相关。

鉴于此，我国《合同法》有关认定各类民商事合同成立与生效的一般性规则制度就不能简单地照搬于保险合同的成立与生效的认定，而应当根据上述的签订保险合同过程中普遍存在的特殊程序，在遵循《合同法》规定关于签订各类民商事合同的一般制度规则基础上，以保险立法的形式，进一步构建具体适用于签订保险合同领域的认定保险合同成立与生效的制度规则。这一保险立法之举措的实施，可以产生如下的调整保险市场之法律效果，一是有利于重新平衡保险人与投保人、被保险人之间的利益冲突，构建从形式到实质的公平性保险合同关系。因为，针对签订保险合同时难以回避的保险公司内部核保与其后签发保险单的事实，重新设计和规定保险合同的成立与生效规则，能够矫正保险人与投保人在签订保险合同过程中存在的前者主动而后者被动的情况，使得双方重新回归实质意义上的平等地位关系之上，由此平衡双方之间的利益冲突。二是有利于提升保险合同的签订效力，实现保险立法保护保险制度之保险功能的宗旨。因为，按照保险合同签订程序的特点需要而设计和制定的认定保险合同成立与生效的法律规则，其目标必然是提升保险合同的有效率，增强保险合同的履约效果，以确保保险之保障功能的实现。

5. 格式化保险合同的普遍适用导致保险人与投保人、被保险人的法律地位实质上的不平等的情况，对于保险合同成立与生效的认定必然产生相应的影响

概括各国保险市场实践，适用于保险市场的保险合同普遍采用格式条款形式已是不争的事实。这使得保险合同成为民商事合同家族中的典型领域。当然，分析格式条款在保险领域的适用效果，不难发现其是一把“双刃剑”。从格式条款的积极角度讲，当事人采用格式条款来签订的合同，可以明显地提高签约的效率，以便适应现代高频率商事活动所追求的高效率。同时，格式条款又被称为定型化合同，它是由一方当事人“为了重复使用而预先拟订，并在订立合同时未与对方协商的条款”（《合同法》第 39 条第 2 款）。可见，“格式合同与一般合同最大的区别在于当事人为意思表示的充分性不同”，它“明显地限制了交易另一方的意思自由”[1]，即“与一般合同的订立不同，在订立定型

[1] 李克武：《合同法专题研究》，华中师范大学出版社 2011 年版，第 25 页。

化合同中，消费者一方永远是相对人，对于企业的要约只有承诺或不承诺的权利，而对要约的内容无个别磋商的余地”。[1] 这一先天不足决定了格式条款的适用存在与生俱来的负面影响，使双方当事人相互间的实质地位并不平等，即事先拟订格式条款的一方必然处于优势地位，相对方的地位却是被动的、附和的。

为了让格式条款在保险领域的适用中达到兴利除弊的结果，充分发挥其积极作用，降低甚至消除其负面影响，就需要寻求有效的解决办法。其中，建立和健全符合我国保险市场现实特点和发展需要的保险法律制度体系自然是具体举措之一，重新设计和制定保险合同成立与生效的制度规则便是该法律体系的重要组成部分。借助于保险活动规律的法律规则，当事人之间因适用格式条款而本不平等的关系能够得到改变，尽可能地平衡彼此的利益冲突，维持我国保险市场上公平稳定的发展环境。

二、电子保单适用中的纷争引发笔者重构保险合同成立与生效制度规则的思考

应当说，电子保单是近几年出现在我国保险市场上的新现象，成为传统的保险人提供的格式条款和双方协商议定条款以外的一种新型保险营销模式。就其适用效果而言，运用电子保单在便利了广大公众购买保险、提升保险缔约效率的同时，也产生了一系列的争议问题，而有关电子保单所涉保险合同的成立与生效就是争议最多、影响最大的法律问题。这使得笔者深感有必要结合保险市场实践来审视保险合同成立与生效的特殊性，在《合同法》关于合同成立与生效的一般规定基础上，重新构建保险合同成立与生效的制度规则，其第一步是先行解决电子保单适用中遭遇的上述迷局，进而就覆盖整个保险市场的保险合同，设计新的认定其成立与生效的制度规则。

众所周知，《合同法》有关合同成立与生效的规定当然是认定保险合同成立与生效的法律依据，借以落实《保险法》第 13 条关于“投保人提出保险要求，经保险人同意承保，保险合同成立”，“依法成立的保险合同，自成立时生效”的规定。但是，保险活动的诸多特点决定了认定保险合同的成立与生效应当合乎我国保险市场的上述特殊需要而具有自身特点。仅就电子保单适用过程中，有关其所涉及的保险合同成立与生效已经成为充满争议的焦点问题，亟待理论界和实务界予以解决。

随着信息技术的迅猛发展，人类社会进入新的信息时代，以运用国际互联网为媒介进行的商务活动逐渐在全球兴起，电子商务的内涵十分广泛，凡以电

---

[1] 张俊浩：《民法学原理》，中国政法大学出版社 1991 年版，第 672 页。

子形式在信息网络上进行的商品交易和服务活动均归结为电子商务，并逐渐形成了网络经济。2000 年在瑞士达沃斯召开的世界经济年会向全世界宣布网络经济是世界经济的发展方向。我国的网络经济亦方兴未艾，保险领域中电子商务作为金融服务的新形式的兴起便是例证，自 2005 年 4 月 1 日[1]《中华人民共和国电子签名法》生效的同时，中国人民财产保险股份有限公司签出国内第一张电子保单至今，电子保单已经是越来越多的保险公司提供的新型保险服务方式。但是，保险电子商务作为我国保险市场中的新生事物，由于其存在着不同于传统的保险商品交易方式的诸多特点，也引发了许多新的法律问题，构成有关法律调整和司法实务的新挑战，而关于电子保单所涉及的保险合同之成立与生效的认定就是关注度最高、争议最大的法律问题。

应当说，这是电子商务适用中所涉及的普遍性问题，因为，所谓电子保单是保险公司借助电子数据交换形式订立的保险合同，是互联网技术在我国保险领域的运用方式来表现的保险交易关系，当然，在我国目前的尚未有电子商务合同立法的情况下，关于电子商务合同便缺乏明确的法律定义。笔者认为，电子商务合同就是当事人为了实现一定的商事交易目的而在网络条件下，通过电子邮件和数据方式确立的相互之间的权利义务关系的书面协议。我国《合同法》第 11 条正是借鉴了联合国国际贸易法律委员会的《电子商务示范法》[2]的精神，确立电子商务合同为书面合同，理由是作为电子商务合同之表现形式的数据电文，可以起到传统的以文字所记载的书面合同的所有功能，尤其是按照客观标准，数据电文所包含的信息可以随时找到并查阅。

具体而言，电子保单应当视为书面保险合同的一种独特的表现形式，属于新型载体，与传统的纸质保险单具有同等意义，其价值在于利用数据电文记载和传输相关的保险合同的内容，故不能将电子保单与保险合同混为一谈，也不应当将电子保单看作是保险合同的简化形式（简易保险合同）。概括电子保单（商务）在我国保险领域适用的情况，当前在我国保险市场上主要有 3 种具体的电子商务业务模式。

一是网上业务，即投保、核保、交费和出单等环节均在网上自助实现完成。具体做法是，保险公司在其网站上宣传保险产品，有意购买保险的投保人在网站上选择特定的保险产品，根据保险公司设计的投保流程和投保要求填写相应的信息内容进行投保操作，并在满足了保险公司设定的投保条件后通过网上支付方式缴纳保险费，保险公司的该网上系统按照核保流程进行核保后，交费和出单等环节均在网上自助完成，并自动生成电子保单。

---

[1] 《中华人民共和国电子签名法》生效亦于 2005 年 4 月 1 日生效施行。

[2] 联合国国际贸易法律委员会作为国际范围内电子商务领域重要的立法机构，于 1996 年 12 月在 联合国大会上以 51/162 号决议通过了《电子商务示范法》。

二是网上对接业务，即保险公司为特定的客户（如货运公司、旅行社等）提供对接的网上平台，由这些客户直接在其与保险公司网上对接系统平台上，按照保险公司事先网上设计要求录入有关特定保险所需的相关信息后，该网上系统自动核保并生成电子保单。

三是卡式业务，即由作为保险代理人的保险营销员或保险代理公司或兼业保险代理机构的员工向客户当面销售自助式保险卡（其间包括宣传保险卡、说明保险内容事项和产品说明书、回答购买者提出的问题等），投保人购买了该保险卡后，在保险公司的网站上自助激活或者用拨打电话的方式来激活保险卡，投保人在该激活过程中根据保险公司设定的网上投保条件和投保流程填写相关信息予以提交，满足这些设定条件的即通过网上核保，按照激活程序获得电子保单的号码，并在网上生成电子保单。

在上述3种电子保单的模式中，共性的特征就是保险商品交易的无纸化，即投保人无须填写投保单，保险公司也不再出具纸质保险单或保险凭证，而是以数据电文的形式表现保险的内容。当然，随着电子商务在我国保险领域的适用不断成熟和发展，其所运用的载体方式必然会不断增加，则与其他各个领域适用电子商务出现的法律问题相似，认定电子保单的成立与生效就是需要解决的首要问题。

虽然我国目前尚无专门的电子商务合同法，但是，现行的《合同法》有关合同订立、成立与生效的规定已经能够成为认定电子保单的成立与生效的法律依据。从合同法角度讲，电子保单作为保险合同的表现形式，其所表现的应当是保险人与投保人之间有关保险权利和义务的协议关系，而衡量其是否属于保险合同以及认定电子保单所表现的保险合同成立与生效的时间，需要的法律标准仍然是双方当事人的“合意”，即运用《合同法》有关订立合同所应经历的要约和承诺的规则认定电子保单所表现的保险合同关系何时成立和生效。

不过，就认定电子保单所涉及的保险合同的成立与成效的问题是理论界和司法实践中争议的主要问题。这使得本已存疑的保险合同成立与生效问题进一步复杂化。毋庸置疑，《合同法》有关合同成立与生效的规定当然是认定保险合同成立与生效的法律依据，借以落实《保险法》第13条关于“投保人提出保险要求，经保险人同意承保，保险合同成立”，“依法成立的保险合同，自成立时生效”的规定。但是，保险活动的诸多特点决定了认定保险合同的成立与生效具有自身特点。特点之一是，保险合同的订立普遍存在着预交保险费和保险人的内部核保而后签发保险单的环节；特点之二是，保险合同普遍采用的格式条款而导致保险人与投保人、被保险人相互间的法律地位实质上的不对等。而在电子保单适用的过程中，有关其所涉及的保险合同的成立与生效也必然成为争议的焦点问题。对此，理论界和实务界存在着诸多不同的观点。

第一种观点认为：保险人收取保费，应视为同意承保，保险合同自保险人收到保费时成立并生效，保险人亦自此开始承担保险责任。

第二种观点认为：投保人缴费为预交之保费，视同要约，而被保险人和保险责任期间从自助式保险卡被激活时得以确定，保险合同自此成立并生效。

第三种观点认为：保险合同自保险人收取保费时成立并生效，激活自助式保险卡只是确定具体的被保险人和保险责任的开始时间。

第四种观点为预约与本约说：自助式保险卡的交易（购卡交易）环节为预约，激活保险卡和生成电子保单的环节为本约，因此，该保险合同自激活之时成立和生效。

第五种观点为买卖说：认为购买保险卡就是一个买卖合同的订立，该买卖行为完成就是保险合同成立和生效的时间。

之所以就电子保单涉及的保险合同成立与生效问题上存在诸多观点，笔者认为其主要原因是《保险法》第13条有关保险合同成立与生效的规定仍然过于笼统，难以与我国保险市场的需要相互配合。

三、笔者对重构电子保单所涉保险合同成立与生效制度规则的设想

笔者认为，上述有关电子保单所涉保险合同的成立和生效时间认定的观点各有一定的道理，但就上述3种电子保单模式来讲却不能一概而论，而应当有所区别。其中，对于网上业务和网上对接业务，宜采取“承诺说”，而卡式业务则应当采取“交易完成说”。

按照合同法理论，“合同是两人或多人之间，就某种特定事项作为或不作为所达成的一种具有约束力的协定”[1]，强调其是双方当事人之间意思表示一致的“合意”。这意味着任何一个合同关系的建立，均必须经过“当事人双方相互交换意思表示的过程，法律上称之为要约和承诺”，最终达成协议的过程。[2] 这自然包括着适用于保险市场的保险合同，不过，保险市场的上述特点决定了其需要在《合同法》的一般性法律规则的基础更能够适应特殊性质的用于认定保险合同成立与生效的制度规则。具体到保险市场上逐渐推广使用的电子保单，决定着其特殊的保险服务方式而导致相关的保险合同的成立与生效必然有别于传统的合同类型，则重构用于认定电子保单涉及的保险合同成立与生效的法律规则也就是合同法律制度的进步和发展。笔者正是在此意义上提出，应当采取“承诺说”来认定电子保单所涉及保险合同的成立与生效。

---

[1] 刘瑞复：《合同法》（第二版），群众出版社1999年版，第49页。

[2] 王家福：《中国民法学·民法债权》，法律出版社1993年版，第279页。

所谓“承诺说”，就是针对上述网上业务和网上对接业务的操作特点，认定保险公司将其事先拟订的格式化保险条款公开以销售为目的而向不特定的社会公众予以销售的行为，完全类似于我国《合同法》第 15 条规定的符合要约条件的商业广告形式，应当认定为保险公司向不特定的社会公众提出订立保险合同的要约，而投保人提出保险要求，填写投保单的投保行为则构成订立保险合同所需的承诺，而保险公司收取投保单之时导致保险合同的成立与生效。

首先，保险人利用计算机网络技术所设计的，并且供社会公众公开购买的具体保险险种内容的电子保单应当认定为是以电子数据形式表现的愿意出卖具体保险的一种意思表示，属于签订保险合同所需的要约。理由是保险人在网络上的这种电子保单的设计，虽然是不特定的社会公众发出的一种意思表示，不过，该意思表示不应当理解为一般的商业广告，尤其是应当改变确认其为要约邀请的观点。因为，保险公司向不特定社会公众销售电子保单的行为具备了《合同法》第 14 条所规定的要约的条件：(1) 该意思表示具备了相应的保险合同的具体、确定的内容。该意思表示不仅包含了相应保险的基本（主要）条款和投保条件以及投保流程，并附有该保险产品的说明手册等。(2) 该意思表示在网络设计明确表示了如此意思：只要符合该意思表示设计的条件和投保流程表达承诺意思的，保险公司即受该承诺的约束。这意味着任何一个有意购买该保险的人，只要依赖保险公司设计的投保条件、投保须知和投保流程上网操作，就可以成功完成，因此，按照《合同法》第 15 条第 2 款的规定，保险人设计并公开发布的出售电子保单的意思表示理应认定为订立保险合同所需的要约。这当然不同于合同法上的要约邀请，典型区别在于要约邀请并非以签订保险合同为目的的意思表示，而仅仅是一种事实行为，也就是说，“要约邀请是当事人订立合同的预备行为，在发出要约邀请时，当事人仍处于订约的准备阶段”。[1]

与此相对应，有意购买该电子保单的投保人只要按照保险公司在发布的投保条件和投保流程进行网上操作，就可以成功地完成投保过程，并获取电子保单，可见，投保人实施的购买电子保单的投保过程充分表现其同意保险公司之要约的真实意思，故依据《合同法》第 21 条的规定，应当认定该投保人在网上购买电子保单的活动应当认定为订立保险合同所需的承诺。原因是，投保人基于保险公司事先拟订格式化保险合同条款的事实，只能处于附和地位，在其投保过程中表达承诺或不承诺的意思，完全合于合同法规定订立合同所需的承诺，构成“受要约人以要约人希望的方式表示同意要约中所表示的条款”。[2]

---

[1] 王利明：《民商法研究》（第四辑），法律出版社 1999 年版，第 459 页。

[2] ［美］杰佛里·费里尔、迈克尔·纳文：《美国合同法精解》，陈彦明译，北京大学出版社 2009 年版，第 143 页。

可见，在上述的采取电子保单形式的保险合同的订立步骤中，保险公司处于要约人地位，而投保人为承诺人的认定，与《保险法》第 13 条第 1 款有关“投保人提出保险要求，经保险人同意承保”的保险合同订立步骤并不矛盾。因为，该项立法规定只是体现出投保人与保险公司之间订立保险合同所需的双方意思表示对应的协商关系，并不意味着投保人提出保险要求必然在先，只能处于要约的地位，而保险公司同意承保也并非必然在后，只能是承诺。更何况，按照合同法理论，要约与承诺的地位本就不是固定不变的，而往往会因实际情况的需要而发生身份和地位置换。诸如随着保险领域中电子商务适用范围的不断扩大，势必会出现非电子保单的电子商务合同形式，而在此情况下订立保险合同时，投保人提出保险要求恐怕应当认定为要约，而保险人同意承保的意思表示便就是承诺。而根据《合同法》第 44 条的规定精神，该电子保单所表现的保险合同，在没有特别规定和约定的情况下，自成立时生效。

从而，认定电子商务适用范围内的保险合同的成立与生效，就必须与上述电子商务运作的特点相适应。就电子保单的买卖活动而言，投保人是以承诺人的身份进行网上投保操作，则按照《合同法》第 26 条第 2 款和第 25 条以及第 16 条第 2 款的规定精神，投保人按照保险公司设计的投保条件和投保流程进行网上投保的数据电文进入保险公司（收件人）指定的特定系统的时间为该电子保单（所代表的保险合同）成立之时，而且，在保险公司设计的出售电子保单的意思表示中未就该电子保单的生效条件和生效时间作出特别要求的情况下，该电子保单同时产生效力。从实务操作角度讲，投保人为投保所输入网上系统的数据电文进入保险公司指定的特定系统的时间与投保人获取电子保单的时间几乎同时，故客观上，投保人获取电子保单的时间也就是该保险合同的成立时间。而保险公司收到投保人所缴纳的保险费的时间，笔者认为不应当作为认定电子保单成立和生效的依据。

如果当事人采取电子保单以外的数据电文形式订立保险合同的，一般情况下应当以承诺人代表其承诺之意思表示的数据电文进入对方指定的特定系统的时间为承诺生效时间，则自此时保险合同成立并生效。但是，当事人要求签订确认书的话，按照《合同法》第 33 条的规定，双方就订立保险合同往来的数据电文只能是保险合同的初步证据，而只有在签订确认书之时，以电子商务形式而予以表现的保险合同才能成立和生效。

至于电子保单涉及的保险公司之保险责任的开始时间的认定，笔者认为，应当是当事人有约定的，保险责任自约定之时开始，而当事人没有约定的，则自投保人生成和获取电子保单之时开始。

而且，笔者认为“承诺说”适用于我国现有的各种电子保单类型，即使是目前争议最为集中的专门针对卡式业务的电子保单，也可以按照“承诺说”认定卡式业务的电子保单所涉及保险合同的成立与生效。由于卡式业务的电子保单与上述适用于网上业务和网上对接业务模式的电子保单不同，实质上是传统营销手段与网上激活相结合的新型保险服务，该保险卡作为双方完成保险交易的标志，代表着保险营销员与购买者之间达成的保险协议，并将该保险卡交付给购买者，使得该保险卡上的保险请求权的归属发生移转，这意味着保险公司设计了保险卡所涉及保险的内容条款和认购投保程序，当然属于订立保险合同的要约，而认购者按照保险公司预先设计的认购程序进行操作即为承诺，从而，购买者购买完毕便标志着相应的保险产品交易完成，故自此时应当是电子保单所表现的保险合同得以成立与生效的时间。而其保险责任开始的时间，则应当是投保人激活保险卡之时，因为，本保险合同的被保险人和保险责任自此之时得以确认。更何况，由于保险公司在其设计的电子保单（电子卡）中大多载明：本卡对应的保险合同于本卡激活的次日零时起生效的文字，因此，激活保险卡之人当然应认定为享有保险请求权的被保险人（可以是购买保险卡之人，也可以是购买者以外的第三人），与此同时，保险公司的保险责任应当自被保险人激活电子卡开始于斯。

构建新的铁路旅客运输保险保障体系之我见

贾林青*

随着国务院有关废止《铁路旅客意外伤害强制保险条例》的决定于2013年1月1日生效时起，笔者立即意识到，仍然居我国旅客运输市场首位的铁路旅客运输领域暂时处于适用保险保障的真空状态，也就是说，虽然铁路旅客自此以后购买火车票所需支付的票价会因取消了原有铁路旅客意外伤害保险涉及的2%保险费而有所下降，相应地，大家由此也失去了2万元保险金额的保险保障。因此，急需就该铁路旅客运输领域来设计和构建新的铁路旅客运输保险体系，用以适应新形势下我国社会经济发展的需要，为广大铁路旅客提供切实可行的、有效的保险保障。为此，提出如下建议供有关方面予以参考。

一、应将铁路旅客运输保险保障体系纳入商业保险运营体系

众所周知，在我国社会主义市场经济不断发展的过程中，铁路运输仍然是我国现阶段用于完成旅客空间转移的主要方式，但是，有关铁路旅客运输保险却明显地滞后于铁路旅客运输市场的需要，因为，有关该领域的保险自1951年至2012年年底的60余年间唯有依据上述刚刚废止的《铁路旅客意外伤害强制保险条例》而适用的铁路旅客意外伤害强制保险。尤其是该强制保险作为20世纪50年代的产物，带有明显的计划经济色彩，其典型表现就是并未将该铁路旅客意外伤害强制保险纳入我国商业保险市场的经营范围，不由商业保险公司从事经营，更难以在我国《保险法》框架内统一和谐地接受其规范调整，难以充分发挥该强制保险所应有的向成千上万的铁路旅客提供有效的分散意外伤害风险的保险保障作用。

显然，依据上述《铁路旅客意外伤害强制保险条例》规定而适用于铁路旅客运输领域的铁路旅客意外伤害强制保险已经与我国现实社会生活严重脱节，不能适应我国当今社会主义市场经济的发展需要。究其原因，其一是中国铁路

---

* 贾林青，中国人民大学法学院教授，中国保险法研究会副会长。

运输市场的生产经营发生了翻天覆地的变化。对此，大家均有目共睹，我国社会主义市场经济作为现代国家之国民经济的基本形式，按照社会资源合理配置的需要而包含着诸多的市场机构，运输市场便是首当其冲的组成部分，而就参与铁路旅客运输的主体（旅客）数量和该运输服务商品的适用范围来讲，均表明铁路旅客运输是我国运输市场结构中不可缺少的内容。为了满足我国社会经济发展而对铁路运输的需求，近年来，我国的铁路网线和铁路运输设施的建设突飞猛进，自动化、电气化管理水平日新月异，铁路运输的提速不断提升，运送旅客和货物在我国运输市场上所占的比例呈上升趋势。而这一市场容量巨大的铁路运输领域成为我国社会主义市场经济体系的重要组成部分后，其所包含的社会财产价值和人力资源水平与 20 世纪 50 年代相比较是不可同日而语的，也表明其对商业保险的需求必然与日俱增。其二是广大铁路运输旅客的出行观念已经大为改变。如今，随着社会物质生活条件的完善和社会服务业水平的提高，参与铁路运输的广大旅客的出行观念已不再仅仅是单纯地满足于抵达目的地，而是在追求实现空间转移结果的同时，也要求铁路运输方（承运人）所提供的运输服务更加舒适和安全。其中，由于保险意识的普及，广大铁路旅客借助保险来分散铁路运输中意外风险的呼声势必存在，构成铁路旅客运输领域中获取保险保障的社会群体。其三是中国保险市场的日渐成熟，为其向铁路旅客运输活动提供完善的商业保险服务提供了充分的市场条件和经营经验。中国保险业自 20 世纪 80 年代因相继成立了平安保险公司（1988 年 5 月）和中国太平洋保险公司而形成多元化市场经营机制[1]取代原有的中国人民保险公司独家经营国内保险业务时起至今的近 30 年中，已经成为不断成熟的保险市场，其良性的市场经营和竞争秩序正在形成，保险产品的经营水平和设计能力日益提高，这些均使我国保险业填补铁路旅客运输保险的空白成为可能。

鉴于此，笔者提出针对因《铁路旅客意外伤害强制保险条例》废止而形成的铁路旅客运输保险领域亟待充实的局面，应当构建新的铁路旅客运输保险体系。其首要问题是将铁路旅客运输保险纳入我国商业保险运营体系的范围内统一考虑，即在《保险法》所调整的商业保险框架体系内确定铁路旅客运输保险的市场地位，赋予其应有的商业保险属性，列入商业保险公司的经营范围，由各家依法取得经营相应的铁路旅客运输保险业务的保险公司从事经营活动。

所谓将铁路旅客运输保险纳入商业保险运营体系，是指铁路旅客运输保险应当与适用于其他各类旅客运输方式的保险类型一样，均由商业保险公司按照保险市场的经营规律基于公平竞争规则而开展市场经营活动。之所以强调将铁路旅客运输保险纳入商业保险运营体系，原因是按照原有的《铁路旅客意外伤

[1] 参见马永伟：《保险知识读本》，中国金融出版社 2000 年版，第 31 页。

害强制保险条例》的规定精神而确立的经营模式，该铁路旅客意外伤害强制保险并未纳入我国商业保险的经营范围内，并非由一般的商业保险公司从事经营，而是交由铁路运输主管部门一并经营，且要求铁路旅客一律强制投保，表现出明显的行政管理色彩。尤其是其经营模式缺乏透明度，给人一种“雾里看花”的感觉，诸如保险金额和保险费等保险内容难以为铁路旅客的社会公众所了解。客观地说，此一铁路旅客意外伤害强制保险的经营模式明显地滞后于我国铁路运输市场的发展需要，更是与今天的广大铁路旅客的获取铁路运输保险服务要求相距甚远，根本无法满足作为铁路运输保险消费者的铁路旅客之消费权益。因为，知情权是铁路旅客在消费该保险过程中首要的消费权益内容，只有经过该保险的经营者予以明确的说明，铁路旅客才可能明了其购买火车票时一并也投保了铁路旅客意外伤害强制保险，并且知晓保险的内容。在此知情的基础上，才有可能行使选择权、求偿权和安全权等，以实现其消费权益。❶

而将铁路旅客运输保险纳入商业保险运营体系意味着以商业保险运营替代原有的行政经营模式，发挥商业保险运营的特点来建设完善的铁路旅客运输保险市场环境，向广大铁路旅客提供有效的保险服务商品。因为，商业保险运营需要贯彻市场经营规律，具有公开、公平的特点。前者表明保险商品的经营者应当在商业保险经营过程中必须向社会公开涉及铁路旅客运输保险的相关信息，以利于铁路旅客们在参与铁路运输过程中明明白白地消费铁路旅客运输保险。后者则是指“强调各利益主体之间存在的个体能力差异基础之上的收入差异来体现公平”❷ 的经济公平，由此来刺激各经济利益主体完全释放它们在商品经营过程中的能力。具体到铁路旅客运输保险市场，借助商品市场经营的公平规则，可以充分地调动市场参与者的主动性和积极性，从而，改变凡参与铁路旅客运输保险经营的各家商业保险公司完全可以自主独立地根据铁路旅客运输市场的实际需要，遵循平等、自愿和等价有偿等市场规则，创新性地设计和推出各具特色的铁路旅客意外伤害保险的险种，改变原有的单一旅客意外伤害强制保险的局面，构建适用于铁路旅客运输领域的、包含着铁路旅客意外伤害保险在内的丰富多彩、百花并举的商业保险体系，确保广大旅客能够在参与铁路旅客运输的过程中获取充分有效的保险保障，进而形成和发展具有特色的铁路旅客运输保险制度体系。

在商业保险运营的前提下，笔者关于新的铁路旅客运输保险保障体系的设想是，适应我国铁路旅客运输的发展现状和需要，改变原有单一的保险险种，

---

❶ 参见中国保监会保险消费者权益保护局课题组：“保险消费者权益问题的思考”，载《保险研究》2012 年第 9 期。

❷ 丁云本、王新建：《社会主义市场经济实现论》，中共中央党校出版社 1993 年版，第 299 页。

优化保险产品结构，并通过多途径的宣传展业方式引导社会公众提高对铁路旅客运输保险产品的消费意识，实现以铁路承运人运输责任强制保险为主导内容与以铁路旅客意外伤害自愿保险为补充的，两者相互分工、相互合作的铁路旅客运输保险制度体系的建设。

二、以承运人的铁路旅客运输责任强制保险作为铁路旅客运输保险体系的主导内容

笔者认为，构建铁路旅客运输领域的商业保险体系，首先应当从铁路旅客运输的承运人角度入手，推出铁路旅客运输责任强制保险。因为，铁路运输部门在铁路运输市场上经营旅客运输活动所建立的铁路旅客运输关系属于我国《合同法》确立的运输合同的具体类型，即铁路旅客运输合同。其法律构成中的旅客一方“既是合同的当事人，又是运输的对象”。[1] 而作为其相对人的承运人一方既是该类运输合同的订约者，也是高速运输工具——火车的提供者和运输行为的实施者。相比较而言，承运人在铁路旅客运输合同的履行实现，即向旅客提供适合完成旅客运输的工具和铁路旅客运输服务的过程中往往处于主动的、优势的地位，尤其是以经营铁路运输业务为职业化经营主体的铁路运输企业，因其从事的铁路运输服务面对全社会所有的旅客，“愿意将任何旅客……运送到其营业线路上的各个地点”[2]，属于我国《合同法》所确认的公共运输承运人。因此，法律调整铁路旅客运输活动时，有必要加重承运人在实施铁路旅客运输行为上的责任，从而，统一要求铁路旅客运输承运人投保铁路旅客运输责任强制保险便是强化其从事铁路旅客运输业务之责任能力的具体举措，有利于广大铁路旅客在参与铁路旅客运输活动中既实现了空间转移的需要，也能获得充分的保险保障。

而从铁路运输企业的经营管理角度讲，适用承运人铁路旅客运输责任强制保险也是提高其生产经营水平的标志。理由是，铁路运输企业作为独立的企业法人所从事的商品生产经营活动就是运用高速运输工具实施的运输服务活动，具体到铁路旅客运输涉及的火车是一个相对封闭的狭小空间，特别是在此类高速运输工具以及相关运输设备的自动化和信息化水平不断提升的今天，其安全性就成为完成运输活动过程中的第一需要，这就要求铁路旅客运输的承运人具有更高的经营管理水平，而适用于此类承运人的铁路旅客运输责任强制保险无异于向铁路运输行业的生产经营活动植入了第三方监督机制。借助保险人在履行承运人铁路旅客运输责任强制保险过程中行使的权利，对作为被保险人的铁

---

[1] 李克武：《合同法专题研究》，华中师范大学出版社 2011 年版，第 285 页。

[2] 谢怀栻等：《合同法原理》，法律出版社 2000 年版，第 495 页。

路运输企业（承运人）进行的安全检查，可以达到促使其建立科学可行的安全运输生产的管理水平，认真贯彻对广大旅客和社会承担的安全注意义务，减少甚至杜绝铁路旅客运输中的安全隐患，落实各项安全运输旅客的义务和责任，维持我国铁路旅客运输市场的良性经营秩序。

鉴于铁路运输承运人的运输责任保险（除了货物运输保险以外）在我国保险市场上尚处于空白，则科学设计和高效运用铁路运输承运人运输责任强制保险便是充实我国保险市场的当务之急。参照现有其他保险险种的法律内涵和我国保险市场的现状，设计该保险险种时，应当正确处理如下法律问题，以便建立科学的承运人铁路旅客运输责任强制保险制度。

1. 应当全面认识承运人铁路旅客运输责任强制保险的市场定位和社会功能

所谓承运人铁路旅客运输责任强制保险，是指从事铁路运输的企业作为承运人向保险公司投保的，保险公司对因铁路运输过程中发生自然灾害、意外事件和外来原因以及经当事人特别约定的承运人的一般过失而导致其所承运的旅客的人身伤害和财产损失承担保险赔偿责任的保险险种。可见，承运人铁路旅客运输责任强制保险是一种第三者责任保险，适用于铁路旅客运输领域，与铁路货物运输保险并存，构成我国保险市场的铁路运输责任保险制度。当然，强制要求铁路旅客运输企业一律投保承运人铁路旅客运输责任强制保险的首要目的，在于强化承运人在履行铁路旅客运输合同时的责任心，以铁路运输业务的专业经营者应持的谨慎注意态度来确保提供安全、高效性能的运输工具和相关运输设备，切实完成安全的旅客运输服务。一旦因自然灾害或者意外事件等不可抗力以及特别约定的一般过失而造成铁路旅客人身伤害和财产损失的，由承保该险种的保险公司先行向遭受损害的铁路旅客（第三人）予以保险赔偿，以便达到及时保护其合法权益的效果。

不过，承运人铁路旅客运输责任强制保险在实践中能否充分发挥其保障职能，首先取决于社会公众对其社会功能的认识是否全面。客观地讲，承运人铁路旅客运输责任强制保险的社会功能应当表现在参与铁路旅客运输双方的两个方面：它对于被保险人——铁路旅客运输的承运人而言，是分散其在从事铁路旅客运输业务中所面临风险的有力工具，可以避免铁路运输企业因铁路旅客运输事故的发生所遭受过于集中大额的民事赔偿而影响其正常的生产经营秩序。同时，对于铁路运输的旅客来讲，承运人铁路旅客运输责任强制保险是向其提供保险保障的主要法律手段，通过保险公司及时的保险赔偿来弥补其因铁路旅客运输中的不可抗力或者承运人的一般过失而遭受的人身伤害和财产损失。这两方面的功能应当兼顾，不可偏废。此外，在我国保险市场上的适用和推广铁路旅客运输责任强制保险，对于改变责任保险的市场份额较低的局面，提升责任保险制度的建设和发展具有重要意义，因为，“在中国法律环境日新月异的时期，人们对法律责任的风险难以形成一个确定的认识，责任保险将维持一个较低的市场份额”。[1]

2. 承运人铁路旅客运输责任强制保险需要强调“强制”的法律内涵

即承运人铁路旅客运输责任强制保险属于商业保险范畴内的强制保险。概括各国的保险市场，强制保险都是其必要的组成部分，适用于商业保险领域的强制责任保险，“是指国家有关法律法规要求某些特殊的群体或行业对其所可能承担的某种特殊责任不管其愿意与否都必须参加投保的责任保险险种”。[2]因为，各国政府均会从推行和落实其社会公共利益政策需要的角度考量，以强制投保方式强化特定社会领域适用特定的保险险种，达到分散风险的社会保障功能，强化对受害人的保障，促进社会保障救济体系的完善。铁路是我国国民经济发展的命脉，又是采取高速运输工具完成旅客或者货物的空间转移的经营领域，其中，借助铁路输送旅客是铁路运输市场的重要组成部分，在一定时期内仍然是位于我国运输市场首位的运输方式。为此，需要其正常高效的发展提供安全运输的市场环境，其中，对承运人强制适用铁路旅客运输责任强制保险当然是实现我国政府的铁路系统安全生产政策，完成铁路旅客安全运输任务，促进国家经济发展的必要手段。

需要说明的是，承运人铁路旅客运输责任强制保险的强制色彩，是从铁路旅客运输的承运人一方在铁路旅客运输关系中的地位和职责入手，赋予了从事铁路旅客运输的企业依法投保该保险险种的义务。这意味着在投保与否的问题，从事铁路旅客运输业务的企业没有选择的权利，必须依法向保险公司投保该强制保险。与此相适应，保险公司必须接受铁路旅客运输企业提出的投保要求，与其签订承运人铁路运输责任强制保险。至于具体的承运人铁路运输责任保险的内容，应当依据有关的法律规定来确定；法律没有统一规定的，则由保险公司与投保的铁路旅客运输企业双方平等地协商约定。究其原因，铁路旅客运输是一种运输合同关系，其中的承运人一方既是该类运输合同的订约者，也是高速运输工具、运输设备的提供者和运输行为的实施者，这使得其在向旅客提供铁路旅客运输服务过程中处于主动的、优势的地位，所以，有必要加重其在实施铁路旅客运输行为过程中的责任，对其适用铁路旅客运输责任强制保险不能不说是具体举措之一。

3. 应当确立科学的承运人铁路运输责任强制保险的主体构成

研究此问题的重点意义，在于明确承运人铁路旅客运输责任强制保险之参

---

[1] 陶存文：《保险百年》，中国财政经济出版社 2010 年版，第 78 页。

[2] 郭锋、杨华柏、胡晓珂、陈飞：《强制保险立法研究》，人民法院出版社 2009 年版，第 6 页。

与者的地位和身份。笔者认为，既然承运人铁路旅客运输责任强制保险是适用于铁路旅客运输活动的商业保险险种，其参与者自然是从事商业保险经营的保险公司和参与铁路运输活动的铁路运输企业和旅客，因此，承运人铁路旅客运输责任强制保险的主体便包括作为保险人的保险公司、从事铁路旅客运输业务的企业和旅客。当然，针对铁路旅客运输的实际需要和经营承运人铁路旅客运输责任强制保险的特点，投保该强制保险的过程往往是由从事铁路旅客运输业务的铁路运输企业与保险公司之间协商签订。而参与铁路旅客运输活动的旅客，虽然并不参与承运人铁路运输责任强制保险合同的签订，但因其是铁路旅客运输活动不可缺少的参与者，而且，笔者基于对责任保险的复合性保险保障功能的看法[1]，认为，承运人在铁路旅客运输责任强制保险中，是以被保险人的身份获取的保险保障仅仅是强化了其向受害的第三人（旅客）履行民事赔偿责任的能力，而受害的第三人（旅客）才是该强制责任保险的最终的、实质意义上的保障对象，承运人铁路旅客运输责任强制保险的社会公益性由此可见一斑。因此，有必要确认旅客处于承运人铁路旅客运输责任强制保险关系中必备的第三人，具有当事人资格和地位。

应当明确的是，铁道运输主管部门在适用承运人铁路旅客运输责任强制保险中的地位和作用。众所周知，铁道部是我国铁路运输行业的行政主管机关，其代表国家来履行政府机构的职能，对于我国铁路运输市场实施监督管理。因此，铁道部基于其政府职能，有权力与我国的保险监督管理机关共同制定有关承运人铁路旅客运输责任强制保险的规章政策，并在我国铁路运输市场范围内，管理和监督铁路旅客运输企业切实落实上述有关强制保险的规章政策，投保相应的承运人铁路旅客运输责任强制保险。但是，铁道部不能以投保人的身份来向保险公司投保该强制保险，这正是在我国社会主义市场经济环境下政企分离的必然要求。否则，有可能出现政府为从事铁路旅客运输业务的企业“买单”的现象而影响铁道部作为政府代表的权威和形象。同时，铁道部基于其铁路运输市场主管机关的角色，更不宜以铁路旅客运输责任强制保险之经营者的身份出现在铁路运输领域，以免混淆其应有的职能作用。

4. 受害人的地位和权利

在此，受害人当然是指参与铁路旅客运输活动，并因铁路运输过程中发生的不可抗力或者特别约定的承运人一般过失而遭受人身伤害和财产损失的旅客。如前所述，承运人铁路旅客运输责任强制保险属于第三者责任保险，其保险标的是铁路旅客运输合同中承运人在履行铁路旅客运输合同过程中因不可抗力或者特别约定的一般过失而导致作为第三人的旅客人身伤害和财产损失所应

---

[1] 详见贾林青：“厘清交强险和商业三责险之保障功能”，载《金融时报》2011年12月7日。

对其承担的民事赔偿责任。该强制保险的适用价值最终就是体现在由保险公司按照保险合同的约定，向遭受损害的旅客支付保险赔偿金，使其得到及时的经济补偿来保护其合法权益。所以说，认定旅客在承运人铁路旅客运输责任强制保险中的地位，就是关系着该强制保险之适用效果的重要问题。

谈到作为第三人的旅客在承运人铁路旅客运输责任强制保险中的地位，笔者认为，旅客是该类保险合同必不可少的当事人。其意义在于，缺少了旅客这一角色，铁路旅客运输合同就不复存在，也就不会产生承运人的铁路运输中对旅客（受害人）的民事赔偿责任，从而，承运人铁路旅客运输责任强制保险便由于丧失其保险标的而失去适用价值。可见，旅客在承运人铁路旅客运输责任强制保险中的角色地位不可能是可有可无的，这使其不同于第三人利益合同中仅仅处于单纯受益地位的第三人。

同时，也需要注意旅客作为第三人在承运人铁路旅客运输责任强制保险中的特色，即在该强制保险的保险事故未发生的情况下，该第三人包括参与相应的铁路旅客运输活动的全体旅客，具体的衡量标准就是持有合法获取的、代表其与承运人之间存在着特定的铁路旅客运输合同关系的铁路运输客票，并搭乘约定的铁路运输工具的全体旅客。但是，一旦该强制保险的保险事故发生，该第三人便由不特定的全体旅客转变为遭受损害的特定的受害人（旅客）。笔者认为，这是责任保险区别于其他保险类型的典型特点。因此，应当认定承运人铁路旅客运输责任强制保险是由商业保险公司作为保险人、承运人作为投保人和被保险人与处于第三人地位的旅客等三方当事人所构成。

当然，确认旅客在承运人铁路旅客运输责任强制保险中常设性法律地位的目的，在于赋予其用以保护自身利益的法律权利。即确认遭受损害的旅客作为第三人基于其常设性的主体地位而在承运人铁路旅客运输责任强制保险中，享有向保险公司直接请求予以保险赔偿的权利。尤其是在我国现行《保险法》（第 65 条第 2 款）规定责任保险的第三人有条件地向保险人行使直接保险赔偿请求权的情况下，该强制保险明文确认遭受损害的旅客作为第三人享有的直接保险赔偿请求权，就具有重要的实践意义。同时，也应当明确该旅客行使这一直接保险赔偿请求权的法律条件——存在着被保险人（铁路旅客运输的承运人）怠于行使其向保险公司的保险赔偿请求权的事实。

此外，承运人铁路旅客运输责任强制保险的有效适用还需要完善的保险市场环境的支持，当前亟待解决的是，借鉴我国交强险的适用经验，为承运人铁路旅客运输责任强制保险的推出和适用创造应有的法律环境和保险市场竞争机制。首先，国务院或者其授权的铁道部与保险监管机构共同制定有关承运人铁路旅客运输责任强制保险的法律或者规章，作为规范和适用该强制保险的行为准则。其中的关键涉及比较敏感的保险费率和保险费的承担，为此，铁道部与保险监管机构需要在科学厘算的基础上，确立统一的或者引导性的保险费率予以适用，并明确该强制保险的投保人和被保险人——铁路旅客运输企业用于支付该保险费的列支项目，明确规定投保人应当在其经营过程中予以消化，不得转嫁到作为消费者的旅客身上。其次，铁道部与保险监管机构应当明确规定经营该强制保险的市场主体资格，允许符合法定条件的财产保险公司或者责任保险公司公平地进入该强制保险的经营范围，相互之间开展公平竞争，竞相以优质的保险服务广大的旅客提供充分的保险保障。同时，各家参与该强制保险经营的保险公司应当建立公开透明的经营模式，以便保险监管机构和社会公众对其经营该强制保险所涉及的各项内容实施有效的监督。

三、用铁路旅客人身意外伤害自愿保险取代原有的强制保险，补充该保险体系的保障效果

笔者之所以提出，利用废止 1951 年《铁路旅客意外伤害强制保险条例》的契机，用铁路旅客人身意外伤害自愿保险取代原有的强制保险，是因为此做法符合我国社会主义市场经济条件下保险市场的发展趋势。显而易见，产生于 20 世纪 50 年代初期的铁路旅客意外伤害强制保险适应了当时我国国家建设和社会安定的客观需要，是计划经济的产物，带有明显的行政色彩，必然与当今的我国社会经济发展水平相脱节，无法满足现阶段社会主义市场经济对保险市场的需求，如今，需要有新的自愿保险险种予以接续。

究其原因，一是铁路旅客意外伤害保险应当属于人身保险范畴内人身意外伤害保险的具体类型，以其特有的转移被保险人面对的意外死亡、伤残风险的保险内容而区别责任保险等其他各类保险类型。总结人身保险在国际保险市场的发展经验，人身意外伤害保险应当是伴随着西方工业革命而发展起来的，并适应着各国工业化程度的不断加深而在经济发达国家获得完善和发展，成为各国用于满足预防工伤事故，补偿意外工伤损害，维持安全生产秩序要求的经济手段。具体到中国保险市场，人身意外伤害保险制度的完善与否同样是衡量其发展水平的标志之一。仅就适用于旅客运输领域的人身意外伤害保险来讲，与公路旅客人身意外伤害保险、航空旅客人身意外伤害保险以及机动客船（轮船、轮渡等）旅客人身意外伤害保险均得到较为广泛适用的情况[1]相比较，铁路旅客运输领域因上述的铁路旅客意外伤害强制保险于 2013 年 1 月 1 日被废止而成为暂时没有人身意外伤害保险可以适用的状态。

二是人身意外伤害保险经过上百年的发展到今天，已经逐步从早期突出政

---

[1] 许崇苗、李利：《中国保险法原理与适用》，法律出版社 2006 年版，第 269～271 页；马永伟、林中杰、马明哲：《保险业务全书》，中国社会出版社 1997 年版，第 340 页。

府主导的强制意外伤害保险体系转向由商业保险公司经营运作的商业性人身意外伤害自愿保险为主。按照保险法理论，投入保险市场上经营的商业保险实质上是一种当事人之间基于平等自愿的协商而从事的保险商品交换活动，“这是我国社会主义市场的统一性以及民法对商品经济关系进行统一调整的性质所决定的”。[1] 鉴于此，保险公司在从事包括人身意外伤害保险在内的各类保险产品的经营活动过程中，不仅要遵循等价有偿的规则，更应当以平等、自愿为首要原则，故保险市场上的大多数保险产品都是自愿保险，而强制保险则只是存在于一些特定的高风险领域（例如铁路旅客运输企业运用高速运输工具从事的铁路旅客运输行业）。仅就铁路旅客意外伤害保险来讲，在我国现阶段社会主义市场经济深化发展的今天，其已然失去了强制适用的特定历史条件，而应当作为普通的意外伤害保险险种由保险公司进行经营。况且，我国保险市场的事实已经证明，目前适用于其他旅客运输领域——航空、船舶、公交车辆等运输领域的旅客运输人身意外伤害保险，均因保险立法的规定或者运输市场的需求而由交通、民航等相关主管部门回归到保险公司从事的商业保险经营范围内，同时，大多由强制投保改为自愿投保，并在各自的行业范围内取得了成功的经验。笔者理解国务院明令废止 1951 年《铁路旅客意外伤害强制保险条例》的主要原因正在于此，故应当将铁路旅客运输人身意外伤害保险定位为自愿保险，取代原有的铁路旅客意外伤害强制保险，以适应当前我国的社会经济和保险市场的发展需要。

当然，保险公司依照我国保险市场经济规律经营铁路旅客意外伤害自愿保险时，应当妥善处理如下法律要点：

首先，应当正确处理铁路旅客人身意外伤害保险与承运人铁路旅客运输责任强制保险的适用关系。不言而喻，这两个完全不同的保险之间存在着密切的适用关系，并因此而在铁路旅客运输领域发挥各自的保障作用。分析其中的不同，承运人铁路旅客运输责任强制保险属于财产保险范畴内的强制保险，是责任保险的具体类型。由于其强制性适用于铁路运输行业的所有从事铁路旅客运输经营的铁路运输企业，从而能够为所有在铁路运输事故中遭受损害的旅客提供保险赔偿，故承运人铁路旅客运输责任强制保险成为铁路旅客运输保险保障体系的基本内容。而铁路旅客人身意外伤害保险之自愿保险的性质，决定了广大铁路旅客基于意思自治而购买，因此，并非所有的铁路旅客均投保该意外伤害保险。这意味着铁路旅客人身意外伤害保险是承运人铁路旅客运输责任强制保险的重要补充，即在铁路旅客范围内普遍获取承运人铁路旅客运输责任强制保险的基础上，增加了其购买者得到保险保障的程度。

---

[1] 王利明：《民法》（第四版），中国人民大学出版社 2008 年版，第 9 页。

其次，应当充分贯彻投保选择的自愿性。保险公司经营铁路旅客意外伤害保险应当强调投保人投保该保险的自愿意志。由于我国社会公众各自的保险意识参差不齐，各自的经济承受能力也不相同，从而，当广大旅客参与铁路旅客运输时，对于是否投保铁路旅客运输人身意外伤害保险会给出“是”或者“否”的不同答案。因此，根据我国《合同法》和《保险法》的规定精神，保险公司经营铁路旅客人身意外伤害保险时，必须尊重旅客本人的真实意愿，由其自愿决定是否与保险公司签订铁路旅客运输人身意外伤害保险合同。而且，铁路旅客在投保上的自愿，也包含着其有权选择哪家保险公司和哪一款合适的铁路旅客人身意外伤害保险产品。可见，强调适用铁路旅客人身意外伤害保险之投保环节的自愿性，不仅可以让广大铁路旅客在消费该保险产品过程中的“上帝”地位，更能够通过众多铁路旅客购买铁路旅客人身意外伤害保险行使自愿选择权来体现各家保险公司在商业保险市场上经营此类保险产品的市场供需关系，调动保险业参与该类保险业务的主动性和积极性，促进市场竞争机制的形成，维持铁路旅客人身意外伤害保险领域的有序发展。

再次，应当实现市场经营的多元化。相比较而言，我国意外伤害保险业务的发展规模滞后于寿险和健康险，而且，各家保险公司推向保险市场的意外伤害保险产品的内容缺乏差异，明显地趋同化。因此，可以利用设计新的铁路旅客人身意外伤害保险的机会，深入了解广大旅客的各种保险需求和不同旅客群体的购买能力，有针对性地设计各种创新的铁路旅客人身意外伤害保险类型。按照保险责任的内容范围、保险期限和保险费等条款内容的不同来体现该类人身意外伤害保险的差异性，满足不同旅客群体的投保需要，实现铁路旅客人身意外伤害保险领域的多元化经营。

最后，应当强调该保险经营的公开性。各家保险公司经营铁路旅客人身意外伤害保险时，应当按照公开原则提升其经营运作的“透明度”。借鉴原有的铁路旅客意外伤害强制保险经营模式缺乏透明度的教训——虽然其强制铁路旅客一律投保，但是，大多数旅客对于其保险金额、保险费、保险责任期间、索赔程序等保险内容却不明就里，这使其丧失了应有的保险保障和向社会的公示效果，各家保险公司经营铁路旅客人身意外伤害保险应当贯彻公开性。一方面是设计科学合理的、简便易行的、具有可操作性的铁路旅客意外伤害保险条款和营销模式，让广大铁路旅客明明白白地购买和消费铁路旅客意外伤害保险商品，切切实实地获取其保险保障；另一方面是出于宣传和推广铁路旅客人身意外伤害保险的需要。借助诸多途径和方式，进行保险展业活动。

论人寿保险信托

闫　海　姜　丽*

19世纪末，美国为弥补保险制度的不足，尤其是为解决未成年子女的教育问题，通过人寿保险信托方式，让失去父母的孩子能够在受托人与监护人的合作下，仍可依照被保险人生前的意愿生活。人寿保险信托有利于完善我国的未成年监护制度、积极应对老龄化问题，并以保险业带动信托业，以信托业刺激保险业，不仅能够满足人们对金融理财的需求，更有助于我国金融业的可持续发展。

一、人寿保险信托的运作模式及类型化

（一）美国人寿保险信托的运作模式

在美国，人寿保险金免征所得税，但是可能被课征联邦遗产税。[1] 若被保险人死亡时，被保险人仍拥有保单的各项权利，则死亡保险金将被计入被保险人的遗产范围内，从而被征收联邦遗产税[2]；相反地，如果保单为他人所有，即使该保险金成为其生活的主要来源，仍不被视为遗产税的征税对象。人寿保险信托作为规避税收的一种工具被广泛地适用，即被保险人会委托专业人员向美国国内收入局（Internal Revenue Service，IRS）申请一个信托账号，凭借该信托账号向银行申请开立账户并存入信托财产，再与信托机构签订一份不可撤销指定书（Irrevocable Assignment Form），放弃改变或取消保单的权利，并标明信托机构作为受托人依据信托合同约定方式管理信托财产，其中包括保险费缴纳。将来发生保险理赔时，保险金亦会转入信托账户中，由受托人依照

---

* 闫海，辽宁大学法学院副教授；姜丽，北京盈科（沈阳）律师事务所律师。

❶ 联邦遗产税（Estate Tax）是纳税人死亡时需要缴纳的一种税。遗产税的最高税率为2001年，当时遗产税的免征额为67500美元，税率为55%；自2002年后逐年下降，2002年与2003年的免征额均为100万美元，税率分别为50%、49%；2004年与2005年免征额均为150万美元，税率分别为48%、47%；2006年至2008年的免征额均为200万美元，税率分别为46%、45%、45%；2009年的免征额为350万美元，税率为45%；2010年遗产税暂停征收；2011年又重新开始征收，免征额为500万美元，税率为35%；2012年遗产税的免征额为512万美元，税率为35%；2013年遗产税的免征额为100万美元，税率则调回55%。

❷ ［美］G. 维克托·霍尔曼、杰利·S. 诺森布鲁门：《个人理财计划》，何自云、何永晨译，中国财政经济出版社2003年版，第563～564页。

信托合同的约定来管理、经营并分配收益予信托受益人。

美国人寿保险信托的运作模式兼具附基金型人寿保险信托❶、不可撤销型人寿保险信托的特质。信托机构作为受托人，同时成为人寿保险的投保人和保险受益人，而委托人始终置于保险合同之外，从而实现规避税收的目的。

（二）日本人寿保险信托的运作模式

在日本，人寿保险即生命保险，而生命保险信托设立的主要目的是为了节约保险金、提高保险金运用的效率、满足受益人的利益需求、规划未来应缴纳的税负。日本《保险业法》第5条规定，“保险公司不得经营其他事业。但经营生命保险事业之公司，得不受信托业法之约束，经主管大臣认可，经营承受其所支付保险金之信托业务”。由于允许经营生命保险事业的保险公司经营信托业务，才令以保险公司为信托受托人的生命保险信托在日本生根发芽并别具一格。以保险公司为信托受托人而订立生命保险信托的，投保人与保险公司同时订立保险合同与信托合同，投保人同时兼具委托人身份，保险人同时兼具受托人身份，由保险公司依照信托本质管理、经营信托财产。由于投保人作为委托人，而无须经由保险受益人便直接出现信托受益人，因此不存在保险受益权的移转，亦无所谓投保人是否必须放弃保单处分权。

实践中，亦存在保险公司与信托机构合作的经营模式，此时存在投保人、保险人与信托受托人三方主体，但具体操作上差别不大，以“安心信托”为例：第一，投保人在人寿保险公司投保人寿保险，一般为养老类保险。与此同时，投保人以委托人的身份，将养老保险中的死亡保险金作为信托财产与信托银行签订信托合同；第二，投保人可以根据自己的意愿在信托合同中合理安排使用保险金的方法和具体信托受益人，从而满足投保人的需求，为无理财能力或行为能力受限的未成年人或智障者等缴付学费、生活费、房租等生活资金，而投保人可以不受法定继承等规定影响自由分配保险金；第三，当保险事故发生后，信托银行按照信托合同的约定，代领保险金，并对保险金进行管理，从财务管理上可以使投保人更觉得安心。❷

日本以保险公司为信托受托人的生命保险信托模式能够有效提高经营效率、降低投入成本，对保险公司而言同时从事两项经营业务，对投保人而言能够节约一部分理财费用，但是需要打破金融业分业体制，授权保险公司经营信托业务。

---

❶ 依据设立时有无附未到期保费，人寿保险信托可分为附基金型人寿保险信托（Funded Life Insurance Trust）与不附基金型人寿保险信托（Unfunded Life Insurance Trust）。附基金型人寿保险信托是指投保人以足额保费为信托财产与受托人订立信托合同，由受托人依照与投保人的约定定期向保险公司缴纳保费，并在保险事故发生后受领保险金。不附基金型人寿保险信托是指委托人在订立信托合同时自行缴纳保费，此时，受托人原则上亦无须履行代委托人缴纳保费的义务，倘若因为缴纳保费而导致保险金给付请求权消灭的，受托人亦不负责任。

❷ 李海营、沙银华：“日本‘安心信托’引世界保险业关注”，载《中国保险报》2010年8月11日第5版。

（三）台湾地区人寿保险信托的运作模式

台湾地区的人寿保险信托存在两种运作模式：一种是以人寿保险金为信托财产设立人寿保险信托，即以保险受益人将保险金交给信托机构管理、经营、分配收益等，其本质上是一种金钱信托；另一种是以人寿保险受益权为信托财产设立人寿保险信托，即委托人以受益权向信托机构信托，由委托人指定信托机构为保险受益人或变更保险合同的受益人为信托机构，当发生保险事故时，由信托机构领取保险金，并依照信托合同的约定管理、经营、分配信托财产。在订立人寿保险合同时，应同时设立人寿保险信托，当委托人指定受托人为保险金受益人时，人寿保险合同与信托合同同时生效，委托人无须移转保单；倘若以既存人寿保险合同设立人寿保险信托的，必须另行变更受托人为保险金受领人，则人寿保险信托关系于委托人移转保险单予受托人并人寿保险信托于受托人获得保单正本时正式生效。倘若设立积极型人寿保险信托（Active Life Insurance Trust）时，则由受托人管理、运用信托财产，并将信托财产孳息交付予信托受益人；倘若设立消极型人寿保险信托（Passive Life Insurance Trust）时，则受托人仅代保险受益人收取保险金后再交由信托受益人。

（四）人寿保险信托的类型化

综合上述各个国家、地区人寿保险信托的运作模式，人寿保险信托的功能决定其类型设计。税收规避是人寿保险信托的重要功能，不同国家、地区的税收立法差异较大，以致人寿保险信托类型迥异。我国税收立法对保险金予以课征豁免，并且无遗产税或赠与税，因此基于税收规避功能的人寿保险信托在目前无存在意义。

照顾弱势保险受益人是人寿保险信托的另一重要功能，保险与信托的不同融合至少存在以下三种人寿保险信托类型，以父母给子女购买以自己死亡为给付条件的保险为例，具体如下：

类　型	投保人、被保险人	保险受益人	信托委托人	信托受益人	信托财产
人寿保险信托Ⅰ	父母	子女	子女	子女	保险金
人寿保险信托Ⅱ	父母	子女	子女	子女	保险受益权
人寿保险信托Ⅲ	父母	信托受托人	父母	子女	保险受益权

人寿保险信托Ⅰ是父母为投保人向保险人投保以自己死亡为给付保险金条件的人寿保险，子女为保险受益人。同时以子女为委托人设定信托，信托受益人仍为子女，信托财产为保险金，该类型为金钱信托。人寿保险信托Ⅱ是父母为投保人向保险人投保以自己死亡为给付保险金条件的人寿保险，子女为保险受益人。同时以子女为委托人设定信托，信托受益人仍为子女，信托财产为保

险受益权是与人寿保险信托Ⅰ的最大区别，属于债权信托。人寿保险信托Ⅲ是父母为投保人向保险人投保以自己死亡为给付保险金条件的人寿保险，保险受益人为信托受托人。父母为信托委托人，子女为信托的受益人，信托财产为保险受益权。与人寿保险信托Ⅱ相比，该类型最大的差别在于保险受益人为信托受托人。

此外，人寿保险信托还被用于保障保险费支付，即附基金型人寿保险信托。该类型中，受领保险金的权利与缴纳保费的义务均由受托人行使，其中的"基金"是指作为支付保费的财产及孳息。附基金型人寿保险信托允许委托人以非现金资产成立"基金"，避免一次性支付现金保险费的困难，同时因"基金"设立信托并由受托人按期缴纳保费，即使日后投保人的财务状况发生变故，任何债权人原则上都不能请求对该信托财产强制执行，也就不至于发生无法缴纳保费导致保单失效的情形。

二、人寿保险信托的法理与制度构造

（一）人寿保险信托的中国法障碍与风险

依据我国《保险法》、《信托法》的规定，各种类型人寿保险信托存在不同的法律障碍、法律风险。

信托是以财产为中心而设立的法律关系，有效信托必须以具备有效的信托财产为要件。信托财产既可以是有形财产也可以是无形财产，应具备以下条件：其一，须为财产或财产权；其二，须具体存在且特定；其三，须具有可转让性，并可以金钱作价。人寿保险信托Ⅰ以保险人理赔的保险金为信托财产，乃是合格的信托财产，因此不存在法律障碍，但是存在两种法律风险。信托财产的移转为信托成立与生效的要件之一，人寿保险信托Ⅰ中，只有保险事故发生，保险受益人行使保险金给付请求权，保险人给付保险金时，保险金才具体并特定的存在，并发生移转，即人寿保险信托才成立与生效。虽然信托合同已经订立，但是长期处于不确定状况。同时，子女为信托委托人可以随时解除信托，以致人寿保险信托目的难以实现。

人寿保险信托Ⅱ以保险受益权为信托财产。发生保险理赔时，保险受益人只是单纯享有保险金，而无须负担任何保险费用，因此保险受益权具有财产权性质。并且当投保人、被保险人放弃变更保险受益人的权利时，保险受益权成为更为确定的财产权。但是，保险受益权是否特定以及是否可转让则存在法理与制度障碍。法理上，保险受益权性质存在期待利益、期待权、现实权抑或不同阶段呈现不同性质的争议。同时，《保险法》第 34 条第 2 款仅规定保险单转让，保险受益权是否可以转让以及转让的规则还缺乏明确的规定。人寿保险信托Ⅱ与人寿保险信托Ⅰ相同之处是，子女为信托委托人可以随时解除信托，以致人寿保险信托目的难以实现。

人寿保险信托Ⅲ亦以保险受益权为信托财产，因此存在与人寿保险信托Ⅱ相同的法律障碍。此外，依据信托法的法理，信托财产在信托成立之前应当归属委托人，信托成立之后应当归属受托人。人寿保险信托Ⅲ中，保险受益人为信托受托人，避免子女任意解除信托的法律风险，但是将保险法中受益人指定等同于信托法中信托财产的委托，有悖于信托法的法理。

人寿保险信托Ⅰ中保险与信托并不是一个连续的运营系统，不属于严格意义上的人寿保险信托。人寿保险信托Ⅲ的法律障碍难以逾越，在我国缺乏操作性。目前，保险法的人身保险司法解释正在拟定中，据悉涉及保险受益权转让，因此人寿保险信托Ⅱ大有可为。

（二）人寿保险信托的法律构造

作为人寿保险信托法律关系中的信托财产，保险受益权亦具有保险法之外的特点：第一，保险受益权不是受托人财产。《信托法》第 16 条规定，“信托财产与属于受托人所有的财产（以下简称固有财产）相区别，不得归入受托人的固有财产或者成为固有财产的一部分。受托人死亡或者依法解散、被依法撤销、被宣告破产而终止，信托财产不属于其遗产或者清算财产”。换言之，当保险受益权转化为信托财产时，依据信托法原理，受托人仅仅是法律上的信托财产所有权人，受托人与委托人基于信赖关系而建立信托关系，因此信托财产具有一定专属性，受托人的继承人、债权人或其他相关第三人均无权处分信托财产，因此受托人死亡或被宣告破产后，即使受托人丧失清偿债务的能力，债权人也不得以其债权为由而申请强制执行归属于受托人的信托财产。倘若受托人宣告破产或死亡的，信托法律关系即告终止，委托人或受益人应另行指定受托人。第二，保险受益权不得强制执行。原则上，信托财产不得被强制执行，但存在例外情况。《信托法》第 17 条：“除因下列情形之一外，对信托财产不得强制执行：（一）设立信托前债权人已对该信托财产享有优先受偿的权利，并依法行使该权利的；（二）受托人处理信托事务所产生债务，债权人要求清偿该债务的；（三）信托财产本身应担负的税款；（四）法律规定的其他情形。对于违反前款规定而强制执行信托财产，委托人、受托人或者受益人有权向人民法院提出异议。”第三，禁止以保险受益权抵销其他债务。为防止受托人以信托财产清偿自己的债务或以信托财产清偿其他委托人的债务，信托法规定信托财产的债权仅限于与该信托财产的债务相互抵销，例如《信托法》第 18 条规定，“受托人管理运用、处分信托财产所产生的债权，不得与其固有财产产生的债务相抵销。受托人管理运用、处分不同委托人的信托财产所产生的债权债务，不得相互抵销”。详言之，信托财产虽然从名义上讲是由受托人享有，但其实质上属于与受托人的固有财产相互独立的特殊财产，倘若允许两者相互抵销，等于是以信托财产来清偿受托人本身的债务，此必定损害信托受益人与委托人的权益。同理，倘若允许受托人将不属于同一信托关系的信托财产所生之债权债务相互抵销，同样会损害委托人及受益人的利益，故均应予以禁止。受托人违反禁止抵销规定的，其抵销当然无效，属于信托财产的债权应当继续存在。受托人因管理不当而主张抵销，误以为该属于信托财产的债权消灭，以至于无法行使该债权的，委托人、信托受益人或新的受托人均可请求为该抵销行为的受托人赔偿相应损失。

三、人寿保险信托中委托人的权利

在人寿保险信托法律关系中，委托人主要享有的权利包括：

第一，变更、撤销权。委托人变更、撤销的对象是信托合同，即基于合同自由原则，委托人在建立信托关系时得以为其信托行为保留撤销信托、变更信托或执行信托财产的权利。在人寿保险信托法律关系中，委托人是享有保险受益权的人，既可能是投保人，也可能是投保人所指定的第三人，均享有完整的变更、撤销信托合同的权利，但是产生原因不同：人寿保险信托Ⅲ中，当投保人为委托人时，其既是保险合同的当事人又是信托合同的当事人，因此享有完整的变更、撤销权；人寿保险信托Ⅰ、Ⅱ中，当第三人为委托人时，投保人必须放弃对保单的处分权，第三人享有受益权，第三人为投保人指定的人寿保险受益人，且此人寿保险信托的成立以投保人不得撤销此种指定为前提。所以，无论委托人是经何种途径产生的，均享有完整的变更、撤销信托合同的权利。

第二，取回权。取回权是指委托人于信托机构破产或由于其他原因不能继续经营信托财产时得取回属于委托人的财产。就人寿保险信托来说，保险受益权属于委托人所有，因此不属于受托人的财产，更不能将保险受益权列为受托人的破产财产，但是当受托人无法继续经营信托财产时，此时保险受益权已经实现，委托人无法取回保险受益权，只能选择取回保险金及相关收益。然而，倘若此时委托人的保险金已经被强制执行，原则上委托人得依民事诉讼法的相关规定在强制执行程序终结前向执行法院对债权人提起案外人异议之诉。

第三，信托财产管理方式的变更权。在人寿保险信托法律关系中，信托受益人与委托人同等享有变更信托财产管理方式的权利，信托财产的管理方法与普通信托法律关系中信托财产的管理方法基本相同，两者区别在于信托财产的产生过程不同。详言之，在人寿保险信托Ⅰ、Ⅱ的法律关系中，信托财产的原始形态是人寿保险受益权，信托机构真正开始经营、管理信托财产是发生于保险事故之后，因此委托人变更信托财产的管理方法的这一权利只能于保险理赔结束后行使。当然，倘若委托人选择订立附基金型人寿保险信托或积累型人寿保险信托时[1]，其在与受托人订立人寿保险信托合同之初即享有变更信托财产管理方法的权利。

第四，损害赔偿请求权。人寿保险信托法律关系中的损害赔偿请求权与单纯信托法律关系中的损害赔偿请求权亦相同，均发生于受托人因管理不当导致信托财产发生损害或违法信托本旨处分信托财产时，委托人、信托受益人或其他受托人可请求受托人赔偿信托财产因此所受损害或要求受托人恢复原状并减免信托报酬。委托人损害赔偿请求权排除以恢复原状、金钱赔偿为例外的规定，委托人可直接请求金钱赔偿信托财产所有损害。倘若受托人为信托行为订有给付受托人报酬的，则可请求减少或免除。此外，委托人亦可于情势变更而导致约定报酬显示公平时行使报酬增减权，向法院申请增减数额。

第五，知情权。人寿保险信托在本质上更倾向于信托产品，人寿保险法律关系中的委托人或信托受益人，均可以随时查阅、摘抄、复印信托财产账簿、信托财产目录、收支计算表等，并享有请求受托人阐释信托事务的经营状态，相关利害关系人于必要时还可以要求对相关信托事务资料的查阅、摘抄、复印。受托人应信托受益人的请求，须及时将相关信托财产的性质及总额提供完整说明，并应准许信托受益人或经其授权的人检查信托的主要事务、会计账簿及其他与信托有关的材料。

第六，归入权。归入权是指受托人违反信托无利益原则而擅自利用其权限，通过信托财产使自己获得的利益，该利益应归入信托财产。当受托人将信托财产与非委托人当事人的信托财产或者与其自有财产合并管理时，倘若导致信托财产遭受损失的，即使受托人无过失，也应赔偿相应损失；倘若从信托财产中获取不当利益的，委托人可以请求法院将受托人因此而获取的利益归入信托财产。在人寿保险信托法律关系中，委托人与信托受益人均有权行使归入权，但是，不同的人寿保险类型中，行使归入权期间不同：当委托人订立不附基金型人寿保险信托时，委托人或信托受益人只能在保险事故发生后行使权利，因为在保险事故发生前信托机构还未实际掌握、管理信托资金；当委托人订立附基金型人寿保险信托或积累型人寿保险信托时，委托人或信托受益人自人寿保险信托订立开始时即享有信托归入权。

---

[1] 积累型人寿保险信托（Cumulative or Cumulating Insurance Trust），亦称为分期保险信托，介于附基金型人寿保险信托与不附基金型人寿保险信托之间，是由附基金型人寿保险信托衍生而来，是指委托人除将保险受益人指定或移转为受托人外，并将一般多于所需缴纳的保费的金钱或有价证券交予受托人，倘若金钱的孳息或有价证券收益多于所需要的保费时，则可以剩余的金额再投资；倘若所信托的金额不足以支付保费时，则可能导致保险合同种类或性质的变更，当保险事故发生后，由受托人领取保险金，并连同积累的资金一并交给保险受益人或为保险受益人予以管理。

四、人寿保险信托中受托人的权利

受托人是指信托合同中除委托人外的另一方当事人，一般是指信托机构，能够依信托合同受让信托财产，并就该信托财产依信托本旨管理、经营与处分。受托人是法律形式上的所有权人，受托人依据信托目的以能够获得最优利益的方式处理信托事务，包括审慎投资、编制信托资产明细表等，并供委托人及受益人随时查阅。受托人所持有的信托财产与其私有财产必须分离，且须为受益人的利益或其他目的处理、运用信托财产，信托财产应免除于受托人的继承人或其债权人的追索。作为受托人必须遵守以下两项原则：第一，信托无利益原则。非法律规定或合同约定，受托人不得为自己或第三人而从信托财产中直接或间接获利，否则就违反信托无利益原则，受托人须赔偿受益人，并将其所获得的利益归入信托财产。第二，信托无冲突原则。受托人不得为自己的利益而担任具有与受托人应尽的义务相冲突立场的职务；受托人不得与信托财产自我交易或与信托受益人相互交易，避免产生因交易行为而造成利益间相互冲突的状况；受托人亦不得基于获取自身利益而担任于信托受益人或其他信托受益人应尽的义务的职务，导致受托人与受益人之间或受益人与受益人之间利益相互冲突的情形。受托人须维持利益间的平衡，当发生冲突时，受托人必须选择对信托受益人尽责，不得选择私人利益；倘若受托人对各信托受益人间职责相冲突时，则受托人必须辞去其中一个职务。在人寿保险信托法律关系中，受托人权利主要包括：

第一，补偿请求权。补偿请求权是指受托人请求委托人或受益人支付补偿费用的权利。在人寿保险信托法律关系中，补偿请求权的费用主要包括两个方面：其一，费用补偿。即受托人为完成信托目的所支出的必要费用于信托目的完成时可请求支付相关费用，但该信托行为不得为信托法所禁止，亦不得为信托条款所禁止。受托人请求补偿的费用既包括执行信托管理事务的费用，亦包括执行相关保险事务的费用，当受托人代替委托人领取行使保险受益权而支出的税收、费用或负担的债务时有权以保险金补偿。其二，损失补偿。即受托人因管理信托财产或处理信托事务所受损害，可以信托财产获得补偿，但因受托人行使此项权利不符合信托目的而导致的损害不能获得损失补偿。在人寿保险信托法律关系中，损失补偿主要是指由于委托人、信托受益人或保险人的不当行为而导致受托人的损失。

第二，报酬请求权。英国早期的信托制度中受托人在管理信托财产时没有报酬请求权，虽然原则上受托人未请求报酬，但当事人亦须基于合同约定给付报酬予受托人，通常合同中约定的收费条款表示受托人应获得的报酬，受托人可依条款请求支付报酬。在信托业务发达的美国，受托人通常以公司的形式，因此受托人须以营利为目的管理委托人的财产。在人寿保险信托法律关系中，受托人一般是以营利为目的的信托机构，因此很少存在委托人无须支付报酬的情况。受托人可以直接向委托人请求支付报酬，或当出现信托合同中有约定的支付报酬的情形时请求委托人支付报酬，倘若发生情势变更的情况而导致当时约定的信托报酬显失公平时，委托人、受托人、受益人或同一信托的其他受托人可申请法院增减其信托报酬的数额。

第三，裁量权。受托人并不是委托人或受益人的傀儡，受托人在一定范围内享有相当的裁量权，受托人的裁量权不仅不与委托人或受益人的权利相冲突，恰恰体现了信托的本质特性。受托人依据信托合同义务为信托事务管理，因此不可避免需独立判断、裁量信托事务的执行范围与执行方式，进而享有信托合同约定范围内的独立裁量权。在人寿保险信托法律关系中，受托人的裁量权包括受托人执行保险事务的权利，即受托人代委托人缴纳保险费、领取保险金及经营保险金的裁量权。

五、人寿保险信托中信托受益人的权利

信托受益人是单纯享有权利的人，故胎儿、未成年人、无或限制行为能力的精神病人等均可以。我国信托法对受益人并未予以过多限制，可以是自然人、法人或其他组织。信托受益人享有的信托财产利益仅以信托财产本身所产生的利益为限，不能享有逾分的利益。信托受益人对于信托财产享有信托利益，称为信托受益权。信托受益权是财产权的一种，是对受托人所享有的给付请求权与对信托财产的物权，是具有债权与物权双重属性的权利。狭义的信托受益权仅指收益与本金的总和；广义的信托受益权还包含附随以达到保护信托受益人利益目的的各项权利，例如对受托人请求信托的执行、监督受托人信托的执行、在一定条件下请求变更信托的管理方法等其他权利。信托关系成立时，信托受益人必须明确具体，否则信托财产便将归委托人所有或成为委托人的遗产，同时信托受益权是受益人因信托行为所得享有信托利益的权利，不以等待受托人的通知为条件。在信托法律关系中，信托机构通过管理信托财产使得信托财产具有债权效力；信托制度通过特殊的公示方式使得受益权具有物上追及性，此时对信托财产的移转及处分又具有物权效力。[1] 受益人可享有与委托人同等的权利，但是我国信托法并不承认信托受益人对信托财产的物权救济，因此信托受益人无法享有对抗善意第三人的权利，也就无法获得对信托财产的物权保障。[2] 在人寿保险信托法律关系中，受益人的权利主要

[1] 王文宇："信托法的分析架构及可行的发展方向——以台湾地区法制为例"，载《北大法律评论》2008 年第 2 期。

[2] 陈雪萍："论我国商事信托之制度创新"，载《法商研究》2006 年第 3 期。

包括：

第一，取得信托受益权。在普通的信托法律关系中，各国信托法关于信托受益人取得受益权的时间点规定并不相同：英美信托法中，信托受益人须知悉或表示接受信托利益，受益权以信托受益人的知悉与接受为取得的时间点，但即使信托受益人未知悉或未表示接受信托利益的，也不影响信托的成立；日本及我国台湾地区信托法对于信托受益人取得权利时间点规定，除委托人的信托行为另有保留外，委托人与信托受益人非同一人的，信托成立后不得随意处分信托受益人的权利，更不得随意变更信托受益人或终止信托法律关系，除经信托受益人同意的例外，据此受益人因信托成立而自动享有信托利益，无须其承认；我国信托法对于信托受益人取得受益权的规定相对直接，即信托受益人于信托法律关系生效之日起即享有信托受益权。在人寿保险信托法律关系中受益权的取得时间与之略有不同，保险关系先于信托关系成立，保险受益人的受益权的取得先于信托受益人的受益权，且人寿保险信托法律关系的成立亦以保险受益人取得保险受益权为条件，所以人寿保险信托法律关系中的最终受益人是信托受益人而非保险受益人，信托受益人的受益权须以保险受益人取得受益权为前提。

第二，受益权的转让与消灭。在人寿保险信托法律关系中，信托受益人相当于保险金的债权人，除合同条款另有约定外，信托受益人移转其利益不以通知受托人或经受托人的同意为前提。同时，信托是衡平法下的产物，衡平法为维持现存法律事实的稳定、避免举证困难规定因怠于行使权利而导致权利消灭，所以受益人在规定的期间内不行使受益权时即丧失该项权利。但是，在人寿保险信托法律关系中，由于信托受益权多为应受保护的特殊群体所享有，故对其权利消灭时效限制应区分广义受益权与狭义受益权，只有广义受益权才能因时效的经过而消灭，狭义受益权不得单纯因失效期间的经过而丧失。

六、结语

人寿保险信托传入中国是在 19 世纪末 20 世纪初，1897 年武汉第一家本国银行——中国通商银行在汉口设立分行，主要业务除存款、放款、汇兑外，还有信托等附属业务，其中就包括人寿保险信托。1921 年以后人寿保险信托开始被中国社会所接受，尽管史料中记载到 1936 年广州部分机构还有人寿保险信托业务，但是当时中国信托业已经走上了畸形的发展道路，使得保险信托最终夭折。近年来我国保险业的蓬勃发展，与之相关联的人寿保险信托却未受到重视。据调查，现阶段资本市场上，除已经进入大陆市场的外资保险公司拥有人寿保险信托产品外，国内信托机构目前只有少数几家在发展战略上考虑到了保险信托，并且仍以金钱信托为主，并未出现真正意义上的人寿保险信托。[1] 究其原因，相关法律法规等配套制度尚未建立是关键。我们认为，我国保险、信托立法应当积极回应这一要求，以充分发挥人寿保险信托的功能，满足经济社会发展的需要，最终形成一个有序、规范的人寿保险信托市场。

---

[1] 高英慧："中国开展寿险信托业务可行性分析"，载《辽宁工程技术大学学报（社会科学版）》2006 年第 2 期。

商业保险下大病医保模式探究

李伟群*

一、前言

我国现阶段医疗保险制度主要由城镇职工基本医疗保险、新型农村合作医疗保险和城镇居民基本医疗保险 3 部分组成。3 种医疗保险制度分别覆盖了城镇职工、农村居民和城镇非就业居民 3 个不同群体。据悉，2012 年下半年，我国基本医保已经覆盖了 96％的人群。❶

近年，我国罹患恶性肿瘤的比例很高。据《2012 中国肿瘤登记年报》披露，全国肿瘤发病率为 285.91/10 万，无论男女，城市的发病率均高于农村。数据显示，全国每年新发肿瘤病例估计约为 312 万例，平均每天 8550 人，全国每分钟有 6 人被诊断为恶性肿瘤。❷

而恶性肿瘤发生几率如此之高，不外乎以下几个原因：现在社会的污染严重、人们生存的环境日益恶劣、食品安全问题严峻，加上生活节奏快、压力大、习惯差、遗传等因素。又据 2010 年 1 月零点研究咨询集团与搜狐新闻中心合作进行的调查数据显示：生活成本高压力大、环境污染、食品安全是公众最为忧心的问题。在询问哪些因素影响生活安全感受时，京沪穗三城市居民的回答基本一致，生活成本高压力大（27.5％）、环境污染（19.3％）、城市治安（13.7％）、食品安全（13.3％）被认为是最欠缺安全感的 4 项。❸

由上可见，因为生存环境不佳，这些年我国普通百姓身患重疾的比例在快速上升，客观上急需我国的医疗保障水平能够跟上。然而，由于我国基本医疗保障带有普惠制的特性，对于生大病这类风险较大的情况其保障十分有限，很多百姓因病返穷、因病致贫的现象十分普遍，因此迫切希望国家能够建立针对

---

* 李伟群，华东政法大学教授。

❶ 刘吉威："大病医疗保险政策分析"，载《上海保险》2013 年第 4 期。

❷ 谭嘉："《2012 中国肿瘤登记年报》数据提示人过四十尤需警惕肿瘤来袭"，载《健康报》2013 年 1 月 3 日。

❸ 刘晓雪："城市生活最不安全之处：生活成本高，生活压力大"，http://wenku.baidu.com/view/01b4ad3aed630b1c59eeb572.html，访问日期：2013 年 7 月 28 日。

大病的一种有效的保障机制。2009年国家出台了新医改方案。该方案重点提出将商业健康保险作为我国多层次医疗保障体系的重要组成部分。毫无疑问，大力发展商业健康保险，可以进一步促进和完善我国医疗保障机制，同时新医改方案也为我国商业健康保险发展提供重要的契机。

基于此，本文将因应市场之需，着力研究我国商业健康保险参与大病医疗保险的必要性和可行性。本文的结构是，首先，通过对比、分析中外医疗保险、商业健康保险制度的特点，从而找出我国医疗保障的问题点和不足之处。其次，针对我国新医改背景下湛江和太仓在医疗保险中引入市场机制参与制度运行的管理的两种模式进行介绍和评析。最后，如何让医疗保险与商业健康保险之间产生良性互动，形成共同发展、相得益彰的完善的医疗保障制度提出一些建议。

二、我国与美、德、日三国的医疗保险、健康保险制度的对比

1. 美国

美国的医疗保障制度是由社会医疗保障和商业健康保险两大部分构成。前者的服务对象主要是针对一些特殊的群体。例如，除可以给65岁以上的老年人提供的健康保险以外，还对失业、残疾人群等低收入者以及少数民族给予免费医疗。对于65岁以下的在职人员及其家属，则可以参加商业保险市场提供的私人保险。进而，这种私人保险经营者可以由非营利性健康保险公司和营利性健康保险公司充当。[1]

美国商业健康保险的发展经历一个渐进型的发展过程。首先借鉴19世纪末欧洲商业保险的成熟经验，先后制定了1936年《社会保险法》、1965年的《老年健康保护法》、1973年的《健康维护组织法》、1974年《CON法案》等为代表的相关法律，完成了商业健康保险的立法过程。美国商业健康保险的主要业务涉及综合性健康保障和补充性健康保障两部分。前者主要内容是津贴性保险业务、管理式医疗服务、消费者导向性业务。后者主要是针对重大疾病保险业务、特定疾病保险业务、意外身故和失能收入损失以及长期护理的保险业务。美国医疗保健市场巨大，商业健康保险发挥着积极作用。美国医疗费用支出占国民生产总值的10.8%，年人均近2000美元，居世界第一。2006年，美国人均健康保险的保费支出为7500美元。[2]

因为美国商业健康保险市场特别发达，所以其经营主体众多、保险产品品种也日益丰富，在2007年，美国的商业健康保险覆盖率就已经达到65.5%，

---

[1] 李鸿明："国外商业健康保险的比较和研究"，载《中国保险》2008年第8期；王治军："各国商业健康保险"，载《中国保险》2008年第8期。

[2] 王治军："各国商业健康保险"，载《中国保险》2008年第8期。

其中，基本型商业健康保险覆盖率为57.9%，费用补充型商业健康保险覆盖率为7.6%。由于医疗卫生费用不断上涨，美国政府于1973年通过了《健康维护组织法案》，允许更多商业健康保险公司参与政府的医疗保障制度管理，开始了管理式医疗保险模式的探索。管理式医疗保险模式主要通过保险公司与医院职能融合，保险公司不仅负责费用的收取和赔付，而且进一步介入医疗服务提供和监督过程。与传统商业健康保险模式相比，管理式医疗保险模式能主动控制风险，有效降低医疗费用，提高服务效率及质量。由于在管理式医疗保险模式下，保险公司可以通过按人数预付费方式直接或间接介入医疗机构监督和管理，来控制医疗服务质量和费用，并可以执行对重大医疗方案的审查，因此，保险公司能积极主动地参与医疗成本控制[1]，有效控制“小病大医”、“以药养医”、“住院挂床”等不合理行为，做到合理治疗、合理付费。

2. 德国

德国是医疗保障制度的创始国。德国医疗保险系统由法定医疗保险和商业健康保险构成，法定医疗保险是国家整个医疗保障体系的主体，建立于19世纪末期，德国是欧盟国家中唯一商业健康保险可以代替社会医疗保险的国家，公民就业之后可视其经济收入多少，自由的在法定医疗保险和商业健康保险之间进行选择。公民可以在参加法定医疗保险的基础上，参加商业健康保险所提供的补充医疗保险。[2]

在法定医疗保险和商业健康保险之间进行选择，其所依据的是个人收入标准。月工资收入超过法定界限（4000欧元/月）的居民可自愿选择参加法定医疗保险或商业健康保险。德国的商业健康保险业走的是专业化经营道路，2007年德国商业健康保险覆盖率达到27.97%，其中，基本型商业健康保险覆盖率为10.4%，费用补充型商业健康保险覆盖率为17.5%。[3]

作为高度成熟的健康保险市场之一，德国有着严密的健康保险法律框架。德国政府自1883年开始相继颁布了《疾病保险法》、《意外伤害保险法》、《伤残老年保险法》等一系列的相关法律，对商业健康保险的保障人群、保障范围、允许选择商业健康保障的收入门槛都有明文规定，使商业健康保险和法定医疗保险之间界限清晰、分明。[4]

在德国，保险业实行寿险、财产险、健康保险分业经营，即经营寿险和财

---

[1] 罗维、宗文红、田国栋：“部分国家商业健康保险发展的特点及对我国的启示”，载《中国卫生政策研究》2012年第1期。

[2] 李鸿明：“国外商业健康保险的比较和研究”，载《中国保险》2008年第8期；王治军：“各国商业健康保险”，载《中国保险》2008年第8期。

[3] 罗维、宗文红、田国栋：“部分国家商业健康保险发展的特点及对我国的启示”，载《中国卫生政策研究》2012年第1期。

[4] 张玲玉、薛罡：“德国商业保险发展现状及启示”，载《上海保险》2009年第11期。

产险的公司不得经营商业健康保险；反之亦然。由于商业健康保险的风险发生率与寿险有着明显区别，前者是基于疾病发生率而后者是基于死亡率来计算，因此，专业化经营有利于商业健康保险建立本行业的精算原理、风险评估及控制技术、管理方法等，并有利于监管以保护消费者利益。正是由于严格的分业监管，德国现有的48家商业健康保险经营主体得以专心致志的发展商业健康保险，在产品开发、核保核赔、信息系统、数据统计和分析、客户服务和客户管理、医院管理等方面积累了丰富的经验。德国商业健康保险的良好发展，离不开商业健康保险公司对价值链的充分拓展，对健康产业的深度耕耘。[1]

3. 日本

日本的社会保障制度始于20世纪20年代，至今已有90多年的历史。而现代意义上的社会保障体系建立则是在“二战”之后。1950年10月，日本政府提出《关于社会保障制度的劝告》，就社会保障制度做了明确的界定：“社会保障指对疾病、负伤、残疾死亡、失业、多子女以及其他原因造成贫困从保险或者国家直接负担寻求经济保障途径，对陷入生活困境者，通过国家救助保障其最低限度的生活。”[2]到了20世纪70年代，日本初具规模的社会保障体制基本形成，并在随后的30多年间不断完善和发展。日本社会保障制度由此逐步建立，其主要是利用保险原理分散和转移风险。

日本医疗保险制度可以分为两类：一类是以产业工人、政府机关工作人员、公共事业人员等在职职工及家属为对象的，叫做职工医疗保险。医疗保险费用由国家、企业单位和个人共同负担，其中企业单位和个人均缴纳工资收入的4.2%，在此基础上，政府给予适当补贴。对于老人保健医疗，只要被保者符合国家有关规定，个人无须缴纳任何费用，所需费用分别由保健医疗以机构、中央、都道府县按比例负担。另一类是以农民、渔民、个体经营户、无业人员、自由职业者为对象的，叫做国民健康保险。受保人每户年平均缴纳7.8万日元，政府负担医疗费用的45%。[3]

1960年日本推行全民医疗保险制度，要求每一个人投保。投保者患病时自付所需医疗费用的20%（0岁到3岁的婴儿个人负担比例）至30%（3岁到69岁的个人负担比例），70岁以上个人负担10%。如果在同一个月内个人及家族负担的高额诊疗费超过规定限额时，可以事后申请退还超过限额的个人负担金。此外，虽然医疗保险规定患者自理30%，但在患上大病，需要接受大手术或者放化疗等住院治疗的情况下，这个30%依然是一笔相当大的数目，

[1] 张玲玉、薛罡：“德国商业保险发展现状及启示”，载《上海保险》2009年第11期；罗维、宗文红、田国栋：“部分国家商业健康保险发展的特点及对我国的启示”，载《中国卫生政策研究》2012年第1期。

[2] 吴建华：“日本社会保障制度及对中国之启示”，载《重庆职业技术学院学报》2005年第2期。

[3] 阎东彬：“日本社会保障制度及对我国的借鉴”，载《改革与开放》2007年第4期。

对一般的个人来说是不堪承受的。在这种情形下，患者只要到保险机构办理一个手续，医院根据这个手续再次重新计算账单，每月只收取限额8万日元（相当于月收入的1/4，大约折合人民币5000元）“高额医疗费”的部分，其他部分均由保险公司买单。

换言之，这个“高额医疗费”的基本概念就是患者每月的负担在8万日元以下。如果治疗时间超过3个月的，那么“高额医疗费”从第4个月起减半成4万日元，而低收入家庭的“高额医疗费”从一开始就是4万日元，年满65岁以上或超低收入是1.5万日元，当然高收入家庭这个数字就成了16万日元。所以说，在日本绝不会出现无钱治病的情况。而且，一般的日本国民都参加了商业健康保险，这类保险中一般都有手术和住院的项目，承担多少手术费用，住院每天补贴多少，将根据所保的险种内容的不同而有所相异，但通过一定的补助，基本上可以做到没有什么额外的负担。[1]

4. 我国的现状

国外的经验告诉我们，一个成熟的保险市场，商业健康保险保费收入占人身保险保费收入的比例约为30%。但是，我国2010年的这一比例仅为18.28%。另外，2008年我国卫生总费用1.3万亿元，而全国商业健康保险保费才585亿元。[2] 现行医疗保险制度在大病保险方面存在的问题十分明显。我国卫生总费用占GDP的比重一直偏低，根据2004年进行的第一次全国经济普查后修订的历年GDP数据，我国长期以来一直未能达到世界卫生组织早在2000年对其成员国提出的卫生总费用占GDP比重5%的最低标准。直到2011年，卫生总费用支出达到2.43万亿元，占GDP比重的5.1%。从1998年至2006年，政府预算卫生支出才占总支出比重的17%左右，而个人卫生支出占总支出比重维持在55%的高位上。2010年情况有所改变，个人卫生支出比重下降到35.5%，可是各级医院的趋利性，“以药养医”的现象比较普遍，普通百姓看病贵的问题依然十分严峻。[3]

当下，社会医疗保险和商业健康保险共同构成了我国的医疗保障体系，两者之间关系表现为前者是基础，后者是有机的必要补充。如前所述，虽然我国医疗保险覆盖的面比较广，已经达到96%。可是，根据上述分析，与世界发达国家相比，我国的医疗保险的保障水平较低。相较于世界卫生组织对其成员国的最低标准，我国也只是勉强达线，显见保护深度不够。特别是城镇居民保险和新农合保险中，针对重大疾病的诊疗费用所规定的起付线较高、封顶线偏低，无法发挥医疗保险化解风险和损失补偿的作用。再加上我国商业健康保险

---

[1] 俞天任：“东瀛住院记”，载《经济观察报》2011年1月1日。
[2] 晓前：“商业健康保险在医疗保障体系中大有可为”，载《中国医疗保险》2010年第4期。
[3] 刘吉威：“大病医疗保险政策分析”，载《上海保险》2013年第4期。

发展仍严重滞后于经济和社会发展需要，表现为商业健康保险业务量偏小，覆盖率很低，对医疗费用的分担又少，因此其对社会医疗保险补充作用的发挥明显受制。普通百姓看病难、看病贵，因大病致穷的情况十分普遍，极大地影响了社会的稳定和百姓的幸福指数。

2012 年 8 月 30 日，国家发改委、卫生部、财政部、人社部、民政部、保监会六部委共同发布《关于开展城镇居民大病保险工作的指导意见》，针对目前医疗保险下的百姓大病负担过重的情况，决定引入市场机制，建立大病保险制度。这就是中国的“大病医保新政”。其要旨是从原有的医保基金的结余中拿出一小部分资金，作为保费交由商业保险公司经办和管理，使得大病患者不会因病返穷或者不敢看病。政府的主要职能，就是选择合适的商业保险机构，通过购买其服务并对其实施有效监管。

从一些发达国家的先进经验来看，在建设大病保险制度过程中，充分发挥市场机制，引入政府部门以外的力量来实现福利提供的多元化是成熟可行的经验，政府在这一转变过程中必须明确自己的定位和职责，为普通百姓提供最基本的医疗服务保障。要针对政府在大病医保方面的短板，引入商业保险公司充分参与竞争，发挥市场在医疗资源配置中的调节作用。更要发挥政府的监管力度，通过立法监督医疗保险市场运转的效率、保证政策的有效性。[1]而我国的这一“大病医保新政”，就是在学习和借鉴国外经验的基础上推出的一大新举措。其实，在这一新政实施之前。我国早在 2009 年就在广东湛江、2011 年在江苏太仓先后进行试点，积累了重要的经验。这些成功的尝试后被医疗保险界冠以“湛江模式”和“太仓模式”。以下对这两个模式进行分析和点评。

三、湛江模式、太仓模式的分析和点评

1. 湛江模式

2009 年以来，广东省湛江市在推进基本医疗保险制度城乡一体化的过程中，引入商业保险机构（人保健康）参与基本医疗保险制度运行管理，通过以“政府主导、专业运作、合署办公、即时赔付”的方式，充分发挥商业保险机构优势，提高医疗保障管理水平和运行效率，形成了参保群众、政府、医院和专业健康保险公司四方共赢的新局面，湛江的做法被称为“湛江模式”。湛江市将新型农村合作医疗和城镇居民医疗保险制度合并为城乡居民医疗保险，在缴费标准方面分为两个档次，由参保人自由选择每人每年 20 元或 50 元。湛江市从城乡居民医疗保险基金中把居民医疗保险个人缴费的 15%，即 3 元（对应 20 元的缴费档次）和 7.5 元（对应 50 元的缴费档次）作为保险费划转给特

[1] 刘吉威：“大病医疗保险政策分析”，载《上海保险》2013 年第 4 期。

定商业保险机构。商业保险机构提供大额医疗补助保险（或称大病补助），保障基本医疗保险封顶线1.5万元以上5万元以下部分（对应20元的缴费档次）和8万元以下部分。2010年，保障上限分别提高至8万元和10万元。❶

湛江市还根据筹资标准确定大病医疗保险起付标准和支付比例，从低水平起步，按医疗费用高低分段制定支付比例，基本医疗报销到5万元开始享受大病保险待遇，5万元以上16万元以下相应个人自付部分由大病医疗保险报销50%，16万元（二档18万元）以上，符合医保政策范围内的住院费用大病报销70%，符合国家和省公布城乡居民大病保险实际支付不低于50%的规定。事实证明，湛江市实施的大病医疗保险有效地缓解了部分参保居民“因病返穷、因病致贫”的问题，大幅度提升医保的保障能力。据统计，2012年全市共有3041人享受大病医疗保险待遇，大病医保报销总金额达955万元。❷

2. 太仓模式

太仓模式始于2011年。该年7月，太仓引入商业保险机制，利用医保结余资金开办社会医疗保险大病住院补充保险，对医疗过程中发生的个人付费部分给予二次补偿。太仓大病补充医保按职工每人每年50元、居民每人每年20元的标准，从基本医保统筹基金中直接划出一部分，委托人保健康经办，为个人自付医疗费用超过1万元的参保人员提供上不封顶的累进比例补偿，职工和城乡居民享受同等保障待遇。❸

自2011年7月运行一年来，太仓市大病补充医保，仅用全市基本医保基金累计结余3%的资金，在住院费用分别5万～10万元、10万～15万元、15万～20万元各档上，实际报销比例城乡居民分别达到70.4%、75.7%、74.1%，职工分别达到78.9%、82.7%、84.2%。2012年4月，国务院医改办领导对医保改革先行地区进行调研。在听取了太仓方面的汇报后，该领导表示，“总算找到了可操作性强的方案。太仓等地的创新实践，为国家范围内的大病医保制度设计奠定了基础”。❹

3. 分析与点评

自去年国家发展和改革委员会、卫生部等六部委公布《关于开展城乡居民大病保险工作的指导意见》后，全国各地推进大病保险的步伐开始加快。2013年1月4日，云南省昆明市政府常务会议审议并原则通过《昆明市城乡居民大病补充医疗保险实施办法》和《昆明市城乡困难群体重特大疾病医疗救助实施意见》，于今年1月1日起正式实施。同日，上海市人大常委会89次主任会议

❶ 蒋菲：“湛江基本医疗保险模式解析”，载《中国经贸导刊》2012年第9期。

❷ 刘兵、谢晓媛、梁轩：“湛江大病医保模式领先全国”，载《湛江日报》2013年4月12日。

❸ 李晓波：“商业险企备战大病保险”，载《中国保险报》2013年1月8日。

❹ 参见顾海：“大病医保，太仓提供了什么经验?”，载《社会观察》2012年第11期。

透露，将于年内试点运行城乡居民大病保险机制。1月6日，吉林省政府网站发布《吉林省城乡居民大病救治体系建设实施方案》，自2013年1月1日起施行。另外，山东、浙江、陕西、山西、甘肃、广西、福建、安徽、海南等地的试点也都将于今年陆续展开。目前已有24个省份的部分市县进行了城镇居民大病医保的探索，16个省份中的部分市县进行了新农合大病医保的探索。在各种模式中，广东湛江模式、江苏太仓模式和河南洛阳模式被高层所肯定。[1]现就两大模式取得成绩和面临的问题展开一定的评述。

（1）全国首个大病医保商办试点“湛江模式”，是针对已有基本医疗保险的群众大病负担重的情况，引入市场机制，建立大病保险制度。湛江模式，在全国首次成功通过商业保险的途径，解决老百姓医疗基金支付最高限额以上的超额费用，从而开启了商业保险公司参与社会医疗保险领域管理的实践先河。从这一角度说，湛江模式获得了较高的评价。

在市场的积极参与下，湛江模式的成效主要体现在使公共服务水平得到明显提高，让政府行政成本显著降低。湛江市引入商业保险机构之后，在财政补贴标准较低的情况下，放大了医保基金的效应，提高了参保人的医疗保障水平。商业保险机构通过参与管理基本医疗保险，经营大额及补充医疗保险业务，加强了对医院的巡查监督和对参保人就医行为的全程监控。2010年，商业保险机构进行驻点监督，使得这些定点医院的住院率整体下降了27%。另一方面，商业保险机构参与湛江医疗保险制度城乡一体化以来，共减少跑、冒、滴、漏约2亿元，参保人均住院费用下降15%。[2]

由此可见，商业保险机构经办大病医保的专业优势是比较明显的。一方面，降低了经济发展欠发达地区的百姓大病医疗费用，使得老百姓看病贵、看病难的问题得到基本解决。另一方面，商业保险公司为了确保自身的利益，会对基本医疗保险的赔付率进行严格的控制，尽可能降低赔付率。因此，由商业保险机构经办、管理大病医保，可以避免过度医疗、乱开药，力戒“以药养医”，控制“小病大医”、“住院挂床”的不合理现象发生，有力监督医患双方的不端行为，有效防范虚假、虚大的医疗费用开支情况。

商业保险机构拥有一批有专业经验、技术的专业人士，他们向城乡居民提供专业服务，可以提高政府公共服务和管理水平，提高医保管理的效率和质量。政府通过引入第三方机构，购买其服务，进行市场化操作，做到了“把不该管和管不好的事情交给市场去管”。

然而，在一片叫好声中，也有对湛江模式提出质疑的声音。其批评的重点

---

[1] 参见李晓波：“商业险企备战大病保险”，载《中国保险报》2013年1月8日。

[2] 蒋菲：“湛江基本医疗保险模式解析”，载《中国经贸导刊》2012年第9期。

在于：第一，基本医疗保险是通过国家立法的形式，由政府管理、雇主与雇员参与的社会保险制度。而补充医疗保险属于商业保险，自愿购买是其显著特征。因此，从基本医疗保险基金提取一定比例用于购买补充医疗保险的行为，即是以强制性保费购买自愿性保险，这有违两类医疗保险的性质。❶

第二，在湛江模式，湛江社保基金管理局相当于原保险方，而商业保险机构（人保健康）相当于再保险方。这种保险法律关系相当于“社会再保险”。在国际上这种社会再保险组织是一种非营利组织。而湛江模式中，商业保险机构（人保健康）不是一个非营利组织，如果社保管理部门将一部分基金款项拨付给商业保险公司，保险公司在支付合同约定的医保待遇之后，其结余部分将成为保险公司的利润收入，这一结果将使本来可用于提高参保人待遇的基金流失。因此，社会医疗保险管理部门以“再保险模式”运作的这一外包业务方式受到质疑。❷

第三，由单一保险商垄断提供补充医疗保险的行为，使得其他补充保险提供商失去了市场竞争的机会，这无助于通过补充保险市场的竞争提高服务水平。❸

据了解，2009 年开始，由人保健康运作“湛江模式”的 4 年中，虽然业务大幅增长却未获盈利。随着新政策推出，2009 年赔付缺口产生后政府回补资金的方式将成为过去。2012 年明确了保险公司盈利的平衡点为 3%。也就是说，商业保险机构的保费收支始终保持“保本微利”的状态，如果在盈利超出 3%时，多出来的盈利人保健康和社保局五五分账，社保局将这部分钱重新投入资金池，人保健康将盈利以健康体检等形式返利给居民。那么，这就实现了社会医疗保险资金全部循环用于参保人员的身上，说到底，这就是“社会再保险”的一种运行模式。

诚然，商业保险机构独家参与经办管理和提供补充保险，容易形成另一种垄断。在湛江模式中，由人保健康独家协助经办管理和提供补充医疗保险。从短期看，这是市场参与初期所决定的，因为从基础设施的建立和市场机制的运行与磨合来看，如果引入过多的参与机构，反倒造成不经济。但从长期看，这种垄断格局显然不利于竞争机制发挥作用，会制约参保人的选择空间。❹

不过，笔者认为，这种保险公司独家经办和管理补充医疗保险的局面短期内有望被打破。2012 年六部委的《关于开展城乡居民大病保险工作的指导意见》出台后，各家保险公司迅速作出反应。因为，保险公司可以在承办大病保

---

❶ 蒋菲：“湛江基本医疗保险模式解析”，载《中国经贸导刊》2012 年第 9 期。

❷ 参见顾昕：“湛江模式启示录”，载《中国医院院长》2010 年第 20 期。

❸ 蒋菲：“湛江基本医疗保险模式解析”，载《中国经贸导刊》2012 年第 9 期。

❹ 同上。

险的过程中积累客户资源，对客户进行二次开发，发展商业医疗保险、重大疾病保险等多种健康险产品，这是吸引商业保险机构积极参与的重要原因。目前，除了人保健康、中国人寿、平安以外，新华人寿、泰康人寿以及大地保险和中华保险等公司也都在各地积极筹备，将来必将形成险企公平竞争补充医疗保险的局面。

（2）太仓市位于上海以北，隶属苏州市。与湛江不同的是，太仓属于江南富庶地区，全年城镇居民人均可支配收入 39422 元，农村居民人均纯收入 19411 元，综合经济实力位居全国百强县市前 10 位。在基本医保制度的大病保险功能供给不足情况下，“太仓模式”的重要特点是引入商业保险因素和采取“风险共担”原则，是国内建立大病保险二次补偿机制的一次有益探索，所以“太仓模式”被高度评价为“一个具有生命力的制度创新”。[1]据了解，六部委的《关于开展城乡居民大病保险工作的指导意见》中的“大病再保险”的顶层设计就来源于江苏的“太仓模式”。

对于“太仓模式”，除了赞誉之外，也存在一些问题，留有一些质疑之声。例如，在太仓实践中，引入商业保险因素之后对于加强费用控制机制和监控不合理医药行为等方面确实有效可行。但是，商业保险机构在大病保险制度运行的全过程中则面临着诸多尴尬。例如，由于商业保险机构不具备对医疗机构的监督执法权，所以其巡查活动只能算作是商业行为中的一环。此外，商业保险机构的直接合作方为医保经办机构，而医保经办机构并非医疗机构（医院）的行政管理部门，因此，商业保险机构介入医院就更加困难。[2] 更多的疑虑还是在于，取之于原有医保基金的结余，向商业保险机构购买大病保险的方式，究竟是否可以？

“太仓模式”面临的一些尴尬，主要是政策缺位所带来的问题。只要当地政府制定配套的政策，让商业保险机构进入医疗机构场地开展日常住院巡查有规可依，对于巡查中发现的一些问题，除了报医保经办机构外，还应该上报卫生局，请卫生监督部门查实后采取有力行政处罚措施，就可以保证查假和处理执行双到位。

至于医疗保险基金是否可以购买商业大病保险这一问题，当然也需要相应的理论给予支撑。有学者认为，基本医疗保障与商业保险有本质的不同，但却可以通过一定合作方式提供医保公共服务。我国的医疗保障制度，是社会医疗保障制度，也可称为公共医疗保险制度。而取出医保基金的部分结余向商业保险机构购买大病保险，从其保障的性质、出发点、达到目标等方面看，其实质

---

[1] 郑秉文、张兴文：“一个具有生命力的制度创新：大病保险‘太仓模式’”，载《行政管理改革》2013 年第 6 期。

[2] 同上。

是属于准公共产品的供给，是一种典型的政府购买与监管，由市场提供的模式。如果商业保险公司充分发挥其社会化、职业化、专业化的优势，并使其节省的合理成本超过医保经办机构所付出的管理费用时，将会更好地体现出效率优势。太仓的实践很好地证明了这一点。[❶] 对于这一诠释，笔者持相同立场。其实，太仓政府一开始就将大病医保的工作性质视为一种准公共产品进行定位，始终坚持政府主导，让各个商业保险机构在公平竞争下参加投标，在与商业保险机构谈判中，始终坚持“保本微利、风险共担”的原则。

“太仓模式”确立的核心原则是“保本微利、风险共担”。其中，“风险共担”更是核心中的核心。可以说，这是太仓大病保险制度创新的亮点，它不同于公共采购，也不同于末端外包，而是一个完全符合近几十年来出现的以美国为首的“有管理的医疗保险”的发展潮流。这些新型医疗保险机构的最大特点就是在“三位一体”（患者、保险商、医院）框架下实行“风险共担”的财务机制。而“太仓模式”中的四方主体的风险控制架构下“风险共担”的原则与“有管理的医疗保险”世界潮流有异曲同工之处，其作用机制均为控制费用风险和提高医疗质量。“太仓模式”的生命力之所以受到广泛关注，这是其中主要原因之一。[❷]

四、结语

我国经济体制经历了从计划到市场的转变。而医疗保险也经历了改革的尝试，结果证明效果并不十分理想。由于我国基本医疗保障带有普惠制的特性，对于罹患大病这类风险较大的情况其保障十分有限，很多百姓因病返穷，因此迫切希望建立针对大病的保障机制。

本文结合湛江、太仓等地的实践经验，探讨了大病保障走补助保险路径合理性、基本医保基金结余划作大病医保资金合法性、大病医保制度效率化运行架构体系等内容。从结果上来说，湛江模式也好，太仓模式也罢，都较好地解决了大病保障的可行性问题，切实有效地减轻了百姓患大病后的巨大经济负担，避免灾难性危机的发生。但是，这两种模式还各自存在一些固有的问题需要解决，还共同面临着一些新的课题，例如，如何建立动态筹资机制？商业保险机构如何与政府部门密切配合，加强对相关医疗服务和医疗费用的监控，强化对不合理医疗行为的管控？如何排解基本医疗保障与商业保险合作中的市场风险等。总之，以市场需求为基点，以保障性和抗风险性为逻辑起点，设立适应我国市场需求的、完整的商业大病保险的规则体系，是需要我们认真探索和

❶ 顾海：“大病医保，太仓提供了什么经验?”，载《社会观察》2012 年第 11 期。

❷ 郑秉文、张兴文：“一个具有生命力的制度创新：大病保险‘太仓模式’”，载《行政管理改革》2013 年第 6 期。

深入研究的。

就在本文结束之际，正好迎来了六部委联合发文推行大病保险一周年的回顾活动。一年来，大病保险积极有序推进，市场主体参与大病保险的热情高涨，竞争激烈。在大病保险新政颁布之前，政府委托商业保险公司经办的医保业务已经形成了湛江模式、太仓模式、新乡模式、江阴模式、襄阳模式、楚雄模式等数十个经典模式，各家公司利用经验，技术优势，积极参与社会管理。但是，大病保险新政运行一年来，仍有诸多问题。一些保险公司为抢占市场，不惜打价格仗，赔本赚吆喝，对保险业的社会形象和口碑造成极大的破坏。对于这些不正当竞争行为，监管部门需要予以严厉监管。行业协会应该主导建立行业大病保险数据信息平台，建立核心数据共享机制，使得这项多方共赢的利民制度能够可持续性地得到发展。[1]

---

[1] 李画："把握机遇办好大病保险"，载《中国保险报》2013年8月26日。

房屋抵押贷款综合保险法律问题研究

潘红艳*

我国现行的房屋抵押贷款综合保险是1992年借由房屋抵押贷款业务的开展而推行开来的，和房屋抵押贷款业务一样，沿用香港的运作模式。❶ 现行与房屋贷款业务捆绑销售的房贷险，是以购房人为被保险人，以房屋的毁损灭失以及被保险人身故、残疾、丧失还款能力为承保危险，以银行为受益人、以贷款期限为保险期间的综合保险。实践中对此类保险的非议颇多，有称银行发放贷款要求购买房贷险为霸王条款的，有否定银行受益人资格被保险人自行请求保险金的，有认为房贷险违背公平交易原则和自愿原则的。鉴于房贷险的内部结构、销售方式等因素，造成投保人订约、履约主动性不强，退保率颇高，银行权益得不到全面保护等问题，臻待解决。

一、房贷险承保范围的综合性与投保人认知能力不足的矛盾

房屋抵押贷款综合保险的承保范围包括两个方面：基于火灾、爆炸等原因造成抵押房屋损失的，保险人负责补偿；被保险人在保险期间内因意外伤害事故所致死亡或伤残，以及被保险人失踪后被人民法院宣告为死亡，而丧失全部或部分还贷能力，造成连续3个月未履行或未完全履行个人房屋抵押借款合同约定的还贷责任的，由保险人按本保险合同的约定承担还贷保证保险事故发生时被保险人应承担的全部或部分还贷责任。我国房贷险的法律性质较为复杂，造成了投保人对其缴纳保费的这种商品认知有限，除了承保抵押房屋的财产损失以外，我国房贷险还包括保证保险的部分。而保证保险是我国的自创物，是责任保险和信用保险的混合体。❷ 学界对其性质向来颇多争议，更何况一般的保险消费者。加之保险订约过程的信息偏失，投保人全面、准确的了解保险合同的承保范围的可能性更低。这在一定程度上构成投保人退

* 潘红艳，吉林大学法学院教师。

❶ 覃广华："进一步完善房屋抵押贷款业务的若干思考"，载《上海保险》2002年第12期。

❷ 刘小宁："浅析我国住房抵押贷款的缺陷成因"，载《湖北经济学院学报（人文社会科学版）》2008年第12期。

保的动因。

从其承保范围可见，房贷险的订约目的包含 3 个方面：以保险的方式保障银行的贷款利益、保障购房人对房屋的所有权利益以及保证借款人的还款能力。从银行贷款利益的保障这一层面可以很好地解读房贷险是否属于霸王条款的问题。所谓霸王条款，以法律视角观之，是指那些优势一方的经营者单方面制定的逃避其法定义务、减免自身责任的不平等的格式条款。在银行发放贷款的业务中，保障贷款安全以及借款人的还款能力是控制银行经营风险的必要条件，也符合借款人对贷款行为的合理预期。况且，借款人对购买房贷险的事实是明知的和有选择的（至少可以选择购买房贷险的保险公司）。可见，银行在贷款合同中约定借款人应当购买房贷险属于霸王条款一说实在牵强。

二、房贷险中受益人的性质不明

依据我国《保险法》第 12 条的规定，被保险人是指其财产或者人身受保险合同保障，享有保险金请求权的人。据我国《保险法》第 18 条的规定，受益人是指人身保险合同中由被保险人或者投保人指定的享有保险金请求权的人。可见，财产保险中的受益人并非我国保险法范畴的概念。目前，对于财产保险领域的受益人性质，学界争议较大。有认为财产保险中没有单独存在受益人的必要，所谓受益人即享有合同利益之人，被被保险人的概念所吸收。有认为既然法律并未禁止财产保险中可以设定受益人，受益人的指定就应当受法律保护。在一般的财产保险中，被保险人即是受保险合同保障之人，也是出险时遭受损失之人。没有必要再另行指定受益人。但是在特定的财产保险中，被保险人和享有合同利益的主体可能不同一，当事人指定被保险人以外的人为受益人行为的本质是对保险合同利益的处分。这种处分行为的性质属于债权的让与，为法律允许的范畴。只是这种让与行为以指定受益人的方式实现而已。故此，虽然保险法未规定财产保险中受益人的概念，但是房贷险中指定银行为受益人的做法不应受到法律的禁止性规定。

被保险人指定银行为不可变更受益人的行为源于贷款合同的约束。虽然从保险合同角度，被保险人是房屋损失险部分保险金的请求权人，即保险合同利益的归属主体。但是，依据贷款合同，被保险人所购买的房屋作为抵押物抵押给了贷款银行。银行作为受益人本质上是保障其房屋抵押权得以实现的方式，依据抵押权物上代位性原理，银行对抵押物的变形形态（包括保险金）享有权利。但这种权利存在于一系列法律关系之中，受到各个法律关心所涉的权利义务制约。在房贷险领域，银行对抵押房屋保险金的权利必须在保险合同关系的框架之内实现，必须借助于被保险人对保险金的请求权实现。如果未指定银行为受益人，请求权的流转顺序为：被保险人向保险公司请求保险金，然后银行才能向被保险人请求该保险金，银行和保险公司之间无由产生直接请求权。银行作为房贷险的受益人，省却了被保险人向保险公司请求以及银行向被保险人请求保险金的中间环节，避免了前述过程中请求权实现的时间及其他成本。故此，在房贷险中指定银行作为受益人是抵押权人实现其权益的途径。

房贷险的合同目的除了保障银行的贷款利益外，还应当体现被保险人对房屋的所有权利益，因而，一旦与银行的贷款关系结束，应当允许被保险人重新指定受益人，即将被保险人对保险金的权利归附被保险人自身。我国保监会2006年发布的《关于进一步加强贷款房屋保险管理的通知》中倡导保险公司增加对提前还贷者转换受益人的服务。

三、保险利益多元化和保费承担主体一元化的矛盾

实践中对指定银行为受益人之所以颇多纷争，其本质原因在于房贷险中保险利益归属主体与保险费的支付主体并不同一。房贷险承保的利益包括3个方面：购房人基于所有权对房屋享有的保险利益、银行基于抵押权对房屋享有的保险利益以及存在于保证保险中的保险利益。房贷险保障的主体既包括购房人也包括银行，但是支付保费的主体仅为购房人。上述做法引起了诸多诟病，投保人支付保费的预期是自身获益，并无涉银行利益。所谓房贷险违背公平交易原则和自愿原则的批评也正源于此。

在保险领域，投保人（支付保费之人）并非利益受损人和保险金请求权人系属常态。与其他合同义务和权利分配机制不同的是，保险合同讲求“谁损失，谁受益”[1] 而非“谁付款，谁受益”。虽然房贷险包含保障银行利益的部分，但是由借款人支付保费并不违背交易公平原则和自愿原则。借款人的贷款行为是引发银行贷款风险的诱因，也是银行采取保险的方式对经营贷款的风险进行化解的直接原因。交易风险以支付保费的方式转嫁给保险公司，以保险费形式体现的防范交易风险的成本归属于借款人并无不妥。即使采取表面更为公平的形式：由银行支付保费，银行也可以通过提高贷款利率的方式将这部分成本转嫁给借款人。

四、房贷险法律风险防范措施评析

以房贷险防范银行贷款风险的机制是通过如下法律构造完成的：投保人

---

[1] 樊启荣：《保险法》，北京大学出版社2011年版，第18页。

（借款人）作为保险合同主体向保险公司交付保险费，被保险人（同时也是投保人）负担保险合同上的各项义务。银行作为受益人享有保险金请求权。鉴于合同的相对性和抗辩权的限制性，滋生出诸多法律风险。

1. 被保险人提前退保的风险。我国现在房贷险多采取趸交的方式缴纳保费，如果被保险人中途退保，银行的利益无法获得保障。针对此种风险，银行所采取的两种化解方式均存在不足。

（1）要求贷款人将保险单交由银行保管。这种方法虽然可以在一定程度上起到阻止贷款人退保的作用，但是无法根本避免退保行为的发生。保险单是保险合同的凭证，起到证明保险合同关系存在的作用。其法律性质属于证明文件，可以以其他方式替代，保险单丢失、毁损可以重新制作。所以虽然保险公司要求投保人退保时应当提供保险单，但即使不提供依然可以通过确认投保人身份等措施达到退保目的。

（2）在贷款合同中约定，借款人退保时，由银行代为投保，产生的费用由借款人承担。可否由第三人承担保险费，保险法无明文禁止。依据债法的一般原理，代替投保人缴纳保费属于债务的承担，需经过债权人同意方可生效。只要保险公司无异议，银行代替借款人缴纳保险费的行为与投保人自己缴纳保险费具有相同法律效力，可以保障保险合同的效力继续。但是，银行代缴保费的行为与借款人的意图并非当然一致，借款人选择退保的行为本身就证明其不愿意继续承担保险费。一旦发生保费支付的纠纷，银行只能以贷款合同中的约定进行抗辩，要求借款人向其支付代缴的保费。但是，上述约定属于格式条款，借款人可以根据《合同法》第 40 条的规定否定其效力，一旦法院判定“产生的费用由借款人承担”属于“加重对方责任”的条款而无效，银行的请求权就会落空。

2. 投保人违反保险合同及保险法规定的义务，保险人解除合同或者不支付保险金时，银行的权益将落空。既然房贷险中约定的受益人并非保险法规定的受益人，无法适用有关保险法中受益人权利义务的规定。只能从债权受让人的角度分析银行应当具有的权利义务。债权的受让人承继让与人的权利义务，即银行承继投保人在保险合同中的权利义务，同时承继保险人对投保人的抗辩权。如果投保人违反如实告知等义务[1]，保险人产生解除保险合同或不给付保险金等抗辩权时，银行的保险金请求权无法实现。

---

[1] 依据我国现行《保险法》的规定，被保险人违反以下义务可能产生保险人有权解除保险合同或者不给付保险金的法律后果：未如实告知、谎报承保事故发生并据以请求给付、故意导致承保事故发生、未尽减灾防损维护安全义务、危险增加不同意增加保险费或者未履行危险增加通知义务等。

五、房贷险的完善措施

1. 化解“谁出资，谁受益”与“谁受损，谁受益”之间的冲突。现行房贷险是由借款人承担保险费，由银行受益的保险。虽然与保险的基本法理契合，但是与保费支付主体的主观期待存在差异，与一般交易中蕴涵的“谁出资，谁受益”的基本理念存在差异。“谁受损，谁受益”是保险合同遵循的损害填补原则的最好注解。但是，保险具备商品性，以营利性为本质需求。调和与“谁出资，谁受益”的一般交易理念的矛盾是保险商品性得以实现的必然路径。在房贷险的语境中，可以借由以下几种方式展开。其一，开发新型保险品种，将保险利益的支配权与保费支付连接。其二，由银行支付保险费，以提高贷款利率的方式将这部分成本在银行与借款人之间分担。其三，区分银行的抵押权保险利益和购房人的所有权保险利益，由银行和购房人分担各自应当承担的保险费。

2. 化解投保人违约银行利益得不到保障的问题，可以借鉴美国的做法。在美国，在财产所有人的火灾和财产保险单中，订入标准火灾财产条款。这种条款的效果在于使抵押权人（贷方）成为附加的被保险人，如果财产被毁损，则保险人按照被保险人未清偿的数额对抵押权人进行赔付，而被保险人的债务也因此消灭，保险金若存在余额则返还给被保险人。[1] 即使被保险人违反了保单中的义务而导致保险人有权拒绝赔付，此种效果也不及于抵押权人。但是在保险人对抵押权人予以赔付之后，代位取得抵押权人对抵押人（保单持有人）的权利。此种情形，整个制度的运作如同抵押权人是保险中的唯一被保险人一样。

3. 化解房贷险性质复杂，承保风险过于综合的问题，可以开发更具灵活性的新类型保险。比如荷兰就为贷款购房设计了较有优势的保险品种：借款人在向银行贷款的同时，要求购房者购买相应年限和金额的人寿保险作为贷款的担保。借款人将本金支付给保险公司作为购买人寿险的保险费，利息支付给银行。贷款到期时，本金由保险公司一次性支付给银行。这种做法既体现了保险利益与支付保费主体的统一，也可以通过保险公司对保险费的投资运用，将累计起来的保险费保值增值。而且，保险公司的信用度较高，以其作为还款的中间人，银行和借款人均能够接受。

另外，我国房贷险中保证保险部分也可以借鉴英国的经验，从房贷险中分离出来成为单独的贷款保险类型。在英国，贷款机构要求购房者借款人购买住

---

[1] John W. Steinmetz et al., “The Standard Mortgage Clause in Property Insuance Policies”, 33 Tort&Ins. L. J. 81 (1997).

房信用保险，保险金额与住房抵押贷款的金额相同，并随着贷款金额的减少而减少。保险期限和贷款期限相同。提供贷款的银行作为保单的受益人和持有人，保险费由借款人按期缴纳。在借款人不能支付到期贷款时，由保险公司向银行进行支付。这种做法的实质就是将我国房屋抵押贷款综合保险中的保证保险部分分离出来，成为单一的保险品种。以解决保险承保范围综合，投保人的投保预期与保险金受领主体存在差异的矛盾。

违法驾车情形[*]的认定

谷　凌[**]

2012年12月21日起施行的《最高人民法院关于审理道路交通事故损害赔偿案件适用法律若干问题的解释》（以下简称《解释》）共5部分29条，针对司法实践中一些争议较多的问题做了规范，例如道路交通事故赔偿责任的主体、赔偿范围、责任承担、诉讼程序等，但其中的多项规定与现行交强险制度存在冲突，势必对交强险经营管理产生重大影响。《解释》的第18条规定“有下列情形之一导致第三人人身损害，当事人请求保险公司在交强险责任限额范围内予以赔偿，人民法院应予支持：（一）驾驶人未取得驾驶资格或者未取得相应驾驶资格的；（二）醉酒、服用国家管制的精神药品或者麻醉药品后驾驶机动车发生交通事故的；（三）驾驶人故意制造交通事故的。保险公司在赔偿范围内向侵权人主张追偿权的，人民法院应予支持。追偿权的诉讼时效期间自保险公司实际赔偿之日起计算。”本条规定主要是想解决在道路交通事故损害赔偿案件中驾驶人存在违法驾驶等严重过错的情况下交强险保险公司的责任问题。该问题自《道路交通安全法》（以下简称《道交法》）颁布实施以来就一直被学者们关注，围绕着交强险保险公司是否应负责任、究竟承担保险赔偿责任还是垫付责任以及保险公司的赔偿责任范围等问题学者们展开了广泛的讨论[1]，本文仅就第18条涉及的“违法驾车情形的认定”谈谈自己的看法。

《解释》的第18条规定了3种违法驾车的情形下保险人应负赔偿责任，即“驾驶人未取得驾驶资格或者未取得相应驾驶资格的；醉酒、服用国家管制的精神药品或者麻醉药品后驾驶机动车发生交通事故的；驾驶人故意制造交通事故的”。

从保险技术的角度来讲，保险人可以承保的危险具有客观性，其损失的发

---

* 这里借鉴了奚晓明主编，最高人民法院民一庭编著的《〈最高人民法院关于审理道路交通事故损害赔偿案件适用法律若干问题的解释〉理解与适用》一书中对第18条的表述。

** 谷凌，北京大学法学院教授。

[1] 关于这方面的文章可以参考韩长印、易萍：“交强险中恶意肇事的保险垫付责任”，载《法学》2010年第10期；郝江荀：“无证驾驶肇事保险人依法免赔”，载《中国保险》2010年第2月期；游杰、梁鹏：“醉酒驾车与交强险人身伤亡赔付——以交强险条例第22条第1款为分析重点”，载《保险研究》2011年第11期；方毅：“从孙伟铭等醉驾肇事案的判刑谈对交强险条例第二十二条的理解与适用”，载《中国保险》2009年第12期；文杰：“交强险中保险人的追偿权质疑——我国《交强险条例》第22条之妥当性评析”，载《保险研究》2012年第11期。

生应当是偶然的，具有不确定性。如果被保险人能够控制损失的发生，那么他就有动机促使保险事故发生。这种因为被保险人的主观心理状态所造成的危险属于主观危险，而这种主观危险的高低因人而异，保险人无法通过大数法则加以评估归纳，因此在保险中通常被列为不保危险。[1] 这其中尤以被保险人的故意行为所导致的危险影响最大，各国保险法及保险条款均有限制性的规定，即对被保险人故意所致损失，保险人不负赔偿或给付保险金的责任，以避免道德危险的发生。但交强险作为强制性保险与一般的商业保险不同，其设立的宗旨在于使机动车交通事故的受害人迅速获得有效保障，因此应尽可能对保险人赔付的条件予以松绑，尽量扩大其保障范围。即使是因被保险人的恶意行为所导致的法定赔偿责任，保险人仍应予以理赔。而且“保险公司自身的功能和特点决定了相较于加害人，其在交通事故损害赔偿中的赔偿能力具有极大的便利性，……因而迅速填补损害是交强险责任制度设计的重要目标”。[2] 但如此一来，“被保险人的责任亦随理赔而减轻或完了，如无相关补救措施，则将发生高度的道德危险，危害整个危险共同体，实非所宜”[3]，所以又赋予保险人向侵权人求偿的权利，以此实现交强险救济受害人、惩罚恶意被保险人的立法功能。从比较法的角度来看，德、日以及我国台湾地区的立法均对驾驶人违法驾驶引发的交通事故损害赔偿规定了由保险公司先行赔付再行追偿的制度，但是在对违法驾驶的情形界定上存在着差异。本文拟对《解释》中未涉及的 3 种情形进行分析。

一、被保险机动车被盗抢期间肇事

相比于《机动车交通事故责任强制保险条例》（以下简称《交强险条例》）第 22 条[4]和交强险条款第 9 条[5]的规定，《解释》除了将“未取得驾驶资格”

---

[1] 参见叶启洲：《保险法实例研习》，元照出版公司 2013 年版，第 194 页。

[2] 奚晓明：《〈最高人民法院关于审理道路交通事故损害赔偿案件适用法律若干问题的解释〉理解与适用》，人民法院出版社 2012 年版，第 236 页。

[3] 江朝国：《强制汽车责任保险法》，中国政法大学出版社 2006 年版，第 201 页。

[4] 《交强险条例》第 22 条规定：有下列情形之一的，保险公司在机动车交通事故责任强制保险责任限额范围内垫付抢救费用，并有权向致害人追偿：（一）驾驶人未取得驾驶资格或者醉酒的；（二）被保险机动车被盗抢期间肇事的；（三）被保险人故意制造道路交通事故的。有前款所列情形之一，发生道路交通事故的，造成受害人的财产损失，保险公司不承担赔偿责任。

[5] 《交强险条款》第 9 条规定：被保险机动车在本条（一）至（四）之一的情形下发生交通事故，造成受害人受伤需要抢救的，保险人在接到公安机关交通管理部门的书面通知和医疗机构出具的抢救费用清单后，按照国务院卫生主管部门组织制定的交通事故人员创伤临床诊疗指南和国家基本医疗保险标准进行核实。对于符合规定的抢救费用，保险人在医疗费用赔偿限额内垫付。被保险人在交通事故中无责任的，保险人在无责任医疗费用赔偿限额内垫付。对于其他损失和费用，保险人不负责垫付和赔偿。

（一）驾驶人未取得驾驶资格的；

（二）驾驶人醉酒的；

（三）被保险机动车被盗抢期间肇事的；

（四）被保险人故意制造交通事故的。

对于垫付的抢救费用，保险人有权向致害人追偿。

扩展到“未取得驾驶资格或者未取得相应驾驶资格”、将“醉酒”驾车扩展到“醉酒、服用国家管制的精神药品或者麻醉药品后驾驶机动车发生交通事故”以外，没有将“被保险机动车被盗抢期间肇事”的情形列入其中。[1] 按照最高人民法院的解释是出于考虑到《侵权责任法》第52条已经对这种情形下的侵权责任承担作了明确规定，因此司法解释没有对此类情况再行规定。[2]

《侵权责任法》第52条规定：“盗窃、抢劫或者抢夺的机动车发生交通事故造成损害的，由盗窃人、抢劫人或者抢夺人承担赔偿责任。保险公司在机动车强制保险责任限额范围内垫付抢救费用的，有权向交通事故责任人追偿。”对于这条规定应该做出何种理解，“被保险机动车被盗抢期间肇事”，交强险保险公司是否有义务赔偿受害人因人身损害而造成的损失呢？

从第52条的规定来看其对于保险公司就抢救费用的垫付责任与《交强险条例》第22条第1款的规定一脉相承，但是按照第22条的规定保险人除了对抢救费用的垫付责任之外是否还应承担其他保险责任，理论界与实务界对于该条应如何理解存在不同的观点。

1. 保险人仅对人身伤亡承担赔偿责任。部分法院采用反推的方式认为《交强险条例》第22条第2款虽然规定保险公司对4种违法驾驶行为造成的财产损失不承担赔偿责任，但并未规定保险公司就受害人人身伤亡的损失不承担赔偿责任。既然未规定保险公司无须赔偿，则就应当赔偿。对于抢救费用部分则不承担赔偿责任，只承担垫付责任，有权向致害人追偿。

2. 保险人对人身伤亡、财产损失承担全部赔偿责任。有法院[3]认为，《道交法》第76条规定，“机动车发生交通事故造成人身伤亡、财产损失的，由保险公司在机动车第三者责任强制保险责任限额范围内予以赔偿”。该条文明确了机动车交通事故责任强制保险的无过错责任性质。所以，凡因

---

[1] 除《交强险条例》及交强险条款外，部分地方法院也将被保险机动车在被盗抢期间肇事列为保险人赔偿责任，例如2011年6月7日颁布的《贵州省高级人民法院关于审理涉及机动车交通事故责任强制保险案件若干问题的意见》第7条规定：有下列情形之一，机动车交通事故造成受害第三者人身伤亡的，保险公司在责任强制保险限额范围内承担赔偿责任，保险公司承担赔偿责任后有权向赔偿义务人追偿。（一）驾驶人未取得驾驶资格或者醉酒的；（二）被保险机动车被盗抢期间肇事的；（三）被保险人故意制造道路交通事故的。前款所称“赔偿义务人”，是指道路交通事故的致害人，被保险人与实际致害人不是同一主体时，被保险人与实际致害人对机动车强制保险责任限额范围内的损害赔偿承担连带责任，但盗窃车辆除外。《浙江省高级人民法院民一庭关于审理道路交通事故损害赔偿纠纷案件若干问题的意见（试行）》第15条规定：属于《机动车交通事故责任强制保险条例》第二十二条第一款规定情形发生道路交通事故，造成受害人人身伤亡的，保险公司应在机动车强制保险责任限额范围内承担垫付责任；保险公司垫付后，可向赔偿义务人追偿。

[2] 参见奚晓明：《〈最高人民法院关于审理道路交通事故损害赔偿案件适用法律若干问题的解释〉理解与适用》，人民法院出版社2012年版，第238页。

[3] 参见韩长印、易萍：“交强险中恶意肇事的保险垫付责任”，载《法学》2010年第10期。

交通事故造成人身伤亡和财产损失的，不论被保险人是否具有过错，均应由交强险承保公司承担赔偿责任。因此，《交强险条例》第 22 条规定的保险公司仅“在机动车交通事故责任强制保险责任限额范围内垫付抢救费用”的规定明显限缩了《道交法》的规定。于此情形，应直接适用作为上位法的《道交法》。

3. 保险人仅就抢救费用承担垫付责任，并不包括抢救费用之外的其他人身伤亡费用。有学者认为：“‘人身伤亡损失’是个类概念，它的外延包括医疗费（抢救费是其中之一）、死亡赔偿金、误工费等诸多子项，……，既然唯独指明垫付抢救费用，就说明应承担的只是这一个子项，其余各项自然就是不承担的，……，从‘医疗费用’这个子项来看，它的外延包括抢救费用和其他医疗费用，抢救费用尚且只是垫付，并有权追偿，而其他医疗费用却要赔偿的话，法律岂不陷入自相矛盾，不能自圆其说的境地吗？”[1] 而且，现有《交强险条款》第 9 条也明确了保险人仅就抢救费用承担垫付责任。

但从《侵权责任法》第 52 条的规定来看似乎不存在这样的问题，因为其开宗明义地表明了“盗窃、抢劫或者抢夺的机动车发生交通事故造成损害的，由盗窃人、抢劫人或者抢夺人承担赔偿责任”，保险人仅在机动车强制保险责任限额范围内垫付抢救费用并享有追偿权。而《解释》第 18 条则对《交强险条例》第 22 条所列的其他 3 种违法驾驶的情形下保险人的责任做了重大的更改：一是将保险人的垫付责任改为保险责任；二是对赔偿的范围也做出了改变，即对第三人的人身损害部分，当事人请求保险公司在交强险责任限额范围内予以赔偿，人民法院应予支持。目前我国交强险实行分项限额赔付，按照现行赔付标准，被保险人有责任的，死亡伤残赔偿限额 11 万元人民币，医疗费用赔偿限额为 1 万元人民币，财产损失赔偿限额为 2000 元人民币；根据《交强险条例》及现行交强险条款第 9 条规定的“……对于符合规定的抢救费用，保险人在医疗费用赔偿限额内垫付。……对于其他损失和费用，保险人不负责垫付和赔偿”，意味着对其他 3 种情形保险公司仅需在现行机动车强制保险责任限额中的 1 万元医疗费用限额下垫付抢救费用；而按照《解释》中的规定，保险公司的赔偿范围限定在人身损害范围以内，对于人身损害赔偿的范围的认定，根据《侵权责任法》第 16 条的规定，侵害他人造成人身损害的，应当赔偿医疗费、护理费、交通费等为治疗和康复支出的合理费用，以及因误工减少的收入。造成残疾的，还应当赔偿残疾生活辅助具费和残疾赔偿金。造成死亡

---

[1] 郝江荀：“无证驾驶肇事保险人依法免赔”，载《中国保险》2010 年第 2 期。

的，还应当赔偿丧葬费和死亡赔偿金。[1] 那就意味着按照《解释》保险人所要负担的人身损害赔偿的限额是 12 万元，而非 1 万元，这其中的差距可谓云泥之别。我们会发现，对于《交强险条例》所列 4 种情形，唯有机动车被盗抢期间发生的事故保险公司所负责任与其他 3 种情形截然不同。而被盗抢车辆肇事中受害人与其他 3 种情形下的受害人一样对于肇事人的主观恶意无从得知，如果否认恶意肇事行为的受害人从交强险中获得赔付的期待显然与交强险的立法宗旨不符。而且保险人仅承担抢救费用的垫付责任与交强险强调的公益性、强制性，迅速为道路交通事故受害人提供救济的初衷不符。《解释》赋予保险公司在承担了赔偿责任之后依法可以向侵权人而非“被盗抢之被保险人”追偿的权利既不会为被保险人增加负担，也不至放纵真正的侵权人，因此笔者主张在违法驾驶中增加“被保险机动车被盗抢期间肇事”这一情形。

二、驾驶人交通肇事后逃逸

商业第三者责任险中一般将驾驶人交通肇事后逃逸列为除外责任。[2] 对于交强险而言，《道交法》第 75 条规定“医疗机构对交通事故中的受伤人员应当及时抢救，不得因抢救费用未及时支付而拖延救治。肇事车辆参加机动车第三者责任强制保险的，由保险公司在责任限额范围内支付抢救费用；抢救费用超过责任限额的，未参加机动车第三者责任强制保险或者肇事后逃逸的，由道路交通事故社会救助基金先行垫付部分或者全部抢救费用，道路交通事故社会救助基金管理机构有权向交通事故责任人追偿”。《交强险条例》第 22 条中并

---

[1] 《最高人民法院关于审理人身损害赔偿案件适用法律若干问题的解释》第 17 条：受害人遭受人身损害，因就医治疗支出的各项费用以及因误工减少的收入，包括医疗费、误工费、护理费、交通费、住宿费、住院伙食补助费、必要的营养费，赔偿义务人应当予以赔偿。

受害人因伤致残的，其因增加生活上需要所支出的必要费用以及因丧失劳动能力导致的收入损失，包括残疾赔偿金、残疾辅助器具费、被扶养人生活费，以及因康复护理、继续治疗实际发生的必要的康复费、护理费、后续治疗费，赔偿义务人也应当予以赔偿。

受害人死亡的，赔偿义务人除应当根据抢救治疗情况赔偿本条第一款规定的相关费用外，还应当赔偿丧葬费、被扶养人生活费、死亡补偿费以及受害人亲属办理丧葬事宜支出的交通费、住宿费和误工损失等其他合理费用。

《最高人民法院关于适用〈中华人民共和国侵权责任法〉若干问题的通知》第 4 条：人民法院适用侵权责任法审理民事纠纷案件，如受害人有被抚养人的，应当依据《最高人民法院关于审理人身损害赔偿案件适用法律若干问题的解释》第二十八条的规定，将被抚养人生活费计入残疾赔偿金或死亡赔偿金。

[2] 《中国平安财产保险股份有限公司电话营销专用机动车辆保险条款及费率（2009 版）》第 4 条：发生意外事故时，驾驶人有以下情形之一的，保险人不负赔偿责任：（一）未依法取得驾驶证、持未按规定审验的驾驶证、驾驶与驾驶证载明的准驾车型不符的机动车的；（二）驾驶人在驾驶证丢失、损毁、超过有效期或被依法扣留、暂扣期间或记分达到 12 分，仍驾驶机动车的；（三）学习驾驶时无教练员随车指导的；（四）实习期内驾驶载有爆炸物品、易燃易爆化学物品、剧毒或者放射性等危险物品的机动车的，或驾驶机动车牵引挂车的；（五）饮酒或服用国家管制的精神药品或麻醉药品的；（六）未经被保险人同意或允许而驾车的；（七）利用保险车辆从事犯罪活动的；（八）事故发生后，被保险人或驾驶人在未依法采取措施的情况下驾驶保险车辆或者遗弃保险车辆逃离事故现场，或故意破坏、伪造现场、毁灭证据的；（九）依照法律法规或公安机关交通管理部门有关规定不允许驾驶保险车辆的其他情况下驾车的。

未将此种情形列为保险人垫付抢救费用的范围，也可以理解为并未将机动车肇事后逃逸的[1]列为保险公司的除外责任；但条例的第 24 条却规定这种情形下应由社会救助基金先行垫付丧葬费用和抢救费用。[2] 这样就产生了矛盾：一方面保险公司应在交强险的限额内承担给付保险金的责任；另一方面根据第 24 条的规定又要由社会救助基金先行垫付丧葬费用和抢救费用。这样对于同一损害就出现了双份赔付，于理不合；但是如果解释为肇事后逃逸属于交强险的除外责任，而由社会救助基金承担垫付责任又与第 24 条适用的另两种情形——抢救费用超过交强险责任限额的和肇事机动车未参加交强险的——不相协调，从其发生的情形来看，社会救助基金应该是对交强险的补充，在有交强险保障的情形下应优先从交强险限额中支付。而肇事逃逸并不见得一定都找不到肇事车辆的信息，如果有肇事车辆的信息而其又投保了交强险或者还有商业三者险，就不应由社会救助基金来垫付并承担追偿的成本及风险了。但在《解释》中却并未对此作出规范。按照最高法院民一庭的解释是因为《侵权责任法》就此问题已有明确规定。

《侵权责任法》第 53 条规定：机动车驾驶人发生交通事故后逃逸，该机动车参加强制保险的，由保险公司在机动车强制保险责任限额范围内予以赔偿；机动车不明或者该机动车未参加强制保险，需要支付被侵权人人身伤亡的抢救、丧葬等费用的，由道路交通事故社会救助基金垫付。道路交通事故社会救助基金垫付后，其管理机构有权向交通事故责任人追偿。该条规定了两种情形：一是机动车驾驶人肇事逃逸但留有肇事车辆信息，包括肇事逃逸后主动归案和被动归案的，由保险公司在机动车强制保险责任限额范围内予以赔偿；二是机动车不明或者该机动车未参加强制保险的，法律规定由道路交通事故社会救助基金垫付被侵权人人身伤亡的抢救、丧葬等费用，道路交通事故社会救助基金垫付后，其管理机构有权向交通事故责任人追偿。这一规定对于原来《交强险条例》的规定做了一定的改动，对于机动车驾驶人肇事逃逸但留有肇事车辆信息者适用“违法驾车”的保险赔付责任。这主要是考虑到肇事后逃逸对于受害人来说一方面存在着受损害程度加大的可能性；另一方面其逃逸行为使得受害人无法迅速获得救济。为了能够保障受害人能够及时获得赔付，将肇事逃逸列为交强险的承保风险，丝毫不违背交强险保护受害人的立法宗旨。但不足

---

[1] 肇事后逃逸是否构成犯罪，保险人是否对被保险人的故意犯罪行为承担交强险责任将在下一个问题中讨论。

[2] 《交强险条例》第 24 条：国家设立道路交通事故社会救助基金（以下简称救助基金）。有下列情形之一时，道路交通事故中受害人人身伤亡的丧葬费用、部分或者全部抢救费用，由救助基金先行垫付，救助基金管理机构有权向道路交通事故责任人追偿：

（一）抢救费用超过机动车交通事故责任强制保险责任限额的；

（二）肇事机动车未参加机动车交通事故责任强制保险的；

（三）机动车肇事后逃逸的。

之处在于本条没有规定保险人的“追偿权”，交强险的立法目的一是为了保障道路交通事故受害人依法得到赔偿；二是为了惩戒违法驾驶的被保险人，以达到促进道路交通安全的目的。[1] 被保险人肇事逃逸属于严重违法行为，应使其负终局的赔偿责任。一方面要求保险公司承担保险责任，但又同时允许其享有向恶意的被保险人追偿的权利，不但可以使受害人及时得到保障，还可以发挥交强险惩罚恶意肇事人、预防道德风险的作用。对于保险公司而言只是承受求偿花费的时间精力及承担被保险人无力清偿的风险，并非要求其承保此类具有高度道德风险的危险。交强险的保险金来自全体参加交强险的成员。在保险公司“不盈不亏”、零利润运行的制度设计下，保险公司赔偿的并非是自己的财产，而是参加交强险团体成员的财产，不能算作保险公司的损失。[2] 当然考虑到交强险对于损失填补的及时性的要求，在受害人急需救治但无法立即确定肇事逃逸者时可以先由救助基金垫付，在发现肇事者之后由保险公司向救助基金支付，然后再由保险公司向肇事逃逸者进行追偿。

三、从事犯罪行为或逃避合法拘捕者

我国台湾地区“强制汽车责任保险法”第 29 条将“从事犯罪行为或逃避合法拘捕”者也列入保险人依法赔付但享有代位求偿的范围。认为“被保险人肇事，系由于其从事犯罪行为或逃避合法拘捕者，虽非故意肇事，但可预期有相当的危险，且犯罪行为、逃避合法拘捕者，均为法所不许，若仍予保护而不使犯罪人、逃避合法拘捕者负终局之责任，实违人民感情，且有鼓励犯罪行为，违背公序良俗之嫌”。我国《交强险条例》中没有这方面的规定，有学者认为可以将此种情形以驾驶人故意制造保险事故来解决问题，适用《保险法》第 27 条第 2 款的规定“投保人、被保险人故意制造保险事故的，保险人有权解除合同，不承担赔偿或者给付保险金的责任”。这种观点值得商榷，这里的故意指的是被保险人对于损失结果的故意，而并非对于自己行为的故意。如果被保险人驾驶汽车报复社会自然可以纳入“驾驶人故意制造交通事故”中，但驾驶人从事犯罪行为或逃避合法拘捕并不必然构成故意制造交通事故，那么一旦上述情形发生，保险公司应向受害人赔付，但却不享有追偿权，无异于鼓励了犯罪行为，有违公序良俗。因此笔者主张可以考虑将“从事犯罪行为或逃避合法拘捕者”纳入《解释》第 18 条的适用范围，或是考虑到其驾驶本身不具有违法驾驶情节而单另立法，并就追偿权做出规定，但应考虑限定在故意犯罪

---

[1] 《交强险条例》第 1 条规定：“为了保障机动车道路交通事故受害人依法得到赔偿，促进道路交通安全，根据《中华人民共和国道路交通安全法》、《中华人民共和国保险法》，制定本条例。”

[2] 游杰、梁鹏：“醉酒驾车与交强险人身伤亡赔付——以交强险条例第 22 条第 1 款为分析重点”，载《保险研究》2011 年第 11 期。

行为内。

除了违法驾车情形的范围可以考虑扩大以外，笔者对于《解释》第 18 条所规定的保险人向侵权人主张的追偿权的性质也存在一定的疑惑。从最高法院民一庭的解释来看应属代位权，不同于保险法中的保险代位求偿权，这里是在保险公司对受害人实际赔偿后，代受害第三人之位，向侵权人求偿，这完全符合由侵权人承担终局赔偿责任，避免违法驾驶人因保险人的赔付转移风险。但代位权属于债权的法定移转，是继受取得的权利，代位权的时效应依原权利的性质定其期间及起算时点，因此本应从受害人知道或应当知道权利被侵害时起计算，但现有规定却为“追偿权的诉讼时效期间自保险公司实际赔偿之日起计算”显然不符合代位权的性质。有学者主张将其界定为求偿权就可以解决诉讼时效的问题，但是求偿权是依法律规定而成立的新的权利，其时效自权利成立时起算，并适用民法规定的一般时效。但也存在另一问题：就权利的发生而言，求偿权是新权利，债务人不得以对抗原债权人之事由对抗受让人；这么做的结果会导致如果未投保交强险，侵权人还可以对受害人主张的抗辩对抗保险人，投保了反而丧失了抗辩权，有加重侵权人责任的嫌疑。[1] 交强险制度的宗旨在于为受害人提供救济，而不是提高侵权人的责任标准。而且，交强险的赔付标准较低，如果受害人所受损害高于保险给付，其请求权部分移转给保险人之后，将出现同一请求权部分移转后适用不同的时效起算点的问题，造成法律关系的紊乱[2]，因此将其界定为代位权比较恰当，其诉讼时效从受害人知道或应当知道权利被侵害时起计算。

---

[1] 参见叶启洲：《强制汽车责任保险之除外危险与代位》，载《保险法专题研究（一）》，元照出版公司 2007 年版，第 259 页。

[2] 同上书，第 281 页。

刍议我国交通事故社会救助基金的法律定位

赵明昕 杨紫锋*

2010年元旦，由财政部、保监会、公安部、卫生部和农业部5个部门联合发布的《道路交通事故社会救助基金管理试行办法》（以下简称《办法》）开始实施，从而使我国在形式上初步建立了交通事故社会救助基金（以下简称救助基金）❶制度。自彼时起，各方批评、建议之声不绝于耳。综合而言，对救助基金的诟病主要集中在：基金的法律地位、内部组织机构、政府财政预算应承担基金资金的补充比例、保险公司的交强险保费提取比例确定原则、基金的资金安全保障、基金违反救助义务时管理人员的法律责任、受害人及其亲属等直接请求权等问题悬而未决。此外，救助基金没有建立中央级国家统一运行机制；救助对象过于狭小；救助的损失范围过于狭窄；救助基金的赔偿限额缺失；与救助基金间争议解决的程序缺失等。❷上述问题的存在，使我国的救助基金制度从诞生之日起即先天不足，而其在实践中的运行也是问题频频，时至今日，尚有辽宁、黑龙江、湖北、贵州等省没有建立省级救助基金，而仅靠一些地市自行解决，致使救助基金的覆盖面大打折扣，远未能发挥其应有之功能。

有鉴于此，已有众多学者提出重构我国的救助基金制度。这有些令人匪夷所思，刚刚建构3年的救助基金，在很多地方因为实施细则（办法）尚未出台还没有真正确立起来，就到了重构的时候，可见我们当初的制度设计是何等粗陋。前面所总结的《办法》中的那些问题其实仅仅是表象而已。在笔者看来，真正的问题是：我们从来就没有对救助基金的制度定位问题进行过深入思考和研究！若想建立一个相对健全的救助基金制度，我们必须厘清的是：救助基金

* 赵明昕，辽宁沈阳人，深圳大学法学院副教授；杨紫锋，华东政法大学经济法学院2010级在读本科生。

❶ 救助基金在各国的称谓稍有区别：英国称为“中央保证基金”（Central Guarantee Fund），德国称为“机动车交通事故损害赔偿基金”，法国称为“担保基金”，加拿大和美国的一些州称为“未竟判决补偿救助基金”，日本称为“机动车损害赔偿保障制度”，韩国称为“机动车损害赔偿保障事业”，中国台湾称为“汽车交通事故特别补偿基金”……无论采何种叫法，其本质都是一样的，所以本文如无特别说明，统称为“救助基金”。

❷ 李青武：透视“同命不同救助”之病灶，中国法学网，http：//www.iolaw.org.cn/showNews.asp?id=21571。

在相关制度体系中处于什么地位？我们期盼它发挥哪些功能？以及相关主体在救助基金中扮演什么角色？承担哪些职责？这些问题不搞清楚，恐怕我们只能一再地陷入该制度甫一建立即需重构的窘境。

一、救助基金的体系定位

救助基金的体系定位系指其从属于哪些法律体系，并在其中处于何种地位。笔者认为，救助基金所属的法律体系可以分为两个方面。

（一）救助基金系交通事故受害人救济体系中的一元，为交强险的补充制度

纵观当今世界各国，在交通事故受害人的损害补偿上，基本上采取的都是三元化救济体制：一是通过侵权责任制度由事故责任人赔偿受害人的损害；二是通过机动车交通事故责任强制保险（以下简称交强险）[1]制度补偿受害人；三是在受害人无法通过交强险得到补偿的情形，诉诸救助基金来补偿受害人的损失。虽然这3种救济途径在各国立法中的地位有所区别，但三者相辅相成，相互补充，共同构建了交通事故受害人救济体系却是各国的共识。因此，虽然上述3项制度各自独立，但相互间却存在着无法割裂的联系，通常确立在后的制度是为了弥补在先制度的不足而产生的，交强险是为了解决侵权责任人赔偿能力不足的问题而发端的，而救助基金是为了弥补交强险覆盖面上的漏洞而登上历史舞台的。因此，救助基金为交强险的补充性制度。

1. 救助基金有弥补交强险不足之功能

交强险虽为强制保险，能够以法律的手段强制性推广，因而具有覆盖面广的特点，但仍然存在一定程度的脱保率。不要说我国这样一个社会、经济尚不发达的发展中国家，即使在经济和法律皆相当发达的挪威，其交强险全国的脱保率也超过3％。[2]另外，在肇事车辆逃逸、损害超过交强险责任限额和保险人破产等情形下，也都存在着受害人无法从交强险处得到赔偿的情况。这时，受害人只有诉诸救助基金才能得到有效的补偿。

2. 救助基金的基础性法律渊源是交强险立法

横向研究，我们会发现很多国家和地区都在交强险的基本立法中专门就救助基金的原则性事项进行规定，将其作为交强险的配套制度确定下来。例如，日本《自动车损害赔偿保障法》专设第五章“政府实行的自动车损害赔偿保障事业”，亦即救助基金制度。再如，我国台湾地区“强制汽车责任保险法”第38～

---

[1] 交强险是《条例》赋予该项制度的正式称谓。而在《道交法》中，该制度被称为“机动车第三者责任强制保险”，这也是学术界一直以来的称谓，二者虽然名称上略有区别，但在本质上却完全相同。对同一项制度，一国法律、法规却有两个正式名称，不知这是不是我国的首创，但这的确反映出有关立法机构在法制统一的问题上似乎有些漫不经心。鉴于两者实质上并无区别，故如无特别说明，无论哪国的“机动车第三者责任强制保险”，本文皆以交强险称之。

[2] 本书编写组：《机动车强制责任保险制度比较研究》，中国财政经济出版社2008年版，第44页。

43条也系统规定了救助基金的性质、来源、适用条件、代位求偿等重要事项。这些立法例说明，救助基金在制度定位上从一开始就是被确定为交强险的补充制度的。

3. 救助基金之发端就是为了弥补交强险的漏洞

历史地看问题，救助基金亦是为了补偿交强险无法救济的受害人而肇始的。例如，英国的交强险实施一段时间之后，出现了某些交通事故受害第三者无法从保险人处获取赔偿的案例。为此，英国贸易与工业部（Board of Trade，1921～1970年使用该名称）下设的一个专门委员会于1937年提交了著名的"Cassel报告"，建议设立一项中央保证基金（Central Guarantee Fund），使未投保驾驶人所致事故的受害人可以从基金处索取赔偿。1946年6月14日，英国保险行业组织成立了机动车保险人局（Motor Insurance Bureau，MIB），负责处理未投保驾驶人和肇事逃逸驾驶人所致交通事故的损害赔偿问题。[1] 其他国家和地区建立救助基金也大体遵循了同样的轨迹。

综上，救助基金是一国交通事故受害人救济制度中不可或缺的一元，作为交强险的补充性制度与交强险、侵权责任共同构建了交通事故受害人损害补偿体系。

（二）救助基金系一国社会救助体系的一部分

社会救助是指国家与社会面向贫困人口与不幸者组成的社会脆弱群体提供款物接济与扶助的一种生活保障政策，其外延包括灾害救济、贫困救济和其他针对社会脆弱群体的扶助措施。[2] 可见，社会救助是针对因灾害、贫困等原因陷入困境的社会成员给予的一种经济扶助。从这个意义上讲，救助基金无疑符合社会救助的本质特征。

1. 救助基金针对的不幸事件是交通事故

在现代社会，交通事故与自然灾害等一样已经成为能置人于人身伤亡、生活困顿与经济窘迫的外力。据世界卫生组织统计，全球每年约有120万人死于交通事故，超过5000万人受伤或致残[3]，经济损失更是不计其数。交通事故已经成为致死、致残、致伤的最主要原因。据世界卫生组织与世界银行预计，2020年全球死于非传染性疾病的人数将从1990年的2810万人攀升至4970万人，增幅达77%，而交通事故是导致这一数字上升的主要因素。[4] 从目前的一般情况来看，无论在发达国家还是发展中国家，医院每10张病床中就有一张收治的是交通事故中受伤的患者。因此对交通事故的受害人提供经济扶助是现

---

[1] 本书编写组：《机动车强制责任保险制度比较研究》，中国财政经济出版社2008年版，第49页。

[2] 郑功成：《社会保障学：理念、制度、实践与思辨》，商务印书馆2000年版，第13～14页。

[3] World Health Organization，*Ceremonies to Mark World Day of Remembrance for Road Traffic Victims*.

[4] World Health Organization，*The Global Burden of Disease*.

代文明国家不可推卸的责任。

2. 救助基金的受惠人群主要是遭遇交通不幸的弱势群体

在交通参与者中，行人、骑自行车和助力车的人以及摩托车驾驶人是道路交通参与者中的弱势群体。在中低收入国家，他们是主要的道路使用者，同时也是道路交通事故的主要受害者……行人、骑自行车、助力车和驾驶摩托车的人在每千米旅程中面临的死亡风险仍然是机动车驾驶人的数倍。❶ 我国是发展中国家，交通事故的主要受害人群也是行人、骑自行车、助力车和摩托车的驾驶人，他们同时也往往是收入水平较低的人群，其承担风险和损害的能力差，所以交通事故的受害人除了需要交强险和侵权责任制度之外，还需要来自国家和社会的扶助，而针对他们的社会救助手段就是救助基金。

3. 救助基金是交通事故受害人寻求救济的最后保证

在前文所述的交通事故救济体系中，目前较为发达的国家和地区皆是交强险占据主导地位，侵权责任仍然发挥着不可小觑的作用，但在这两者无能为力的场合，只能由救助基金向受害人伸出援手了，所以救助基金是受害人寻求救济的保底机制。首先，交强险有脱保之虞，如前所述，虽然交强险通过强制投保能在一定程度上提升覆盖面，但确保全面覆盖显然是不可能的事情，即使是交强险发达的美国，1985 年仍然有 11% 的驾驶人不投保车辆责任险。❷ 有些州这一比例甚至高达 20%。❸ 更为严重的是，这些没有投保的驾驶人具有更高的肇事率。❹ 如果这些没有投保交强险的机动车肇事，加之侵权人的责任能力不足，若无救助基金，真不知受害人该如何是好。其次，交通事故发生后肇事人逃逸也使受害人无法通过交强险和侵权责任获赔。由于种种原因，我国交通事故肇事者逃逸的比例相当高。例如，2013 年 7 月，深圳市人民检察院公布了近年来该市交通肇事案件情况，在检察机关提起公诉的交通肇事案中，被告人肇事逃逸比例不断上升，2011 年为 29.5%，2012 年增加到 44.6%，2013 年上半年则已高达 52%。❺ 肇事者逃逸意味着受害人不能得到侵权赔偿和交强险补偿，只能向救助基金求助。最后，因为我国交强险的保险金额相对较低❻，而

---

❶ 本书编写组：《机动车强制责任保险制度比较研究》，中国财政经济出版社 2008 年版，第 5 页。

❷ U. S. Department of Transportation, *Compensating Auto Accident Victims: A Follow-up Report on No-Fault Auto Insurance Experiences*. Washington, D. C.: Office of the Secretary of Transportation, 1985: 76.

❸ James Hammitt, *Automobile Accident Compensation, Volume 2: Payments by Auto Insurers*. Santa Monica, Calif.: Institute for Civil Justice, Rand Corporation, 1985: 49—52.

❹ Gary Schwartz, *A Proposal for Tort Reform: Reforming Uninsured Motorist Plans*, 48 Ohio State Law Journal 419, 440. 1987.

❺ 吴欣："深圳交通肇事案，近五成司机选择逃逸"，载《晶报》2013 年 7 月 11 日。

❻ 我国交强险实行分项限额制，被保险机动车在道路交通事故中有责任的赔偿限额为：死亡伤残赔偿限额 11 万元人民币；医疗费用赔偿限额 1 万元人民币；财产损失赔偿限额 2000 元人民币，三者相加才 122000 元。被保险机动车在道路交通事故中无责任的赔偿限额更可怜：死亡伤残赔偿限额 11000 元人民币；医疗费用赔偿限额 1000 元人民币；财产损失赔偿限额 100 元人民币。

医疗费用又呈现高额化趋势，超过限额的部分除了短期内无法指望的侵权赔偿之外只能寄希望于救助基金了。

通过前文的分析，我们不难得出结论：救助基金既是交强险的补充机制也是社会救助体系的一员。这一制度定位对救助基金的具体制度安排提出了如下要求。

第一，救助基金应当与交强险协调一致。我国的交强险是遵循全国统一立法、统一监管机构、统一条款费率、统一补偿标准的思路设立和实施的。[1] 这不仅有利于交强险的覆盖面，而且能够保障社会公平，不至于因为各个地区的具体情况不同而出现交强险赔偿迥异的情况。但我国的救助基金在制度设置上就让人无法理解了。按照《办法》第3条，我国的救助基金实行统一政策、地方筹集、分级管理、分工负责的运行体制；财政部等相关中央部门仅负责政策的制定和监督等工作；而应当设立基金的是省级政府，它需要确定基金的主管部门和下级基金管理级次；在具体的基金筹集、使用和管理等方面则由地方的相关部门分别负责。这样一来，救助基金由各省来设立，而各省由于方方面面的差异不可能制定统一的规则，所谓的“统一政策”必然沦为一纸空文。而且，不仅全国无法统一，就是设立救助基金的省也无法保证其辖区内各个市能够实行统一的救助基金制度，因为我国政府履行职责的惯常方式是将其职责在其下级政府间层层分解，省级政府将其设立救助基金的职责层层分解给其所辖的市、县，然后由市、县再制定其相应的救助基金制度，彼此间的制度设计存在较大差异。[2] 而救助基金的交强险补充制度定位客观上要求它应当采取与交强险一样的统一立法、统一管理机构、统一救助条件、统一救助标准的全国统一性制度。

第二，救助基金应当体现社会福利，突出政府职责。救助基金作为国家社会救助体系的一员，具有明显的社会保障性质，应当体现社会福利，突出政府的职责。在这一点上，《办法》将“地方政府按照保险公司经营交强险缴纳营业税数额给予的财政补助”作为救助基金的资金来源之一是值得肯定的，这体现了交通事故社会救助体系以人为本和公平价值的理念。但我国将中央财政从救助基金的资金筹集渠道中剥离出去无疑违背了20世纪90年代进行财税制度改革时确定的财权与事权相一致的原则。按照该原则，各级政府皆应承担与其财政收入相适应的职能，中央政府也不例外。财税制度改革后，中央财政收入

[1] 《条例》第4条规定：“国务院保险监督管理机构（以下称保监会）依法对保险公司的机动车交通事故责任强制保险业务实施监督管理。公安机关交通管理部门、农业（农业机械）主管部门（以下统称机动车管理部门）应当依法对机动车参加机动车交通事故责任强制保险的情况实施监督检查。”从本条规定可以看出，负责监督交强险实施情况都是国务院部委，而不是地方政府。

[2] 李青武：透视“同命不同救助”之病灶，中国法学网，http://www.iolaw.org.cn/showNews.asp?id=21571。

大幅增加，国家具有了强大的经济实力。2012 年，我国财政总收入 117210 亿元，其中中央财政收入为 56133 亿元，地方财政收入为 61077 亿元。虽然地方财政总量高于中央财政，但地方财政却要负担当地的医疗、教育、养老、失业等基本民生支出，且其主要来源还是土地出让收入，早已不堪重负，再让其承担救助基金对财政支持的需求必然力不从心；反之，中央财政坐拥万亿财富却对车祸受害人的利益不予关注，将自己置于救助基金来源之外，是不妥当的。在交通事故已成为现代社会致死、致伤为祸最烈的意外事故情况下，车祸受害人已然成为整个国家和社会皆应给予帮扶的弱势群体。故救助基金既然是一个国家对交通事故受害人给予的救济机制，那么国家的各级政府都应当对救助基金给予支持，中央政府更是当仁不让，所以中央政府承担相应的资金筹集职责是救助基金必不可少的一项要求。另外，《办法》将设立救助基金的具体职责授权给各省级政府，但各省在救助基金的主管部门、财政补助占救助基金的比例等方面很可能采取不同的做法，再加上我国不同省份发展不平衡的具体情况，各地很可能在救助基金的制度建设和实施上呈现五花八门的状态，我们很难保证各地政府都能够尽职尽责地去搞救助基金。如果政府职责不明，资金来源不足，运行监管不力，救助基金恐怕难以充分发挥社会保障的功能，体现社会福利的价值。

综上，根据救助基金的制度定位，我们需要的是一个与交强险相协调，能够有效补充交强险之不足的、全国统一的、充分体现社会福利、各级政府皆能发挥应有作用的救助基金，而不是现在这个各省独立的“地方割据”版本。

二、救助基金的功能定位

任何法律制度如果能得以确立，必然有其不可替代的社会功能。救助基金的功能是多方面的，它可以弥补交强险无法关照到的盲区，平衡社会主体间的利益，促进人际关系和谐，稳定社会秩序……但所有的这些功能其实都是附加功能而已，它们的存在全赖于其基本功能的发挥，即补偿受害人无法从其他途径获得赔偿的损害，这就是救助基金的基本功能定位。我国台湾地区“强制汽车责任保险法”第 40 条规定：“汽车交通事故发生时，请求权人因下列情事之一，未能依本法规定向保险人请求保险给付者，得于本法规定之保险金额范围内，向特别补偿基金资助请求补偿……”这一规定充分体现出救助基金与交强险的协调性。第一，未能请求保险给付者，即可请求救助基金补偿，而无须其他条件。第二，补偿的标准以保险金额为限，非常明确。第三，补偿范围完全未设限制，不过因为我国台湾地区的交强险仅对人身伤亡进行补偿，所以救助基金自然亦是如此。其他如日本、韩国的救助基金立法也大抵如此。韩国《机动车损害赔偿保障法》第26条第2款甚至规定："政府可以解决因机动车运行所致伤亡者或残疾人的遗属子女（未满18周岁）及被抚养家属的生活困难、学业中断等问题，并帮助高度残疾人进行功能恢复方面的治疗。"其保障范围之广，补偿损害之多令人羡慕，并且非常明确地规定这主要是政府之职责，突出了政府在救助基金中的作用。比较而言，我国的立法就无法令人满意了。《办法》第12条规定：在抢救费用超过交强险责任限额、肇事机动车未参加交强险、机动车肇事后逃逸的由救助基金"垫付"受害人人身伤亡的"丧葬费用、部分或者全部抢救费用"。这里有两个基本问题：一是"垫付"从根本上扭曲了救助基金的功能[1]，致使救助基金的功能定位失准。二是补偿范围过窄，仅限于垫付丧葬费用和部分或全部抢救费用，这必然导致救助基金无法发挥其应有之功能。

（一）救助基金对受害人应当给予"补偿"而不是"垫付"

何谓垫付？按照百度的解释是"暂时替别人付钱"。这就是说，这钱不是给受害人的，而是借给他的，事后是要讨还的。从逻辑上讲，垫付意味着垫付人在未来要从接受垫付的人那里索回垫付资金，但这里的受垫付人是交通事故的受害人，是救助基金要去保护和帮助的主体，如果向受害人索回，那无疑背离了国家设立救助基金的初衷，因此这个"垫付"不可能是为受害人"垫付"。当然，我们亦可将"垫付"解释为是替事故责任人垫付，然后再向其追偿，我国《机动车交通事故责任强制保险条例》（以下简称《条例》）第24条[2]即为这一说法的有力注解，且各国的救助基金立法基本上都规定有在补偿受害人后向责任人追偿的条款，追偿所得也是公认的救助基金来源之一。但问题是，实践中救助基金补偿受害人后，能够追偿回来的情况其实是少数，责任人逃逸的情况就不说了，即使是在能够找到责任人的场合，也常常出现由于其经济能力不足而不了了之。这就是说，救助基金经常扮演的角色是"最后的买单者"。另外，笔者遍查各国相关立法，就救助基金向受害人给付资金这一行为，使用的都是"补偿"、"赔偿"、"赔付"之类的词汇，除我国之外，没有任何国家使用"垫付"一词。可见，大家对这一行为在性质上的看法是有共识的。所以对受害人而言，救助基金只能是补偿其损失，而不是什么垫付。只有"补偿"能充分彰显救助基金的社会福利性质，突出国家对车祸受害人的人文关怀，符合救助基金的功能定位。

---

[1] 刘建中等："我国道路交通事故社会救助基金制度重构研究"，载《华东经济管理》2012年第5期。

[2] 《条例》第24条规定："国家设立道路交通事故社会救助基金（以下简称救助基金）。有下列情形之一时，道路交通事故中受害人人身伤亡的丧葬费用、部分或者全部抢救费用，由救助基金先行垫付，救助基金管理机构有权向道路交通事故责任人追偿：（一）抢救费用超过机动车交通事故责任强制保险责任限额的；（二）肇事机动车未参加机动车交通事故责任强制保险的；（三）机动车肇事后逃逸的。"

（二）救助基金的补偿范围应与交强险相协调

交通事故造成的损害通常是综合性的，受害人既可能遭受人身伤害，也会有财产损失；既有物质性损失，也有精神损害；既有直接损害，也有间接损害。按照现代侵权法，这些损害都是可以得到赔偿的，但在交强险和救助基金能够得到补偿的范围就有所限制了。

众所周知，我国交强险是既赔偿人身损害也赔偿财产损失的。笔者一直认为这是一个败笔，不仅分流了本来就不充裕的保险资源，而且还背离了交强险的初衷，使其服务对象发生变异，一方面使大量的保险赔偿金用于无关痛痒的车辆修复费用；另一方面车祸受害人在面对高昂的医疗费用时却不能得到交强险的全力支持。所以我国交强险赔偿范围虽然看起来保障很充分，但实则削弱了其对人身损害的补偿力度，不适应我国的国情。从发达国家和地区看，对财产损失进行补偿也未能形成主流。就笔者掌握的资料，即便在发达国家和地区，交强险仅补偿人身损害的和兼顾财产损失的也差不多平分秋色。前者如日本、法国、新加坡、中国台湾、中国香港等；后者如英国、德国、韩国、北欧四国等国家，后面这些国家虽然将财产损失也纳入交强险保障范围，但却并非是从一开始就这样，而是在交强险实施一段时间之后，社会、经济等获得长足发展、机动车事故死亡率得到有效遏制的基础上逐步纳入的。[1] 例如，英国在1931 年开办交强险之初，也并未规定包括财产损失赔偿，直到 1988 年年末，为了落实欧共体（欧盟）机动车强制责任保险第二次指令，才将财产损失纳入交强险保障范围。而且，即使在曾经赔偿财产损失的国家，也有一些反复的情况出现。例如，美国佛罗里达等州将财产损失赔偿纳入无过失法的规定就因为违宪而被撤销。[2] 新西兰 1973 年通过的《事故损害赔偿法》最初包含财产损失赔偿，但在 1992 年修订时，则删去了财产赔偿内容。因此，在我国这样人均收入尚落后于世界平均水平的发展中国家，还是将好钢用在刀刃上，将有限的交强险资金用于补偿受害人的人身损害为佳。

鉴于救助基金系交强险的补充性制度，因此多国（地区）在救助基金的赔偿上采取与交强险一致的做法，无论是赔偿范围还是赔偿金额皆与交强险相同。前面提到的台湾地区“强制汽车责任保险法”第 40 条就是典型的立法例。再如，法国交强险仅对人身损害提供保障，其救助基金则在交通事故责任人不明、责任人没有办理保险、责任人明确且表面上已投保，但是保险人可以援引抗辩权对抗受害人以及投保强制责任保险的保险公司完全破产或部分破产的情况下，可以对交通事故受害人的人身损害提供保障。[3] 至于人身损害的范围，

---

[1] 刘锐：《机动车交通事故侵权责任与强制保险》，人民法院出版社 2006 年版，第 366～367 页。

[2] Josephine Y. King, *No Fault Automobile Law*, Wiley Law Publications, 1987, p. 27.

[3] 张民安：《现代法国侵权责任制度研究》，法律出版社 2003 年版，第 243 页。

依据法国法，包括经济损失和非经济损失两类，其中经济损失主要有医疗费用、收入损失、住所的整理费用等（如适合无障碍通行的装修），具体数额需要凭相关支付凭证加以确定；非经济损失主要包括身体机能的障碍、经受的痛苦、毁容、精神失常等，具体的赔偿数额取决于伤害的严重程度，由法院根据案件情况评估决定。[1] 这些损害既可以向交强险索赔，也同样可以向救助基金索赔。

而我国的交强险和救助基金在赔偿范围上却是大相径庭，前者对人身伤亡和财产损失皆给予赔偿；而后者却仅垫付丧葬费用和抢救费用，且该抢救费用还有可能仅仅是部分；二者差距之悬殊完全看不出是配套制度。虽然《条例》没有就交强险的赔偿范围进行详细界定，但依据其第23条，将交强险责任限额分为死亡伤残赔偿限额、医疗费用赔偿限额、财产损失赔偿限额和无责任限额4类，这就是说，交强险对人身损害上的死亡、伤残和医疗费用皆予以赔偿。因笔者主张交强险不应赔偿财产损失，所以与其相协调的救助基金也应将注意力集中于受害人的人身损害。依照《民法通则》第119条的规定，侵害生命健康权应当赔偿医疗费、误工费、残废者生活补助费等费用，并应当支付丧葬费、死者生前扶养的人必要的生活费等费用。而2003年出台的《最高人民法院关于审理人身损害赔偿案件适用法律若干问题的解释》第17条更是将人身伤亡损害范围细化到包括医疗费、误工费、护理费、交通费、住宿费、住院伙食补助费、营养费；受害人因伤致残的，还包括残疾赔偿金、残疾辅助器具费、被扶养人生活费，以及因康复护理、继续治疗实际发生的必要的康复费、护理费、后续治疗费；受害人死亡的，还包括丧葬费、被扶养人生活费、死亡补偿费以及受害人亲属办理丧葬事宜支出的交通费、住宿费和误工损失等。从一国法制统一的立场看，因为《条例》中没有例外性规定，所以我国交强险对上述损害皆应予以补偿，只要不超过责任限额即可。同理，救助基金也不能仅仅垫付“丧葬费用”和“抢救费用”，而是要和交强险保持一致，才能有效弥补交强险之空白，体现出其应然之功能定位。

综上所述，救助基金在体系上既是交通事故受害人救济体系的一元，也是国家社会救助体系的一部分，其社会公益性质彰显无余，因此我们应当更加突出政府，尤其是中央政府在救助基金中的地位和作用，筹集更多的公共资源和社会资金，为受害人提供更高额度的资金，补偿更多的损害，编织一个更为强大有力的保护网。

---

[1] FEVR，*European Federation of Road Traffic Victiom*

比较法视野下《农业保险条例》评析

张长利　庹国柱[*]

《农业保险条例》的颁布和实施，为我国发展农业保险事业提供了法律保障，改变了以前主要依靠政策对农业保险活动进行规范、农业保险立法严重滞后的不利状况，为开启农业保险的中国道路提供法律保障，对实现农业保险法治化具有里程碑式的意义。本文拟通过与国外农业保险立法进行比较的角度，对《农业保险条例》文本进行评析。

一、农业保险立法框架结构比较与评析

美国1938年制定、后经多次修订的《联邦农作物保险法》规定了联邦农作物保险公司的设立、办公机构、股本、公司管理、基本权力、公司人员，农作物保险（提供保险授权、巨灾风险保障、一般保障水平）、双重保险和抑制种植、赔款免税、资金储存与投资、免税、账簿和公司年度报告、刑事处罚、计划的合规性和诚信、农作物保险的资金筹集、生产者的投保资格、研究与开发、保险计划的试验、教育与风险管理援助，共25条。农业部还制定《标准再保险协议》，是调整联邦农作物保险公司与私营保险公司之间再保险、补贴及监管关系的重要法规。

加拿大农业保险立法采取双层立法模式。联邦层次的立法《农业收入保护法》于1991年批准，其中“生产者收入保护”部分规定了总收入保险计划、收入保险计划、农作物保险计划；“账户”部分规定了农作物再保险基金；“金融机构的净收入稳定账户”部分规定了收入保险基金、收入保险基金的信用。各省分别制定自己的农业保险法。如萨斯喀彻温省2012年颁布的《农作物保险公司法》分10个部分，分别为：简称和释义、农业收入稳定计划、萨斯喀彻温农作物保险公司、管理、基金、财务事项、保险、一般规定、废止、转换与生效，共38条。曼尼托巴省2005年颁布的《农业服务公司法》分7个部

* 张长利，供职于中央民族大学法学院副教授；庹国柱，首都经济贸易大学农村保险研究所所长，教授，博士生导师。本文为国家社会科学基金青年项目“农业巨灾风险管理机制创新的法律保障研究”（批准号：10CFX075）的阶段性成果。

分，分别是介绍性条款、公司设立的组织、宗旨和权力、公司的职能（其中第2单元为保险）、财务事项（包括生产保险基金、雹灾保险基金、再保险基金、其他再保险协议）、公司规则、暂行条文，共85条。

日本农业保险法律体系由《农业灾害补偿法》、《渔业灾害补偿法》、《渔船损害等补偿法》、《森林国营保险法》、《独立行政法人农林渔业信用基金法》及相关配套法律法规构成。1947年12月颁布、经多次修订的《农业灾害补偿法》分总则、农业共济组合、农业共济组合的互助共济事业、农业共济组合联合会的保险事业、政府的再保险及保险事业、监督、独立行政法人农林渔业信用基金的农业灾害补偿业务关系、补充规则、罚则等章及附则，除附则外共148条。

韩国2009年3月全面修订的《农渔业灾害保险法》分一般规定、灾害保险业务、再保险业务及农渔业灾害再保险基金、保险业务的管理、处罚等章及附则，共32条（不含附则）。政府另于2009年12月颁布《农渔业灾害保险法实施令》。

菲律宾1978年第1467号《关于设立"菲律宾农作物保险公司"，规定其职权和业务活动，提供资本和必要的政府保险费补贴，及其他目的的命令》（以下简称《1978年农业保险法》）规定了菲律宾农作物保险公司的设立、业务地点和设存期限、职权、被保险人、保险费率及其分担、保险费补贴、公司股本、董事会、公司管理、审计委员会、法律顾问、机构之间的协作、公司利润运用、免税等内容，共19条。1980年第1733号总统令、1995年第8175号法又对该法进行了修订，增加了一些内容，但总体框架未改变。

西班牙1978年第87号《农业复合保险法》包括一般原则、风险、地区及可保产品、保险特点、保单、事故赔偿、保险相关的贷款和帮助、国家农业保险局及末章等，主要部分共18条。1979年9月通过的《农业复合保险法实施细则》分一般原则、投保风险、投保区域及投保产品、合同、代理及保险条件、灾难和赔偿、农业复合保险计划、私人保险机构、财政部保险司和保险赔偿集团、国家农业保险局、国家补助财物提供、与保险相关的信贷和帮助等10章，及附加条款、暂时性条款，共62条。

葡萄牙1996年3月制定、2000年3月修改的《农业保险法》分总则、农作物保险、灾难基金、政府补偿金、农渔业发展融资局的融资、协调和管理和附则等章，共22条。2002年3月修订的《农业保险法实施细则》分农作物保险、灾难基金、政府补偿金、附则4章，共50条。

我国于2012年11月颁布的《农业保险条例》分总则、农业保险合同、经营规则、法律责任、附则5章，共33条。《农业保险条例》于2013年3月1日起实施。

总结与评析：基于国情不同，各国农业保险立法的框架结构及具体内容方面各具特色，差别较大。但同时，国外农业保险立法存在着立法框架结构较为健全，内容翔实具体，可操作性强等共同之处。

相对于国外立法来说，我国农业保险立法框架安排较为简单，条款内容较为粗略，只能为农业保险提供最基本的制度供给。此种情况的出现，既源于我国农业保险实践经验不足，也体现了立法者“宜粗不宜细”的指导思想。随着该条例的实施，大量立法空白必然出现，需要在实践中不断总结，并及时修法，制定配套规章，增强其可操作性，完善我国农业保险立法。

我国《农业保险条例》第1条明确规定，该条例是根据《保险法》和《农业法》制定的行政法规。根据我国《立法法》第56条规定，我国的《农业保险条例》更像是为《保险法》和《农业法》的实施而制定的法规。国外农业保险法都是由议会制定独立于传统保险法的专门立法，有的国家还由中央政府制定实施细则。笔者认为，农业保险属于政策性保险，不同于商业保险；农业保险法有其特定的调整范围；农业保险法属于政策性保险法；农业保险立法应单独进行。在现阶段制定法律的条件尚不成熟，暂不能由全国人大制定法律，而由国务院先行制定行政法规，在此情况下制定的《农业保险条例》应属于《立法法》第56条所规定的“行政法规可以就下列事项作出规定：（二）宪法第89条规定的国务院行政管理职权的事项”，而非其中的“（一）为执行法律的规定需要制定行政法规的事项”。未来经过实践检验，制定法律的条件成熟时，国务院应当及时提请全国人大常委会制定法律。如果把该条例定位于为执行法律的规定制定的行政法规，则今后无须再由全国人大常委会制定《农业保险法》。

二、农业保险立法目的与调整范围比较与评析

美国《联邦农作物保险法》第502条规定，制定本法的目的是通过建立完善的农作物保险体系，并为建立和修改农作物保险提供有用的科研和试验手段，以提升农业经济的稳定性，进而提高国民福利水平。《联邦农作物保险法》除调整农作物保险外，第523条规定了保险计划的试验，包括牲畜保险试验计划、收入保险试验计划、亚麻保险试验计划、芝麻保险试验计划、草籽保险试验计划。

加拿大《曼尼托巴农业服务公司法》第9条规定，曼尼托巴农业服务公司的目的是：(a) 通过本法规定提供的计划和服务，支持和鼓励曼尼托巴农业和农村经济的可持续性发展和多样性；(b) 开展根据法律、法规、议会副总督或部长分配给公司的其他计划、服务和职责。《曼尼托巴农业服务公司法》第1条“定义”中规定，农产品指家畜、植物或牲畜、植物产品。第33条规定，

公司提供产品保险计划、雹灾保险计划及其他涉及农业有关的风险管理目的的保险。《萨斯喀彻温农作物保险公司法》第 6 条规定公司的目标是：(a) 从事农作物保险和农产品保险业务；(b) 管理由部长根据第 3 条订立的协议所设立的或运营的农业收入稳定计划；(c) 公司根据《农业金融稳定法》第 26 (1) (b) 被任命管理时，管理计划和为该计划的目的的账户；(d) 研究和分析与农作物保险、农业产品保险、农业收入稳定计划及公司根据《农业金融稳定法》第 26 (1) (b) 规定负责管理的计划的相关问题、趋势和战略；(e) 从事其他规定的事务。第七部分第 26 条规定，保险合同指农作物保险合同或农产品保险合同。

日本《农业灾害补偿法》第 1 条规定，为了补偿农业从业者遭遇意外事故而蒙受的损失，谋求农业经营的稳定，有助于农业生产力的发展。日本针对农业、渔业、渔船、森林等行业，分别进行立法，制定农业灾害补偿法、渔业灾害补偿法、渔船损害等补偿法、森林国营保险法，调整农业灾害补偿关系、渔业灾害补偿关系、渔船损害等补偿关系和森林保险关系，形成农业保险立法体系。

韩国《农渔业灾害保险法》第 1 条规定，为规定因农渔业灾害导致的农作物、养殖水产品、家畜、农渔业设施等损失赔偿问题的农渔业灾害保险相关事项，保证农渔业经营的稳定，提高生产力，保障国民经济的协调发展，制定该法。第 4 条规定，灾害保险的种类包括农作物灾害保险、牲畜灾害保险及养殖水产品灾害保险。

《1995 年菲律宾农作物保险公司法修正案》第 2 条规定，政府的政策是充分发展和支持农业保险计划，将其作为管理农业风险、稳定农业生产者在遭受农作物（包括农业设施和相关农业基础设施）损失时的财务波动的机制，最终促使金融机构向农业部门发放信贷。第 3 条规定，公司为遭受自然灾害、植物病害、虫害的合格农民提供保险。开始时，公司先为谷类作物提供保险，此后再无歧视地扩展至其他农作物及非作物类农业财产，包括但不限于机器设备、运输设施及其他相关基础设施。由公司董事会决定。《1978 年农业保险法》第 1 条规定，设立“菲律宾农作物保险公司”，向农民提供保险保护，使其免遭因自然灾害、植物病害和虫害的破坏，开始时仅适用于谷类作物，以后适用于其他作物。保险保护排除因被保险人、家庭农场成员或雇员疏忽大意、不法行为/渎职行为、欺诈，或因被保险人的不合理的农业生产行为导致的不可避免的风险带来的损失。此类损失的补偿任何时候不得超过被保险农民承担的农作物生产的成本。

西班牙《农业复合保险法》未规定立法目标。该法第 2 条规定，该法所指的保险适用范围为农业、畜牧业及林业生产。

葡萄牙《农业保险法》第 2 条规定，农作物保险是推动农业投资的一个途径，也有利于保证农业生产者收入的稳定。同时，该保险也是推动建立合理的农业规划的政策工具。第 5 条规定，公司保险可以销售针对 1994 年 4 月 20 日第 102 号法律《保险公司和再保险公司准入和运作法》第 114 条第 9 款规定的数种风险的保险。这些风险包括：农作物风险、渔业风险和其他风险。

我国的《农业保险条例》第 1 条规定，制定该法是为了规范农业保险活动，保护农业保险活动当事人的合法权益，提高农业生产抗风险能力，促进农业保险事业健康发展。[1]

《农业保险条例》第 2 条规定，该条例所称农业保险，是指保险机构根据农业保险合同，对被保险人在种植业、林业、畜牧业和渔业生产中因保险标的遭受约定的自然灾害、意外事故、疫病、疾病等保险事故所造成的财产损失，承担赔偿保险金责任的保险活动。第 32 条规定，保险机构经营有政策支持的涉农保险，包括农房、农机具、渔船等财产保险，涉及农民的生命和身体等方面的短期意外伤害保险，参照适用该条例的有关规定。

总结与评析：国外农业保险立法目的可归结为：为农业生产者提供保险保护，使其免遭自然灾害和意外事故的破坏，稳定农业生产，发展农业生产力，保障国民经济的协调发展，提升农业经济的稳定性，提高国民福利水平，推动农业投资等。发展中国家侧重于为农业生产者提供农业风险保障，发达国家则除此以外，还基于其农业和农村发展的状况及财力，注重将农业保险纳入农业支持与保护体系之中，并借此提高国民的福利水平。在调整范围方面，除加拿大和菲律宾农业保险立法仅调整农作物保险以外，其他国家农业保险立法的调整范围都不仅涉及农作物保险，还包括农业领域其他行业的保险，如渔业保险、林业保险、畜牧业保险等。

《农业保险条例》第 1 条规定主要就农业保险说农业保险，未扩及将农业保险作为农业支持政策、稳定农民收入与完善农村社会保障、提升国民福利水平等方面的目标，简洁明快，是与我国农业保险事业尚处于起步阶段相适应的。但“提高农业生产抗风险能力”这一表述似乎与农业保险主要作为风险转移与分散机制的实质不符。

与多数国家一致，我国农业保险立法调整范围不仅包括种植业保险关系，而且也调整林业保险关系、畜牧业保险关系和渔业保险关系。与此同时，基于具体国情，第 32 条的规定将调整范围进一步扩展至有政策支持的涉农保险关系，具有中国特色，体现了国家对“三农”及涉农保险问题的重视。

---

[1] 该条规定似参考和借鉴了《保险法》第 1 条的规定：“为了规范保险活动，保护保险活动当事人的合法权益，加强对保险业的监督管理，维护社会经济秩序和社会公共利益，促进保险事业的健康发展，制定本法。”

但条例未涉及农田水利设施、农业建筑设施的保险问题。鉴于农田水利设施、农业建筑结构等在农业生产中的重要作用，笔者建议应将农田水利设施、农业建筑设施的保险纳入条例调整范围。

三、农业保险经营模式与经营规则比较与评析

美国农业保险立法所确立的农业保险经营模式是政府支持下的“国有化一商业化”混合模式。联邦农作物保险公司负责经营再保险、管理农业保险；农户向私营保险公司投保，获得政府保险费补贴；私营保险公司承担了全部直接业务，从政府获得经营管理费用补贴，向联邦农作物保险公司或私人再保险公司进行再保险。农户自愿投保。第 508 条对农作物保险做了具体规定，包括：提供保险授权、巨灾风险保障、一般保障水平、保险费、公司补贴部分保险费的支付、适格性、产量确定、向董事会提交保险单和材料、费率和责任的采用、索赔、再保险、选择性保险责任、理赔、同一损失的多重受益的限制、本土的农作物生产等内容。

加拿大的农业保险经营模式属于政府主办下的国有化模式。各省自己组织开展农业保险事业，由各省分别设立政府农作物保险公司或农业服务公司经营农业保险业务；联邦政府与各省签订农业再保险协议，为各省提供再保险；省政府也提供保险费补贴。《萨斯喀彻温农作物保险公司法》第三部分“萨斯喀彻温农作物保险公司”第 7 条“公司的权力”规定了公司具有承保、确定保险费率、保险费折扣、与投保人签订保险合同、理赔和支付赔款等内容；第七部分“保险”具体规定了保险合同的类别、订立、存续与修改等内容。《曼尼托巴农业服务公司法》第三部分第 2 单元“保险”对保险计划、保险合同的订立、终止、理赔事项、提出索赔申诉等做出了具体规定。

日本农业灾害补偿制度确立的农业保险经营模式是政府支持下的互助合作模式，由农业共济组合、农业共济组合联合会、政府农业共济再保险特别会计三级进行管理运作。具有一定经营规模的农户，都应加入农业共济组合；农作物互助共济以及家畜互助共济，具有强制性，是必须实行的互助共济事业；对各个农业共济组合机构，政府负担其中一部分事业经费；农业共济组合联合会对作为其成员的农业共济组合承担部分互助责任；政府对农作物、家畜、果树、旱作物以及园艺设施等各项农业共济事业实施再保险。《农业灾害补偿法》第 3 章“组合等的互助共济事业”，第 4 章“农业共济组合联合会的保险事业”对农业共济组合及农业共济组合联合会的农业保险业务规则做了具体规定。

韩国农业保险经营模式是：商业保险公司和合作社共同经营，保险业务的具体经营主体为依据《水产业协同组合法》设立的水产业协同组合中央会、按照《山林协同组合法》设立的山林协同组合中央会及《保险业法》规定的普通

保险公司。政府对灾害保险投保人的保险费的一部分予以补贴，对灾害保险经营主体的运营管理费用的全部或部分予以补贴。政府设立再保险基金提供再保险。《农渔业灾害保险法》第2章规定了灾害保险业务的各项规则，包括灾害保险的种类、保险标的物、补偿范围、投保人、保险业务经营主体、保险费率的算定、保险募集、损害评价、受益权的保护、伴随保险标的物之转让的权利义务的承继、业务委托、会计区分、责任准备金的积累、冲突纠纷调解、《保险业法》的适用、财政支援等，共16条。第4章“保险业务的管理”规定了统计数据的收集与管理、试行业务、对参加保险的鼓励等内容。《农渔业灾害保险法施行令》第7条具体规定了保险标的物的范围；第8条规定了灾害保险中可补偿的灾害范围；第9条规定了投保人的标准；第12条规定了损害评估人的资格要件等；第14条规定了责任准备金和紧急危险准备金的计入；第15条规定了保险费及运营费的援助；第20条规定了试点项目的实施。

菲律宾农业保险经营模式是：政府和社会共同出资设立菲律宾农作物保险公司经营农业保险业务；政府提供保险费补贴。《1978年农业保险法》第4条规定了被保险人，其中规定获得农业贷款的农户必须参加农业保险，其他农户可自由参加农业保险。第5条规定了保险费率及其分担，第6条规定了保险费补贴。1980年修订案增加的第14－A条规定信贷机构代表农作物保险公司，成为核保人。《1995年菲律宾农作物保险公司法修正案》第3条规定，在任何情况下，农业保险应包括投入的生产成本，农民本人及其家庭成员及雇用工人的劳动力价格和董事会谨慎决定承保的预期产量的一部分；第13条规定了损失赔偿申请与申诉制度；第14条规定了保险费优惠制度。

西班牙农业保险经营模式也属于政府支持下的“国有化—商业化”混合模式。所有参与农业复合保险经营的私营保险公司均应当按照法律所允许的方式进行联合，组成农业复合保险公司协会。该协会拥有法人资格，但协会本身不具有保险机构的性质，而属于农业保险共保体。农业复合保险的经营不能在协会之外实施。政府所属的保险赔偿联合体（CCS）依法为农业复合保险公司协会的成员提供再保险。此外，在所有保险机构都没有达到法律所规定的风险覆盖面时，由保险赔偿联合体承担补充保险的职责。农民自愿参加保险，法定情况下强制参加。政府对保险费给予补贴。《农业复合保险法》第3条规定了保险风险；第7条规定了保险合同可由个人或集体签订；第8条规定了保险的自愿原则，强制保险例外；第4章规定了保单；第5章规定了事故赔偿。实施细则第2章“投保风险、投保区域及投保产品”，第3章“合同、代理及保险条件”，第4章“灾难和赔偿”，第6章“私人保险机构”等部分对农业复合保险的经营规则做了具体规定。

葡萄牙农业保险经营模式是：保险公司经营直接业务。政府对农业保险提供保险费补贴。设立灾害基金，在发生农业保险未予保障的大灾时，为投保者提供灾害救济。设立政府补偿金为保险公司提供再保险。农业保险是自愿保险。《农业保险法》第2章“农作物保险”对农作物保险合同、经营规则做了原则规定。《农业保险实施细则》第1章“农作物保险”各部分（包括保险的覆盖范围、保险覆盖的风险、保险合同的签订、保险金额、赔偿）对农业保险经营规则做了详细具体的规定。

我国的《农业保险条例》第3条规定，农业保险实行政府引导、市场运作、自主自愿和协同推进的原则。条例据此所初步确立的农业保险经营模式是：保险公司和农业互助保险组织经营农业保险，政府提供保险费补贴，农民或农业生产经营组织自愿投保。各省、自治区、直辖市人民政府可以确定适合本地区实际的农业保险经营模式。《农业保险条例》第3章“经营规则”部分规定了保险机构经营农业保险的条件、农业保险业务与其他业务分开、农业保险条款和费率的拟定、农业保险准备金评估和偿付能力报告编制、财务管理和会计核算、基层涉农机构协助办理农业保险业务、资料保管、保费骗取的禁止、保险金的保护、《保险法》的援用等规则。另外，第3条第4款规定，任何单位和个人不得利用行政权力、职务或者职业便利以及其他方式强迫、限制农民或者农业生产经营组织参加农业保险。

总结与评析：各国农业保险经营模式可归纳为政府支持下的国有化模式、政府扶持下的商业化模式、政府支持下的国有化一商业化混合模式和政府支持下的互助合作模式等。除加拿大各省和菲律宾均由政府出资设立机构经营农业保险外，多数国家农业保险经营模式都注重公私协作，由商业保险公司经营农业保险业务，政府提供保险费补贴。同时，韩国、西班牙等国家还注意发挥农业互助合作组织在经营农业保险中的作用。国外农业保险立法在保险标的物、保险经营机构、投保方式、保险风险、保险合同的签订、保险金额、赔偿等经营规则方面的规定十分详细具体，具有可操作性。在由政府出资设立农业保险经营机构的国家，法律并对农业保险经营机构的资本金来源、组织机构、业务范围、监督管理等做出具体规定。

我国农业保险经营模式在政府引导、市场运作、自主自愿方面，与多数国家的农业保险经营模式较为一致。但在协同推进方面，对什么是协同推进，从哪些方面、如何协同推进，语焉不详。同时，条例对农业保险经营模式的规定是开放性的。

在农业保险经营机构方面，我国既注重引入和发挥商业保险公司的作用，也在总结以往实践基础上，尝试引入农业互助保险组织，满足农业保险探索过程中对农业保险组织多样化的需求，实现保险经营机构多元化。这种经营组织体系模式与韩国、西班牙等国家的规定较为相似。

《农业保险条例》第3章所规定的内容，既包括经营规则，也包括监管规则，经营规则中含有监管的内容。其中，关于保险机构农业保险业务与其他业务分开的规定，农业保险条款和保险费率拟定中的政府部门和农民代表的参与规定，关于财务管理和会计核算的规定，关于基层涉农机构协助办理农业保险业务的规定，较有特色。关于查勘定损原始资料保管、保费骗取的禁止、保险金的保护等规定，具有现实针对性。《农业保险条例》第3条第4款的规定，则从一个侧面规定了农民、农业生产经营组织自愿参加保险的规则。

但该章对哪些农业保险条款和费率需要审批，哪些需要备案，规定不清晰。仅规定查勘定损原始资料的保管问题显得太窄，对投保资料、理赔资料的保管问题也应予以规定。条例对在农民和农业生产经营组织自愿投保的情况下，保险机构不应拒绝投保未做规定，对风险保障的范围、新的农业保险产品的研究试验、农业风险区划与费率分区、农业互助保险的特殊经营规则、农业互助保险组织监管等问题未做规定，是为不足。对附则第32条所规定的短期意外伤害保险经营规则，本章也未做规定。

四、农业保险合同制度比较与评析

美国《联邦农作物保险法》第502条规定，农作物保险单或保险计划的条款和条件，不适用商品期货交易委员会或证券交易委员会的管辖；不应被作为账户、协议，或基于《商品交易法》的目的，在合同市场上，涉及将来交割的，被交易或被执行的商品销售合同。

加拿大《萨斯喀彻温农作物保险公司法》第7部分“保险”规定了保险合同的类别、“保险合同”、“合同存续”、“修改”、“《萨斯喀彻温保险法》的适用”等内容。第31条规定，根据该法订立的农作物保险合同或农产品保险合同不是《萨斯喀彻温保险法》意义上的保险合同。除非《萨斯喀彻温农作物保险公司法》另有规定，《萨斯喀彻温保险法》不予适用。《曼尼托巴农业服务公司法》第1条对“保险合同”和“生产保险合同”做了界定；第34条和第35条分别规定了“保险合同”及“合同终止或拒绝”；第8条规定，《保险法》不适用于该公司管理的任何计划。

2008年5月，日本将保险合同法部分从《商法》中剥离出来，单独制定了《保险法》。日本《农业灾害保险法》规定农业共济组合的互助共济事业及农业共济组合联合会的保险事业适用《保险法》的相关规定。[1]

韩国《农渔业灾害保险法》第8条规定，从事灾害保险业务的主体应与农

[1] 参见《农业灾害补偿法》第103条，第114条第5款第6款，第120条，第120条的11、18、25、27、28，第132条，第132条的2的相关规定。

林水产食品部长官签订灾害保险业务协议。《农渔业灾害保险法施行令》第10条“灾害保险事业的合同的缔结”对此做了具体规定。

菲律宾《1978年农业保险法》对农业保险合同未做规定。该法第18条规定，《保险法典》中的条款，在不与该法令冲突的情况下，仍适用于公司。因此，对保险合同，适用《保险法典》。

西班牙《农业复合保险法》第4章专门规定了“保单”。其中，第9条规定了保险单中所含预计收成的计算方法；保单的样式、技术标准和保费额度应符合《商业保险管理监督法》的规定；第10条规定，强制保险中的估计收成或可以得到的政府补贴应不超过第9条中确定的数目；第11条规定了政府提供保险费补贴应考虑的因素及补贴水平，归属保险赔偿集团的比例，确定保险费分担比例的方式。《农业保险法实施细则》第3章规定了“合同、代理及保险条件”；第12条规定了保险合同签署的方式；第13条规定了保险声明及年度计划实施协议；第14条规定了保险费的支付和保险的生效；第15条规定了保险失效的情形；第16条规定了保险金额的确定；第17条规定了保险持续时间；第19条规定了损害、应赔偿费用及例外情况；第21条规定了保险声明、保险合同和价目表。

葡萄牙《农业保险实施细则》第1章“农作物保险”第四部分为“保险合同的签订”，共7条，规定合同包括个人合同和集体合同，农作物保险合同由国家保险局（ISP）制定的《农业保险统一政策》来规定。其他部分对保险合同也有规定。

我国《农业保险条例》第2章“农业保险合同”规定了投保方式与承保情况公示，保险标的危险变化不得增加保费或解除合同，核定损失方式，保险机构不得主张保险标的残值权利，查勘定损结果公开，理赔结果公示，保险金支付期限，《保险法》的参照适用等内容。

总结与评析：农业保险合同在农业保险业务中十分重要，又具有一定特殊性，多数国家农业保险立法中都对农业保险合同的签署、合同类别、合同存续、变更、终止、声明事项等做了专门规定。具体规定的方式，多数国家是直接在农业保险法中进行全面规定，少数国家则除了在农业保险法中规定以外，还援用商业保险法中的规定。

《农业保险条例》第2章中关于核定损失的方式，重视信息公开，对农业生产经营组织、村民委员会等单位组织农民投保的情况，支付赔偿金的期限，不得限制被保险人取得保险金的权利等，都是有针对性的规定，值得肯定。关于保险机构不得主张保险标的残值权利的规定，考虑到了农业生产者的社会心理和农村社会的习惯，有助于维护农业生产者的利益，有利于鼓励和吸引农业生产者积极投保。关于保险标的危险变化不得增加保费或解除合同的规定，有助于防范合同当事人的逆向选择风险。关于查勘定损及理赔的内容放在“经营规则”部分加以规定更为合适。但该章对信息公开的具体方式未做规定。附则中第 32 条规定，涉及农民的生命和身体方面的短期意外伤害保险等参照适用该条例有关规定。本章对此类保险合同却未涉及。

五、农业保险的管理和参与部门比较与评析

美国 1980 年《联邦农作物保险法》规定，联邦农作物保险公司是农业部所属机构。公司由农业部部长领导下的董事会管理。根据 1996 年美国《联邦农业进步与改革法》的规定，农业部内建立风险管理局，负责监督联邦农作物保险公司。联邦农作物保险公司的经理同时也是风险管理局局长。公司的所有职责都由农业风险管理局负责履行，实质上两者是一套人马两块牌子，公司只是风险管理局便于资金管理的“壳”。农作物保险公司每年应向农业部部长提交公司全面业务报告。第 506 条规定，公司有权以与其他政府部门相同的方式使用美国的邮政设施。农作物保险公司经政府所属机构或行政部门的同意，可以利用其现有的资料、机构、实施、官员及其雇员。第 507 条规定，农业部部长可以要求农业部所属局、办公室或其他联邦、州机构协助实施本法，并依据第 516 条规定向其拨付资金。公司董事会应尽可能利用土壤保护局、林业局、农业稳定和保护局及其他必要选择的机构等机构的资源、数据等。

加拿大由各省政府举办农业保险，联邦政府通过农业部和财政部对其提供财政支持和一般指导，各省农业部门和财政部门是主要的管理部门。《曼尼托巴农业服务公司法》规定，议会副总督任命公司董事；曼尼托巴农业服务公司的主席应向主管部长报告，应要求提供信息。第 6 条规定，总审计长是公司的审计师。成立上诉法庭，解决保险索赔纠纷。建立部长级上诉委员会，审理和解决对农业保险计划的纠纷。财政部部长可以根据主管部长的要求，给公司提供补贴。《萨斯喀彻温农作物保险公司法》规定，公司成员由议会副总督组成。为履行公司的职责，公司可以与处于萨斯喀彻温省内外的他人、机构、组织、协会、部门或实体订立合同，包括萨斯喀彻温省的政府部门，部委或局。公司对主管部长负责，并应按照部长的要求提交报告或信息。省审计长或副总督指定的审计师负责对公司、基金进行审计。

日本《农业灾害补偿法》规定，农林水产省负责管理监督农业保险事务。《农业灾害补偿法》第 144 条规定，农林水产省设置农林渔业保险审议会，根据《农业灾害补偿法》、《森林国营保险法》、《渔船损失等补偿法》、《渔业灾害补偿法》及政令等处理权限所属事项。该法第 143 条的 2 规定，都道府县设置农业共济保险审议会，依法履行职责。都道府县知事对农业共济组合的设立及业务负责管理、监督。农林水产省负责农业共济组合联合会的设立管理。农林

水产省还是独立行政法人农林渔业信用基金的管理机构。

韩国《农渔业灾害保险法》规定，农林水产食品部长官负责管理农渔业灾害保险事务，第 3 条规定设立隶属于农林水产食品部长官的农渔业灾害保险审议会，负责审议农渔业灾害保险和农渔业灾害再保险有关事项。《农渔业灾害保险法施行令》第 15 条第 3 款规定了地方自治团体可以对保险费追加补贴。

菲律宾农业保险的主管部门经历了几次变化调整。根据《1995 年菲律宾农作物保险公司法修正案》，基于预算目的的考虑，菲律宾农作物保险公司附属于农业部；根据 2001 年 10 月 15 日第 42 号行政命令，基于政策和保险计划协调的考虑，公司转归财政部监管；根据 2002 年 2 月 28 日第 74 号行政命令，基于政策和保险计划协调及日常监管考虑，公司复归属于农业部。第 17 条规定，公司应定期评价公司的活动，每两年至少向国会两院提交一个报告，内容包括改进公司为目标服务的建议和公司的财务变动状况。《1978 年农业保险法》第 14 条规定，政府各机构间应共同支持和促进农作物保险公司业务开展。所有政府部门、局、办公室、政府代理机构和设施，无论是全国的或是地方的，所有的信贷机构，无论是政府的或私人的，现在或将来从事于有监督信贷计划的，以及农作物保险公司所需要的其他公法人或法人，都应作为该公司的合作机构，协助公司开展业务。[1] 为此，其所制定的政策、计划、规则规程都应该有助于协助实现公司的任务目标。第 12 条规定，菲律宾审计委员会是农作物保险公司的当然审计者。

西班牙《农业复合保险法》第 2 条第 4 款规定，国家按照本法规定的方式，确保农业保险的监督、范围及实施。西班牙农业、渔业和食品部提供其所属的国家农业保险局，经济部及财政部通过其下属的保险和养老金总局在西班牙农业复合保险体系中发挥重要作用。地方自治州知府通过自治地区农业管理委员会对中央政府规定的应承担的补贴部分进行补贴。《农业保险法实施细则》第 50 条规定，为了履行其职责，国家农业保险局可以要求西班牙农业保证基金会（FEGA）以及其他农业部机构提供咨询和帮助。

葡萄牙《农业保险法》规定，农渔业发展融资局（IFADAP）负责农业保险的协调和管理工作。农业部和财政部为农渔业发展融资局提供帮助，制定管理规定。国家保险局参与管理。

我国《农业保险条例》第 4 条规定，国务院保险监督管理机构对农业保险

---

[1] 这些机构包括：财政部、地方政府和社区发展部、农业部、土地改革部、劳动部、国防部、国民经济与发展局、菲律宾武装部队、菲律宾警察署、合作社发展局、全国农业与食品委员会、农业扩展局、全国灌溉管理局、土壤保护局、种植业管理局、动物业管理局、菲律宾中央银行，农村银行、储蓄和信贷协会部、菲律宾土地银行、农业信贷管理局、菲律宾国民银行、菲律宾开发银行，所有的农村银行、农村合作银行和开发银行，所有的巴朗盖村落组织（当地特有的社会组织）、乡村协会（乡村俱乐部）等。

业务实施监督管理。国务院财政、农业、林业、发展改革、税务、民政等有关部门按照各自的职责，负责农业保险推进、管理的相关工作。财政、保险监督管理、国土资源、农业、林业、气象等有关部门、机构应当建立农业保险相关信息的共享机制。第 5 条规定，县级以上地方政府负责本区域的农业保险工作。第 6 条规定，国务院有关部门、机构和地方各级人民政府及其有关部门应当采取多种形式，加强对农业保险的宣传，提高农民和农业生产经营组织的保险意识，组织引导农民和农业生产经营组织积极参加农业保险。第 3 条规定省级政府可以确定各地方的农业保险经营模式。

总结与评析：农业保险事业是一项复杂的系统工程，需要政府主导，多部门参与推动，其中最主要的部门是财政部门和农业部门。多数国家规定，农业保险的监督管理部门一般为农业部门。另外，为协同推进农业保险，提高工作效率，有的国家还设立跨部门委员会，作为农业保险协调机构。在许多国家，地方政府也参与其中。法律对政府及有关部门在农业保险中的职责做出清晰规定，防止出现管理空白或职责交叉。

《农业保险条例》明确规定，农业保险由保险监督管理机构负责监管，其他涉及的部门包括财政、农业、林业、发展改革、税务、民政、气象、国土资源，县级以上地方政府，以及国务院有关部门、机构和地方各级人民政府及其有关部门，体现农业保险所需要的多部门参与。通过这些规定，对有的部门和单位职责有所明确，促进农业保险工作协调机制的建立，但总体仍然不够清晰、具体、明确，而且其中出现“有关部门”这一模糊用语，以后难免出现管理空白或职责交叉的问题。

六、财税支持制度比较与评析

美国《联邦农作物保险法》第 504 条规定，联邦农作物保险公司的股本由国家认购，由财政部拨付。第 511 条规定，自该法实施之日起，联邦农作物保险公司一切财产，包括分支机构、资本、准备金、结余、收入、财产，免征一切现有或自 1938 年 2 月 16 日以后可能开征的税收，包括国家所征税种，自治区域、属地和领地所征税种，或州、县和市政府或地方税务机关所征税种。农险公司保险合同和由农险公司提供再保险的保险合同均免征国家、市政府或地方所征收的一切税收。第 516 条规定，如果保险基金的资金数额不够公司应付一般费用及保单对价和执行的支出时，公司可以要求农业部部长使用商品信贷公司的资金；农业部部长可以使用商品信贷公司的资金以支付前述款项。该条规定了拨款授权，主要针对联邦农作物保险公司的薪水和费用、用于保险代理人的管理和营业费用、保险费补贴、被批准保险人开展扩大保险业务的管理和业务费用补贴。对一般费用，包括保险费补贴和赔偿，公司支付给保险代理人的管理和业务费用，因与被批准的保险提供者签订的再保险协议发生的所有管理和业务费用补偿，依据第523条进行的牲畜和野生鲑鱼计划发生的成本，依据第522条进行的补偿、签约和合作开发研究所发生的费用，从保险基金中支付。第508条（e）款规定，为鼓励生产者最大可能参与本条（b）规定的巨灾风险保障和本条（c）款的扩大的保障，公司将支付部分保险费。

加拿大《萨斯喀彻温农作物保险公司法》第20条规定，萨斯喀彻温农作物保险基金的资金来源包括主管部长拨付的资金，其中包括公司管理费用补贴、融资费用补贴、保险费补贴、该基金与当年满足支付需求之间的差额，及按照主管部长所决定目的的其他补贴。《曼尼托巴农业服务公司法》规定，加拿大政府提供生产保险的保险费及管理费用。省财政部门为公司提供一定补贴，由立法机关拨款。公司可以向政府借款。再保险基金属于政府特别账户，发生亏损时，政府应予以弥补。

日本《农业灾害补偿法》第12条、第13条规定了保险费补贴的内容。第14条规定，农业共济组合及其联合会的事务费由国库负担。日本《农业灾害补偿法》第11条规定，农业灾害补偿相关书面文件，不征收印花税。附则（1999年6月11日法律第69号）第4条规定，农林渔业信用基金继承权利的情况下的该继承有关的登记，不征收登录许可税。农林渔业信用基金继承权利时的获得该继承有关的不动产的，不得征收不动产取得税。根据日本《法人税法》的规定，独立行政法人农林渔业信用基金属于非课税独立行政法人，不需缴纳法人税。

韩国《农渔业灾害保险法》第19条规定，政府在其预算范围内，可负担灾害保险投保人的保险费的一部分，也可负担灾害保险业务经营主体灾害保险业务的运营、管理所需的费用的全部或一部分。农林水产食品部长官应将援助资金交付给灾害保险业务经营主体。《农渔业灾害保险法施行令》第15条规定了保险费及运营费援助的具体规则，其中第3款规定地方自治团体可以对保险费追加补贴。

菲律宾《1978年农业保险法》第6条规定，政府提供保险费补贴，纳入财政预算。该法第8条规定，菲律宾农作物保险公司的授权股本为7.5亿比索，其中5亿比索由政府全额认购；《1995年菲律宾农作物保险公司法修正案》又规定公司的授权资本为20亿比索，其中增加的普通股本10亿比索由政府全额认购。第16条规定，为促进本法令的目的的实施取得实效，国家政策允许范围内的所有具有效力的全国性、省、市、镇的税收和税收估价对公司全免除。前述的免除仅适用于公司本身。上述税收和税收估价对与公司有业务往来的、并应由个人和其他法人承担的，则不免除。《1995年菲律宾农作物保险公司法修正案》第6条规定，菲律宾慈善赛马赌金管理办公室应将其博彩业务净收入的10%用来承担支付农作物保险计划（所需资金），其具体资金数额应该每6个月直接由该办公室划拨至公司，直到政府应付的资金到位。第9条规定，国家另外设立数额为5亿比索的政府后备基金，以帮助小农应对公司农作物保险计划下超过保费部分的所有损失。

西班牙《农业复合保险法》第1条第4款规定，国家按照本法规定的手段及工具，确保农业保险的监督、范围及实施用。第5条、第10条、第11条、第15条、第16条及末章对政府的财政支持、政府进行保险补贴、官方贷款等问题做了具体规定。西班牙《农业复合保险法实施细则》第9章对国家补助和财物提供做了专门规定。

葡萄牙《农业保险法》第4条规定，政府补贴农作物保险；补贴金额可以根据风险类型、实施的费用、所处地域、使用的防范措施以及缔约形式等适当调整。第7条规定，购买农作物保险的农业生产者可以在接受灾难基金资助时享受财政支持措施。第8条规定，财政支持措施包括发放贷款、利息补贴以及一般的补贴。第5章规定，农渔业发展融资局的融资包括国家预算拨款。葡萄牙《农业保险法实施细则》第六部分具体规定了农业保险的补贴办法。

我国《农业保险条例》第7条规定，农民或者农业生产经营组织投保的农业保险标的属于财政给予保险费补贴范围的，由财政部门按照规定给予保险费补贴，具体办法由国务院财政部门会同国务院农业、林业主管部门和保险监督管理机构制定。国家鼓励地方人民政府采取由地方财政给予保险费补贴等措施，支持发展农业保险。第9条规定，保险机构经营农业保险业务依法享受税收优惠。另外，第8条规定，中央和地方政府对建立农业保险大灾风险分散机制提供财政支持。

总结与评析：基于农业保险的准公共物品属性，多数国家对农业保险都给予财税支持，并根据财税法的原则，在农业保险法中对财政支持方式、资金来源、标准、税收减免等予以明确规定。财政支持的具体方式包括出资设立政府农业保险经营机构、出资设立相关基金、保险费补贴、税收减免、管理与业务费用补贴、发放贷款、利息补贴、其他补贴、提供再保险、提供新保险产品研发资助等。资金来源一般是政府预算拨款，以中央（联邦）预算拨款为主，地方预算拨款为辅。具体标准各国规定不一，政策针对性极强。对税收优惠，有的国家立法中一般性地规定全免，有的国家则规定减免的具体税种，有的国家在其他相关立法中对农业保险互助合作组织的税收优惠也做出了规定。

我国立法规定的对农业保险的财政税收支持措施仅限于保险费补贴和税收优惠，支持形式单一，对保险费补贴水平缺乏明确具体的量化规定，对哪些“属于财政给予保险费补贴范围”未做明确规定，更未能针对风险类型、保险标的、所处地域、投保人的具体情形及相关政策导向等做出有针对性的细化规定，对税收优惠措施也缺乏可操作性的规定。

七、巨灾风险分散机制与再保险制度比较与评析

美国《联邦农作物保险法》第 508 条（a）款规定，联邦农作物保险公司向根据公司设计的农作物保险计划开展农作物保险的保险人提供再保险。第（k）款规定了再保险，内容包括总则、条款和条件、费率、成本和减少控制、管理局的自由裁量、计划、标准再保险协议的重新协商、承保业务的应付款到期日等内容。《标准再保险协议》共分 4 个部分：第一部分概念界定；第二部分再保险；第三部分补贴、开支、费用和支付；第四部分一般条款。再保险的形式包括比例再保险和非比例再保险。根据《标准再保险协议》，私营保险公司还可以向商业再保险公司分出再保险。

加拿大《农业收入保护法》专章规定了农作物再保险基金，明确了基金的资金来源及向各省进行支付的限制；其他部分条款对再保险也有涉及。《曼尼托巴农业服务公司法》第 27 条规定，该公司可依据保险合同，提供全部或部分再保险，并为该目的签订再保险协议。第 28 条规定，在议会副总督的批准和授权下，部长或者主席可以代表曼尼托巴省政府与加拿大联邦政府订立协议。据此，加拿大联邦政府同意提供：生产保险的保险费及管理费；为生产保险合同项下的损失，提供再保险。法律专门对再保险做出规定，设立曼尼托巴省再保险基金，明确其资金来源、支付及亏损的解决。规定针对生产保险和雹灾保险的其他再保险协议。《萨斯喀彻温农作物保险公司法》第 32 条规定，根据议会副总督的批准，公司可以为其与其他保险人之间的保险合同项下的全部或部分风险提供再保险。该法还规定，《萨斯喀彻温保险法》第 15 部分关于再保险的规定在经过必要的修改后准予适用。

日本根据《农业灾害补偿法》、《渔业灾害补偿法》、《渔船损害等补偿法》和《有关特别会计的法律》等法律规定，设立农业共济再保险特别会计、渔船再保险及渔业共济再保险特别会计，由农林水产省负责管理。特别会计的资金来源主要是一般会计拨入资金及再保险费收入。根据日本的财政制度，这些特别会计的实质就是政府的专项再保险基金。日本 2002 年制定的《独立行政法人农林渔业信用基金法》规定，设立独立行政法人农林渔业信用基金。该信用基金设理事长、副理事长、不超过 5 名理事和两名监事作为管理人员。该法第 24 条规定，涉及农业灾害补偿关系业务和渔业灾害补偿关系业务相关的事项及这些业务有关的财务和会计相关的事项时，主管大臣为农林水产大臣。日本 2002 年制定的《独立行政法人农林渔业信用基金法》规定，信用基金的目的在于，根据《农业灾害补偿法》，为农业共济组合、农业共济组合联合会提供资金借贷、债务保证及其附带业务；以及根据《渔业灾害补偿法》，为渔业共

济组合及联合会提供资金借贷、债务保证、资金寄托以及这 3 项业务的附带业务。信用基金按业务进行区分管理。日本《农业灾害补偿法》第 5 章规定了政府的再保险事业及保险事业。

韩国《农渔业灾害保险法》第 20 条规定，政府可从事有关灾害保险的再保险业务。据此规定从事再保险业务的灾害保险业务经营主体应与农林水产食品部长官签订包含下列各事项的协议：有关灾害保险业务经营主体向政府缴纳保险费的事项；有关政府支付保险金的事项。再保险费用等有关再保险协议的，由总统令规定的事项。第 21 条规定，为向再保险业务提供必要的资金来源，农林水产食品部长官可设立农渔业灾害再保险基金。第 22 条规定了基金的组成；第 23 条规定了基金的用途；第 24 条规定了基金的管理和运营；第 25 条规定了基金的会计机构。

《1995 年菲律宾农作物保险公司法修正案》第 9 条规定，为了分散公司的风险，公司在此得到授权采取一切措施去寻求再保险。

西班牙《农业复合保险法》及其实施细则规定保险赔偿集团为再保险人。实施细则第 7 章规定了保险赔偿集团的职能、资金来源、特殊经济资源等内容。

葡萄牙《农业保险法》第 3 章规定灾难基金，规定在发生农业保险未予保障的政府公布的大灾时，由基金为参保农民提供财政援助，第 4 章规定政府补偿金，明确其旨在为保险公司提供再保险。实施细则第 2 章对灾难基金的具体运作做了规定，包括灾难标准、《灾难声明》、获得资助的条件、原则及具体操作要求，第 3 章对政府补偿金的具体运作做了具体规定，包括不同风险地区的补偿标准、加入政府补偿金机制的自愿性、政府补偿金的资金来源。

我国《农业保险条例》第 8 条规定，国家建立财政支持的农业保险大灾风险分散机制，具体办法由国务院财政部门会同国务院有关部门制定。国家鼓励地方政府建立地方财政支持的农业保险大灾风险分散机制。[1] 第 17 条规定，农业保险机构应有稳健的农业再保险和大灾风险安排以及风险应对预案。

总结与评析：国外在建立农业保险制度的同时，注重建立农业保险大灾风险分散与转移机制，其中主要是再保险机制。农业大国和农业强国的再保险机

---

[1] 笔者以为，第 8 条中“国家建立财政支持的农业保险大灾风险分散机制”的规定是直接转述中央一号文件中相关部分的表述。如 2013 年中央一号文件“改善农村金融服务”中的表述是“推进建立财政支持的农业保险大灾风险分散机制”。2012 年中央一号文件“提升农村金融服务水平”中的表述是“逐步建立中央财政支持下的农业大灾风险转移分散机制”。2010 年中央一号文件“提高农村金融服务质量和水平”中的表述是“建立财政支持的巨灾风险分散机制”。2009 年中央一号文件“增强农村金融服务能力”中的表述是“财政支持的巨灾风险分散机制”。2008 年中央一号文件“加快农村金融体制改革和创新”中的表述是“逐步形成农业巨灾风险转移分担机制”。2007 年中央一号文件“建立农业风险防范机制”中的表述是“完善农业巨灾风险转移分摊机制”。立法应以政策做指引，但若法律直接转用政策文件中的原则性表述，则无法对社会关系加以有效调整。

制都依托政府的财政支持建立。其具体方式是政府出资设立再保险机构，或出资建立再保险基金，为农业保险经营组织提供再保险。这同时也是公私协作机制的重要组成部分。商业再保险是辅助。

我国立法机关虽注意到了建立农业保险大灾风险分散机制的问题，但对大灾风险分散机制由哪些部分构成、如何构建与运作、财政如何支持、国家如何支持地方政府建立大灾风险分散机制等问题，完全没有规定。上述条款仅表明了国家的态度，其规定则因过于笼统而缺乏可操作性。再保险是农业保险大灾风险分散与转移机制中的重要一环，农业大国和农业强国的农业保险立法中都规定了再保险制度，并运行良好。反观我国《农业保险条例》未对农业再保险制度做出规定，确是一个缺憾。

八、结论

《农业保险条例》借鉴国外立法经验，发挥制度后发优势，总结农业保险实践经验，本着先易后难、求同存异、急事先定的思路，对农业保险的性质、经营主体、保障范围、政府的作用、保险合同的特殊规定以及农业保险的特殊经营规则 6 个方面进行了一定明确，明确阐述农业保险的要素，成为农业保险事业的“正能量”，对农业保险发展具有重要意义。

我国《农业保险条例》尚存在以下问题。

其一，《农业保险条例》的定位问题。农业保险法是在农业生产社会化和国民经济体系化条件下出现的独立于传统保险法的新的法现象，有其特定的调整范围，应属于政策性保险法和经济法，而非传统保险法的特别法。我国《农业保险条例》既不是《保险法》的特别法，也不应被定位为《农业法》和《保险法》的配套实施法规。现在之所以由国务院制定《农业保险条例》而非全国人大常委会制定《农业保险法》，只是由于立法条件尚不具备。待未来立法条件具备时，还是应该由全国人大常委会制定《农业保险法》。

其二，存在严重的立法技术问题。如《农业保险条例》实际是作为《保险法》的实施法规而制定的。既如此，该条例就应该对包括农业保险合同和经营规则在内的各项具体规则加以详尽规定，但条例第 16 条、第 25 条和第 31 条却针对农业保险合同、经营规则和保险机构的法律责任[1]，分别规定参照适用和适用《保险法》的有关规定[2]，使得实施法规名不副实，且应该适用《保险

[1] 《保险法》第 7 章“法律责任”并未规定涉及农业互助保险组织的法律责任。但《农业保险条例》第 31 条规定，保险机构违反该条例规定的法律责任，该条例未作规定的，适用《保险法》的有关规定。这就存在农业互助保险组织违反条例时，如何追究其法律责任的问题。条例的规定不可取，有待改进。

[2] 第 16 条规定中用的是“参照适用”，第 25 条和第 31 条规定中用的则是“适用”。“参照适用”与“适用”有何区别，条例未提及。

法》的哪些条款也未明确规定。再如，条例把本应该规定的问题授权给有关部门制定规章，既使得条例明显缺乏可操作性，又消解了条例的权威性，降低了行政法规的重要作用，难以起到法规应有的调整作用。又如，条例中的倡导性规范和宣示性、原则性规定较多，而详细、具体和有可操作性的规范较少，使得条例空洞化。还如，较多使用“有关部门”、“有关规定”、“相关工作”、“相关信息”、“相应的专业人员”等不明确的词语，采用“加大……力度”、“加强”、“完善的”、“稳健的”等模糊不清的不确定的用语。

另外，法律条款规定粗疏和内容缺漏，如对农田水利设施、农业建筑结构的保险问题，投保资料、理赔资料的保管，对信息公开的具体方式及监督检查，保险机构不应拒绝投保，风险保障范围，对新的农业保险产品的研究试验，农业风险区划与费率分区，农业互助保险的特殊经营规则，农业互助保险组织的监管，详细的财政补贴范围与标准，具体的税收优惠措施，农业再保险等问题未做规定。附则中第 32 条规定，涉及农民的生命和身体方面的短期意外伤害保险等参照适用该条例有关规定。但实际上，条例对短期意外伤害保险未做规定，该如何参照适用条例不得而知。

上述问题的存在使得条例的立法质量受到限制，条例实施的效果必然受到很大影响，有待于以后通过修法予以完善，以求条例对农业保险进行更有效的规制。

参考文献

[1] 张长利．政策性农业保险法律问题研究［M］．北京：中国政法大学出版社，2009.

[2] 庹国柱．我国农业保险发展的里程碑——论农业保险条例的特点与贡献［N］．中国保险报，2012-12-13.

[3] 中国赴美农业保险考察团．美国农业保险考察报告［A］.

[4] 李军，段志煌．农业风险管理和政府的作用——中美农业保险交流与考察［C］．北京：中国金融出版社，2004.

[5] 杨华柏，张靖．谈我国农业保险条例的几个特征［N］．中国保险报，2013-03-01.

农业环境责任保险理论问题研究

王育才　彭刚红*

目前我国农业污染量已占到全国总污染量的1/3～1/2，因农业污染带来的农产品有毒有害物质（如谷物、水产、畜禽、蔬菜水果等产品中重金属残留、激素抗生素残留、农药残留等）严重超标。日益严重的农业环境侵权事态对生态环境、财产安全、人身健康和社会稳定构成了严重威胁。然而，近年来农业环境侵权事件及其救济渠道困境的多发，凸显出我国农业环境侵权救济制度的缺失。因此，本文探讨农业环境侵权的责任保险救济问题，以期将该类环境侵权的负外部性内部化，并使被侵权人得到公平和及时的补偿。

一、农业环境责任保险的目的和意义

随着现代工业和科学技术的发展，现代农业生产在满足人类食品等需求的同时，也存在着威胁农业生态环境和农产品消费者健康安全的环境侵权风险。近年来，我国农业环境侵权事件的多发及其救济所面临的困境，凸显出农业环境侵权社会化救济制度的严重缺失。农业环境侵权司法救济面临种种困境，其行政救济又欠规范和公平。在日趋严重的农业环境侵权形势下，寻求新的救济渠道是必然的选择。在现代农业生产进程中，试图排除人类对自然资源的利用或完全消除农业生产的污染都是不现实的，作为农业环境侵权救济的关键问题，是如何有效地恢复环境与赔偿受害人损失。

作为将环境责任保险延伸到农业领域的一种创新和尝试，农业环境责任保险是指以农业生产者在从事农业生产活动中造成环境污染或破坏而应当承担赔偿或治理责任为标的的保险。在这种保险制度中，农业生产者作为投保人预先向保险人支付一定数额的保险费，当农业生产者因从事农业生产活动造成环境污染致人损害而应当承担赔偿责任时，保险人则在约定的责任限额内承担赔偿责任。

---

* 王育才，西北农林科技大学人文学院法学教授；彭刚红，西北农林科技大学环境与资源保护法学硕士研究生。
本文是西北农林科技大学人文社科重点项目。

农业环境风险（广义）有来自大自然的和人为的两大类，前者属农业保险和巨灾范畴本课题不研究；后者属于环境责任保险范畴，但本文只研究其中的一部分——即农业生产活动导致自然环境污染或破坏的环境风险（狭义，下同）。本文研究的对象具有投保人的弱质性、保险的特殊性和政策性，而一般环境责任保险通常是商业性的。此外，农业环境侵权的民事诉讼、国家赔偿或其他社会化救济，均不属于本文的研究对象范畴。

我国环境责任保险试点中，无论是强制的还是鼓励参与的投保范围的企业，往往限于涉重金属企业，石油化工企业，生产、储存、使用、经营和运输危险化学品企业，产生、收集、储存、运输、利用和处置危险废物企业，以及存在较大环境风险的二噁英排放企业等；并未包括农业生产企业（参见中国环保部与中国保监会，2013年《关于开展环境污染强制责任保险试点工作的指导意见》）。

另外，同各国立法将初级农产品排除在产品责任法范围之外的通例（如《欧共体产品责任指令》：产品是指初级农产品和狩猎物以外的所用动产），我国《产品质量法》也有规定：产品是指经过加工、制作，用于销售的产品。究其主要原因在于：农产品易受自然环境因素影响；其产品品质标准不易规范；其生产的潜在缺陷难以确定缺陷来源。

那么，面对日益增大的威胁生态环境的农业环境侵权风险，有无可能通过一定的创新弥补其外部性内部化制度安排上的隙罅，在上述困境下使得相关侵权责任得以及时、公平的承担呢？本文认为农业环境责任保险可能是突破点之一。

因此，本文提出要构建农业环境责任保险制度以补充该类侵权的社会化救济。农业环境责任保险制度构建力图实现以下目的：首先，分析农业环境责任保险制度的理论依据和必要性，以及构建我国该项制度的现实依据；其次，结合国情设计农业环境责任保险制度建设的路径、原则和框架内容，为农业环境责任保险制度构建提供理论参考；最后，研究我国农业环境责任保险制度与其他相关侵权救济制度的配套衔接，完善我国农业环境侵权救济制度体系。

研究农业环境责任保险理论问题的重要意义在于：

（1）通过对农业环境侵权及其责任社会化的责任保险制度研究，促进农业生态环境保护和农产品安全问题的解决，防范和化解现代农业生产领域的相关风险。

（2）补充环境侵权责任社会化和公平救济理论，将农业生产的环境责任分散化、社会化，增益社会稳定与可持续发展。

（3）探寻发展现代农业和环境保护政策的契合，推动环境责任保险制度创新，完善环境权利保护和救济法制建设。

二、农业环境侵权及其保险救济

农业环境侵权是指因农业生产活动致使自然环境污染或破坏，并因而对他人人身权、财产权造成损害或有造成损害之虞，依法应当承担民事责任的行为。较之一般的环境侵权而言，农业环境侵权具有以下的特殊性。

第一，农业环境侵权主体的弱势性。从上述农业环境侵权定义来看，农业环境侵权主体应该是从事农业产业活动的农业生产者，他们虽是侵权的一方，却并不像工业环境侵权中企业侵权者是处于优势地位。我国农业环境侵权主体的弱势性，来自农业产业的弱质性和长期的社会二元结构（是指在整个社会结构体系里，明显并存着比较现代化的和相对非现代化的两种社会形态）。由于我国城乡、工农和地区贫富差距大，处于经济弱势地位的农业生产者具有采取一些以危害或破坏环境的行为来换取生活改善的负向激励。而国家环保资源配置又是偏向城市，农业的环境保护长期受到忽视，环保政策、环保机构、环保人员以及环保基础设施均供给不足。

同时，农业作为满足人类食物需求的基础产业，采用增产技术虽有环境污染之虞，但又有其经济正当性。长期以来，农业是城市的食品和原材料供应者，面对经济和社会发展不断扩张的需求，农业生产不得不加大投入（包括化学品等）来提高或稳定产量。

第二，农业环境侵权行为的复杂性。具体表现在：(1) 污染主体的分散和广泛性。我国有8亿多农业生产者，且分布相当分散，使得农业产业活动也是点多面广；(2) 污染过程的持续性。不像工业污染的集中排放，农业化学品等污染从施用开始就作用于环境，其产生与排放之间没有时空间隔；(3) 污染方式的隐蔽性。农业环境污染常以间接、隐性、微量的形式表现，其隐性污染源大大超过显性污染源。而现实中环境管理者只关注“看得见”的污染事故，忽视这些“看不见”的污染，使得农业环境侵权行为往往游离于被查处之列。农业作为食物来源产业，其产品缺陷对生命健康的直接危害是极大的。

第三，农业环境侵权结果的放大性。农业环境污染的隐蔽性使得人们往往认为其为“小污染”，无足轻重；但实际上农业环境污染往往会是面源性的，危害更广。在顶极环境阈限原理（旨在表明生态系统的再生能力对发展的限制，任何超越生态环境顶极阈限的发展都会对生态环境质量造成无可恢复的损害）下，农业环境并不是供人类无限攫取的，其容量与自净能力也是有限的。农业环境是整个生态系统极为重要的组成部分，一旦遭受污染或破坏，其恢复和治理过程将十分漫长、成本昂贵，有的甚至难以逆转。农业环境受到污染或破坏进而带来农产品质量安全、人类身心健康甚至社会稳定的严重危害。

由上得出：(1) 农业环境侵权行为发生在农业生产活动中；(2) 农业环境

侵权行为通过作用于环境而致人损害；（3）农业环境侵权行为是应当承担民事法律责任的行为。对此，我们提出运用农业环境责任保险承保农业环境侵权赔偿责任，使之与民事救济、国家赔偿制度相互配合，形成有效的农业环境侵权救济体系。[1]

在环境侵权责任风险趋高的现代社会，传统侵权救济制度无力单独承担对农业环境侵权受害人赔偿或补偿的任务，侵权责任社会化制度的发展体现了责任赔偿从个人本位到社会本位的转变，可以通过责任社会化的方式更简便、迅速地赔偿或补偿受害者。从这一角度探寻，在农业环境侵权救济制度安排上，除应充分发挥传统民事救济与国家赔偿制度的作用外，适时引入责任保险制度，将农业环境侵权损害通过社会化途径合理分配与消化不失为一种理性选择。

环境权是环境侵权救济产生的基础，侵权责任社会化发展是侵权救济社会化的理论依据。现代侵权责任制度突破个体责任承担和过错责任原则，是环境损害赔偿社会化的伴生物；其理论逻辑是经济发展与环境问题的矛盾和统一性，其演进结果之一是以环境责任保险为制度渠道的环境侵权预防和损害赔偿的社会化。责任保险的发展程度是衡量一个国家或地区保险产业发达与否的重要指标，也是反映产险市场险种是否良好的主要参照。然而责任保险却是我国保险产业的短板，尤其是环境责任保险方面，还具有很大的拓展空间。

虽然我国现行法律对农业环境保护的国家责任、侵权人的民事责任做了规定，但仔细研读这些法条不难发现，这些法律包括宪法在内，一方面缺乏对农业环境权内容和主体的明确界定；另一方面对农业环境侵权行为救济途径的规定也过于原则、笼统，缺乏可操作性，使得农业环境侵权受害人缺乏充足的法律依据来为自己所遭受的损害进行救济。[2]

对于环境侵权救济，包括自然灾害在内的很多农业风险实际上都属于公共风险，本身具有得到财政补偿的合理性，但是，对于通常经济和生态双重脆弱的后发国家，财政风险补偿能力往往难以经得起考验，因此，仅依靠国家财政对农业环境侵权造成的损害进行补偿是不现实的。[3]

由于农业环境侵权行为的复杂性，使得农业环境污染多表现为面源污染，且通常具有总体可观察，个体难察觉的特征。根据这一特性，是否可以通过指派具体区域的环境目标来实现农业环境侵权救济，即当区域内指派的环境目标

---

[1] 彭刚红、王育才："农业环境侵权与农业环境责任保险探索"，载《贵州农业科学》2013 年第 3 期，第 156～160 页。

[2] 于华江、于志娜："农村环境侵权行为问题探究"，载《中国农业大学学报（社会科学版）》2005 年第 4 期，第 75～79 页。

[3] 张梓太、张乾红："我国环境侵权责任保险制度之构建"，载《法学研究》2006 年第 3 期，第 84～97 页。

没有达到时则该区域内的全体成员都将受到相应的惩罚，在实践操作中，可以将村集体区域设置为一个环境目标区域，当村集体区域环境目标没有实现时则该村全体成员都要承担相应责任。这就是农业环境侵权责任承担的集体责任模式。此外，为了保障这一模式的顺利实施，还应当选取对区域环境目标中的个体生产者进行监控，这种随机抽查的方式可弥补集体责任模式的缺陷。[1]

三、农业环境责任保险的研究内容

如前所述，完全避免现代农业生产中农业污染造成的损害几乎是不可能的。面对农业环境侵权风险及其难以依靠现有制度加以内部化，缺乏这类风险的社会化救济渠道，将影响我国农业的发展和社会稳定。因此，研究农业环境侵权及其救济问题，有利于农业生态环境保护、农民利益维护和侵权相对人的及时有效救济。我们认为，农业环境责任保险主要研究的内容应包括以下几方面。

1. 农业环境责任保险的定性和理论依据

环境正义理论和环境损害责任社会化分担为农业环境责任保险提供了理论依据。农业环境侵权危害范围广、监督成本高，由此决定农业环保管理比工业等环保管理更为复杂。因此，在农业环境侵权救济制度安排上，除应充分发挥传统民事救济与国家赔偿制度的作用外，引入责任保险措施，将农业环境侵权损害通过社会化途径合理分配与消化不失为一种理性选择。

农业环境资源的公共物品属性，决定了农业环境责任保险应当是农业政策、环境保护和保险制度相结合，承保农业环境污染责任的保险制度。农业污染的广泛性、随机性、隐蔽性等特点使得污染损害结果难以预计，往往超出一般商业保险人的风险经营能力；因此应将农业环境责任保险定位为政策性保险。

农业环境责任保险虽与农业保险都属于财产保险的范畴，但农业保险是以已存在或将来可得的利益为保护对象的，因此是一种权利保险；而农业环境责任保险是一种责任保险，两者的区别显而易见。农业环境责任保险作为一项创新的责任保险，虽与环境责任保险同属责任保险范畴，但它们之间亦有所区别。与环境责任保险相比，农业环境责任保险具有公益性和正外部性特征；其投保人为长期社会二元结构下具有弱质性的农业生产者；承保风险有其特殊性，非普通环境责任保险制度所能涵盖。

2. 农业环境责任保险承保对象和范围

---

[1] 付中元、吴敏娜、李晓丰："农业发展与农业环境可持续性管理"，载《经济体制改革》2011年第6期，第76～80页。

农业环境侵权原因行为所具有的合法性和价值性，决定了农业环境责任保险的目标将是追求污染损失补偿与生态环境保护的双重目标。因此，其承保范围应包括农业污染损害赔偿责任与受损环境治理责任。

如上所述，农业环境侵权是指因农业生产活动致使自然环境污染或破坏，并因而对他人人身权、财产权造成损害或有造成损害之虞，依法应当承担民事责任的行为。由此可以原则限定其承保对象和范围：（1）承保对象是农业生产者；（2）承保范围是其在农业生产活动中发生的环境侵权行为作用于环境而致损害；（3）依法应就其所致损害承担法律责任。

3. 农业环境责任保险损害界定和责任范围

农业环境责任保险承保的损害，应当是直接的环境破坏和人身财产损失。考虑到我国责任保险市场发展现状，农业环境责任保险制度需要一个渐进过程，因此可采取分步走的策略来实现，即先承保突发性的农业环境侵权行为所致的直接环境破坏和人身财产损失，待条件成熟时再承保持续性的农业环境侵权行为。具体的损害范围和界定有待不断深入研究。

引入农业环境责任保险措施不仅有助于农业污染损害事后救济，也有利于预防农业污染损害事故的发生。因为在承保了农业环境责任保险后，保险人被赋予勘查保险标的的权利以控制风险、督促保险合同的义务人履行维持保险标的安全状况。此外，保险人还可以通过保险费率差异及限制责任条款来促使投保人采取措施降低风险。

农业环境责任保险下，保险人通过保险单将各个潜在污染者的资金汇聚起来应对其中较少数的实际发生事故的支出，这种集众人资金之力填补部分受害人损失的方式，能让受害人的赔偿请求在农业污染者财力有限的情况下获得相对可靠的资金保障。并且，相较于民事救济措施，农业环境责任保险制度能够节约诉讼成本，将资金更多地运用在损害填补上。

4. 农业环境责任保险制度构建原则和路径

在前些年试点经验的基础上，2013 年 1 月 21 日环保部与中国保险监督管理委员会联合发布了《关于开展环境污染强制责任保险试点工作的指导意见》，全国环境责任保险试点工作进入第三个阶段，全国总共有 16 个省份（自治区、直辖市）被列为试点省份，相关地区的实践经验，可资构建农业环境责任保险制度借鉴。

就我国目前而言，一方面，由于农业生产者的保险意识普遍偏低；另一方面，一旦发生事故，农业生产者往往承担不起巨额赔偿费用，进而影响整个社会的稳定。因此，我国现阶段应考虑实行与农业补贴政策相结合的强制农业环境责任保险的投保方式。具体细节有待结合实验和试点经验深入研究。

5. 农业环境责任保险的承保机构、保费来源与理赔机制农业环境责任保险的政策性与社会公益属性，决定了它的业务经营宜由专门的主体来承担，可考虑由政府创立、参股或给予财政兜底的政策性专业保险公司来承担。同时，建议在乡镇级以及乡镇级以下基层成立农业环境责任保险合作社，以协助办理农业环境责任保险业务。这种组织形式设立简单、运作成本低、与我国国情相适应。此外，在这种组织形式下，农业生产者的主人翁责任感强，能够调动他们参与的积极性，并有利于规避道德风险与逆向选择问题。

农业环境侵权责任风险并不完全符合传统意义上的可保性原理。首先，虽然我国农业生产者人数众多，但大量分散，致使难以实现对农业环境侵权的监测与评估；其次，农业污染通常表现为面源性污染，相互间联系十分紧密，导致难以分清农业生产者的个体责任，因此也不符合保险标的要求的风险独立特征；再次，农业污染常以间接、微量、隐性的形式表现，以我国目前的监测技术，在污染发生初期是难以监测到的，而当隐性污染逐渐显现出来时，又可能是大面积的巨灾风险；最后，加之我国农业生产者环保意识普遍不高，农业环境侵权行为有时是故意为之。由此可知，农业环境侵权责任风险并不是独立的随机事件，它也并不符合传统意义上要求的可控性与可预测性条件。

然而，随着农业环境保护法律制度的不断完善，农业环境侵权责任承担也将日益严厉，当农业环境侵权损害赔偿责任受到法律制度的严格规制时，农业生产者从事生产活动的风险压力将增大，而风险规避性是理性人的基本特性，在风险压力骤增的同时，当然需要保险来分散风险，缓解压力；而且近些年来，我国政府不断加大对农业污染监测评估技术研发的财政投入，随着这些技术的发展，农业环境侵权责任风险的监测以及农业环境侵权损害的评估会越来越准确，对未知的风险事故也能有一定的把握；此外，随着保险人自身风险评估能力的提高，也可以设计出更为合理的保险范围、保险费率、免赔付等限制条款来提高农业环境侵权责任风险的可保性。

因此，农业环境责任保险应有专门的承保机构从事，其保费来源可包括缴纳保费、生态补偿费、财政补贴、绿色税收、捐赠赞助等。自 2004 年以来，我国也有不断加大农业直接补贴力度，并且逐步实行“绿色补贴”的趋势，即将农业补贴额度与生态环境保护和食品安全等标准挂钩，把大量农业补贴转变成农业生态补贴。

6. 农业环境责任保险的引导、监督和监管

如上所述，农业环境责任保险作为一种特殊的政策性保险，将是政府综合运用环境管理手段管理农业污染风险的重要选择，它的发展自然离不开政府的引导和监管。同时，针对农业生产者与消费者和监管主体的信息不对称导致“道德风险”与“逆向选择”现象，该保险市场也需要社会公众的参与和监督。

四、制度构建的原则和主要问题探讨

农业环境责任保险制度作为环境责任保险制度在农业领域的新尝试，还是一个有待开发的责任保险制度。因此，我们在进行具体制度设计时，必须遵循以下相应的原则。

1. 充分考虑保险市场容量的原则

充分考虑现有保险市场容纳环境侵权责任风险的能力，是为农业环境责任保险制度的有效设计服务的，因为只有充分考察了现有市场上对农业环境侵权责任风险转移的需求数量和保险企业承保农业环境侵权责任风险的能力，才能确定市场上对农业环境责任保险制度的需求与供给能否达到一致；也才能明确农业环境责任保险制度设计的方向，而只有在正确的方向指引下，农业环境责任保险制度设计思路也才能满足现实市场环境的需求，这一系列连锁反应充分证实了农业环境责任保险制度的良性设计必须遵循保险市场容量原则。[1]

2. 政府适度干预的原则

保险的发展本应是市场化运作的结果，然而对于农业环境责任保险制度来说，由于其公益性、正外部性和高风险性，决定了政府干预和引导的必要性。当然，政府的干预并不等同于完全控制，而应当是引导和推动，即政府可以通过制度建设、政策支持、保费补贴、税收优惠等措施来推进农业环境责任保险制度的顺利开展。[2]

3. 各方当事人利益平衡的原则

各方当事人利益的平衡，是农业环境责任保险制度顺利开展的重要前提。农业环境责任保险制度涉及多方主体，包括政府、农业生产者、农业环境侵权受害人、农业环境责任保险人等，而要使农业环境责任保险制度顺利开展，则必须在这些利益当事人之间寻找平衡点。

因此，在进行农业环境责任保险制度设计时，既要关注社会公众的利益，也要考虑农业生产者的承受能力，更要衡量农业环境责任保险人的利益，只有衡量利益的天平平衡了，才能保证农业环境责任保险制度建设的顺利开展。

4. 与农业生态补贴相结合的原则

农业环境侵权责任风险具有社会公共风险特征，可见农业环境责任保险制度是为维护公共利益服务的，其对农业生态环境保护、公民权益维护均体现了其公益性特征。而农业生态补贴，是指对促进农业生态环境保护和建设的活动给予的财政补贴。农业环境责任保险制度作为促进农业生态环境保护的活动，

---

[1] 张辉："海洋石油开发油污强制责任保险基础问题研究"，载《江西社会科学》2011年第9期，第19～24页。

[2] 许飞琼："环境污染、损失补偿与责任保险"，载《东岳论丛》2010年第8期，第168～172页。

自然应当获得农业生态补贴的支持。

农业环境责任保险制度应当与农业生态补贴相结合。具体来说，就是将农业生态补贴的申领与农业生态环境保护义务和责任结合起来，这样不仅能够增进农民与生态环境的利益相关度，克服单纯以保险单对农民行为进行环保管理的缺陷，使农民能在利益的作用下自发保护农业生态环境，充实农业环境责任保险的社会力量和群众力量，而且使得农业补贴更为灵活，更利于其发挥激励功能。[1]

以下，本文就我国农业环境责任保险制度构建的几个主要问题进一步展开讨论。

1. 农业环境责任保险性质

农业污染的分散性、广泛性、随机性、隐蔽性等特点使得污染损害结果难以预计，往往超出一般商业保险人的风险经营能力。因此，在我国保险市场发展水平仍相当有限的情况下，要求商业保险全面介入农业环境责任保险业务是很不现实的。在此情况下，我国发展农业环境责任保险有必要逐步推进，即先将农业环境责任保险定位为政策性保险，由国家参与供给，待条件成熟后再向市场化发展。然而，政策性保险只能提供一个基本的普遍性保障，对农业污染风险的进一步分散，必须依靠商业保险人的参与[2]和再保险机制的完善。因此，政策性农业环境责任保险应作为目前市场状况下一种过渡的供给形式，农业环境责任保险的发展方向将是由国家补贴的商业性保险。

2. 农业环境责任保险承保范围

政策性保险与商业性保险最大的区别在于，前者直接立足于社会公众的利益，所以直接减损社会利益、影响社会发展的环境污染行为都可以在承保之列。农业环境责任保险的目标将是追求污染损失补偿与生态环境保护的双重目标，因此，农业环境责任保险的承保范围应包括农业污染损害赔偿责任与受损环境治理责任，也就是说，在一些农业污染事故中，即使产生的农业污染并未现实造成第三人的人身伤害或者财产损失，污染者仍要承担污染治理责任。

将所有的环境侵权行为都纳入责任保险的范畴无疑是最理想的。但一项制度的实际效果，既与其制度完善程度有关，更与其满足社会生活的需要程度以及在程序上的可执行程度有关。考虑到我国责任保险市场发展现状，农业环境责任保险制度的实施和完善需要一定的过程，本文认为应采取分步走的策略来实现农业环境责任保险的目标，即先承保突发性的农业环境侵权行为所致的直

[1] 彭刚红、王育才："农业环境侵权与农业环境责任保险探索"，载《贵州农业科学》2013年第3期，第156～160页。

[2] 张梓太、张乾红："我国环境侵权责任保险制度之构建"，载《法学研究》2006年第3期，第84～97页。

接环境破坏和人身财产损失，待条件成熟时再承保持续性的农业环境侵权行为。[1]

3. 农业环境责任保险投保方式

由于农业环境责任保险具有政策性，国家对于农业环境责任保险必要的情况下可规定采取强制性手段，要求一定范围内的人以一定方式和条件参与保险，这样才能全面覆盖有投保必要而商业保险又不愿涉足的领域。[2] 一方面，由于农业污染行为的特殊性，致使对其责任承担属于责任主体难以判别或责任主体太多、公益性很强、没有投资回报或投资回报率较小的领域[3]，保险人从经济利益考量不会自愿承保，这就不利于农业污染责任风险的分散；另一方面，我国农业生产者的保险意识淡薄且存在侥幸心理，若采取任意投保模式，不利于保护受害人的赔偿利益。因此，在我国农业污染问题日趋严重的今天，为了严厉控制和防范农业污染损害，及时有效地保护受害人的利益，应实行强制责任保险的投保方式。[4]

4. 农业环境责任保险承保机构

农业环境责任保险的政策性与社会公益属性，决定了它的业务经营宜由特殊的主体来承担，即由政府创立、参股或给予财政兜底的隶属于政府的专业保险公司来承担。这种模式的优势在于可以充分运用政府国家管理职能集合危险单位，迅速地形成整治规模；有利于保险基金的积累和风险的空间分散；也有利于将农业环境责任保险与国家发展农业和生态保护政策契合一致。

但是，仅依靠保险公司的机构体系，难以为地域分散、数量众多的农业生产者提供有效的承保、定损和理赔服务，保险公司的许多保险业务都需要在农村基层机构的协助下完成。因此，本文建议在乡镇级以及乡镇级以下基层成立农业环境责任保险合作社，以协助办理农业环境责任保险业务。这种组织形式设立简单、运作成本低、与我国国情相适应。此外，在这种组织形式下，农业生产者的主人翁责任感强，能够调动他们参与的积极性，也可以规避道德风险与逆向选择。

当然，为规范基层农业环境责任保险合作社协助办理农业环境责任保险业务的行为，强化保险公司的管理责任，保险公司应当与其签订书面合同，明确

---

[1] 周珂、刘红林："论我国环境侵权责任保险制度的构建"，载《政法论坛（中国政法大学学报）》2003 年第 5 期，第 13～17 页。

[2] 李华："我国环境污染责任保险发展的路径选择与制度构建"，载《南京社会科学》2010 年第 2 期，第 105～110 页。

[3] 苏杨、马宙宙："我国农村现代化进程中的环境污染问题及对策研究"，载《中国人口资源与环境》2006 年第 2 期，第 12～18 页。

[4] 彭刚红、王育才："农业环境侵权与农业环境责任保险探索"，载《贵州农业科学》2013 年第 3 期，第 156～160 页。

双方权利义务，并在合同中约定相关费用的支付。另外，保险公司应当加强对农业环境责任保险合作社的业务指导，制定合法、科学、有效的业务管理制度。同时，保险公司也将在试点、推广和发展中不断地提高自身的经营管理水平。

总之，在我国现阶段经济发展转型过程中，农业所面临的环境风险较为特殊，又难以纳入现有环保体系加以保障；但这类风险若缺乏社会化渠道和保障机制，将影响现代农业的发展并有可能波及社会稳定。因此，构建农业环境责任保险来解决这类问题显然是一条可选的途径。研究农业环境侵权及其保险救济问题，不仅有利于农业发展和生态环境保护，对农业生产者利益的维护和侵权相对人的及时有效救济也具有积极的作用。

对责任保险的社会责任发展的几点认识

史卫进　王志平*

公司的社会责任（Corporate Social Responsibility），目前国际上普遍认同企业社会责任的理念：企业在创造利润、对股东利益负责的同时，还要承担对员工、对社会和环境的社会责任，包括遵守商业道德、生产安全、职业健康、保护劳动者的合法权益、节约资源、尊重政治体制和社会文化等。对于保险公司而言，按照履行社会责任的基础性和强制性的不同，保险公司社会责任的利益相关者可分为3类：一是优势利益相关者，包括顾客、雇员、股东、合作伙伴；二是制约利益相关者，包括监管者、其他保险公司、政府；三是公共利益相关者，包括科研教育机构、保险行业协会、公司所在社区、特殊利益集团和环保团体等。[1] 本文主要就保险公司在其开展的责任保险业务中，如何全面实现对被保险人因履行道德义务而产生的危险，以承担社会责任的视角构建保险保障的问题展开讨论。

一、责任保险合同的有效约定与社会公序良俗原则冲突时的处理

责任保险是以投保人转嫁对第三者依法应承担的赔偿责任的险种，它具有3个基本特征：一是责任保险赔付的是被保险人在法律上对受害的第三人应当承担的民事损害赔偿责任；二是责任保险的保障范围包括了各种公众活动场所、用工单位、产品生产销售的各个环节等；三是责任保险所保障的突发性风险一旦发生，对社会公众将产生巨大影响。责任保险的上述特点决定了其具有明显的社会管理功能，与人们的生产和生活息息相关，能够维护受害人的合法权益。

保险公司的社会责任与责任保险是保险营业在不同层面上的反映，我国《保险法》第4条规定了遵守社会公德原则，它要求“保险人从事保险活动必

* 史卫进，烟台大学法学院民商法副教授，硕士生导师；王志平，中国人民财产保险股份有限公司烟台分公司副总经理。

[1] 任雅姗、戴绍文：“关于我国保险公司履行社会责任的综合评价——基于利益相关者理论的视角”，载《保险职业学院学报》2011年第2期。

须遵守法律、行政法规，尊重社会公德，不得损害社会公共利益”。这一法定原则是保险公司在责任保险中正确处理保险公司承担社会责任的法律规则。

（一）典型案例

2005年4月2日，董某将其挂靠在某区公交公司运营的鲁F×××××号公交车向某财产保险公司投保车辆损失险和第三者责任险，保险公司同意承保，保险期间为2005年4月2日零时起至2006年4月1日24时止（多是这样的条款）。其中的第三者责任险保险金额为30万元。同年8月7日下午6时许，驾驶员董某将车辆停放在自家院门口的空场后下车回家。董某因疏忽大意没有将该车的手刹拉起，车辆向车后的一堵墙滑行，恰有邻家幼女在车后的该堵墙下玩耍，眼看一场惨剧即将发生，董某的妻子李某发现危险后，一边急呼孩子“危险，快躲开!”，一边立即冲向车后方，将其中一名被惊呆的女孩推了出去，这时车辆撞向墙壁，李某被挤在车后与墙壁之间。送医后李某伤重死亡。董某向公安机关报警并向某财产保险公司报案。交警部门认定董某对事故责任负全部责任。李某的事迹经某区精神文明管理机关认定属于见义勇为，被当地媒体广泛报道。董某因构成过失犯罪，被法院判处有期徒刑2年缓刑3年。2005年11月17日，董某被释放。后董某以肇事车辆鲁F×××××号属于投保车辆，要求保险公司支付李某的赔偿金共计83523.12元。某财产保险公司以该事故属于免责范围（死者李某系驾驶人员董某的配偶）为由拒赔。董某将某财产保险公司告上法庭，请求支付李某死亡赔偿金83523.12元。

在审理中，法院内部产生了两种不同意见。一种意见认为，本案中保险合同明确约定了免责条款，所发生的道路交通事故属于免责条款约定的范畴，且保险公司有证据证明其对免责条款已经作出明确说明。因此，应当驳回原告的起诉。另一种意见认为，同意第一种意见所作出的事实认定，但因李某的行为属于见义勇为，如果驳回原告的诉讼，是对亡者见义勇为行为的否定，不利于弘扬见义勇为的社会主义公德，因此主张判决保险公司承担保险责任。在经过多次争论和探讨后，法院采纳了后一种意见进行调解，原被告双方达成调解协议，某财产保险公司根据保险条款约定的赔偿标准，同意一次性支付李某的人身伤害赔偿金62123元。❶

（二）见义勇为引发的保险事故，在责任保险中应当由保险人承担保险责任

从上述案件中我们应当观察到，责任保险条款是由保险人事先拟订的格式条款，虽然经过保险监督管理机关的备案或审核，且在责任保险合同磋商时经过保险合同当事人的合意，使责任保险合同在成立后是合法有效，但是在保险

---

❶ 史卫进：《尊重社会公德原则在保险法上的适用问题研究》，载《中国商法年刊》，知识产权出版社2009年版。

事故发生后，根据保险合同的约定而产生的保险人不承担保险责任的后果与社会公序良俗产生冲突时，应当如何确认责任保险合同条款的效力？

对此问题存在以下两种理论争议：一种意见认为，在责任保险合同订立时，其内容并没有损害社会公共利益，合同有效。在保险事故发生后，保险人不承担保险责任的法律后果与社会公序良俗如有冲突时，并不构成责任保险合同无效的法定条件。如确定保险人承担保险责任显然是在责任保险合同约定的保险责任之外加重了保险人的法律责任。因此，应当按照当事人意思自治原则，依责任保险合同的约定确定保险人的保险责任。另一种意见认为，根据责任保险合同条款的约定，在保险事故发生后所产生的保险人不承担保险责任的法律后果与社会公序良俗产生冲突时，即构成责任保险合同损害社会公共利益，违背社会公德，其责任保险合同的免责约定应当归于无效，保险人应当承担保险责任。

笔者认为后一种观点是正确的。理由为：一是我国保险法规定，从事保险营业应当尊重社会公德；订立和履行责任保险合同不得损害社会公共利益。此规定中虽没有对不尊重社会公德或损害社会公共利益的保险合同效力作出明确规定，但在保险事故发生后所产生的保险人不承担保险责任的法律后果与社会公序良俗产生冲突时，应当以维护社会公德为首要，认定保险合同的免责条款内容属于违反保险法的基本原则而构成无效条款。二是我国台湾“保险法”第30条规定，“保险人对于履行道德上之义务所致之损害，应负赔偿责任”。此立法例充分地维护了社会公序良俗，在保险事故发生后所产生的保险人不承担保险责任的法律后果与社会公序良俗产生冲突时，以保险法强制规定保险人承担赔偿责任。是此建立了对社会公德的实质性保障，我国保险立法应当予以借鉴。

二、将责任保险引入见义勇为的社会保障机制

当前，关注见义勇为行为及见义勇为的英雄们的生存、生活环境的保障，已经成为中国社会的热点问题。能否对见义勇为的英雄们从完善保障制度、道德建设、法律健全等方面构建保障体系，这关系到每个公民的切身利益、关系到法治社会和公民道德建设的大事。社会各界人士也纷纷呼吁我国应尽快建立科学、长效、完善的保障机制以保护见义勇为者。鉴于此，在社会公力求助不足的前提下，应该为见义勇为者提供怎样的保障？笔者认为应当以责任保险为见义勇为者提供更有力的保障。即运用责任保险的救助赔偿的特殊社会功能，借鉴交强险、公众责任保险、治安保险的做法，将保险概念引入见义勇为保障机制中来，进一步明确各方当事人及各部门的权利、责任，使对见义勇为者的保障不再仅仅停留于随机性很大的社会捐助和个人行为的局限，实现制度化、

规范化保障的长效机制，变被动的、事后的、随机性的、临时性的对见义勇为者的救济救助为主动的、事前的、机制性的、长效性的保险保障，使见义勇为者保障制度中存在的诸多难题获得解决。

对见义勇为的风险特性及与责任保险的保障功能的研究，我们认为见义勇为行为所带来的风险更适合通过责任保险来进行保障。见义勇为行为引起的民事法律主体一般有3个，即见义勇为者、侵害人和受益人。在没有侵害人的见义勇为（如抢险救灾）中，则只有见义勇为者与受益人。由此，根据责任保险的一般概念，笔者认为，见义勇为责任保险是承保因见义勇为行为导致社会公众（包括见义勇为者）的人身伤亡或财产损失，即见义勇为行为的受益人依法对受害人应承担的民事赔偿责任。见义勇为责任保险制度的基本内容包括：

一是受益人（非保险法中的受益人）的经济补偿规则。受益人因其见义勇为行为人的见义勇为行为而获益，理应对因此遭受损失的见义勇为行为人给予补偿，法律对此也有明确规定。在现实情况下，由于没有侵害人或侵害人根本无力承担赔偿责任，而受益人也往往无力提供补偿时，见义勇为者的利益很难得到较好的保护。单纯依靠民法是解决不了这些问题的，所以制定专门的见义勇为责任保险尤为重要和迫切。从风险的不确定性、概率论和大数法则等保险原理来分析，社会上所有公民都可能成为见义勇为行为受益人，其应承担的责任风险是客观和广泛存在的，因此，每个公民以投保责任保险的形式将自身对见义勇为行为人的补偿责任转嫁给保险公司，这也有助于受益人担负起责任来，愿意、认真而又高度注意地保护行为人的合法权益，从而避免了受益人不愿或无力承担其补偿责任造成双方对簿公堂的尴尬局面。

在公民社会中，政府作为公民的代表将社会公司每个公民个人承担的很少保费投入就能够完全保障对见义勇为行为人的伤害补偿的不确定风险，保险公司则将这些保费汇集起来的保险基金用于赔偿见义勇为行为人人身伤害或财产损失，这也就使作为社会管理者的政府，通过保险对见义勇为行为人进行及时而有效的保障和补偿，使见义勇为行为的尴尬和风险迎刃而解。

二是行为人责任转嫁规则。在见义勇为实施过程中，由于见义勇为行为人的行为都是在紧急情况下做出的，主观上无故意或重大过失，来不及全面考虑和仔细斟酌，难免出现诸如假想防卫、假想避险、防卫过当、避险过当等情形，损害了他人不应损害的合法权益。在这种情况下，如果要求见义勇为者对由此造成的损害自担责任，显然也是不利于鼓励人们去实施见义勇为的积极性。但同时又要认识到，对于无过错的受害者如果不对其进行补偿也是不符合情理和法理的。因此，切莫误读“所有的见义勇为者都应该受到法律的庇护”，盲目地断言所有的见义勇为行为都应该受到法律的保驾护航是错误的。见义勇为是应该受到社会褒扬的，但是超过一定的幅度和采取错误的方式，照样应该承担法律责任，即法律直接规定应由行为人承担的包括过失责任或严格责任或公平责任在内之侵权责任。也就是说，每个社会公民在都有可能成为见义勇为受益人的同时也都有可能成为行为人，都要面临对其见义勇为行为所造成损害的民事赔偿责任，而每个参加见义勇为责任险的被保险人既可以转嫁作为受益人的经济补偿风险，又可以转嫁作为见义勇为行为人造成他人损失的赔偿风险。这无疑又解决了法律和道德标准都难以衡量的另一难题。

三是保险人代位追偿原则。见义勇为是一种有益于国家和社会的行为，这是没有任何异议的。因此，对见义勇为行为人所受到的损害进行补偿就是理所当然、顺理成章的事情。还需要指出的是，有不少对见义勇为者的损害是可以找到责任承担者——侵权人赔偿或受益人补偿，但这也不应当让见义勇为者自己去费力追偿。而保险人代位追偿原则恰巧解决这一难题，由保险公司对见义勇为者先进行补偿，再由保险人代位行使见义勇为者的追偿权，去追究侵权人赔偿责任，或承担受益人补偿责任。由保险公司对见义勇为者先行补偿是保证见义勇为者能得到及时救济的最为有效的办法。

根据上述，积极实施见义勇为责任保险制度有成功先例和广泛的社会基础支持，开展见义勇为责任保险是十分紧迫和必要的。当前，中国人民财产保险公司开办的“见义勇为人员人身意外伤害无记名保险”是在公众责任保险基础上发展而来的，这是以责任保险方式对于见义勇为行为人和亲属的正当权益进行保障，其有着极其重要和深远的社会意义。

我国责任保险产品创新与模式选择

胡　军　李向彬*

一、引言

在现代社会保险制度具有保障风险、融通资金、稳定社会的多重价值功能，尤其是随着现代侵权法的发展与责任保险制度不断交融，将特定社会成员应当承担的侵权责任转化为以责任保险制度为基础、以全体投保人为主体的社会保险责任，不但保障了受害人的合法权益，而且充分利用保险的风险分担功能，实现责任的转化进而维护了社会关系的稳定。从责任保险近30年来在世界范围内的发展状况来看，责任保险已经在各国财产保险中占有举足轻重的地位，在美国，非寿险保费收入中50%左右来自责任保险，在欧洲发达国家这个比例也达到了35%左右。责任保险产生后在现代社会的飞跃式发展被西方国家保险界认为是整个保险业发展的第三个阶段，即从最初的海上货物运输保险和火灾险发展到具有普遍适用性的财产保险和人寿保险再到现在的责任保险。保险业从保障社会主体物质利益损失的风险扩展到保障人身风险后，必然会扩展到以不特定社会成员的不特定保险标的为内容的全面保障阶段。责任保险成为现代保险业发展水平的重要标志，成为保险法制建设的核心和关键。我国责任保险制度起步较晚，与发达国家发达的责任保险市场相比仍较为落后，主要体现为法律制度不健全、保险产品和经营模式发展滞后、公众责任保险意识不强，随着我国市场经济的不断发展、公民维权意识的增强，尤其是近年来大型公司保险意识不断提高，各类专业技术人员如律师、注册会计师、医疗人员面临的损害赔偿责任日益增大，市场需求促使我国保险业必须不断研发新的责任保产品、探索新的市场发展路径，促进我国责任保险市场的快速、健康发展，构建以市场刚性需求为基础，以法治化程式为保障的中国化责任保险发展模式。

---

* 胡军、李向彬，均为西南政法大学副教授，法学博士。

二、责任保险对传统侵权法的影响与渗透

根据传统民法理论，侵权责任通常被认为是通过在侵权人与受害人之间分配损失来实现公正，这是侵权法律制度所应实现的基本价值功能，即将受害人所受的损害转嫁给侵权人来承担，着眼于加害人与受害人的法律关系，以加害人行为的可非难性为归责原则，标榜个人责任，以一种损害转移的方式实现民事法律关系的稳定。但责任保险的出现将这种传统的规则方式打破，责任保险将侵权损害赔偿责任的承担由实际侵权人转移给保险公司，最终通过保险公司这一媒介转嫁给社会承担。从本质上讲是将风险在同种危险制造者之间进行社会性的分散，在一定意义上可以说是损害赔偿责任的社会化，这与传统民法强调“谁侵权、谁担责”的观念不相融合，以至于有学者认为现代侵权行为法正面临着没落的危机。[1] 但这些观点显然没有正视侵权责任与责任保险的关系，因为二者在本质上具有内在的契合性，是社会制度发展到一定阶段的必然产物，正是在侵权法与责任保险制度的良性互动中实现了现代社会损失填补、风险防控、社会稳定等多重价值功能。

侵权法的主要社会功能在于补偿受害人遭受的损失，即通过损害赔偿、恢复原状等责任方式使受害人遭受损害的财产或人身尽可能恢复到受害前的状况[2]，责任保险对侵权法的该项功能予以强化，由保险公司将侵权人应尽的赔偿责任予以分散，虽然在强制责任保险和自愿责任保险中保险人分散风险的力度有所不同，但总体而言是与侵权法的立法目的相吻合的。在强制责任保险中，投保人和保险人有法定的强制缔约义务，根据我国《保险法》的规定，在保险事故发生时，保险人对责任保险的被保险人给第三者造成的损害，可以依照法律的规定或者合同的约定，直接向该第三者赔偿保险金。从国外立法情况来看，各国的强制责任保险制度也基本上规定了保险人直接向受害的第三人赔付保险金的义务，有的立法更进一步规定了受害第三人对保险人的保险金直接请求权。[3] 但无论是保险人依法直接向受害人赔偿，还是受害人直接向保险人请求支付保险金，受害人的损失都可以通过责任保险机制由保险人予以分担。在自愿责任保险中，受害人、被保险人和保险人之间的法律关系根据合同相对性原则，在实质上仍由保险人间接分散。即在发生保险事故后，受害人依据侵权法律关系向被保险人请求赔偿，而被保险人则依据与保险人建立的保险合同关系将损失予以填补，将责任分摊，使保险人成为最终的责任承担主体。因此，无论是强制责任保险还是自愿责任保险均实现了侵权损失的分散和转移，

---

[1] 麻昌华：《侵权行为法地位研究》，中国政法大学出版社 2004 年版。

[2] 张新宝：《侵权责任法原理》，中国人民大学出版社 2005 年版。

[3] 张新宝、陈飞：《机动车交通事故责任强制保险条例理解与适用》，法律出版社 2006 年版，第 235～250 页。

保障了侵权行为赔偿责任的实现。另外，现代责任保险制度的发展还促进了侵权法的变革，一方面，体现在将团体责任引入侵权法，以环境污染责任和企业产品责任最为典型，上述两种责任，一般涉及受害人数量较多，出现受害者群体诉讼。如果由企业承担赔偿责任，势必会导致企业不堪重负，甚至破产倒闭。责任保险则在一定程度上减轻了企业的负担，使企业在使用新技术的过程中无破产倒闭之忧，同时又能最大限度地保障受害人的利益。另一方面，责任保险使侵权责任的适用范围和领域发生了变化，尤其是无过错侵权行为范围不断扩大，由最初的只适用于工业事故领域发展到对社会主体生命和财产有威胁的领域逐步适用，而从本质上讲，责任保险与无过错责任殊途同归，都极大地保障了受害者利益，使损失得到填补。在现代责任保险对侵权法产生重大影响的情况下，各国也在不断调整侵权法的内容格局，以期实现与责任保险制度的良性互动，进而实现整个社会制度的和谐。

三、美国责任保险在现代商品经济的适用与拓展

作为保险行业发展到现代商业社会的最高层次，责任保险被视为衡量一个国家保险业发展水平的重要标志，但我国责任保险制度起步较晚并且受到整个保险行业发展模式的限制，发展水平有限，在实践发展过程中有必要借鉴“他山之石”。作为世界上最发达的市场经济国家，美国保险业发展历史较为悠久，在责任保险领域有着深厚的理论基础和丰富的实践经验，对美国责任保险制度的研究和分析必然有利于我们深入把握责任保险制度的发展脉络，为我国责任保险制度的发展提供启发。

从 1886 年英国在美国创立第一家责任保险公司起算，美国责任保险制度已有 100 多年的发展历史，现今已发展成独立于其他财产保险的业务体系，具有自身独特的经营模式和强大的业务来源，责任保险的保费收入占到美国非寿险收入的 50%左右，成为整个保险行业的重要支柱。虽然美国责任保险的具体险种繁多，但总体来看主要有以下几种：一是个人责任保险。在美国，个人及家庭面临的责任风险很大程度上是通过责任保险制度进行分担和化解，总体来讲，个人责任保险的保障范围可以分为两部分：其一是对个人责任的保障。是指对被保险人应承担的法律责任提供保障，该种保障以一切险的形式承保被保险人在生活中可能遇到的风险，包括被保险人的不动产、动产、与个人行为有关的责任、合同责任、产品责任等。其二是他人医疗费用责任。在造成他人人身伤害需要支付医疗费用的情形下，无论被保险人是否有过错保险人都对承保事故导致的伤害负责赔偿，为了使这种赔偿更具有及时性并出于道德理念的考量，保险人的这种赔偿责任不以被保险人过错为要件。同时，与美国其他责任保险一样，个人责任保险承诺在被保险人被起诉时保险人为其应诉，提供相

关服务并承担由此产生的费用。二是工商企业普通责任保险。与个人相比，法人和其他组织面临的风险更为复杂，在美国保险制度中，将汽车第三者责任险、劳工赔偿与雇主责任险作为两类独立的险种单独进行投保，而将其他责任风险作为统一的工商企业普通责任保险（CGL）来承保，这也是 CGL 成为美国法人和非法人组织最基本的风险责任保障方式。CGL 的保障范围可以分为 3 类：身体伤害和财产损失责任、人身和广告侵害责任、他人医疗费用支付责任。身体伤害和财产损失责任是以一切险的方式承保被保险人导致他人身体伤害或者财产损失而承担的责任，并由保险人为被保险人提供辩护并支付相关费用。人身和广告侵害责任，主要是指对被保险人因名誉、隐私等无形财产受到的侵害承担责任，承保范围主要包括恶意控告，侮辱诽谤，侵犯名誉权、隐私权，抄袭广告和贬低组织或个人的产品、服务等。他人医疗费用支付责任的设立目的与个人责任保险类似，都是为了及时解决问题，防止潜在的巨额赔偿，将与被保险人有关的人纳入 CGL 的承保范围，这不仅实现了被保险人利益的最大化，也可避免保险人在特定情形下的巨额赔偿。三是职业责任保险。与其他责任保险类型相比，职业责任保险具有高度的专业性，因此，并不是所有的保险公司都能为客户提供优质的职业责任保险，主要取决于保险人对特定职业的熟悉程度，包括对相关法律、业务活动、职业风险等内容的认识和评估，在美国主要的职业责任保险包括：建筑师和工程师职业责任保险、医疗失职险、药剂师责任险、律师职业责任保险、会计师职业责任保险等，另外，随着新的职业群体的出现，保险品种也以市场需求为导向不断扩大和创新，美容师、保险代理人和经纪人、董事和高管等社会群体都可以获得相应职业责任保险。四是劳工赔偿保险和雇主责任保险。与其他责任保险类型相比，美国劳工赔偿保险和雇主责任保险呈现出一定的地域性，这主要是基于各州劳工赔偿法等具有法律制度的差异，保险责任的保障范围很大程度上就取决于各州的劳工赔偿法律制度。但从整体来看，大多数州的法律都规定劳工赔偿是强制性的，即雇主必须依法向受伤的雇员或其亲属支付赔偿金，补偿范围主要包括医疗费用、收入补偿、康复费用、遗嘱赔偿金等。因此雇主便以责任保险的形式将这些赔偿风险转嫁，该种保险主要包括劳工赔偿、雇主责任和其他州责任 3 部分。

从美国保险制度的发展及其主要责任保险产品可以看出，美国发达的责任保险制度与其完善的保险市场发展模式不可分割，以整个保险市场的健康运行为依托，结合保险理论进行深入分析和论证，在保险实践过程中不断更新理论体系，保证市场运行基础的正确性。同时，在保险业经营实践中以市场需求为导向，实现产品的创新和改革，进而实现整个行业领域的优化升级。但上述一切发展和创新都有赖于健康、完善的法律制度的保障，因此，构建以深入的理论研究为基础，以保险实践为导向的法律体系就成为美国保险行业成功发展的关键。我国责任保险制度的发展应当借鉴美国先进的责任保险制度发展经验，对我国保险行业进行深入的分析，构建合理的价值体系，结合保险实践中遇到的问题，实现保险行业发展模式的突破，转变传统的较为单一的保险产品推销经营方式，实现面向客户、面向市场的发展模式创新。同时，不断推进保险费率的市场化改革，加强对保险行业风险的监管，构建我国保险行业发展的合理化体系。

四、我国责任保险制度存在的缺陷

从我国责任保险市场的发展情况来看，目前我国责任保险已经发展成为涵盖公众责任、产品责任、职业责任等在内的数十个险种，保障范围涉及社会生活的各个领域，但责任保险占非寿险业务的比重却不到10%，与世界先进国家的发展水平相差甚远，并且随着我国金融市场不断开放，外资保险在责任保险领域的优势凸显，中资保险公司面临巨大的挑战。因此，要想实现我国责任保险市场的发展，就必须正视其存在的问题，总体而言，我国责任保险市场主要面临以下发展瓶颈。

（一）法律制度不完善

保险的重要目的之一就是防控潜在的社会风险，而法律则是进行风险防控的重要手段，因此，健全和完善的法律体系就成为责任保险制度发展的基础。我国2009年修改的《保险法》对责任保险未作出明确细化规定，导致在保险实践中缺乏具体的操作性指引，并且责任保险本身的内容和性质决定了其发展必须建立在完善的民事基本法律制度基础之上，但凡世界上责任保险发达的国家必定是建立了较为发达的民事法律制度，虽然《侵权责任法》中逐步意识到与责任保险制度衔接的重要性，但从我国整个民事法律制度的内容和规范强度来看，与国外健全的民事法律制度体系相比还存在较大差距。并且随着责任保险发展领域的专业化程度不断提高，尤其是各行业对职业责任保险的需求日益加大，就要求在各相关领域建立完善的配套法律制度，形成完善的权利义务体系和明确的权责界限，在尽可能地情形下实现与责任保险制度和其他法律制度的衔接。但从我国法治建设现状来看，《医疗事故处理条例》、《产品质量法》、《消费者权益保护法》等法律法规，为各领域责任保险市场的发展奠定了一定的法律基础，但也仅是针对不同领域做出的个别规定，内部制度缺乏可操作性和系统性，远不足以满足责任保险制度发展对基础法制环境的要求。

（二）保险产品和经营模式发展滞后

责任保险专业技术性强，对基本民事法律制度具有依赖性，这就决定了其产品必须建立在民事基本制度的完善和社会经济发展的基础之上，从我国保险公司销售的责任险品种的情况来看，各保险公司或者照搬国外保险合同条款，或者条文内容晦涩难懂，缺乏以国内法制现状和市场需求分析为基础的产品创新，不但使保单承保范围偏离实际的市场需求，而且未能通过产品的差异化形成卖点与市场竞争力，不能满足投保人的多种投保需求，难以形成产品特色。从保险公司的经营模式上来看，各保险公司开展责任保险业务的时间不长，缺乏数据积累，业务经验和市场平均费率就成为产品定价的主要依据，在很大程度上违背了保险精算原理的合理定价模式，其结果必然是风险的大小无法通过费率体现，保险公司也无法有效地控制风险。对于风险较小的标的，本来应当以较低费率承保，却因为与标准费率相差太大而不敢承保；而对于风险较大的标的，却因为无法评估或竞争需要，而盲目以低费率承保，造成亏损。因此，各保险公司由于经营模式和技术的限制，导致开发新产品的积极性不高并缺乏实质性技术手段，新险种的推广也遇到重重阻碍，难以满足社会公众对责任保险的需求。

（三）公众责任保险意识不强

责任保险的发展有赖于广大客户群体对保险品种、保险服务以及对风险最终保障制度的认可，但从我国社会公众的保险意识来讲，完全无法达到责任保险制度业务拓展需求，主要表现在：部分投保人以责任保险为投机手段，追求短期效益最大化，疏于对保险标的的投入和检查，缺乏对责任保险的转嫁责任风险机能的充分认识；部分社会主体缺乏法治和诚信意识，为逃避责任，为节省保费投机取巧，不购买责任保险，等等。这些问题的存在导致我国责任保险市场有效需求不足，并且即便购买了责任保险，由于公民法律意识不强，大多数人不懂得通过司法诉讼途径维护自身合法权益，或者不了解索赔程序和相关法律，没有及时有效地收集证据，致使自身权益得不到保护，在有的诉讼中虽然判决受害人胜诉，得到的赔偿力度不大或者由于执行难而无法得到赔偿，这不仅抑制了受害人的索赔积极性，也使侵权者付出的成本过小，而无须通过购买保险来转嫁风险，直接影响社会公众对责任险的需求。简言之，正是由于保险行业机制的不健全和理赔过程中存在的种种问题，导致公众对责任保险制度的认识产生偏差，从而使整个责任保险行业的刚性需求不足，阻碍了责任保险在社会生活中的普及和发展。

五、我国责任保险产品创新的路径选择与方法适用

从上述论述中可以看出，我国责任保险制度的发展还存在诸多不完善之处，这一方面不利于我国保险行业的发展，无法形成以责任保险为依托的现代社会风险防控机制；另一方面，从根本上反映了我国社会制度体系的缺陷和法治化建设的不完善性，势必影响整个社会有机体的健康运行。因此，对我国责任保险产品的发展和创新应当从整个基础法律制度的建设入手。首先，在我国

《保险法》中完善对责任保险的规定，为该项制度的具体操作和发展提供完善的制度化保证，避免责任保险制度发展的盲目性，为其发展提供基本法层面的依据。其次，应当注重民事法律制度体系建设，为责任保险的发展提供良好的基础环境，尤其是民事法律制度中关于法律责任的规范和相关司法解释，随着职业责任保险的发展，对《劳动法》、《消费者权益保护法》、《产品质量法》、《食品卫生法》、《注册会计师法》、《律师法》、《医疗事故处理条例》、《道路交通安全法》等相关部门法律进行改进，在具体制度完善过程中注重明确各方主体之间的权利义务关系和责任范围以及在特定情形下的赔偿标准，为各领域责任保险产品的推广和普及奠定基础。

在责任保险产品开发上，我国可以参照美国责任保险的发展经验，开拓责任保险条款，但绝不是对其条款和制度的照搬、照抄，应当更加注重对其创新模式和研发方式基础上的国情适应观角度的移植。一方面建立以社会需求为导向的责任保险产品创新模式，以不同行业、不同单位和不同地域的现实需要为基本依据，制定直接面向客户的个性化责任保险产品。在现代社会各专业职业群体赔偿风险加大以及风险防范意识增强的前提下，可以美国职业责任保险为蓝本，对律师、会计师、医师等对职业责任保险有迫切的需求而且有较强的购买能力的潜在市场进行深入开发；另一方面要在注重经济社会发展过程中保证传统责任保险稳步增长的同时，进一步开拓新的责任保险领域，设计综合性责任保险产品。针对现代法治环境下民事损害赔偿风险增大的风险，保险公司应加强对责任保险风险评估和预测分析，以客户的不同需求和市场的法律环境的变化确定责任保险产品的研发方向，对高危行业提高费率，并通过采取记名承保或按工种确定人数，单独制订承保方案及再保险方案等方式将风险降到最低，严格把好理赔质量关，提高定损的准确性、合理性和科学性。在必要行业领域逐步推行强制责任保险，以法律的强制力和保险机制的风险分散功能实现社会风险的转移，从目前来看，机动车第三者责任强制保险、旅行社强制责任保险措施的出台已经反映了这种社会需求。国外的经验表明，在责任保险发展的初始阶段适当推行强制责任保险制度利大于弊。[1] 因此，在与社会公众人身和财产息息相关的部门和重要行业领域实行强制责任保险，以法律的强制力使潜在的市场需求转变为现实的供应，使内在的风险转变为以责任保险为基础的控制体系，从而促进责任保险制度的稳定发展。

在保险公司经营模式上，应当加强行业间的合作，营造良好的市场氛围，在合作中展开竞争，在竞争中以机制创新、业务创新、产品创新取胜于市场，形成整个行业“百花齐放百家争鸣”的良好局面，这当然离不开保险监管机构

[1] 胡海滨：“逐步扩大强制保险范围的必要性探讨”，载《保险研究》2007 年第 15 期。

对整个行业的管理和规范，防止保险公司之间不计成本的价格大战、片面的数量规模和短期性效益行为再现。对于涉及高额民事赔偿责任的保险，保险公司之间还需采取共同保险、再保险等方式经营，避免风险单位的集中，降低公司经营风险。❶ 保险公司要重视对保险理念和保险产品的宣传，让社会认识到责任保险作为保证民事损害赔偿责任得以兑现的经济措施，既有利于补偿受害人的损失，提高被保险人承担民事赔偿的能力，也有利于生产、生活的稳定和社会生活的安定，让保险观念深入人心。另一方面，保险公司应当注重保险制度层面的建设，加强与相关政府部门的沟通和配合，通过建立协调工作机制、联合下发文件、共同确立并指导试点工作展开的方式引导、推动法人单位运用相关的责任保险来防范和化解风险。加强社会信用体系建设，保险公司可以通过第三方获得投保人的相关信息，从而做出正确的承保决定，有效防止投保人的逆向选择带来的风险。信息评级体系还包括对保险行业部门的信息，披露保险公司的财务状况和重大经营活动业务也可以规范其经营管理。❷ 从而为我国责任保险制度的发展奠定良好的外部基础。

上述对我国责任保险产品的创新路径是在深刻分析我国近年责任保险面临的发展瓶颈，进行深入的理论思考并借鉴国外责任保险发展经验基础上得出的科学结论，能够有效促进我国责任保险制度的发展，并最终形成以保险业为基础的覆盖全社会的风险防控体系。

参考文献

[1] 张洪涛，郑功成．保险学（第二版）[M]．北京：中国人民大学出版社，2008.

[2] 覃有土，樊启荣．保险法学 [M]．北京：高等教育出版社，2003.

[3] 郭颂平．责任保险 [M]．南开：南开大学出版社，2006.

[4] 刘宗荣．新保险法 [M]．作者自版，2011.

[5] 叶启洲．保险法实例研习 [M]．台北：元照出版公司，2011.

[6] 温世扬．保险法 [M]．北京：法律出版社，2007.

[7] 刘金章、刘连生、张晔．责任保险 [M]．成都：西南财经大学出版社，2006.

[8] 尹田．中国保险市场的法律控制 [M]．北京：社会科学文献出版社，2001.

[9] 王利明．侵权行为法归责原则研究 [M]．北京：中国政法大学出版社，2002.

[10] 李志峰．责任保险契约当事人于危险事故发生后之义务——以英美相关法制为核心 [D]．北京：政治大学，2011.

[11] 李萍．产品责任保险制度研究 [D]．北京：对外经济贸易大学，2007.

[12] 陶存文．责任保险：国际经验及启示 [J]．中国金融，2007 (15).

---

❶ 池小萍："论我国责任保险市场的发展与风险防范"，载《2004 年中国责任保险发展论坛》。

❷ 张艳花："点面结合　做实中国责任保险——访中国保监会财产保险监管部主任郭左践"，载《中国金融》2007 年第 15 期。

[13] 粟芳. 责任保险需求不足的经济学根源 [J]. 中央财经大学学报，2009 (3).
[14] 樊国昌. 逆选择和道德风险对保险供需影响的实证分析 [J]. 生产力研究，2009 (2).
[15] 陈玲. 我国责任保险发展环境因素分析 [J]. 金融与保险，2006 (2).
[16] 成建. 责任保险的有关法律问题研究 [Z]. 中国责任保险发展论坛，2008.
[17] 胡海滨. 逐步扩大强制保险范围的必要性探讨 [J]. 保险研究，2007 (15).
[18] 保监会. 法国民事责任保险概况 [Z]. 保险监管参考，2008 (22).
[19] Cristopher P. Moral hazard in liability insurance [J]. The Geneva Papers on Risk and Insurance，2003 (28).
[20] RE Anderson. Effective legal reform and the malpractice insurance crisis [J]. Yale Journal of Health Policy，2005 (5).
[21] TOMB. Liability insurance as tort regulation：six ways that liability insurance shapes tort law in action [J]. Connecticut Insurance Law Journal，2006 (12).

私营海上保安公司的责任保险

任宪龙　韩立新*

近年来，为应对海盗，船公司在船上使用私营海上武装保安的情况越来越多，引发诸多法律问题，其中私营海上保安公司的责任保险问题值得关注。根据IMO和海上行业保安协会对私营海上保安公司的责任保险要求，私营海上保安公司的责任保险项目众多，船东在商船上使用私营海上武装保安时，应当咨询自己所在的保赔协会，避免私营海上保安公司责任保险对保赔保险造成影响，私营海上保安公司也应当根据IMO指南的要求具备充足的责任保险，同时又要注意避免因保险项目购买过多造成过重的运营负担。

海盗行为给本就复杂多变、灾难重重的海上环境蒙上恐怖的阴影。2008年开始，坐跨海上交通要道的索马里海岸，海盗行为频发，过往商船接连被袭击劫持，沿索马里海盆、亚丁湾的东非地区成为海上航行的高危地区（HRA），商船及船员的安全受到严重威胁。国际社会认识并关注到海上安全的紧迫性，相继通过一系列措施，包括形成国际海军在高危地区巡逻以压制和打击索马里海盗，2012年初见成效。但国际海军限于资源和成本限制，再加上索马里海盗使用母船和受“挤出”效应影响，活动范围扩展到印度洋和转移到西非几内亚湾地区，国际海军难以全面覆盖，“安全间隙”依然存在，航运业为求自保，不得不自己寻求和采取有效抗击海盗行为的措施。为迎合航运业的海上航运安全需求，私营海上保安公司（PMSC）悄然兴起并迅速发展，由于其能为航运业提供密切的一对一和“定制式”的保护，成为航运业普遍选择的实践。但在商船上使用私营海上武装保安的合法性还存在太多的不确定，而且也会引发多方面的法律问题，目前航运业协会和海上保险业界均采取了务实的态度，出台措施积极给予指导。本文仅就私营海上保安公司的责任保险结合BIMCO的GUARDCON中的保险条款进行初步分析，该问题涉及私营海上保安公司的许可与认证，还会涉及与保赔协会之间的关系。另外私营

* 任宪龙，大连海事大学海商法博士研究生；韩立新，大连海事大学法学院教授，博士生导师，国际海事法律研究中心主任。

海上保安公司的责任保险自身涉及的项目和范围也较为复杂，需要新的保险产品来满足其需求。

一、私营海上保安公司的兴起

（一）私营海上保安公司及私营海上武装保安人员界定

依照国际海事组织（IMO）海上安全委员会（MSC）于2012年5月25日通过的《经修订的高危海域航行船舶的船舶所有人、船舶经营人及船长在船上使用私营合同制武装保安人员的暂行指南》（MSC. 1/Circ. 1405/Rev. 2）第2条定义条款中所做的界定，私营海上保安公司（以下简称PMSC）是指为防御海盗，而被雇用的私人合约商，由其在船上提供武装和非武装的保安人员。私人合同制武装保安人员（以下简称PCASP）是指私营海上保安公司的武装雇员。[1]

依照波罗的海国际航运公会（BIMCO）针对航运公司在商船上使用私营海上武装保安制定的标准合同格式GUARDCON中第二部分第一节第1条定义条款的表述，私营海上保安公司是指与雇用私营海上武装保安的航运公司签订GUARDCON合同的一方缔约人（称之为“Contractors”）。保安人员是指由与航运公司订立GUARDCON契约的缔约人直接使用或受其雇用并在船上履行保安服务的人员。[2]

通过IMO指导航运公司使用私营海上武装保安的暂行指南和BIMCO制定的GUARDCON标准合同格式中对私营海上保安公司和私营海上武装保安人员的界定，我们可以确定，私营海上保安公司就是专门从事为航运公司提供海上保安服务的公司。其主要是通过与航运公司缔结海上保安服务合同并派出保安服务人员（武装或非武装的）在航运公司的商船上提供保安服务。私营海上武装保安人员由私营海上保安公司使用或雇用，并被以分包形式或被派驻到需要提供保安服务的商船上以武器和相关保安设备来武装，具体履行保安服务合同下义务的人员。此处，对私营海上武装保安人员的界定借鉴并吸取了GUARDCON标准合同格式下提及的提供保安服务的分包人。但需要注意的是，面对西非几内亚湾地区的国家（如尼日利亚、多哥和贝宁等）在其领海内禁止商船上使用PCASP，故而进入该水域通常PMSC会将保安服务分包给当地的军队，此时PMSC的责任保险是否涵盖这些人员是不确定的[3]，对此保赔

---

[1] http：//www. imo. org/OurWork/Security/PiracyArmedRobbery/Guidance/Documents/MSC. 1－Circ. 1405－Rev2. pdf，p. 3，访问日期：2013年9月27日。

[2] https：//www. bimco. org/Chartering/Documents/Security/～/media/Chartering/Document_Samples/Sundry_Other_Forms/Sample_Copy_GUARDCON__04_01_2013. ashx，p. 2，para. 7，27－28，访问日期：2013年9月27日。

[3] PMSC Insurance Concerns Raised，http：//www. shiptalk. com/？p=15169，访问日期：2013年9月27日，参见西英保赔协会副主任Chris South对此问题的表述。

协会国际集团（International Group of P&I Clubs）在其《海盗行为——常见问题解答》中关注到该问题，在其第七个问题中作出了分析，目前保险市场上开始逐步调整来涵盖此类人员。[1]

（二）商船使用私营海上武装保安人员的现状

使用私营海上保安公司提供的武装保安人员随船为穿越高危地区的商船提供保护已越来越普遍成为航运业的实践做法。海上保险公司也支持着航运业使用私营海上保安公司，为船舶雇用自己的保安大幅减让保险费达 40%之多。2008 年，总部在英国的哈特集团与一家保险公司发起成立第一家合资公司。在约定的条款下，所有使用该公司警卫的船舶在航行通过索马里时将会享受明显低的比率优惠。[2] 据位于英国的 Eos 风险管理公司首席执行官大卫·约翰逊所言，自 2008 年以来，在靠近阿拉伯半岛的广大地区保护船舶的商机超过两倍。至少有 22 家大的公司（大多数总部在英国）已进入这个市场。[3] 从 2011 年 3 月中旬至 4 月中旬的 16 起未遂劫持案件来看，船上有武装保安队的 3 艘船舶中无一艘被劫持成功。[4] 依波罗的海国际航运公会（BIMCO）2011 年的估计，穿越非洲合恩角高危水域的船舶中有 5%～10%使用了 PMSC。[5] 据共同的地球未来基金估计，每年穿越亚丁湾船舶大约 42000 艘，其中至少有 1/4 已使用 PMSC，且认为这个比例还在上升。[6] 2012 年年底，来自 MAST（一个私营海上保安公司，在多个国家有分部）公司关于海盗活动与海上保安活动的报告中显示从事海上保安服务的公司数量达到 300 家。

二、PMSC 合同项下的责任

PMSC 在保安服务合同中承担的责任关乎其向保险人购买的保险的范围，因而有必要澄清 PMSC 在保安服务合同中的责任范围。由于 BIMCO 制定的标准海上保安服务合同格式 GUARDCON 受到航运业、海上行业保安协会（SAMI）和保赔协会国际集团（International Group of P&I Clubs）的认可和

[1] Piracy-FAQs，http：//www.igpandi.org/downloadables/piracy/Piracy_FAQs_28%20August%202013.pdf，访问日期：2013 年 9 月 27 日。

[2] "Private Security Firms Join Battle Against Somali Pirates，" The Strategist，September 10，2009；"Potential Hikes in Shipping Rates Involving Gulf of Aden Transits，" Gerson Lehrman Group，September 29，2008 .

[3] Peter Chalk. Private Maritime Security Companies（PMSC）and Counter-Piracy. www.counterpiracy.ae/upload/Briefing/Peter%20Chalk-Essay-Eng.pdf?，2013－05－11，p. 1.

[4] See Worldwide Threat to Shipping Report：15 Mar－13 Apr 2011，supranote 126.

[5] Guidelines for Shipping Companies on the Use of Private Maritime Security Companies（PMSC），Submitted by BIMCO（Baltic and International Maritime Council），IMO Doc. MSC 89/18/10（22 March 2011）.

[6] One Earth Future Foundation，"The Economic Cost of Somali Piracy 2011"，Working Paper，February 2012，at 17. The paper notes "this figure of 25% is an esti-mation of the entire year of 2011. From discussions，we understand that the proportion of vessels employing armed guards increased rapidly throughout 2011，and by the end of the year this figure was closer to 50% of vessels" .

广泛使用，因而此处以 GUARDCON 中设定的责任条款展开分析。

PMSC 承担的合同责任集中体现在 GUARDCON 标准格式中第二部分第七节第 15 条责任与赔偿的规定中。该条共由 4 款组成，其中（a）款分别就船舶所有人和与之订约的缔约人（Contractors）各自包含的成员作了界定，船舶所有人一方包括船舶所有人、登记的船舶所有人（如果不是实际所有人）和其每一个子公司和/或附属企业、雇用人、主管、办公人员、代理人和保险人、船员，以及其他任何得到船长允许随船旅行的人员（保安人员除外）；缔约人（Contractors）一方包括缔约人及其子公司和/或附属企业、受雇人、分包人员（包括但不限于保安人员）、主管、办公人员、代理人和保险人。其中（b）款体现相互之间的风险分配，使用了“各负其责”（Knock for Knock）原则，每一方对其自己的财产的损失/损害和/或己方人员的死亡/受伤或其组内的实体损失/损害负责；承担的责任不能向另一方追索；双方当事人同意保持彼此不受损失和免除彼此责任。其中（c）款是关于第三人因船舶所有人或缔约方（前文 Contractors 不是翻译为缔约方了吗?）自己的过失造成的损害向船舶所有人或缔约方索赔后，船舶所有人或缔约方各自相互免除追偿，其中使用“不合法的行为”意在涵盖渔民被保安人员不合法的使用武力杀死的情形。该款第 3 项解决了第三方（包括船员）因保安人员携带的武器意外或过失发射造成伤害的索赔，船舶所有人承担责任后可向缔约方追索，该规定构成了“各负其责”的例外。其中（d）款设定了船舶所有人和缔约方合同责任上限最低为 500 万美元，同时承认船舶所有人根据国际公约和国内法享有的限制其责任的权利，而缔约方则无此项权利。

透视 GUARDCON 中的责任条款规定，我们可以看出 PMSC 的责任来自：（1）对船舶所有人团体财产遭受的损失或造成的损害（包括但不限于船舶）和对船舶所有人团体的任何个人的人身伤害、疾病或死亡（无论是否在船上）引发的任何责任；（2）在履行本合同中因任何不合法和/或过失行为或疏忽造成第三方损害的责任；（3）承担 PCASP 携带的武器走火或过失发射导致的第三方（包括船员）损害的责任。

三、PMSC 运营必备的保险要求

PMSC 运营必须具备充足的责任保险，这关乎 PMSC 的许可和认证问题，同时也关乎其在合同项下承担的责任风险的分散和化解问题，因而，需要对 PMSC 的保险范围及要求作一分析。

（一）IMO 暂行指南中的 PMSC 保险要求

《经修订的高危海域航行船舶的船舶所有人、船舶经营人及船长在船上使用私营合同制武装保安人员的暂行指南》第 5 条第 3、第 4 款的规定和《船舶穿越高危水域私人武装保安公司提供私人合同武装保安人员登船的暂行指南》（MSC. 1/Circ. 1443）第 3 条第 4、第 5 款规定[1]体现了 PMSC 运营需具备的保险要求和应当投保的项目。

依照该两份指南 PMSC 应当在合同期内持有和保持下列保险：

（1）适当的和船东所要求水平的公众和雇主的责任保险；

（2）人身意外伤害、医疗费用、住院和遣返费用的保险；

（3）PCASP 使用武器引发的意外事故、受伤和损害险，关于武器携带与使用可能引发任何索赔的责任险。

（二）海上行业保安协会认证程序中 PMSC 的保险要求

海上行业保安协会（SAMI）是一个全球性的组织，其是海上保安行业公司的代表并聚焦全球海上安全问题。拥有来自 35 个不同国家的国际会员超过 180 多个。海上行业保安协会成为架通保安与航运之间间隔的桥梁。[2] SAMI 的会员认证程序分为 3 个阶段，其中在第一阶段认证中就会对申请者的保险状况进行审查，看其是否存在适当的风险覆盖。[3]

SAMI 对 PMSC 的具体保险要求为，PMSC 必须具备与其从事运营相称的，包括：（1）其人员在公海和领海携带和使用武器引发的意外事故、人身伤害和损害的保险；（2）雇主责任险，最低额 500 万美元；（3）针对己方和第三人责任的公共责任保险，最低额为 500 万美元；（4）人身意外伤害、医疗费用、住院和遣返费用保险；（5）职业责任保险。[4]

通过对比和综合 IMO 暂行指南和 SAMI 的认证保险要求，可见 PMSC 开展运营保险是必备的，且通常应当保险的范围包括公共责任险、雇主责任险、携带和使用武器引发的意外事故、人身伤害和损害的保险、人身意外伤害、医疗费用、住院和遣返费用保险和职业责任保险。PMSC 所需的保险项目较多，虽能更好地分散和化解风险，但也在一定程度上加重了 PMSC 的负担。另外，船东使用 PMSC 提供的海上保安服务时还要注意 PMSC 的保险与其所在的保赔协会的保赔保险之间可能产生的影响，船东应当在与其保赔协会充分咨询和协商后再确定。

四、GUARDCON 标准保险条款与保险公司提供的保险机制

鉴于 PMSC 需保险的项目众多，单一的保险产品和机制是无法满足

---

[1] http：//www. imo. org/OurWork/Security/SecDocs/Documents/Piracy/MSC. 1/Circ. 1443. pdf，p. 5，访问日期：2013 年 9 月 27 日。

[2] http：//www. seasecurity. org/about-sami/，访问日期：2013 年 9 月 27 日。

[3] Standards for Private Maritime Security Company（PMSC）Accreditation，http：//psm. du. edu/media/documents/industry_initiatives/sami_standard_executive_summary. pdf，p. 2，访问日期：2013 年 9 月 27 日。

[4] Ibid.，p. 4。

PMSC的保险需求，为此，GUARDCON中载有PMSC的保险投保的标准格式，成为PMSC投保的具体指南。另外，保险业界也根据PMSC保险的要求和范围，开始“量身定做”适合其保险需求的实用而又简便的“集合式”保险产品机制。

（一）GUARDCON标准保险条款

GUARDCON中的保险条款是该标准格式的核心条款之一。该条款体现在GUARDCON格式第2部分第6节第12条的规定中。该条共由六款组成，其中（a）款设定了缔约方在合同期内必须保持涵盖其责任的最低限度的保险范围。主要为雇主责任保险、综合责任保险、职业责任保险和为每一个保安人员投保的每人不少于25万美元的人身事故保险。而且缔约方应当确保在船上使用武器或保安装备不使以上保险无效。

该条（b）款规定，（a）款中的保险应当向声誉良好的保险公司投保，（a）款中雇主责任保险和综合责任保险应当不少于500万美元的保险限额（当事人可协议提高），可参考市场实践规则确定合理的免赔额，并且缔约方应当按照要求向船舶所有人提供数份能够帮助核实缔约方符合合同中的保险要求的保险证明。

该条（c）款规定船舶所有人的船舶应加入国际船东互保协会集团的成员之一的船东互保协会，或其他声誉良好的国际海事责任保险人。

该条（d）款解决了绑架与赎金险与PMSC保险之间的关系。通常绑架与赎金险是不披露的，一旦披露会导致其无效。但绑架与赎金险通常会扩展涵盖船上的每一个人包括临时雇用人员，这样就会包括船上的PCASP。一旦船舶被劫持，船上保安人员就会离船，PMSC的PCASP就不再涵盖在绑架与赎金险的范围内，那么PMSC应当注意到船东的保险已经不再对此做出回应，需要PMSC自己寻求替代性的安排。[1]

另外，（e）款规定各方当事人应当尽合理努力来确保其保险公司放弃其对另一方的代位求偿权。这是基于GUARDCON第15条责任条款下使用的“各负其责”原则的必然要求和安排。

（二）保险公司提供的保险机制

通过上述分析可见，PMSC的保险项目涉及多个方面，必然对保险市场提出新的需求。主营保险经纪与风险管理的Marsh公司在SAMI的支持和众多利益攸关者的帮助下，开发出一种适合PMSC的综合性定制式新的保险机制，该机制对于PMSC来说，管理简便，使其花费更多的时间用在保安上，一揽

---

[1] https://www.bimco.org/~/media/Chartering/Document_Samples/Sundry_Other_Forms/Explanatory_Notes_GUARDCON.ashx，p.9，访问日期：2013年9月27日。

子式的购买也能使 PMSC 受益。[1]

Marsh 开发的该种适合 PMSC 的新的保险项目，基于 IMO 暂行指南（MSC. 1/Circ 1405/Rev. 2）的要求，与其对 PMSC 设定的保险要求保持一致。Marsh 开发的保险项目设定了涵盖所有 PMSC 必备的核心一揽子保险，也设定了非核心保险供 PMSC 选择。该核心一揽子保险包含 5 种保险，划分为 3 部分：A 部分为综合或公共责任（GL or PL）、职业责任（PI）和海上雇主责任（MEL）；B 部分为雇主责任（EL）；C 部分为人身意外伤害（PA）。[2] 这样划分可以使 Marsh 基于价格竞争的基础上使用不同的保险人，也能使其提供作为许可的符合地方要求的文件。另外，Marsh 开发的新的保险项目为船东提供了一种值得信赖的保险计划，同时也为 SAMI 确立了一种“最佳实践”标准保险，以便其向其会员提供并成为指导会员进行保险的可参照标准，对于保险人来说，该机制也为保险人分散风险和简化管理提供了很大的便利。

五、结论

IMO 暂行指南已经为 PMSC 的责任保险设定了最基本的保险要求和范围，PMSC 运营应当满足暂行指南的要求。BIMCO 制定的 GUARDCON 设定的保险条款明确具体，可以为 PMSC 进行投保起到指导作用。受 SAMI 支持并被 SAMI 推广给其会员的 Marsh 开发的核心一揽子保险机制可使 PMSC、船东和保险人受益，成为为 PMSC 提供“定制式”保险的良好范式。但是也应注意到 PMSC 责任保险与保赔保险的重叠（如海上保安服务抗击海盗中造成船舶损害，通常保赔保险也承保该损害）和影响，另外还要注意，由于 PMSC 需要购买的保险众多，这本身会造成 PMSC 过重的运营负担。

---

[1] INSURANCE FACILITY FOR MEMBERS OF THE SECURITY ASSOCIATION FOR THE MARITIME INDUSTRY，http：//www. seasecurity. org/wp-content/uploads/SAMI-Brochure _ May-2012V11. pdf，p. 3，访问日期：2013 年 9 月 27 日。

[2] Ibid.，p. 5，详细介绍了各组成部分的保险的承保范围。

责任保险人的抗辩义务及在赔偿调解中的履行

程淑娟*

现行法律关于道路交通事故赔偿责任的规定都涉及保险人责任。交警部门主持的道路交通事故赔偿调解应当遵循合法自愿原则。责任保险人应当参与这种调解，这种参与不仅是其权利，更是为避免被保险人承担不应有的责任所应承担的抗辩义务。按保险法的最大诚信原则，单纯地把抗辩义务约定为索赔参与等“权利”是不能成立的。在赔偿调解实践中，应当正确履行这种抗辩义务。

一、案情介绍及对该案的思考

某运输公司向某保险公司就 A 客车投保了交通事故责任强制保险和商业保险。保险期间是 2008 年 11 月 12 日至 2009 年 11 月 11 日 24 时。其中交强险保险条款中的保险责任规定：“被保险人在使用被保险机动车过程中发生交通事故，致使受害人遭受人身伤亡或者财产损失，依法应当由被保险人承担的损害赔偿责任，保险人按照交强险合同的约定对每次事故在赔偿限额内负责赔偿。”商业第三者保险条款中的保险责任规定是：“保险期间内，被保险人或其允许的合法驾驶人在适用被保险机动车过程中发生意外事故，致使第三者遭受人身伤亡或者财产直接损毁，依法应当由被保险人承担的损害赔偿责任，保险人依照本保险合同的约定，对于超过机动车交通事故责任强制保险各分项赔偿限额以上的部分负责赔偿。”

2009 年 11 月 8 日，李某驾驶的无证、无牌号两轮摩托车先与某运输公司驾驶员刘某驾驶的该 A 客车相撞，之后又与杨某驾驶的 B 机动车相撞，李某受重伤，三车均受损；事故发生后，保险公司对事故进行了现场查勘及损失评估。2010 年 1 月 10 日，交警部门作出了《道路交通事故认定书》，认定本次事故中受伤的李某负主要责任，刘某和杨某负次要责任。后交警部门委托司法

* 程淑娟，西北政法大学副教授。

鉴定中心对李某的伤情进行鉴定，鉴定结论认为构成Ⅰ级伤残；日常生活完全不能自理。同年 2 月 11 日在交警部门主持调解下，刘某与李某代理人签订《道路交通事故损害赔偿调解书》，刘某认可向李某赔偿包括医疗费、误工费、护理费、住院伙食补助费、转院车费、司法鉴定费、残疾赔偿金、定残后护理费、被抚养人生活费、摩托车修理费等共计 842216.41 元的损失，刘某还同意一次性赔偿李某的 257000 元。客运公司已将该笔赔偿款向李某支付，但向保险公司索赔时遭到拒绝。保险公司的拒赔理由是，按照交警部门的责任认定，本次事故中受害方李某承担主要责任，刘某和杨某承担次要责任，因此李某自己最少应承担 60％的损失，刘某、杨某共负 40％的责任，被保险人刘某至多承担 20％的责任；而经过调解，刘某竟然承担了几乎 100％的赔偿责任，故保险公司对客运公司的理赔予以拒绝。

本案是因保险人对交警部门主持达成的调解协议不认可而引发的；但最终该案的判决没有认可保险人的理由，保险人被判承担保险限额内保险金的给付责任。正如我们所知，一般的财产保险在风险测算时，考虑的是保险事故发生的概率，但责任保险中，事故本身发生了怎样的损失已经不重要，重要的是受害人对被保险人求偿与否以及被保险人对其所做赔偿；在受害人和被保险人之间客观存在着一种“攻防互动”的关系，这种关系作用的结果决定了保险人责任的有无和大小。曾有学者在分析中国责任保险市场时指出，责任保险本应当是保险业发展的高级阶段，也是判断一国保险业发展水平的重要标准。在保险业发达的国家，责任保险是财险领域的支柱险种，其保费收入占到财险总收入的 30％，在美国甚至达到 45％以上；但我国目前责任保险所占比重还距此甚远，而发展缓慢的原因之一就是责任保险的赔付率过高，在 2001～2006 年的 6 年间平均达到 50.45％。因而从责任保险市场的行业发展看，有必要认真反思保险人责任过重的理由。不可否认的是，正如本案案情所显示的那样，由于我国一直采用的是行政主导型的道路交通事故认定和赔偿调解模式，这一制度背景很可能在客观上加重责任保险人的赔偿责任，保险人如何维护自己的合法权益殊值探索。本文即通过阐明责任保险人的抗辩义务，为协调保险人、投保人、第三者以及作为调解主持者的交管部门之间的关系，从而为公平、高效地解决机动车损失赔偿难题提供一个思路。

二、道路交通事故中的保险人责任及赔偿调解存在的问题

我国《侵权责任法》第 48 条规定：“机动车发生交通事故造成损害的，依照道路交通安全法的有关规定承担赔偿责任。”这是一个援引性条款，表明机动车交通事故构成的侵权责任并不适用普通的民事损害赔偿责任，而是一类适用特别法即道路交通安全法的责任类型。2006 年修订后的《道路交通安全法》

（以下简称《道交法》）第 76 条规定：“机动车发生交通事故造成人身伤亡、财产损失的，由保险公司在机动车第三者责任强制保险责任限额范围内予以赔偿；不足的部分，按照下列规定承担赔偿责任：（一）机动车之间发生交通事故的，由有过错的一方承担赔偿责任；双方都有过错的，按照各自过错的比例分担责任。（二）机动车与非机动车驾驶人、行人之间发生交通事故，非机动车驾驶人、行人没有过错的，由机动车一方承担赔偿责任；有证据证明非机动车驾驶人、行人有过错的，根据过错程度适当减轻机动车一方的赔偿责任；机动车一方没有过错的，承担不超过百分之十的赔偿责任。交通事故的损失是由非机动车驾驶人、行人故意碰撞机动车造成的，机动车一方不承担赔偿责任。”该规定涉及责任保险和道路交通事故责任认定的关系，具体分为以下两个层面。

第一，在交强险责任限额范围内，保险人承担对第三者的损害赔偿责任。国务院 2006 年颁布的《机动车交通事故责任强制保险条例》第 21 条规定：“被保险机动车发生道路交通事故造成本车人员、被保险人以外的受害人人身伤亡、财产损失的，由保险公司依法在机动车交通事故责任强制保险责任限额范围内予以赔偿”，这与上述《道交法》第 76 条第 1 款的规定相适应，都体现了交强险在救济受害人方面的积极意义。从法条的文义解释看，在交强险的责任限额内，并不考虑被保险人的过错和第三者（受害方）的过错，因此适用的是无过失的赔偿责任；责任保险人承担的责任基本属于法定责任，但也受到被保险人责任和责任限额的双重制约。不过，上述规定本身的不合理性相当明显，它简化了保险人、被保险人和第三者之间复杂的侵权关系以及保险关系。从比较法来看，不少施行机动车强制保险的国家为保护作为受害方的第三者，所采取的特别措施包括突破债的相对性而赋予第三者向保险人的直接求偿权，将车上人员纳入“第三者”范畴，也不否认保险人责任作为合同责任的责任保险基本机理等；即使施行强制保险采用无过失赔偿原则也将保险人的责任限于人身伤亡的损失，并不包括财产损失。因此，我国对机动车强制责任保险的规定确实有些矫枉过正，这种做法表面上看是提高了交强险对受害人利益保护的力度，但是却不适当地增加了广大投保人的保险费负担，也减轻了交通事故责任方的民事赔偿责任，弱化了侵权法的惩罚功能。然而，在法律尚未作出修改前，在交强险范围内适用无过失的赔偿责任也是对现行法治秩序的尊重。

第二，商业责任保险中，保险人按被保险人的责任承担保险责任。由于交强险中保险人的责任限额较低，机动车保有人往往还需要投保商业责任险来分担交强险不足赔偿的责任；交强险不足的部分，则要通过交通事故责任认定来确定。依据《道交法》的相关规定，交通事故的发生是违反道路交通安全法的行为，交通事故责任首先是一种行政责任，其确定应先区分机动车之间的事故及机动车与非机动车之间的事故，前一种情形按过错归责原则并适用过错相抵；后一种情形机动车一方承担无过失责任，但根据非机动车方的过错可能存在责任的减轻（非机动车一方有过错）、免除（非机动车一方故意）的情况。同时，为保护非机动车方的利益，即使机动车方没有过错也应当承担不超过10％的赔偿责任。从《道交法》第76条的规定看，对交通事故责任的认定在交强险之外是有意义的：交通事故责任划分为全部责任、主要责任、同等责任和次要责任4类，这4类责任同时也就是对民事侵权责任中当事人过错的认定。由于交通事故成因的复杂性，将侵权责任的过错问题交由专业的交警部门来认定无论对于加害方还是受害方都具有相当的可行性和公平性。此外，商业保险中责任保险人的责任性质也可以支持这一论断：在商业险中，责任保险人的责任显然是一种依据保险合同存在的合同责任，保险人责任的有无及责任大小将直接取决于被保险人的赔偿责任；而被保险人的责任则由其在交通事故中的责任来决定。上述案例中，保险人拒赔的理由恰恰如此。

但是，上述案例所反映的典型情形是：交警部门虽然认定交通事故受害人应承担较重的交通事故责任，但因对方投保责任险，交警部门在促成赔偿调解协议时不再考虑交通事故责任的过错认定，而是让被保险人一方承担较重的赔偿责任；而待责任保险人与被保险人理赔时，责任保险人会以被保险人的民事赔偿责任与其交通事故责任不符为由拒绝承担赔偿保险金责任。交警部门主持的道路交通事故损害赔偿调解是我国目前解决这类道路交通事故赔偿纠纷的重要方式。但是抛却商业险中所需要的过错认定，由投保责任险的当事人承担较重甚至全部赔偿责任，再将这种损失转嫁给保险人的做法是否公平、合理，值得拷问。学界均认可交强险的赔偿实现了赔偿的类型化和定额化，而商业责任险也逐渐吸收了这些制度优点，这就使责任保险制度成为现代社会损害赔偿体系的一个典型代表。因此，责任保险制度应用的公平性、合理性也构成对整个社会损害赔偿体系是否适当的拷问。笔者认为，交警部门依据行政法律有权认定道路交通事故，但在主持道路交通事故赔偿调解时，必须依法进行，不能因责任保险的存在就对被保险人附加额外的义务。然而，这种现象折射出的，不仅有交警部门对责任保险人利益的忽视，还有责任保险人自身对其抗辩义务的忽略；作为私法主体的责任保险人，能够掌控和应当掌控的是其抗辩义务的适当履行，而不是对被保险人赔或不赔的任意性。

三、责任保险人的抗辩义务——责任保险人对赔偿调解的参与

（一）责任保险人抗辩义务的法理基础

我国《保险法》第65条、第66条对责任保险的规定还相当抽象，并没有认可责任保险中第三者向保险人的直接求偿权，反而将是否直接向第三者赔偿

规定为保险人的选择权；虽然有不少学者将《道交法》第76条解释为第三者对强制责任保险人享有直接求偿权，但至少从文义解释上这个结论太过牵强。因此目前在交警部门主持交通事故赔偿调解时，究竟如何连结责任保险人的责任与被保险人向第三者承担的责任还比较模糊，任意性比较大。实践中的做法大致有以下两种：一是保险人参加交警部门组织的调解，与受害人、肇事司机、车主（被保险人）共同达成调解协议；二是保险人不参加调解，交警部门组织受害人、肇事司机和车主（被保险人）到场或者受害人和肇事司机两方到场或者受害人与车主（被保险人）两方到场共同达成调解协议。第二种做法在实践中比较常见，如果责任保险人与被保险人之间存在理赔争议的话，往往是保险人不曾参与到与第三者之间的索赔事宜。从纠纷解决的效率看，显然第一种做法更值得推荐，在这种做法中，保险人通过参与索赔，帮助投保人进行抗辩，最终达成的赔偿协议也体现了保险人自己的意志和利益，因此往往不会有后续的争议，能够实现真正的案结事了。而保险人参与交警部门调解的依据应当是作为责任保险人所承担的抗辩权。这种抗辩权，同时也是义务。

抗辩在民法中的基本含义是债务人对债权人提出的请求予以否定或拒绝，这种否定或拒绝如果有民法的根据就是行使抗辩权。抗辩和抗辩权通常都由债务人行使，是民法为平衡债权人享有的请求权而为债务人设计的保护性权利。责任保险以被保险人对第三者的损害赔偿责任为保险标的，因此，被保险人责任有无、责任大小都与保险人利益密切相关。近代以来，人们逐渐承认责任保险人也可以参与被保险人与第三者的索赔事宜，这种索赔参与对责任保险人来说，既是其权利，也是其义务。我国当前很多保险公司将这种对索赔的参与约定为“索赔参与权”，如某保险公司《建设工程设计责任保险条款》规定：“必要时，保险人可以被保险人的名义对诉讼进行抗辩或处理有关索赔事宜。”某保险公司《执业医师执业责任保险条款》规定：“若发生本保险单承保的事故或诉讼时，……对于本保险单承担范围内的赔偿责任，在必要时，本公司有权以被保险人的名义接办对任何民事诉讼的抗辩或索赔的处理，被保险人在本公司的要求下，应给予积极协助。”在责任保险人看来，如果将“索赔参与”约定为权利，那么是否帮助被保险人进行抗辩则为保险人的自由；然而，索赔参与或抗辩本身作为责任保险人义务的一面更应当得到强调。本文以下也重点突出抗辩作为义务的一面。

从责任保险的原理看，既然保险人的责任取决于被保险人向第三者承担的责任，为了被保险人的利益和保险人自己的利益，保险人就应当承担起针对第三者的抗辩义务。在交通事故损害赔偿的调解中，交警部门为了促成调解协议，很可能使被保险人与受害人达成对被保险人不利、进而再将这种赔偿责任转由保险人承担的调解协议，这有可能是被保险人自身商谈能力欠缺导致，也有可能存在某些道德风险。因此，抗辩义务对责任保险人意义重大，保险人必须对此予以重视。责任保险人抗辩义务的存在，客观上使保险人介入被保险人与第三者之间的赔偿法律关系，确实突破了传统民法强调的被保险人与第三者之间债的法律关系的相对性。但是，由于责任保险人的责任与被保险人的责任的高度相关性，这种突破已成必然。“保险人对被保险人承担的抗辩义务已为责任保险发展的大趋势，我国有必要承认保险人对被保险人承担的抗辩义务。”而在民法原理上，所谓债的关系的相对性，其主旨无非在于确定特定的债务人主体，使债权人的权利有特定的指向；而一旦债的标的或内容涉及其他人，如果法益衡量该他人的利益更值得法律重视，则突破债的相对性并无障碍。

我们在长期民法倡导的债权相对性理论之下，将债权关系仅局限在特定当事人之间；即使民法通常将人寿保险合同作为“第三人利益契约”的典型，但特别强调这种“第三人利益契约”不得为第三人设定义务而只能带来利益。然而，商事实践与民事生活不同，商事债权关系因纠结而突破所谓债的相对性，已经是一种常态。这是商事行为制度区别于民事行为的特色。责任保险本身就具有典型的“第三人”性：一方面，“责任保险在性质上为第三人保险。第三人对被保险人的赔偿请求，是责任保险得以成立和存在的基础；若没有第三人的存在，被保险人的损害赔偿责任无从发生，当无责任保险的适用”。如我国在 2009 年修订后的《保险法》第 65 条已经比较明确地规定了责任保险中第三人的请求权，在法律明确规定或当事人有约定的情况下，保险人可以绕过被保险人而直接向第三人进行赔偿。另一方面，我们需注意到的是，在被保险人与第三人之间因民事责任之确定而发生索赔时，保险人的责任固然应限于保险合同约定的范围，但在该范围内，保险人其实也同样处于被保险人与第三人之外的、相关的“第三人”地位；被保险人与第三人之间的责任究竟应如何确定仍不明朗，保险人自然不能妄断。保险人的这种特别地位使得在保险事故发生后，第三人在对被保险人主张损害赔偿时，由保险人为被保险人的利益进行的、对抗第三人索赔的抗辩非常必要。被保险人之所以投保责任险，是为了分散因其致害他人所应当承担的赔偿责任；而被保险人是否应当对受害人承担赔偿责任，取决于其致害行为是否符合民法中的民事责任构成要件。责任保险人只有在被保险人的损害赔偿责任确立时，才承担填补被保险人利益损失的责任。由此可见，不论第三人对被保险人的损害赔偿请求是以诉讼、仲裁还是以其他方式提出，被保险人的利益其实在一定程度上都由保险人控制：如果被保险人自行对第三人进行了赔偿，就很有可能无法从保险人那里得到保险金给付，不能实现损害填补的投保目的。这就意味着投保责任险的被保险人，在对第三人协商承担损害赔偿责任时，必然要考虑能否以及在多大程度上可以得到保险金的补偿。同理，保险人是否进行保险金给付以及给付多少也由被保险人与第三人之间是否赔偿决定，这一特点也是其他财产保险无须面对的、厘定责任保险费率的难点。因此，相对于被保险人与第三人之间的赔偿法律关系，保险人实际上居于利害关系人的地位。这一地位决定保险人参与被保险人与第三人之间的索赔事宜，不只是权利，更应当是其义务。

（二）责任保险人抗辩义务的性质

现代的责任保险理念认为，按照契约对价理论来解释保险人的抗辩义务比较牵强，即使保险单没有对抗辩义务进行特别约定，按照诚实信用原则，保险人也应当承担抗辩义务。因此，从比较法看，不少国家将责任保险人的抗辩义务规定为一种法定的、默示的义务，这种义务并不需要有明确的约定。当然，此处的“法定”并不是中国人通常理解的制定法意义，而是商事习惯法或商业惯例，如美国学者即将抗辩义务作为一种惯例式（customary）的义务。但也有立法明确将抗辩义务规定为约定义务的，如我国台湾地区“保险法”第93条规定：“保险人得约定被保险人对于第三者就其责任所为之承认、和解或赔偿，未经其参与者，不受拘束。但经要保人或被保险人通知保险人参与而无正当理由拒绝或借故迟延者，不在此限。”

在我国，责任保险人的抗辩义务目前并没有明确的立法依据，如果保险人与投保人在保险合同中对保险人的抗辩义务有约定，则抗辩义务就是一项约定的义务。我国《保险法》第65条第4款规定：“责任保险是指以被保险人对第三者依法应付的赔偿责任为保险标的的保险。”第66条规定：“责任保险的被保险人因给第三者造成损害的保险事故而被提起仲裁或者诉讼的，被保险人支付的仲裁或者诉讼费用以及其他必要的、合理的费用，除合同另有约定外，由保险人承担。”该规定要求在保险合同没有例外约定的情况下，保险人承担与第三者抗辩与和解相关的费用，所以，我国《保险法》第66条的规定实际上也是倾向于将责任保险中保险人的抗辩义务纳入当事人自治范畴；只是在涉及费用承担时要求一般情况下保险人承担抗辩与和解的相关费用。

如果当事人对这项义务没有约定，就应当将责任保险人承担的抗辩义务作为一项附随义务。合同法领域的附随义务是按诚实信用原则来确定的，并不需要明确的约定。如果应用保险法的最大诚信原则，同样也可以解释责任保险人抗辩义务存在的合理性和必要性：保险合同是一种射幸合同，保险人和投保人所承担的权利义务并不对等，因此对双方当事人的诚信要求比其他合同都要高。责任保险的特殊性在于保险人的责任与投保人的民事赔偿责任密切相关，保险人无论是为了自己的利益还是为了投保人的利益，为了避免投保人承担不当的义务负担，都有义务参与到投保人与第三者之间的索赔事宜中，尽量弥补投保人与第三者商谈能力、诉讼能力的不足，从而达成对投保人有利、进而对保险人自己也有利的调解协议或判决结果。

（三）索赔参与权、重新核定权与保险人的抗辩义务

如前所述，目前我国大多数保险公司并不将保险人的抗辩作为责任保险人的义务，而是一种参与或不参与索赔的选择权，或者说它们都较为纯粹地将“抗辩”作为享有行使与否自由的权利了。例如，尽管前述《道交法》第76条确定了交强险保险人无过失的赔偿责任，中国保监会制定的《机动车交通事故强制责任保险条款》（中保协条款〔2006〕1号）第20条规定：“因保险事故造成受害人人身伤亡的，未经保险人书面同意，被保险人自行承诺或支付的赔偿金额，保险人在交强险责任限额内有权重新核定。因保险事故损坏的受害人财产需要修理的，被保险人应当在修理前会同保险人检验，协商确定修理或者更换项目、方式和费用。否则，保险人在交强险责任限额内有权重新核定。”该条款对第三者的财产损失规定了保险人的索赔参与，但对人身伤亡根本没有规定保险人对索赔事宜的参与问题，反而赋予了交强险保险人对被保险人赔偿是否合理的“重新核定权”。“重新核定权”也就意味着：被保险人与第三者自行达成的调解协议并不直接对保险人发生效力，保险人在决定是否以及在多大程度上承担保险责任时，有独立地就赔偿项目、赔偿金额进行再核定的权利。

应当说，保险人不约定抗辩义务，而将是否参与索赔、行使抗辩作为“权利”或者约定事后的“重新核定权”，虽然不影响抗辩义务作为附随义务的性质，但索赔参与权或重新核定权的规定给保险人造成了一种“权利表象”的误解，反而会有害于保险实践。只强调抗辩作为“权利”而掩饰其“义务”的一面对被保险人利益的保障也极为有害。在保险人看来，只要第三者无直接求偿权，他是否参与到调解、仲裁或诉讼，完全是其自由。如果保险人参与到交警部门主持的调解中并达成调解协议，一旦一方当事人不履行或不完全履行调解协议，另一方当事人起诉到法院，则法院可以根据调解协议的内容做出判决，并直接判令保险公司在承保范围内承担保险责任。但是，假如保险人没有参加调解，如果当事人不履行调解协议，另一方起诉到法院，法院该如何确定保险人的诉讼地位还比较有争议。以前的实践中，法院有两种不同观点：一种认为由于调解协议属于民事性质的合意，按照合同的相对性，既然保险公司没有参与该协议，法院就不应将保险公司直接列为被告。另一种则认为可以将保险公司列为被告，理由是《道交法》第76条已经赋予第三者直接求偿权。不过，2012年12月颁布的《最高人民法院关于审理道路交通事故损害赔偿案件适用法律若干问题的解释》第25条对此作出了明确的规定：“人民法院审理道路交通事故损害赔偿案件，应当将承保交强险的保险公司列为共同被告。但该保险公司已经在交强险责任限额范围内予以赔偿且当事人无异议的除外。人民法院审理道路交通事故损害赔偿案件，当事人请求将承保商业三者险的保险公司列为共同被告的，人民法院应予准许。”因此，今后交强险的情形比较明确，如

果保险人未承担保险责任则应当作为共同被告，但商业险中是否作为被告取决于当事人是否请求。因而客观上确实有可能即使商业保险人不主动参与赔偿调解也不被请求作为被告而被直接判令承担责任，果真如此则使保险人享有责任承担方面的顺序利益。笔者可以预计，保险人不会因上述司法解释的出台而果断将“抗辩”作为自己的义务，它们仍愿意将抗辩单纯地规定为“索赔参与权”或保留“重新核定权”，从而力图避免将抗辩作为自己的义务而陷入的被动。

但是，我国保险实践中以“索赔参与权”、“重新核定权”而非抗辩义务来表彰保险人对被保险人与第三者索赔参与的自由，按照最大诚信原则其实无法实现。保险法最大诚信原则的内涵包括“弃权与禁反言”，所谓“弃权”，是指有意识地放弃某种已知的权利，通常是指保险人故意抛弃合同解除权与抗辩权；“禁反言”则是指保险人如果抛弃了他在合同中的某项权利，则在将来也不得再向他方主张这种权利。弃权行为属于保险人的权利范围，禁反言是弃权的后果，也是弃权后不得反悔的诚信要求。“弃权和禁止反言义务”的基本含义就是保险人不得出尔反尔，即使保险人曾有权为某项行为，但他若不行使该权利，并给投保人一方制造出了某种信任；那么保护这种信任的必要性就凸显出来，保险人在弃权之后就不得以自己曾有该权利而否认投保人的权利请求。因此，如果保险人将索赔参与、核定损失等约定为一种“权利”，但是却按普通权利行使的任意性放弃行使向第三者抗辩的权利或不参与到与第三者的索赔，则发生弃权的后果。被保险人有权信赖他独自与第三者达成的调解协议会得到保险人的支持；因此这种“弃权”的后果也应当由保险人承担——接受他没有参与被保险人与第三者索赔的后果。这样，无论被保险人与第三者达成怎样的调解协议，依据责任保险条款的规定，保险人都必须承担相应的保险金给付责任。这对保险人来说，比实际参与抗辩可能是一种更大的不利益；抗辩的“权利表象”对保险人可能恰恰是一种误导。

四、责任保险人抗辩义务在道路交通事故赔偿调解中的履行

为协调我国《侵权责任法》、《道交法》以及交强险和商业责任险的相关规定，责任保险人应当将“抗辩”作为必须履行的义务，积极参与交警部门主持的赔偿调解。具体则有以下要求：

首先，交警部门对责任保险人参与调解的通知。2008 年公安部发布的《道路交通事故处理程序规定》第 63 条规定：“参加损害赔偿调解的人员包括：(一) 道路交通事故当事人及其代理人；(二) 道路交通事故车辆所有人或者管理人；(三) 公安机关交通管理部门认为有必要参加的其他人员。”建

议今后应当明确保险人作为“有必要参加的其他人员”，保险人也应当向交警部门主动争取这项权利。如果当事人的保险合同约定由责任保险人行使抗辩义务，或者约定由保险人享有“索赔参与权”，则应当由投保人或被保险人通知保险人参加调解；如果没有这类约定或投保人、被保险人没有通知保险人，则交警部门应当主动通知保险人参与调解。通知应当是书面的正式通知，并应由责任保险人签收。如果保险人接到参与调解的通知但无正当理由拒绝参加或故意延迟，则应当按照最大诚信原则的弃权与禁反言无条件承受调解结果，其对被保险人所主张的调解协议未经其审定对其无效的抗辩理由不能成立。

其次，责任保险人应以独立的身份参与赔偿调解。有观点主张责任保险人抗辩义务的行使方式应当是接受被保险人的委托，作为被保险人的代理人参加与第三者的诉讼。这种观点对于诉讼中责任保险人行使抗辩义务是可行的，也能回避前述我国司法实践中确定保险人诉讼地位的难题。但是，调解并不像诉讼那样有严格的诉讼主体要求，调解制度允许调解“有关人员”的参与，因此在程序上没有任何障碍。况且责任保险人所承担的保险责任是独立的法律责任，通过调解达成的协议最终也会制约保险人。因此在调解中，保险人不必当被保险人的代理人，而应当以独立身份参与赔偿调解并在调解协议上签字盖章。

再次，保险人应当维护被保险人的合法利益。被保险人作为交通事故和民事赔偿的责任人，往往对于交通事故责任的定性和赔偿比较生疏，加上我国行政主导型的赔偿调解所带来的压迫感，其针对受害方的抗辩可能较为欠缺。而责任保险人行使抗辩义务，就可以增加被保险人一方的抗辩能力，更好地维护被保险人一方的合法利益。

最后，保险人行使的抗辩义务应当立足于促成调解协议的达成。调解作为一种独立的纠纷解决机制，属于“合意促进型”的权利追求行动，其寻求的是避免各方矛盾的对立激化，促成当事人达成合意，这是调解解决纠纷的最大好处。而合意的达成必须是在自己权利的范围内找出对方也能接受的某一特定位置的权利。因此，在赔偿调解中，保险人行使抗辩义务应当是在维护被保险人合法利益的范围内，尽量寻求与受害方权利主张的契合点；尽速达成公平的调解协议，防止因调解参与人的增加带来更大的纠纷解决困难。

五、结语

本文所探讨的责任保险人的抗辩义务是附加给保险人的一种理想的行为模型，保险人对抗辩作为其义务的性质应当有明确的意识，而不能被名为权利的“索赔参与权”、“重新核定权”误导为抗辩行为的任意性。同样，由交警部门寻求一种稳定的、确保保险人参与赔偿调解的机制也是现实所需。由责任保险人依抗辩权以及抗辩义务积极参与的交通事故损害赔偿调解，代表的将是我国保险法治对交通事故处理中行政专权的挑战，必将使交通事故民事赔偿更加规范、公平和高效。

关于构建我国保险公司破产制度的几点思考

郭宏彬*

保险公司破产一直是个敏感的问题，在立法和实践中对此亦十分谨慎。虽然我国至今尚无保险公司破产的先例，但随着保险市场的全面开放和市场竞争的展开，终将面对某些保险公司出现重大危机难以处置而被淘汰出局的情况，或者说，保险公司破产是不可回避的现实问题。因此，本文拟对保险公司破产制度的基本理论问题作一研究，以期对我国保险公司破产制度的构建有所助益。

一、保险公司破产概念之解析

保险公司破产属于保险公司市场退出机制范畴，故本文在保险公司市场退出机制的背景和语境下来界定保险公司破产概念的应然内涵。

（一）保险公司破产与保险公司市场退出

关于保险公司市场退出，按其含义范围及不同使用语境，大致可以分为两个层次来理解。

第一个层次是广义的理解。广义的保险公司市场退出，是一种“针对股东、业务、人员、分支机构和法人机构的多层次、多渠道的退出机制”。[1] 既包括作为市场主体的保险公司其业务资格及主体资格的消灭，即主体退出，也包括保险公司现有的保险业务或经营地域范围的部分丧失，即业务退出，还包括保险公司股东的退出或者董事、监事和高级管理人员任职资格的取消，即股东退出或人员退出。其含义比较宽泛，不限于保险公司主体消灭。

因为目前我国保险业实行市场准入制度（经营许可制度），在经营业

---

* 郭宏彬，中国政法大学民商经济法学院商法研究所副教授。

[1] 参见 2012 年 1 月 7 日中国保监会党委书记、主席项俊波：《在全国保险监管工作会议上的讲话》，第四部分。“明确市场退出的标准和程序，既可以是全国市场的退出，也可以是局部市场的退出；既可以是全面业务的退出，也可以是部分业务的退出；既可以是长期退出，也可以是短期退出。”

务范围和经营地域方面存在层次差别，所以相对于整个保险市场，就存在某些特定业务经营资格或者某些业务经营地域范围的丧失，即业务退出。又因为目前保险业法包括对保险公司董事、监事和高级管理人员任职资格监管的规定[1]，所以被取消任职资格的保险公司董事、监事和高级管理人员则不能继续担任相应职务，也即退出市场，可称为人员退出。同时，无论何种原因（如企业重组等）导致的保险公司股权转让，都可能使得某些股东退出保险公司，脱离保险市场，对于他们而言也是一种市场退出，即股东退出。

第二个层次是狭义的理解，也是法学学理意义上的理解。应该说，在严格意义上，“市场退出”并非一个法律概念，而是相对于市场进入的一个概念，是指市场主体营业资格和法人资格的消灭。[2] 虽然对于保险公司市场退出的概念在现行法律法规中并无明确的界定，但在法学学理上对于“市场退出”的内涵有着比较一致的认识，是对保险公司终止制度的概称。

所谓保险公司终止，是指保险公司因法定事由的出现而导致其经营保险业务资格和法人资格的丧失。保险公司终止，实为保险市场退出制度的核心内容。依据我国《保险法》的规定，保险公司终止的原因包括解散、撤销和破产3种情况。[3] 也即，在法学意义上，保险公司市场退出包括保险公司解散、撤销和破产。根据公司法、保险法以及破产法的学理，解散可以分为自愿解散和司法强制解散；破产则有和解、重整和清算之分[4]，如果企业在破产程序中和解成功或者重整成功，则并未消灭法人资格而退出市场，只有经破产清算，才会产生人格消灭的后果，因此，作为市场退出机制之一的破产，一般是指狭义上的破产清算。

（二）保险公司破产与市场化的保险公司市场退出

相对于前文所述的保险公司市场退出，笔者认为还应特别关注一种常被研究者所忽视的保险公司市场退出的区分方式，即市场化的市场退出和行政化的市场退出。

---

[1] 参见我国《保险法》第68条、第81条。

[2] 参考程鹏：《证券公司市场退出的法律机制探析》（华东政法学院2005年法律硕士学位论文，第1页）中对于证券公司市场退出的表述：“证券公司市场退出并非法律术语，现行法律法规中尚无明确界定，理论界亦没有权威解释。在证券监管理论中，证券公司市场退出，通常是作为证券公司市场准入的对应概念加以使用的，成为证券公司终止存续状态的一种习惯表达。就一般意义而言，证券公司市场退出是指证券公司退出市场，即终止其证券业务的经营。可进一步解释为停止经营、清理（或转让）债权并清偿（或转让）债务、关闭机构（其分支机构可以转让或关闭）、丧失独立法人资格。依此界说，笔者认为：从法律上讲，证券公司市场退出就是证券公司民事权利能力和行为能力丧失，法人资格消灭的过程和结果。”

[3] 郭宏彬：《保险监管法律制度研究》，吉林人民出版社2004年版，第97页。

[4] 我国《企业破产法》采用广义破产概念，包括3套司法程序，即和解、重整和清算。其中，和解与重整属于拯救性制度，所以提及“破产”，不一定就是破产清算，也可能是和解或者重整。

所谓市场化的保险公司市场退出，简言之，就是由公平竞争、优胜劣汰等市场机制起决定作用的保险公司退出机制。这种市场退出，不是出于市场主体的自愿解散，也非行政机构的强制性命令，而是基于市场机制特别是作为市场经济灵魂的竞争机制作用的结果，反映了市场所特有的优胜劣汰和资源优化配置的作用。[1] 而相应的，所谓行政化的保险公司市场退出，简言之，就是由行政权力起决定作用的保险公司退出机制。

国际货币基金组织和世界银行认为我国应该完善保险公司市场退出机制[2]，按笔者理解，并非是指我国没有建立市场退出制度，而是指我国没有形成有效的市场化的市场退出机制。所谓市场化的保险公司市场退出机制，通常表现为保险公司破产清算制度的建立，但其核心判断标准是看市场机制在保险公司破产中是否起到决定性的作用。就是说，如果我们建立了保险公司破产清算制度，尚不足以说明我们已经具备了市场化的保险公司市场退出机制，因为破产制度的主要内容以破产程序为主，但破产程序仅仅是表现形式，决定该制度是否市场化的标准应该看破产原因（也称“破产界限”）是否具备市场化的属性。再进一步，如果破产原因具备市场化属性，但其在破产程序启动中不具有决定性作用，仍然不能成就市场化的保险公司市场退出机制的充分条件。因此，笔者认为市场化的保险公司市场退出机制应至少具备两个根本性条件：其一，具有市场化属性的破产原因；其二，该破产原因在启动破产程序中具有决定性作用。

对此界定，还需说明以下两点：

第一，市场化的市场退出，以破产清算制度为核心，但应不排斥破产法上的和解和重整制度，虽然二者并非以债务人企业的市场退出为目的和必然结果，但与破产清算制度密切关联，与清算制度有着几乎相同的“破产原因”，是以阻却进入清算程序、防止债务人企业市场退出为目的的拯救性制度，同样反映了市场竞争机制的作用，可谓“市场化的市场不退出制度”。

---

[1] “所谓市场机制是指价值规律、供求规律和竞争规律三者之间的相互联系、相互作用、互为因果的关系。在构成市场机制的诸要素中，竞争是最具活力的，它是市场经济的灵魂，竞争的结果将导致优胜劣汰，从而达到资源的优化配置。”“竞争规律是市场经济中的重要规律，通过竞争规律，保险市场中将形成一套优胜劣汰机制，使保险资源的单位效益达到最大化。在竞争规律作用下，保险企业为了生存和发展，必然会追求成本最小，收益最大。于是，业绩好、竞争力强的公司将发展壮大，业绩差、竞争力弱的公司将会被市场淘汰。”参见郭宏彬：《保险监管法律制度研究》，吉林人民出版社 2004 年版，第 14～15 页。

[2] 参见 2012 年 1 月 7 日中国保监会党委书记、主席项俊波：《在全国保险监管工作会议上的讲话》，第四部分。“市场准入和退出机制是市场机制的有机组成部分。当前，保险市场准入和退出机制不健全，影响了保险市场资源配置效率，妨碍了保险市场的健康运行。国际货币基金组织和世界银行对我国进行的金融稳定评估（FSAP）认为，保监会应该完善保险市场退出机制。准入退出机制不健全主要表现在：绝大部分新设公司都是全国性牌照；部分新公司只是对原有市场主体的简单复制和市场份额的重新洗牌；退出机制缺位，存在差而不倒、乱而不倒的现象，无法实现市场的优胜劣汰。”

第二，虽然强调保险公司市场退出的市场化，但基于金融业的特殊性，应不排斥行政权的适度干预，如在破产清算前设置特定的行政前置程序或者直接设置行政权与司法权相结合的特别破产程序等。笔者认为，判定是否市场化的关键，不在于行政权主导还是司法权主导破产程序，而在于市场机制特别是竞争机制在保险公司破产中是否起到了决定性的作用。

二、构建我国保险公司破产制度的意义

从美国、日本等保险业发达国家的实践来看，保险公司因破产而退出保险市场已经是一个现实而无法回避的问题。据统计，20 世纪 70 年代末至 90 年代中期，全世界仅财产保险公司便有 600 多家出现偿付能力危机，其中，保险业最为发达的美国占比达 66%。2000 年和 2001 年，美国分别有 56 家和 35 家保险公司破产。保险业同样发达的日本，自 1997 年后也相继有多家保险公司倒闭。[1] 我国近年来金融机构改革的一个重要方面就是市场机制的确立，而保险市场退出机制的建立健全也是当前保险监管的一项重要工作。[2] 可以说，建立和实施完善的市场退出机制是维持保险市场健康运行的必要条件，也是促使我国保险业做大做强的重要举措。[3] 因此，在金融业市场化改革的背景下，对保险公司市场退出机制进行深入研究，建立和完善我国保险公司破产制度，具有十分重要的意义。

（一）我国保险公司破产制度的立法现状考察

目前，我国保险公司破产的法律依据主要是《保险法》（2009 年）和《企业破产法》（2006 年）。

《企业破产法》没有具体规定保险公司破产问题，其第 134 条规定：“商业银行、证券公司、保险公司等金融机构有本法第 2 条规定情形的，国务院金融监督管理机构可以向人民法院提出对该金融机构进行重整或者破产清算的申请。国务院金融监督管理机构依法对出现重大经营风险的金融机构采取接管、托管等措施的，可以向人民法院申请中止以该金融机构为被告或者被执行人的民事诉讼程序或者执行程序。”“金融机构实施破产的，国务院可以依据本法和其他有关法律的规定制定实施办法。”

《保险法》中仅有部分规定，《保险法》第 90 条、第 91 条、第 92 条、第 149 条分别规定了保险公司破产申请人及破产原因、破产财产清偿顺序、寿险

---

[1] 参见张俊岩：《保险法热点问题讲座》，中国法制出版社 2009 年版，第 256 页。

[2] 参见 2012 年 1 月 7 日中国保监会党委书记、主席项俊波：《在全国保险监管工作会议上的讲话》，第四部分。“市场准入和退出机制是市场机制的有机组成部分。当前，保险市场准入和退出机制不健全，影响了保险市场资源配置效率，妨碍了保险市场的健康运行。”

[3] 罗韵轩：“从西方保险公司破产反思我国保险市场退出保障机制的建设”，载《上海保险》2003 年第 5 期。

公司合同转让以及监管机构申请破产的条件。[1] 从上述第 90 条和第 149 条的具体规定来看，《保险法》规定的保险公司的破产原因与一般企业法人的破产原因并无不同，但启动破产程序的决定权赋予给了政府保险监管机构。可见，我国《保险法》对于保险公司破产制度并未实行市场化而是行政化的，政府保险监管机构对于保险公司是否破产具有决定权。同时，关于保险公司破产的简单的 4 条规定，即便结合《企业破产法》的规定，显然还是不具备可操作性。

综上，我国《企业破产法》虽然原则上规定了保险公司等金融机构可以破产，但并未规定具体的实施办法，而是授权国务院制定实施办法。从我国《保险法》中规定的有关保险公司破产的内容来看，若以“市场化”作为保险公司破产制度是否建立的核心判断标准来考量，结论必然是我国尚未建构保险公司破产制度；且仅从制度应有的可操作性上判断，也有较大的细化和完善的空间。质言之，我国现有的有关保险公司破产的立法，并不足以为保险公司退出市场提供制度支撑。

（二）构建我国保险公司破产制度的重要性和可行性

关于构建我国保险公司破产制度的重要意义，其实无须赘述，专家和学者们已有充分论证，大致可以归纳为以下两点。

1. 有利于促进保险市场竞争机制的形成

市场化的保险公司破产制度是形成保险市场竞争机制的重要条件。正如学者们所阐述的，“无论是什么性质的保险公司，无论是多大规模的保险公司，所有的市场主体都是平等的，都要在市场公平竞争中优胜劣汰。只要符合市场退出标准，满足市场退出的有关要件，就应立即进入市场退出机制的运行程序，甚至退出保险市场”。[2] 也有学者尖锐地指出，我国保险市场的恶性竞争导致了整个保险行业的效率不高，而产生恶性竞争的重要原因之一就是市场缺乏退出机制。因此，对于那些长期经营不善且监管措施又不起作用的保险公

---

[1] 具体规定为：“第 90 条　保险公司有《中华人民共和国企业破产法》第 2 条规定情形的，经国务院保险监督管理机构同意，保险公司或者其债权人可以依法向人民法院申请重整、和解或者破产清算；国务院保险监督管理机构也可以依法向人民法院申请对该保险公司进行重整或者破产清算。”“第 91 条　破产财产在优先清偿破产费用和共益债务后，按照下列顺序清偿：（一）所欠职工工资和医疗、伤残补助、抚恤费用，所欠应当划入职工个人账户的基本养老保险、基本医疗保险费用，以及法律、行政法规规定应当支付给职工的补偿金；（二）赔偿或者给付保险金；(三)保险公司欠缴的除第（一）项规定以外的社会保险费用和所欠税款；（四）普通破产债权。破产财产不足以清偿同一顺序的清偿要求的，按照比例分配。破产保险公司的董事、监事和高级管理人员的工资，按照该公司职工的平均工资计算。”“第 92 条　经营有人寿保险业务的保险公司被依法撤销或者被依法宣告破产的，其持有的人寿保险合同及责任准备金，必须转让给其他经营有人寿保险业务的保险公司；不能同其他保险公司达成转让协议的，由国务院保险监督管理机构指定经营有人寿保险业务的保险公司接受转让。转让或者由国务院保险监督管理机构指定接受转让前款规定的人寿保险合同及责任准备金的，应当维护被保险人、受益人的合法权益。”“第 149 条　被整顿、被接管的保险公司有《中华人民共和国企业破产法》第 2 条规定情形的，国务院保险监督管理机构可以依法向人民法院申请对该保险公司进行重整或者破产清算。”

[2] 张俊岩：《保险法热点问题讲座》，中国法制出版社 2009 年版，第 268 页。

司，应坚决让其退出。[1] 应该说，有效的市场竞争机制的形成，可以激发市场主体的进取热情，可以优化保险市场资源配置，“能够引导保险公司树立以效益为中心的经营指导思想，引导保险公司走集约化经营的发展道路，提高经营管理水平，增强市场创新能力”[2]。

2. 有助于提升保险监管的效果

偿付能力监管、公司治理监管、市场行为监管是国际保险监管核心原则所确立的保险监管三大支柱，但若无市场化的保险公司破产制度，对于出现重大问题的保险公司一贯以救助性措施来处置，必然会影响保险监管的效果。“建立保险市场退出机制，其示范效应将产生巨大的警示和威慑作用，可以增强保险公司的风险和忧患意识，促使保险公司加强内控，健全规章制度，严格依法经营，堵塞管理漏洞，从而避免或减少可能遭受的风险损失，客观上起到规范保险市场秩序的作用。”[3]

总之，建立市场化的保险公司市场退出机制意义重大，其对保险业的长远健康发展是有益的。但是为何我国保险公司破产制度并未真正建立起来？笔者认为，我们担心和恐惧的并不是市场竞争机制的形成和发挥作用，而是保险公司破产可能引发一系列的社会问题。其实，如果我们把保险公司的市场化退出视为保险公司风险处置的一种特定情形，那么就不难转变我们的观念和打消我们的顾虑。保险公司风险处置的根本目标，无外乎要解决两个问题：一是维护稳定的金融职能；二是保护投保方的利益。只要解决了这两个问题，就具备了在实践中推进市场化的保险公司市场退出机制的客观条件。就我国目前情况而言，这两个条件基本具备。重组或合同转让等制度，可以解决维护金融职能的问题；保险保障基金制度等为投保方利益保护提供了有力的资金保障。因此，可以说在我国推进市场化的保险公司退出机制除了具有必要性和重要性之外，也已具备了现实可行性。当然，在技术上进一步细化有关保险公司破产的法律法规，使其具有可操作性，是构建和完善我国保险公司破产制度的切入点。

三、构建我国保险公司破产制度的几个重要问题

笔者认为，若要构建和完善我国保险公司破产制度，首先应当转变现有的立法理念，建立市场化的保险公司市场退出机制，修订《保险法》中相关内容，并依据《企业破产法》的立法授权，专门制定有关保险公司破产的法规，以明确保险公司破产的具体实施办法。在构建我国保险公司破产制度时，重点处理和解决好以下几个问题。

---

[1] 参见庹国柱、王德保：“我国保险业市场主体退出机制研究”，载《武汉金融》2010 年第 3 期。

[2] 叶明华：“保险产品创新背景下的保险监管效率研究”，载《江西财经大学学报》2005 年第 5 期。

[3] 张俊岩：《保险法热点问题讲座》，中国法制出版社 2009 年版，第 268～269 页。

（一）立法体例及法律环境

因为保险业属于金融行业，保险监管也归为金融监管的框架之下，因此其相关立法往往与同属于金融机构的银行业、证券业相关联。构建保险公司破产制度，应考虑与商业银行、证券公司等金融机构的市场退出制度相协调。金融机构破产是采用各行业分别立法还是集中统一立法，是学者们普遍关心的一个问题。多数学者考虑商业银行、证券公司、保险公司的不同特点，主张分别立法。

虽然保险公司与商业银行、证券公司相比有其个性，但在社会影响方面，以及业务和面临风险的相似性、相关性方面都有着更多的共性，特别在金融业综合经营、综合监管的趋势下，相关立法的协调十分必要。因此，在构建我国保险公司破产制度时，对于金融业有关破产的相关立法，诸如《商业银行法》、《银行业监督管理法》、《金融机构撤销条例》、《证券公司监督管理条例》、《证券公司风险处置条例》等均需要给予关注，应考虑与这些法律法规的协调。例如，《证券公司风险处置条例》第 4 章专门规定了证券公司的破产清算和重整，设置了破产司法程序启动前的行政清理机制，并详细地规定了行政权参与司法程序的内容。因此，保险公司破产立法时可以考虑借鉴。

又因为保险公司破产制度可能涉及保险公司的偿付能力、公司治理、市场行为等风险问题，也可能涉及保险保障基金的运用问题，所以，构建保险公司破产制度，还应考虑与有关法规及中国保监会制定的有关规章相衔接、相配套，诸如《保险公司偿付能力管理规定》（2008 年）、《保险保障基金管理办法》（2008 年）等。

（二）保险公司的破产原因

所谓破产原因，也称为破产界限，是适用破产程序所依据的特定法律事实，是法院作出破产宣告的特定事实状态，是破产程序得以发生的实质要件。[1] 如前所述，破产原因的属性是判断市场化破产制度的重要标准之一，因此也是破产法中的核心问题。关于破产原因，各国立法大致有两个标准：一是现金流标准，即“不能清偿到期债务”；二是资产负债表标准，即“资不抵债”。也有采用复合标准的，即要求同时达到两个标准。而对于重整，往往规定有更为宽泛的标准，以期提高重整成功率。应该说，这两个标准均具有市场化的属性。

我国《商业银行法》第 71 条规定的商业银行的破产原因是现金流标准，即单一原因模式。而《企业破产法》和《保险法》规定的破产原因是复合性的标准，也即保险公司破产需同时满足“支付不能”和“资不抵债”两个标准。

---

[1] 李永军、王欣新、邹海林：《破产法》，中国政法大学出版社 2009 年版，第 18 页。

这与一般商事企业破产原因并无二致，核心标准是“不能清偿到期债务”。这个标准相对于关涉广大社会公众利益的保险行业并不适宜，如果达到这个程度，其社会危害和影响过大。因此，笔者认为应根据保险业的特点，降低破产条件，重新规定保险公司破产原因，以防范风险扩大。正如有些学者认为的那样，“普通破产法中的破产原因不宜简单地适用于银行等金融机构。银行等金融机构的破产程序必须更早地启动”。[1] 或者说，如果按照复合性的标准启动破产程序可能已经太晚了，因此，为了更好地保护投保方的利益，保险公司破产原因较一般商事企业应设置更低的条件，应采用资产负债表标准或者更为宽泛的偿付能力标准。对于这一问题，也可引入发达国家的“管制性破产”制度。作出“管制性破产”的决定，通常基于复杂的资本测算和风险评估。也就是说，“当监管机构说一家银行破产了，这家银行就破产了”。[2] 保险公司亦然。

（三）启动保险公司破产程序的决定性因素

如前文所述，另一个判断“市场化”的标准是破产原因是否是启动破产程序的决定性因素。这在普通破产中往往是一个被忽略的问题，因为是否启动破产程序，通常被视为破产申请人的权利，可由其自由、理性地选择。但在金融机构破产场合，一般的客户债权人如储户、保户通常被剥夺了破产申请人的资格，破产申请权多被赋予监管机构，而监管机构与此并无直接利害关系。因此，掌握保险公司资产负债情况或实际偿付能力的保险监管机构申请保险公司破产是其权利还是义务，就成为一项破产制度是否“市场化”的关键性因素。换言之，在决定是否申请保险公司破产时，是破产原因说了算还是监管机构说了算，就是判断“市场化”与否的标准。我国《保险法》第 149 条规定，“被整顿、被接管的保险公司有《企业破产法》第 2 条规定情形的，保险监管机构可以依法向人民法院申请对该保险公司进行重整或者破产清算”。由此看来，申请保险公司破产是保险监管机构的权利（或权力）而非义务，当保险公司符合法定破产原因时，监管机构可以申请，也可以不申请该保险公司重整或破产。在启动保险公司破产程序中，保险监管机构起决定性的作用。

（四）保险公司破产中的行政权与司法权的关系

合理定位保险公司破产中行政权与司法权的关系，也是构建保险公司破产制度的重要问题之一。简单地讲，在保险公司破产中，行政权与司法权的关系可有 5 种：（1）排斥关系；（2）选择适用关系；（3）行政权前置于司法权；（4）相互配合关系；（5）行政权参与司法权行使。“在破产法制中，司法权

---

[1] 参见［瑞］艾娃·胡普凯斯：《比较视野中的银行破产法律制度》，法律出版社 2006 年版，第 20 页。转引自王欣新：《破产法学》（第二版），中国人民大学出版社 2008 年版，第 307 页。

[2] 参见［瑞］艾娃·胡普凯斯：《比较视野中的银行破产法律制度》，法律出版社 2006 年版，第 12 页。转引自王欣新：《破产法学》（第二版），中国人民大学出版社 2008 年版，第 308 页。

与行政权相互发生关系的范围主要包括金融机构破产、上市公司破产和公用企业等特定主体的破产案件。司法权和行政权关系的特点表现为，某些行政权前置于司法权、某些行政权配合司法权行使、某些行政权参与司法权行使。金融机构提出破产申请前是否需要经过监管部门行政批准，要区分不同情况做出立法安排。”❶ 立法往往在金融机构破产司法程序前置行政程序。“根据2006年《企业破产法》和我国的法律框架，破产是法院主导的司法程序，在普通企业破产程序中，申请受理、清算、组织债权人会议、重整等，都由受理法院决定或组织进行。但银行破产不同于一般企业，它的破产具有特殊性。因此，目前法院采取高度审慎的态度来决定是否受理金融机构的破产申请，最高人民法院要求金融机构申请破产，需要满足个人债权已清偿、职工已安置、地方政府有维护稳定的承诺等条件。可以说，银行业金融机构破产的司法程序前设立前置的行政程序的重要性，以及司法权与行政权相互配合完成银行危机处置的必要性，已经成为包括法院在内方方面面的共识。”❷ 保险公司破产也是如此。

笔者认为，如果我们把保险公司破产界定为“市场化的退出”，则保险公司破产中的行政权与司法权的关系问题就属于技术性范畴，因为其并不是决定“市场化”的关键性因素。正如本文前面所阐述的，判定市场化破产的关键标准有两条：一是具备市场化属性的破产原因；二是该原因是启动破产程序的决定性条件。换言之，即市场机制是保险公司市场退出的决定性因素。至于破产程序是采取行政机关主导的行政程序还是司法机关主导的司法程序，拟或司法权监督行政程序还是行政权介入司法程序之中，无论哪种权力组合形式，都属技术层面的问题。

从各国保险公司破产程序主导模式（或称为破产的立法模式）来看，一种模式是专门立法，“以美国为典型的一些国家制定有特殊的金融机构破产法，并完全由金融监管机构负责金融机构破产程序的启动、管理。如美国联邦银行法为银行破产与重整设计了一套独立的、排他的制度”。❸ 可以说，“美国是典型的行政主导金融机构市场退出的国家，法院在处理中的作用比较有限，主要限于审查及执行事项”。❹ 另一种模式是适用普通破产法的同时优先适用金融特别法，“欧洲大多数国家制定了金融机构破产的特殊规则，在金融机构破产

---

❶ 王欣新、李江鸿：“破产法制中司法权与行政权关系探析”，载《政治与法律》2008年第9期。

❷ 参见王卫国：“对银行业金融机构破产立法的思考”，载《上海金融报》2009年8月4日A13版。

❸ 参见［瑞］艾娃·胡普凯斯：《比较视野中的银行破产法律制度》，法律出版社2006年版，第18页。转引自王欣新：《破产法学》（第二版），中国人民大学出版社2008年版，第306页。

❹ 薄燕娜：《保险公司风险处置及市场退出制度研究》，北京大学出版社2013年版，第58页。

时优先适用金融机构破产的特殊规定，在无特殊规定时则适用普通破产法”。[1]俄罗斯也是如此，在普通破产法之外，还制定有专门针对金融机构破产的规定。[2] 而在日本，保险公司破产则既有行政程序又有司法程序，并可选择适用。“日本保险公司的风险处置与市场退出可以基于行政（金融厅）主导的《保险业法》等的行政程序及其他特别措施以及法院主导的适用《公司更生法》、《更生程序特例法》的司法程序实现。”[3]

基于我国《企业破产法》（2006 年）和《保险法》（2009 年）对保险公司破产的已有规定，笔者认为我国宜采取欧洲模式，破产的基本程序遵循《企业破产法》的规定，由法院主导；但可通过制定《实施办法》的方式，设置政府保险监管机构主导的行政前置程序，解决保险职能的拯救和投保方的救助问题。同时，考虑保险公司破产的技术性特点，可以考虑在破产司法程序中“行政权参与司法权行使”，如在指定破产管理人、启动重整程序等方面介入。

四、结论

本文认为，保险公司破产是一种市场化的保险公司市场退出机制，其根本性条件在于具有市场化属性的破产原因，且该破产原因在启动破产程序中具有决定性作用。我国现行保险公司破产的立法，并不是市场化的市场退出机制，且过于简陋而不足为保险公司退出市场提供制度支撑，构建我国保险公司破产制度具有重要性和现实可行性。关于我国保险公司破产制度的构建，本文提出：保险公司的破产原因较一般商事企业应设置更低的条件，应采用资产负债表标准或者更为宽泛的偿付能力标准。我国现行保险法所规定的启动保险公司破产程序的决定性因素是监管机构而非破产原因，尚未达到市场化的条件。保险公司破产中的行政权与司法权的关系属于技术性范畴，我国宜采取欧洲模式，破产的基本程序遵循《企业破产法》的规定，由法院主导；但可通过制定《实施办法》的方式，设置政府保险监管机构主导的行政前置程序，解决保险职能的拯救和投保方的救助问题。同时，考虑保险公司破产的技术性特点，可以考虑在破产司法程序中“行政权参与司法权行使”，如在指定破产管理人、启动重整程序等方面介入。

---

[1] 参见［瑞士］艾娃·胡普凯斯：《比较视野中的银行破产法律制度》，法律出版社 2006 年版，第 20～21 页。转引自王欣新：《破产法学》（第二版），中国人民大学出版社 2008 年版，第 306 页。

[2] 参见徐永前：《企业破产法讲话》，法律出版社 2006 年版，第 427 页。

[3] 薄燕娜：《保险公司风险处置及市场退出制度研究》，北京大学出版社 2013 年版，第 91 页。